나를 찾아 떠나는 여행

나를 찾아 떠나는 여행

죽음에서 생명으로

김봉규 지음

사공

얀 브뤼헐(Jan Brueghel the Elder)/**페테르 루벤스**(Peter Paul Rubens), **〈낙원〉**(1615)

신이 말했다.
"동산 중앙의 선악과는 먹지 말라!
그것을 먹으면 반드시 죽을 것이다!"
뱀은 말했다.
"괜찮아! 먹어! 넌 결코 죽지 않아!
오히려 신처럼 선악을 분별할 수 있게 될 거야!"
그런데 선악과를 먹은 아담과 하와는 살아 있었다.
그뿐 아니라 뱀의 예언대로 선악을 알게 되었다.
그렇다면 신이 거짓말을 한 것인가?

서문

왜 죽음에 대한 사유인가? 사는 것도 힘든 세상, 어차피 머리를 싸매고 고민하지 않아도 때가 되면 자연스레 찾아올 텐데 그때까지 주어진 삶을 성실하게 소진하는 것이 오히려 현실적이지 않을까? 정말 걱정되면 미리 관리 좀 하고, 그러다 정작 올 것 같으면 최대한 발버둥 쳐 보고, 결국 아무 소용 없으면 멋지게 체념하고, 그렇게 가면 되는 것 아닌가?

사람들은 죽음이란 주제를 별로 좋아하지 않는다. 외면과 무관심으로 살다가 거부나 체념 속에 죽는다. 생각은 늘 죽음을 매장시켜버린다. 아마도 마음 깊은 곳에 도사리고 있는 두려움 때문일 것이다. 하지만 외면하는 것은 그만큼 신경 쓰인다는 방증이기도 하다. 자신과는 아무 상관 없는 듯 살지만, 그 태도가 오히려 죽음과의 상관성을 증명해준다.

> 죽음을 두려워하지 마라.
>
> 네가 살아 있는 동안에는 죽음이 없고, 죽음이 오면 네가 없다.

에피쿠로스는 재미있지만 별 의미 없는 말을 했다. 그런 식으로라면 두려워하지 말라고 할 필요도 없다. 그 말 자체가 난센스다. 죽음을 아는 자는 아무도 없다. 눈으로 볼 수도 만질 수도 없고, 냄새나지도 않는다. 경험할 수 없는데 어떻게 안다는 말인가? 그리고 알 수 없는 것을 어떻게 두려워할 수 있는가? 따라서 사실은 두려워할 수도 없다. 그렇다고 다들 마음이 편안해지나? 뭐라고 말을 해도 그 시간 그 현상은 현실이다. 스피노자(B. d. Spinoza)나 장자는 인간이 자연의 일부이므로 사실상 죽음은 없다고 말한다. 자아의 본질 자각을 통한 죽음의 부정이다. 실제로 그들에게는 여유가 있다. 죽음을 소멸이 아닌 변화로 보기 때문이다.

> 죽음은 봄·여름·가을·겨울, 사철의 변화와 같다.
>
> 내일 지구가 멸망하더라도 나는 오늘 한 그루 사과나무를 심겠다.

죽음이 단순한 변화라는 장자의 말에, 그러면 하던 일이나 마저 하자는 스피노자의 화답이다. 멋있지 않나! 하지만 가만히 보면 멋만 있다. 죽음은 단순한 변화가 아니다. '나' 자신에게는 영원한 소멸이다. 그래서 무덤에 들어간 다음 날에는 스피노자도 사과나무를 심을 수 없고, 장자는 아무 말도 할 수 없다.

어떤 이들은 논의의 초점을 삶으로 옮긴다. 그리고 죽음을 바람직한 삶을 위한 도구 정도로 여긴다. 죽음을 모든 불가능성의 가능성으로 본 하이데거(M. Heidegger)는 의식을 통해 죽음을 선취하라고 말한다. 언젠가 죽을 수밖에 없는 존재임을 내가 지금 정말 느낀다면 삶을 지금처럼 개판으로 살지는 않을 것이라는 말이다. 다시 말해 단순히 존재하는 것이 아니라 실존할 수 있다는 뜻이다. 케이건(S. Kagan)도 비슷하다.

> 우리는 죽는다. 그렇기 때문에 잘 살아야 한다. 죽음을 제대로 인식한다면 인생을 어떻게 살아야 하는지에 대한 행복한 고민을 할 수 있다.

모리 교수도 죽음을 배워 실제 살아가는 것을 배우라고 권고한다. 의미 있는 말이다. 죽음이 없으면 생명도 없으니 그런 의미에서 죽음은 살아 있는 존재의 특권이다. 인간은 사실 살아 있기에 죽는다. 그것이 사물과 다른 인간의 존재론적 현실이다. 그래서 죽음의 자각으로부터 제한된 삶을 가치 있게 살아야 한다는 의식을 도출할 수 있다.

문제를 직시하지 않고 약간 비껴가는 이런 류의 사고는 어느 정도 죽음에 대한 두려움이나 공포를 잊게 해준다. 하지만 죽음과의 화해가 죽음의 해결은 아니다. 죽음은 단순히 삶을 위해 존재하는 도구가 아니다. 그것은 그 자체로 하나의 독립된 실존적 사건이다. 더욱이 삶이 겨우 죽음의 가능성으로부터 위로받고 살아내야 하는 것이라면 삶이 너무 초라하고 불쌍하다. 삶의 가치는 삶의 한가운데에서 발견되어야 한다. 삶이 잘 사는 것이지 죽음이 잘 살 수는 없는 법이다. 죽음은 그냥 죽음이다. 그러므로 삶은 삶으로 배우고 죽음은 죽음으로 배워야 한다.

언어의 유희나 관점의 전이, 나아가 죽음을 객관적 연구의 대상으로만 보는 모든 태도는 근본적으로 자기 위로나 학술 놀이를 벗어날 수 없다. 죽음은 삶이 아닌 죽음의 문제이고, 죽음은 '그' 문제가 아니라 '나'의 문제이기 때문이다. 죽음은 삶을 즐기기 위한 또 하나의 사유 주제나 토론거리가 아니다. 죽음은 연구하는 것이 아니라 해결해야 할 현실이다. 누구나 삶 가운데에서 반드시 직면하기 때문이다. 이 사실을 간과할 경우 바로 그 시간이 되었을 때 인간은 죽음의 진실된 무게를 견딜 수 없다. 그래서 우리는 사르트르(J. P. Sartre)가 주는 교훈을 기억해야 한다. 그에게 죽음은 출생과 구별되지 않는 부조리(不條理, absurde)다. 나의 의사와 상관없이 이 세상에 태어나고, 또 나의 의사와 상관없이 죽는다. 어쩔 수 없는 것은 걱정할 필요가 없다. 실존적 자유는 삶에만 있다. 그는 삶과 죽음을 분리시키고 죽음을 철학적 사유의 대상으로만 다루었다. 따라서 폐부종으로 그 죽음에 정작 직면했을 때 철학적 사유는 죽고 발악만 살아났다. 마지막 한 달은 부조리한 철학의 부조리한 말로였다.

살아 있는 동안 죽음이 진정 '나'의 문제가 되지 못할 때 마지막 순간은 극한의 고통으로 다가올 수 있다. 공포도 체념도 모두 동일한 그 몸부림의 뿌리를 지니고 있다. 그래서 죽음은 죽음으로 이해하되 삶 속에서 체험하고 또 해결해야 한다. 정작 죽음이 오면 그것을 해결할 시간도 여유도 없다. 그런데 문제는 여기에 있다. 죽음이 오기 전 인간의 죽음에 대한 체험은 제한적이다. 죽음을 넘어선 시체만을, 그것도 극히 예외적으로 체험할 뿐이다. 누군가의 심장이 멈추고 몸이 빳빳하게 굳고 조금씩 썩어들어가며 악취가 나는 것을 경험할 뿐이고, 그 외에는 죽을병에 걸리거나 장례식에 참석했을 때에만 가끔 본능적인 두려움을 느낀다. 따라서 아직 심장이 팔팔하게 뛸 때에는 죽음을 진정 자신의 현실로 이해하지 못한다. 그래서 고상하고 멋지게 죽음을 논하며 마치 죽음을 초월한 듯 허세를 부리다가도 정작 그때가 되면 살아보겠다고 난리를 떤다. 그런 의미에서 사르트르는 논리적이다.

인간은 얼마든지 경험하지 않은 것에 대해 알 수 있고 말할 수 있다. 하지만 생명과 죽음에 관한 진리는 실제로 체험하지 않고는 깨달을 수 없다. 죽음은 개념이 아니고 현실이기 때문이다. 죽음에 대한 사유가 사변적일 수밖에 없는 이유가 바로 여기에 있다. 알지 못하는 것을 쓰고, 모르고 한 말을 읽어왔다. 죽음을 지금 나와는 전혀 무관한 제삼자의 일, 그것도 얄팍하고 단순한 심장의 멈춤이라는 현상으로만 이해했기 때문이다. 그래서 죽음에 대한 대부분의 사유는 말 그대로 죽어 있다.

우리에게는 죽음에 대한 살아 있는 사유가 필요하다. 미래의 막연한 어떤 것이 아니라, 지금 이 순간 경험하고 있고 또 경험할 수밖에 없는 바로 그 죽음에 대한 것이다. 진정 심각한 죽음은 삶의 밖이 아니라 삶 속에서 일어난다. 당신은 언젠가 다가올 심장의 멈춤이 아니라 지금 심장이 뛰면서도 살아 있지 못함을 두려워해야 한다. 눈으로 볼 수 없기에 대부분의 사람들이 간과하고 있는 그 죽음을 보고, 이해하고 또 해결해야 당신은 진정 살아 있을 수 있다.

> 죽음을 두려워하라.
>
> 네가 살아 있는 동안에 죽음이 있고, 그 죽음이 오면 죽음은 없다.

죽음을 사유하는 것은 잘 죽기 위해서가 아니라 잘 살아야 하기 때문이다. 따라서 잘 사유해야 한다. 하지만 그러기 위해서는 몇 가지 유념해야 할 사항이 있다.

첫째, 지금까지 간직해온 죽음의 개념을 버려야 한다. 그 개념은 가지고 있어봐야 이해할 수도 해결할 수도 없다. 둘째, 살아 있음과 죽어 있음의 개념은 단순히 이분법적으로 구분되는 것이 아니다. 케이건의 말처럼 우리는 죽는다. 따라서 잘 살아야 한다. 하지만 그렇게 단순히 생물학적 측면에 국한시키면 본질을 놓치게 된다. 잘 살아야 하는 이유는 심장이 쿵쿵 뛰면서도 죽음과 다름없는 삶을 살 수 있기 때문이다. 죽을 것을 안다고 이 문제가 해결되지 않는다. 오히려 죽음 안에서 죽음은 해결되어야 한다. 셋째, 죽음의 개념은 일의적이지 않고 다의적이다. 호흡하는 것만으로 살아 있는 것이 아니다. 살아 있음에는 심장박동에 반드시 +α가 추가되어야 한다. 일례로 관계로부터 단절된 인간은 '인간(人間)', 즉 사람 사이의 존재가 아니니 '인(人)-간(間)'이 아니다. 또한 생산성이 없는 존재는 사람 취급을 받지 못한다. 이 '취급'이란 말의 의미는 경험해본 사람만이 안다. 그뿐 아니다. 어떤 사람들은 의미 없는 삶은 살 가치가 없다고 생각한다. 자살은 그렇게 의미를 상실한 존재의 필연적 귀결이다. 사실 그래서 자살하는 사람들은 자살 전에 이미 죽어 있다. 넷째, 생명은 선이고 죽음은 악이라는 이분법에서 벗어나야 한다. 모든 현상에는 양면성이 있다. 죽음이 선, 생명이 악이 될 수 있다. 당연히 죽음 안에 생명이 있을 수 있고, 생명 안에 죽음이 있을 수 있다. 마지막으로 심장의 멈춤이라는 죽음에 대한 이해도 수정해야 한다. 죽음에 대한 두려움의 실체는 정확히 말하면 이별 때문이다. 아끼고 집착하고 소중하게 여기던 것들로부터의 분리다. 그 이별은 실제로 안타깝고 아까우며, 그래서 쓰라리다. 따라서 없는 사람들은 본능만 극복할 수 있다면 미련 없이 세상을 떠날 수 있다. 생물학적으로 보면 인간은 태어나는 순간부터 죽어가기 시작한다. 삶의 시작은 죽음의 시작이며, 삶의 끝은 죽음의 완성이다. 인간은 늘 살아 있고 또 늘 죽어 있다.

생명과 죽음의 개념은 새롭게 정립되어야 한다. 현대사회에는 살아 있으나 죽어 있는 사람들로 넘쳐난다. 진정 영혼의 심장이 뛰어야 할 사람들이 지금 깊은 잠에 빠져 있다. 그들은 펄펄 뛰는 심장으로 어디론가 바쁘게 달려간다. 무언가에 끊임없이 몰두하고 누군가를 끊임없이 만나 대화하며 정신없이 일상을 살아간다. 하지만 그들은 진실을 모르고 있다. 그들은 박제와 같은 존재들이다. 만들어진 박제든, 아니면 스스로 선택한 박제든 중요한 것은 그들의 내장이 이미 오래전에 제거되었으며, 가장 살아 있는 것처럼 보이지만 가장 죽어 있다는 사실이다. 엄밀히 말하면 어느 곳으로도 달려가고 있지 않다. 아무것도 하지 않는다. 누구도 만나지 않으며 대화도 없다. 삶은 죽음에 묻혀 있다. 그래서 인간은 늘 죽음을 경험한다.

이 책은 바로 그 죽음에 취한 사람들의 이야기다. 이 책의 목적은 죽음의 진실을 깨달아 그 죽음에서 죽음으로써 다시 생명으로 살아나는 데 있다. 죽음이 없으면 부활도 없다. 빛은 언제나 어두움을 통해 인식된다. 어두움이 자신이 빛이 아님을 깨달을 때, 자신이 진정 어두움이었음을 깨달을 때 그 어두움은 빛이 된다. 빛과 어두움은 세상에서는 사실 하나다. 문제는 죽음이 아니라 죽음에 머무르는 것이다. 어두움에 안주하는 것이다. 어두움을 빛으로 알고, 빛으로 착각하며 살다, 빛이 아니었나 하며 죽는 것이다. 그래서 생명으로 나아가지 못하는 진리는 죽은 진리다.

죽음에 취(醉)한 사람들은, 죽음을 취(取)할 준비가 되어 있어야 한다. 남겨진 것에 집착해서 이별을 두려워하는, 하지만 정작 살아 있어본 적이 없는 존재를 위로하는, 그 소박한 일에 죽음의 사유를 낭비하는 일은 없어야 한다. 진정 살아 있음으로 살고, 진정 죽음으로 죽기 위해 우리는 죽음의 얼굴들을 한 번은 대면해야 한다. 죽음을 만나야 한다. 그때에야 진정 죽음을 넘어 생명으로 나아갈 수 있다. 그리고 그때에야 진정 당신은 당신으로 태어나서 당신으로 살다가 바로 당신으로 죽을 수 있다.

차례

빌헬름 함메르쇠이(V. HammershΦi), **〈실내〉**(1901)

그녀의 몸은 오른쪽 문을 향하고 있다.
그녀의 시선은 왼쪽 문 너머를 향해 있다.
그녀는 지금 정말 어디를 보고 있는 것일까!

프롤로그

뒷모습

우연히 상갓집에서 옛 친구를 만났다. 말쑥하게 차려입은 폼이 그럴듯했지만, 눈가의 잔주름을 보니 지나간 시간이 쉽지만은 않았나 보다. 그래도 호탕한 웃음과 시원시원한 목소리는 여전했다.

"그래, 그동안 어떻게 지냈니?"

"나야 항상 좋지! 너무 잘나가서 죽겠다! 허허!"

"요즘 뉴스에 경기가 엉망이라던데?"

"내가 누구야, 걱정 마! 최근에도 큰 거 한 건 따냈는걸! 허허!"

학교 때도 늘 밝고 명랑했던 친구다. 주변에 어려운 친구들이 있으면 솔선수범해서 팔을 걷어붙이던 착하고 의리 있는 놈이었다. 그러니 당연히 잘나가야 하지 않나 싶었다.

그날 몇 년 만에 어렵사리 나눈 약주는 유달리 유쾌했다.

"조심해 들어가고! 차는?"

"응, 사업장에서 바로 오느라 대리 불렀어. 아, 벌써 왔네!"

친구의 전화벨이 울리고 우리는 아쉬움 속에 헤어졌다. 나도 식구들 생각에 총총히 택시 승강장으로 향했다. 그러다 퍼뜩 생각이 났다. '아, 전화번호!' 가던 길을 멈추고 그를 부르려 돌아섰다. 그 순간 촉촉이 내리는 빗줄기 속에서 친구의 뒷모습을 봤다. 축 처진 어깨, 코트 속에 푹 파묻힌 얼굴, 느릿느릿 처량하다시피 걸어가는 발걸음. 방금 전까지의 호탕함이나 당당함은 없었다. 난 친구를 부르지 않았다. 왠지 그냥 그렇게 보내는 것이 나을 것 같았다.

우리는 늘 앞으로 인사한다. 옆으로 하거나, 아니면 뒤로 등을 대고 해도 재미있을 테지만 다 그렇게 한다. 사실 상대를 보기도 편하고 허리도 잘 구부러진다. 그래서 소중한 사람이 있다면 그 사람의 뒷모습을 볼 필요가 있다. 거기에는 내숭이 별로 없다. 숨겨진 것이 드러나고 감추어진 것이 알려진다. 그 뒷모습이 진짜 앞모습이다.

검정색 터틀넥 티셔츠와 청바지는 '스티브 잡스' 하면 떠오르는 성공의 아이콘이다. 그는 '리더와 추종자를 구분하는 잣대'인 혁신, 즉 '다른 생각(Think different!)'을 통해 언제나 최고를 추구했다. 다른 생각이란 어떠한 경우에든 만족하지 말고 계속 도전하라는 "Stay hungry", 그리고 "Stay foolish!", 즉 다른 사람이 어떻게 보든 자신을 신뢰하고 원하는 길을 가라는 뜻이다. 옳은 말이다. 자전거를 타다가 페달을 멈추면 서 있지 못하고 쓰러진다. 성공하지 않으면 도태된다. 현상 유지란 없다. 비행기는 날면 비상하지만 날지 않으면 추락한다.

미국의 명문 대학 리드 칼리지(Reed College)를 한 학기만 다니고 자퇴한 후 잡스는 남는 시간에 서체 과목을 청강했다. 친구 집에 얹혀 자며 5센트짜리 빈 병을 모아 생계를 꾸렸고, 몇 킬로미터를 걸어 무료 구호 식사를 하러 다녔다. 하지만 10년 뒤 매킨토시로 애플의 창업자가 된다. 그리고 2005년 스탠포드의 졸업식장에서 성공 신화를 강연한다.

> 인생의 모든 것은 서로 연결되어 있습니다. 매킨토시 뒤에는 서체가 있었고, 그 뒤에는 서체 과목 청강이 있었으며, 또 그 뒤에는 자퇴가 있었으니 내 인생 최고의 선택은 자퇴 결심이었던 셈이지요.

하지만 잡스는 지나치게 똑똑했다. 그는 췌장암으로 죽었는데 그의 암은 특이한 것이어서 수술로 치료가 가능했다. 그래서 처음에는 치유가 되었고, 스탠포드에 설 수 있었다. 그런데 얼마 후 암이 재발했다. 당연히 의사들은 수술을 권했지만 이번에 잡스는 거부했다. "Think different!"라는 자신의 원칙을 적용했다. 그리고 스스로 고칠 수 있다는 믿음으로 명상과 대체의학을 선택했다. 결국 수술은 9개월이나 지연되어 시기를 놓쳤다. '다른 사고'가 성공을 주고 생명은 가져간 셈이다.

뒷모습의 뒷모습은 언제나 앞모습이다. 자신의 다른 생각에 대해서도 다른 생각을 할 수 있어야 진정 다른 생각이다.

〈해돋이〉로 유명한 인상파 화가 모네(C. Monet)는 아내 카미유 동시외(Camille Doncieux)와 아들 장(Jean)을 화폭에 담았다. 일상의 산책, 한순간 '힐끗 보기'는 빛을 통해 삶의 역동성을 자연스럽게 표현한다. 모네에게 빛은 존재의 근원이다. 빛을 사랑해서, 그 빛의 다양성 속에 대상이 지니는 서로 다른 진실을 알고 싶어 했다. 그래서 모네는 1892년에 프랑스 노르망디 지역의 루앙 대성당을 찾는다. 그리고 2년 동안 서로 다른 시간, 서로 다른 관점에서 동일한 성당을 그린다. 무엇 때문일까? 그림들은 모두 하나의 성당을 담고 있지만 동일한 성당은 없다. 빛은 서로 다른 성당을 만든다. 사물은 멈추어 있지 않고 끊임없이 춤을 춘다. 모네는 질문한다. '이 중에 참 루앙은 어느 것일까?' 후설(E. Husserl)이라면 그 현상들을 관통하는 본질을 식관하라고 했을 것이다. 하지만 어

클로드 모네(Claude Monet), 〈산책〉(1875)

차피 그 본질도 그가 부여하는 것이다. 그렇다면 그것이 진리라는 사실은 또 누가 보증하는가?

큐비즘은 대상을 분석하고 다양한 관점을 동시에 드러낸다. 그래서 부분은 전체가 아님을 증명한다.

그리스(J. Gris)를 통해 묘사된 피카소의 초상에는 그래도 아직 형상의 잔재가 남아 있다. 하지만 그것은 이후 전개되는 무질서와 파괴의 전주곡에 불과하다.

지금 전신 거울로 당신을 한번 보라! 거기에 있는 당신의 모습을 정확히 보라. 이제 상상을 통해 당신의 온몸을 분해하라. 눈, 코 입, 피부, 뼈, 내장 등등. 전부 개별적으로 떼어내 거울 옆에 그냥 쌓아놓아보라. 재료는 똑 같다. 형식만 파괴한 것이다. 그런데 거기에 그렇게 쌓여 있는 존재가 당신인가? 당신이었지만 이제 당신은 아니다. 그래서 형식이 사물의 본질을 만든다(forma dat esse rei). 컵이 담기지 않은 물은 맹목적으로 흘러버리고, 물이 없는 컵은 공허하다. 형식이 없는 내용도 맹목적이고, 내용이 없는 형식 역시 공허한 법이다. 형식이 중요한가, 내용이 중요한가? 둘 다 중요하다. 당신이 당신인 이유는 그런 형식으로 그런 내용이 구성되어 질서를 부여받았기 때문이다. 질서를 상실한 진실은 허구보다 더 허구적이다. 맹목적 진실 추구는 예술을 창조하지만 동시에 그로테스크한 돌연변이를 낳는다.

다양성이 그 자체로 목적이 될 때는 독단이 된다. 맹목적 다양성은 혼란과 무질서, 방종의 다른 이름일 뿐이다. 반면 유일성이 독단의 누명을 벗으면 합리적 흑, 합리적 백이 된다. 뒤에서 보면 앞이 뒤인 것처럼, 뒷모습과 앞모습도 서로 교차하기 때문이다. 맹목적 진보도 맹목

후안 그리스(Juan Gris), 〈피카소의 초상〉(1922)

적 보수도 모두 아집과 독선에 머무르는 이유가 거기에 있다. 선이 광기일 수도, 악이 이성적일 수도 있다. 빛이 자신의 빛에 고착되면 어두움이 되고, 어두움이 그 자신의 어두움을 깨달으면 빛이 된다. 진정한 뒷모습은 자신의 뒷모습에서도 자유롭다. 그러므로 '다양성이냐 유일성이냐, 독단이냐 포용이냐, 또는 뒷모습이냐 앞모습이냐?'의 선택은 본질이 아니다. 진리에 이르지 못하는 뒷모습은 어차피 모두 앞모습이기 때문이다.

나를 찾아가는 여행은 일종의 '삭제 게임'이다. 강요되거나 미혹된 앞모습들을 지워나간다. 하나를 지우면 다른 하나가 열린다. 하지만 헤겔식의 착각은 금물이다. 그 변증법적 여행은 발전이란 이름하에 나 자신을 절대화하기 위한 의식의 자기기만이 아니다. 그런 길은 이미 처음부터 진리와 분리되어 있다. 생명의 길은 위가 아니라 아래로 향해 있다. 내려간 사람만이 올라갈 수 있고, 비운 사람만이 채울 수 있다. 죽어야 산다는 진리가 진정 '나'의 것이 될 때, 당신은 길[道]이 다하는 '그 자리'에 이르러, 껍데기만이 아니라 진정 '있음[有]'로서의 무(無)를 볼 수 있으며, 빛으로서의 생명을 만나 스스로 생명이 될 수 있다. 그렇게 정말 지붕 위에 오르고 나면 사다리는 던져버려도 된다. 물고기를 잡았으니 그물은 필요 없다. 죽음에 취한 자가, 죽음을 취함으로, 생명에 취한 존재가 되면, 그에게는 모든 것이 선하다.

우리는 어디서 왔는가? 우리는 무엇인가? 우리는 어디로 가고 있는가?

1897년 남태평양 타이티의 고갱은 이 질문을 던지고는 자살을 시도한다. 석가는 그 이유를 안다. 생로병사(生老病死)만으로도 괴로운데 소중한 존재와는 헤어져야 하는 애별리고(愛別離苦), 지겨운 것들을 자꾸 만나는 원증회고(怨憎會苦), 구하는 것을 얻지 못하는 구부득고(求不得苦)뿐이니, 고(苦)만이 가득한 오음성고(五陰盛苦)의 인생 아닌가! 불행이 정상이다. 에덴의 선악과로 인한 탐욕, 분노, 그리고 어리석음(탐진치[貪瞋癡])의 삼독심(三毒心)은 죽음이 와도 식을 줄 모른다. 욕망을 향한 노인의 눈이 이글거리니 죽음도 잠재울 수 없다. 사실 죽음도 초월한다. 여신은 그렇게 도구화된다. 그래서 살아 있음과 죽어 있음은 호흡의 문제가 아니다. 무덤을 찾은 두 마리아, '마라의 쓴 물'이 된 존재들만 십자가를 통해 단물이 될 수 있다. 이상하게 들릴지 모르지만 인간은 단 한 번도 살아보지 못한 채 죽을 수 있다.

01

죽음에 취한 사람들

> 낳은 부모는 그를 버렸고, 주워 키운 부모는 그가 길에서 태어났다고 한다. 학생들은 놀린다. "길태야!" 선생님도 별 관심이 없다. 그는 문제 학생이 되고, 감옥에 간다. 그렇고 그런 감방 생활 후 전과자라는 새 이름과 시선이 그를 기다린다. 누구에게도 그는 인간이 아니다. 살아 있지만 죽어 있다. 남은 것은 적대감과 무의미, 그리고 욕망이다. 그래서 여중생을 본 우연이 욕망의 필연이 된다. 그를 격리시킨 법은 이미 죽은 존재를 확인 사살한 것뿐이다.

사람들은 생명을 단순하게 생각한다. 심장이 뛰면 살아 있고, 안 뛰면 죽은 것이다. 살아 있는 것은 좋은 것, 죽은 것은 나쁜 것이다. 그래서 죽음을 두려워하고 살기 위해 몸부림친다. 죽음의 공포를 벗어나기 위해 수행이나 명상을 하고, 놀 거리를 찾아다닌다. 하지만 살아 있다고 다 살아 있는 것이 아니고, 죽었다고 다 죽은 것이 아니다. 생명과 죽음은 분리되어 있지 않다. 인간은 죽음과 함께 산다. 아니, 죽음 안에서 산다. 대부분의 사람들은 죽음에 취해 있다.

정체성의 관점

인간은 누구나 '나'의 존재다. 경험적 자아든 일상적 자아든 '나'는 분명히 있다. 하지만 대부분의 사람들은 그 '나'를 구체적으로 모르고 산다. 그래서 어떤 이들은 '참 나'를 찾겠다고 부산을 떤다. 하지만 '나일 것 같다'도, '나처럼 보인다'도, 그리고 '나라고 믿는다'도 '나'는 아니다. 만들어지는 자아(Ego)와 실제 '나'로서의 자기(Self)는 다르다. 그것을 모르고 살면 자연스럽게 나 아닌 나를 나로 여기는 삶으로 변질될 수밖에 없다. 누구나 태어나면 어떻게든 살다 가기는 하지만, 내가 없는 나는 살아 있는 것이 아니다.

행복의 관점

행복의 앞모습은 행복하다는 느낌이다. 반면 뒷모습은 행복한 것이다. 둘은 근본적으로 다르다. 하나는 죽은 것이고, 다른 하나는 산 것이다. 인간은 누구나 행복을 원하고, 각자의 행복을 찾아간다. 행복하다고 말하는 사람들도 있다. 하지만 그것은 믿음일 가능성이 높다. 믿음과 착각은 사촌지간이다. 행복은 추상적이거나 주관적이지 않고, 또 일시적이지 않다. 그것은 구체적이고 객관적이며 지속적이다. 그러므로 행복하다는 감정을 행복으로 착각하는 것은 잡을 수 없는 무지개를 따라가는 소년의 마음과 같다. 아침 안개는 잠깐 있다 사라진다.

몸의 관점

우리는 심장사를 몸의 죽음으로 안다. 심장박동과 맥박이 멈추고 동공이 확대되는 세 징후가 나타나면 사망이다. 하지만 뒷모습은 간단하지 않다. 먼저 뇌사는 세 징후가 없어도 죽음으로 인정된다. 뇌사와 심장사가 분리되고 그 사이에 틈이 생겼다. 바로 그 틈새로 진정한 몸의 죽음이 파고들고 있다. 몸의 근본적인 죽음은 그 몸이 삶 전체에 차지하는 비중이 과도하게 팽창되거나 지나치게 축소될 때 발생한다. 팽창된다 함은 몸이 나의 정체성의 영역까지 침투하는 경우이며, 축소된다 함은 몸 자체의 의미가 거의 삭제되는 경우다. 근대는 후자의 경우였다. 하지만 오늘날은 전자가 지배적이다. 나를 나의 몸으로 여기게 되면 몸도 죽게 된다. 심장이 멎는다는 말이 아니다. 오히려 심장의 정지 여부에만 관심을 갖거나 아예 관심이 없게 된다는 말이다. 주체가 몸에 종속되어 몸에만 집착하면 집착과 증오라는 양극단의 현상이 발생한다. 집착은 생존과 장수에 매달리고, 증오는 파괴적인 쾌락에 종속된다. 사람들은 전신 마비처럼 몸을 못 움직이는 것이 죽음과 같다고 착각하지만 그것은 사실이 아니다. 아이러니한 일이지만 몸의 죽음은 가장 팔팔하게 살아 있다고 느낄 때 발생한다. 몸이 죽을수록 몸에 매달리고, 몸에 매달릴수록 몸도 죽어가는 법이다.

향유의 관점

놀이하는 인간, 호모 루덴스는 향유의 존재다. 향유가 없는 삶은 살아도 사는 게 아니다. 아이들에게서 장난감을 빼앗으면 부모도 미워한다. 돈만 벌기 위해 죽도록 일해야 한다면 인생이 뭐란 말인가! 평생 살림만 한 여성의 심정은 본인만 안다.

그래서 사람들은 지금 이곳에서 원하는 것을 즐길 수 없다면 살아도 사는 게 아니라 말한다. 하지만 뒷모습은 다르다. 즐기고 있다고 믿는 것과 실제로 즐기는 것은 동일하지 않다. 향유하는 것과 향유되어지는 것은 다르다. 내가 게임을 하다 게임이 나를 갖고 놀고, 내가 드라마를 보다 드라마가 나를 보고, 내가 쇼핑하다 쇼핑이 나를 쇼핑하게 될 수 있다. 쾌락은 자신의 노예를 절대 해방시켜주지 않는다. 그러므로 향유의 진정한 죽음은 내가 그 향유에 빠져 극단의 행복감을 느낄 때 발생한다. 가장 죽어 있을 때 가장 살아 있다고 느끼는 것이다.

관계의 관점

인간은 '사람[人] 사이[間]'의 관계적 존재다. 그래서 로빈슨 크루소처럼 산다면 극단의 외로움에 시달린다. 관계가 죽으면 살아 있음의 느낌도 죽는다. 그렇게 보면 독방에서의 감형 없는 종신형보다는 차라리 교수형이 나을 수도 있다. 종전이 된 줄도 모르고 남태평양 무인도의 땅굴에서 수십 년 동안 살아온 일본군에게 그 수십 년의 시간이 과연 살아 있음으로 이해될 수 있겠는가! '살아짐'은 삶이 아니다.

하지만 뒷모습은 한 단계 더 나아간다. '관계 있음'이 또 반드시 '관계함'으로 이어지는 것은 아니다. 관계로부터의 소외는 관계와의 분리가 아니다. 분리는 공간적 갈라짐이지만 소외는 동일한 공간 안, 수많은 관계의 한가운데에서 일어난다. 말은 있지만 대화는 없고, 대화는 있지만 교감은 없으며, 교감이 있어도 만남이 없다. 믿기 어려울지 모르지만 어떤 사람은 평생 단 한 번도 누군가를 만나보지 못하고 죽을 수 있다. 그래서 '길에서 태어난 아이'는 엄밀히 말해 사회에 존재하지 않았고, 존재하지 않으며, 또 앞으로도 존재하지 않을 것이다. 그는 단 한 번도 살아 있어본 적이 없는 사람이다. 그런데 이 관계적 죽음은 특수한 경우만이 아니라 바로 우리 옆에 있다. 정상적인 가정에서 정상적으로 자라서 정상적인 삶을 살다 가는 누구나의 문제다.

인격의 관점

피터팬신드롬은 성인으로서 져야 할 책임을 회피하기 위해 응석받이로 남고 싶어 하는 것이다. 이 현상이 자본주의와 연결되면 패러사이트족으로 변한다. 나이는 먹었는데 경제적으로 독립하지 못하고 부모에게 빌붙어 산다. 자본주의 사회에서는 생산성이 없으면 죽은 것이다. 자본주의라는 말이 자본이 주인이라는 뜻이다. 그래서 돈은 살아 있음의 징표이고, 몸값은 곧 인격이 된다. 따라서 생산성이 죽으면 인격도 죽는다.

하지만 뒷모습은 다르다. 진정한 인격의 죽음은 가난한 이들에게 발생한다. 가난은 '돈이 없음'이 아니다. 돈을 소유하지 못하고 돈에 의해 소유되는 것, 그것이 가난이다. 따라서 은행 잔고의 많고 적음은 가난과 아무 상관이 없다. 시기와 질투는 없는 사람의 몫이고, 거만과 업신여김은 있는 사람의 몫일 뿐이다. 그들은 모두 본질적으로 가난하다. 인격을 팔아버렸으니 인격이 죽은 것이다. 죽은 자에게는 생명이 없다. 그래서 그들은 부자가 될 수 없다. 진정한 부자는 즐기고 싶은 대로 즐기고, 사고 싶은 것 다 사며, 하고 싶은 것 다 하는데 돈이 모자라지 않는 사람이다. 사람들은 스티브 잡스나 마이클 잭슨이 죽어도 돈을 번다고 말한다. 정말 그럴까? 그러면 그들은 지금 그 돈으로 무엇을 하고 있을까?

이데올로기의 관점

프랑스혁명, 미국독립혁명, 3·1만세운동, 그리고 5·18 광주시민혁명까지 자유와 평등, 그리고 정의의 이념은 죽지 않고 타올라왔다.

산 자여 따르라!

거의 전 인류가 따르고 있다. 심지어 아랍 국가들까지. 생명을 위한 이념의 시민 저항은 범세계적으로 이어지고 있다. 하지만 뒷모습은 다른 이야기를 한다. 이념의 죽음은 그 이념에 대한 권력의 억압에 의해서만 일어나지 않는다. 오히려 민주주의가 정착되어 그 이념적 가치들이 제도를 통해 확립된 것 같은 상황에서 발생한다. 형식적으로 살아 있지만 실질적으로는 얼마든지 죽을 수 있기 때문이다. 자유와 평등, 그리고 정의의 이념은 제도를 통해서가 아니라 그 가치를 진정으로 인지하고 의식을 통해 자기화하는 존재들을 통해 살아난다. 그 숫자가 줄면 이념은 그만큼 죽는다. 따라서 만약 원한다는 말만 있고 원함이 없다면 이념은 살아 있지 않다. 단지 간섭받지 않고 마음대로 살려는 맹목적 이기주의를 자유라고 여기는 의식이 살아나는 만큼 자유는 죽는다. 그것은 자유로의 향함이 아니라 오히려 '자유로부터의 도피'다. 평등도 마찬가지다. 차별이 제도를 통해 개선된다 하더라도 인간이 진정으로 평등을 원하지 않고 오히려 남을 누르고 잘되는 것만을 속으로 원하고 있다면, 평등한 사회는 디스토피아일 뿐이다. 평등을 가장한 정책들이 남발될 때 이기적 인간의 차별을 향한 욕구는 은폐된 욕망으로 더 기승을 부릴 것이다. 사람들이 '정의란 무엇인가?'를 묻고 있는 것도 동일한 맥락이다. 정의가 무엇인지 정말 모르는 것이 아니라 이미 알고 있는 정의도 실천할 마음이 없기에 끊임없이 질문만 던지고 있는 것이라면 정의는 그 정의를 말하고 있는 동안에 이미 죽어 있다.

존재의 관점

자연이 죽어가고 있다. 존재는 상호 유기적으로 연결되어 있고, 따라서 내가 살기 위해서는 환경이 살아야 한다. 그런데 자연이 죽어가고, 동물의 개체 수가 줄고 있다. 사실 우리가 죽이고 있고, 그래서 우리를 죽이고 있다. 다행히 존재의 죽음에 대한 저항은 1970년대 이후 범세계적으로 감지되고 있다. 환경호르몬, 특히 이산화탄소 감축을 위한 교토의정서 같은 국제 협약이 아직 유효하고 대체에너지 개발 등과 동물보호를 위한 다양한 노력이 있다. 다음 세대에게 거주 가능한 지구를 물려주기 위한 국제적 노력은 지금도 지속되고 있다.

하지만 뒷모습은 좀 다르다. 존재의 생물학적 죽음과 파괴는 인간 의식 안에서의 죽음에 따른 결과일 뿐이다. 따라서 환경보호와 핵문제 해결, 그리고 동물보호운동을 위한 공조나 노력만이 중요하지 않다. 만약 그것이 실질적 관심이 아니라 단지 나에게 쾌적한 환경, 우리 지역에 유익이 되는 핵에너지, 자국을 위한 핵무기만을 의미한다면 존재는 이미 죽은 것이나 다름없다. 누구나 환경문제의 심각성을 지적하지만 아무도 관심이 없다면, 다시 말해 단지 이기적 환경문제에만 관심이 있다면 역설적인 현상만 증가하게 된다. 전 세계적으로 환경보호에 대한 외침과 국제사회의 협약, 그리고 환경운동이 더 늘어날 것이다. 그리고 존재는 더 죽어갈 것이다. 살리기 위해 노력해야 한다는 말이 나오는 것은 이미 죽어가고 있다는 뜻이다.

의미의 관점

사람들은 의미 없는 삶이 죽은 것이나 다름없다는 것을 알고 있다. 그래서 실존주의자들은 일상적 존재에서 벗어나 실존적 의미를 찾으라고, 진정 인간으로 살라고 말한다.

하지만 의미의 죽음이 지니는 뒷모습을 보면 그것 역시 단편적 사고에 불과하다. 인간에게는 본인이 의식하든 안 하든 무엇인가 인생에서 가장 중요하게 여기는 것이 있다. 따라서 의미에 대한 고민이 없는 것도 아니고, 사실 의미 없는 인간은 없다. 일상성의 존재 또는 중성적 존재의 삶도 결국 그 개인이 좋아 선택한 것이다. 니체가 차라투스트라의 삶이라고 멋지게 미화한 초인적 실존 역시 알고 보면 권력 지향적 인간의 본능을 미화한 것에 불과하다. 나아가 『구토』의 로캉탱처럼 고정된 의미가 없는 삶을 매 순간 스스로 선택해 만들어가야 한다면 그렇게 살지 않는 사람은 없다. 따라서 의미의 죽음은 의미 상실에 있지 않다. 그것은 의미의 부재가 아니라 의미의 혼돈으로 인한 왜곡된 의미에의 고착에 있다. 돈을 의미로 삼는다면 의미 상실은 필연적 결과다. 사업에 망하게 되는 경우가 온다는 것이 아니라 그것을 의미로 삼는 순간 이미 의미는 죽은 것이라는 말이다. 그러므로 의미 있는 삶을 살아야 하는 것이 아니라, 진정 살아야 할 가치에 의미를 두어야 한다.

역사의 관점

역사는 살아 움직인다. 적어도 인류가 쌓아온 문명의 역사를 보면 그렇다. 살아 있는 존재는 성장한다. 헤겔과 같은 이들은 역사가 변증법적으로 발전한다고 말했다. 자가당착이다. 문명이 존재한다는 것, 존재해왔고 발달해왔다는 것이 역사의 생명을 담보하는 것은 아니다. 그것은 역사의 형식적 생명만을 보장할 뿐이다. 본질적 생명은 진보에 달려 있다. 진보는 발전이다. 그런데 역사가 발달했지 발전하지 않았다면 당연히 진보가 아니고, 따라서 역사는 죽은 것이다. 발전이나 진보에는 질적 도약이 개입되어야 한다. 만약 역사가 문명의 현상만을 변화시킬 뿐 본질의 변화를 불러오지 못했다면, 해 아래 새 것이 없고 전에 있던 것이 이제도 있고 그래서 내일도 있을 것이라면 그 순환의 고리는 무의미한 반복을 의미할 뿐이고, 호흡이 붙어 있는 동안 쳇바퀴만을 돌릴 다람쥐라면 이미 살아 있는 것이 아니다.

죽음에 취한 자들

그들은 이기적인 놈의 욕망을 따라, 몸에 종속된 채, 주관적인 행복감을 얻기 위해 평생을 뛰어다니며, 쾌락에 종속되어 산다. 관계는 없고, 몸밖에 없으며, 인격은 이미 자본에 저당 잡힌 지 오래다. 의미는 있으나 무의미가 의미가 되어 살고, 자유와 평등과 정의를 외치지만 실상은 주관적 가치로만 존재한다. 공동체의 평화와 안정을 추구하는 것도 마찬가지다. 근본적 관심은 자신의 유익에만 있으며, 그래서 결국 자연이든 동물이든 모든 존재 역시 이익을 위한 도구로만 본다. 그들에게 인생의 진정한 목표는 없다. '나'가 없기 때문이다. 행복이 무엇인지 모르고 행복을 어떻게 찾을지 모르기 때문이다. 그들은 이기적인 자신, 즉 이기적 본능 이외에 다른 것이 아니다. 따라서 그저 건강하게 오래 살고 마음껏 즐기는 일에 집착하게 되고, 타인의 시선만을 의식해 돈과 성공에 삶의 의미를 설정하게 된다. 죽음에 취한 사람들, 그들은 생물학적으로만 살아 있을 뿐 한 인간과 관계하는 모든 삶의 영역에서 철저하게 죽어 있는 자들이다. 그런데 그들이

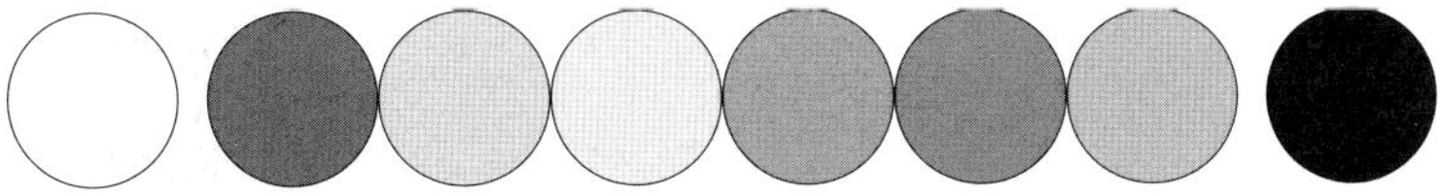

보이는 것이 보이지 않고, 보이지 않는 것이 보인다. 세상에는 그렇게 앞모습과 뒷모습이 섞여 있다. 이상과 현실이 교차한다. 어떤 것이 정상이고 어떤 것이 비정상일까? 보이는 대로만 보면 구분은 불가능하다. 그래서 봐야 하는 대로 봐야 한다. 흑과 백 사이에는 다양한 색들이 있다. 당신은 지금 다양한 색들을 보고 있다. 그것이 진실이라고 믿는다. 하지만 커튼을 젖히면 보이지 않던 것이 보인다. 흑과 백 사이의 색들을 모두 합치면 어떻게 될까? 흑이다.

보이는 것과 보고 싶은 것을 지나 보이지 않는 것, 하지만 봐야 할 것을 보면 진리는 그렇게 하나다. 혼돈 가운데 선택해야 하는 것이 나의 운명이듯, 그 선택 또한 나의 운명을 결정한다. 결국 세상에는 두 종류의 사람밖에 없다. 살아 있고 또 살아 있는 사람, 그리고 살아 있지만 죽어 있는 사람! 빛을 향해 서 있는 사람, 빛을 등지고 있는 사람. 한 사람은 보면서 보고, 다른 사람은 보지만 보지 못한다.

바로 인류 문명의 주역이다. 토플러(A. Toffler)식으로 말하면 모든 물결들의 주체이고 인간 역사의 주인이며 인류가 쌓아올린 바벨탑의 일등 공신들이다. 바로 그런 이유로 죽음에 취한 사람들이 건설한 그 문명 역시 죽음에 취해 있다.

레오나르도 다 빈치, 〈모나리자〉(1503~1506)

모나리자(Mona Lisa) 또는 라 조콘다(La Gioconda)!
리자 여사 또는 조콘도의 부인,
당신은 상인인 델 조콘도의 부인
리자 마리아 게라르디니(L. M. Gherardini)인가,
아니면 여성화한 다빈치인가?
눈썹이 없는 이유는
아름다움의 갈구였나?
아니면 미완성의 잔재,
그냥 부주의한 복원가의 실수?
정말 생머리인가?
손을 포갠 것은
정숙함의 기호일까,
아니면 그런 것도 아닌가?

당신은 보이는 대로인가,
아니면 보이지 않는 대로인가!
당신은 누구인가?

02

나의 죽음 - 정체성

한 아이가 아파트에서 뛰어내렸다. 자살은 아니다. 아이는 망토 비슷한 것을 걸치고 뭐라고 소리를 지르며 아래로 뛰어내렸다. 자신이 죽을 것이라고 믿지도 않았다 물론 죽음이 무엇인지도 몰랐을 것이다. 그냥 날고 싶었다. 자신이 날 수 있다고 믿었다. 떨어지며 아이는 이렇게 소리쳤다. "나는 슈퍼맨이다!"

진리는 단순하다. 나를 모르면 내가 없고, 내가 없으면 내가 원하는 것을 모르고, 원하는 것을 모르면 그 삶은 더 이상 내 삶이 아니라 '누군가'의 삶이다. 존재가 사라지는 것을 죽음이라 부른다. 그러므로 나 아닌 누군가를 나로 착각할 때 나는 죽는다. 그런데 내가 죽으면 모든 것이 죽는다. 마치 도미노처럼 죽음은 삶의 조각 하나하나를 철저하게, 그리고 남김없이 부숴버린다.

영화 '블랙 스완'의 니나는 프리마돈나가 꿈이다. 하지만 그녀는 순수하고 선한 백조 연기는 잘해도 관능적이고 도발적인 흑조 역은 잘 소화해내지 못한다. 그녀에게 집착하는 엄마의 과잉보호가 그녀를 피터팬신드롬에 빠진 순진하고 나약한 소녀로 남도록 만들었기 때문이다. 그래도 욕망은 불의 혀같이 장벽을 불사른다. 꿈이 좌절될지도 모른다는 두려움, 반드시 흑조가 되고야 말겠다는 집착은 내면의 또 다른 자아, 즉 융(K. G. Jung)이 '그림자'라고 부른 제2의 인격을 불러낸다. 결국 흑조화된 자아는 꿈을 방해하는 경쟁자 릴리를 죽여버린다. 그렇게 믿었다. 하지만 그것은 자기방어 기제에서 유출된 환각이었다. 흑조가 종국적으로 제거한 장애물은 나약하고 쓸모없는 백조, 자기 자신이었다. 자아와 동일시된 내면의 파괴적 아니마(anima)가 그녀의 존재 자체를 소멸시킨 것이다.

'나'를 잃은 존재는 설사 살아 있어도 죽은 것이다.

『미운 오리 새끼』의 오해된 '나'는 정상적인 오리로 살고, 또 오리 사회가 인정해주기를 간절히 원한다. 그래서 놀림받고 무리에서 소외될 때 극심한 외로움을 느낀다. 하지만 그의 고통은 오리들로부터가 아니라 자기 자신으로부터 온 것이다. 바른 정체성은 자부심을 주었을 것이다. 결국 미운 오리 새끼는 자신을 안 그 순간부터 비로소 살아 있음의 존재가 된다.

누구나 원하는 삶이 있고, 꿈을 이루기 위해 생각하고 결단하고 행동하며 살아간다. 하지만 모두가 자신의 삶을 살지 않는다. 내가 살려면 나를 알아야 한다. 그런데 사람들은 이 문제를 별로 심각하게 여기지 않는다. 자신이 누구인지 다 아는 것 같다. 그런데 정말 그럴까? 정체성의 혼돈은 미운 오리 새끼처럼 관계에 의해서만 발생하지 않는다. 왕자와 거지처럼 역할 놀이도 아니다.

"내 마음 나도 몰라!" "내가 왜 그랬죠? 제정신이 아니었어요!"

'나'에 대한 착각은 내 안에서 일어난다. 프로이트가 진정한 나를 이성이 아닌 내 무의식 안의 욕망으로 본 것은 그런 점에서 눈여겨봐야 할 사항이다. 이성이나 욕망 또는 다른 어떤 것을 나로 볼 수 있다는 말이기 때문이다. 그러므로 "내 안에 내가 너무도 많아 당신의 쉴 곳 없네!"라는 말은 유행가 가사 이상의 의미를 담고 있다.

사람은 나무와 같다. 좋은 나무가 좋은 열매를 맺고 나쁜 나무가 나쁜 열매를 맺는 것처럼 삶의 열매는 그가 어떤 존재인지를 보여준다. 보이는 열매를 보면 우리는 사과나무인지 배나무인지 알 수 있다. 겨울날 앙상한 나뭇가지로만 보이던 것들이 봄이 되면 진달래로 또는 개나리로 자신을 알리는 것과 같다.

인간의 열매는 행위로부터 시작한다. 행위가 모이면 습관이 되고, 습관은 생활이 되며, 그렇게 삶이 된다. 그리고 삶은 운명을 결정한다. 그런데 보이는 것은 보이지 않는 것에 의해 결정된다. 행위는 반드시 생각을 전제한다. 생각이 없는 행위는 존재하지 않는다. 생각 없이 사는 것은 생각 없이 살기로 생각한 것이다. 그러므로 결국 생각이 운명을 결정한다 해도 과언이 아니다.

생각은 그런데 1)감각지각을 재료로 시작된다. 예를 들어보자. 어린아이 앞에 뭔가가 있다. 둥그렇게 생겼는데 뭔가 많이 들어 있다. 시각적으로는 색이 다양하다는 것 외에 가치판단이 불가능하다. 그래서 만져본다. 부드럽다. 따뜻하다. 좀 뜨거운 것 빼고 촉각은 좋은 것이라고 말한다. 그래서 후각에게 물어본다. 냄새가 좋다고 한다. 아무 소리도 들리지 않으니 청각과는 무관하다. 그래서 마지막으로 미각을 본다. 맛있는 것 같다. 이제 생각은 그것을 먹을 것으로 인식한다. 그리고 먹었을 때의 만족감을 상상한다. 나를 행복하게 해줄 것이라고 판단한다. 결국 먹고 싶다는 욕망이 발생하고, 먹겠다는 의지작용을 거쳐 먹을 것을 결단한다.

2) 경험적 지식만으로 생각이 구성되는 것은 아니다. 지식은 3) 지성의 도움을 받는다. 아이가 그것이 피자라는 사실을 알게 된다면, 일시적인 행복감을 주지만 장기적으로 건강에 유해할 수 있으니 삼가라는 지성의 충고를 듣게 될 것이다. 그러므로 지성은 다양한 경험의 축적을 통해 형성되므로 나에게 좋은 것과 해되는 것을 판단할 수 있다. 플라톤이 『국가』에서 '지혜(Sophia)'라고 말한 분별력이 바로 지성이다.

그런데 지식 습득과 지성의 방향을 결정하는 요소가 또 있다. 바로 4) 성품이다. 잎과 가지가 줄기에 의존하듯, 지식과 지성은 성품에 따라 움직인다. 그래서 이기적인 사기꾼이 어떤 지식을 습득하고 무엇을 좋다고 여길지 추측하는 일은 그렇게 어렵지 않다. 결국 전체적으로 지식과 지성, 그리고 성품이 마음을 만든다. 그래서 '일체유심조(一切唯心造)'다. 옛말에도 관상이 수상보다 못하고, 수상이 족상보다 못하며, 족상이 골격 생김새보다 못하고, 골격 생김새보다 마음이 중요하다고 했다!

그런데 그 마음도 끝은 아니다. 보이지 않는 것은 마음만이 아니다. 땅 밑에는 나무의 뿌리, 바로 마음을 다스리는 5) '나'가 있다. 세상만사 마음먹기에 달려 있는 것은 맞지만, 마음먹는 주체는 마음이 아니라 나다. 주인이 삶의 지향점을 어디로 선택하는지에 따라 종인 마음이 지정의(知情意)로 봉사하며 따라간다. 그러므로 자신을 아는 것이 가장 중요하다. 그 '나'가 설정하는 삶의 패러다임이 모든 것을 결정한다. 내가 선택한 길을 마음이 닦고 몸이 움직인다. 구체적으로 내가 삶의 중심을 선택하면 성품에 영향을 주고, 성품을 바탕으로 지성의 판단과 지식 습득이 이루어지며, 그것들이 감각지각과 이성의 비교·분석·판단과 결합하여 상상력을 동반한 욕망을 만들고, 그 욕망이 의지적으로 결정되면 행위가 있고, 행위가 쌓이면 습관이 되며, 습관이 모여 생활이 되고, 생활이 삶으로, 그리고 결국 삶이 나의 운명을 결정한다.

나

> 나폴레옹 보나파르트는 젊은 시절에 너무 가난해서 자살할 생각까지 했다. 하급 장교 때는 사과 한 조각 사 먹을 돈도 없었고, 하숙비는 언제나 밀리고는 했다. 훗날 황제가 된 그가 어려웠을 때를 회상하며 하숙집을 찾아간 적이 있었다. 그런데 주인 아주머니는 그를 전혀 알아보지 못했다. 그녀의 기억에 그는 골치 아프고 재수 없는 거지 학생이었다. 만약 그가 "내가 바로 나폴레옹이오!"라고 말했다면 그녀는 뭐라고 했을까? 아마 "그래, 나는 마리 앙트와네트다!"라고 말했을 것이다. 아니면 "그래? 그럼 민증 까봐!" 했거나!

각종 신분증들 안에는 이름, 생년월일, 주소, 또는 직업이나 본인의 사진이 있다. 신분증은 정체성을 드러내는 최소한의 장치다. '최소한'인 이유는 개인에 관해 기초적인 정보만을 제공하기 때문이다. 구체적이고 적극적인 취향이나 삶의 경험은 제외되어 있다. 그래서 신분증은 '신원 확인'만을 해줄 뿐 정작 '나'를 보여주지는 못한다. 만약 누군가에 대해 좀 더 알고 싶다면 살아온 이야기를 듣는 편이 낫다.

앙드레 마티유(Andre Mathieu, 1929-1968)는 캐나다 출신의 작곡가이자 피아니스트다. 이미 4세 때부터 자작곡으로 연주회를 열어 '작은 모차르트'라 불릴 정도로 명성을 떨쳤고, 라흐마니노프로부터는 후계자 소리를 들을 정도였다. 그는 '낭만적 랩소디', 피아노협주곡 제2번과 4번 등 명곡을 남겼지만 부모의 집착과 가계를 책임져야 하는 부담감으로 외롭고 힘든 삶을 살았다. 더욱이 자신의 낭만적인 음악 스타일은 당시 유행하던 모던 클래식과 갈등을 빚었다. 모더니즘은 선율 중심의 협화음으로부터 불협화음의 전위적 클래식으로 이동하고 있었기 때문이다. 주류에서 소외된 그는 알코올에 의존하게 되고, 자기 환상에 빠진 퇴물 취급을 받게 된다. 결국 고독한 비운의 천재는 39세의 나이에 고난과 고뇌의 삶을 마친다. 그의 음악은 서정적이며 열정적이다. 인간의 내면에 있는 영혼의 그리움을 아름답지만 처절하게, 그리고 부드럽게 감싸준다.

아마 마티유의 어머니는 좀 더 자세한 이야기를 할 수 있을 것이다. 하지만 '그에 대한 것'이 '그'는 아니다. 우리는 얼마든지 누군가의 삶을 말할 수 있지만, 그것은 그가 세상에서 경험한 것일 뿐 경험을 한 그 사람 자체는 아니다. 경험은 할수록 양파 껍질처럼 싸인다. 그리고 그 껍질 하나하나는 내가 아닌 '나'의 경험이다. 그러므로 일상적인 정체성은 사실 경험의 집합에 불과하다. 나이가 들수록 자신에 대해 할 말이 많아지는 이유가 거기에 있다.

슬픈 일이다. 경험이 늘고, 욕망이 증가하고, 그래서 '나에 대한' 이야기가 늘어날수록 정작 나 자신으로부터는 멀어지는 셈이기 때문이다. 나는 더 사라지고 점점 비대해져가는 경험의 집합이 그 자리를 대체하기 때문이다. 신기한 일이다. 인간은 자신을 알아간다고 믿을수록 사실은 모르게 된다. 상황이 이러니 성인이 자신을 찾는 것은 거의 불가능하다. 라캉(J. Lacan)의 말처럼 나는 생각하지 않는 곳에서 존재하고, 존재하지 않는 곳에서 생각하게 된다.

석가의 길

석가는 그 문제를 인지하고 있었다. 그래서 참자아를 찾기 위해 경험의 껍질들을 하나씩 벗겨내봤다. 깨달음의 순간부터 태어날 때까지 하나씩 하나씩, 그렇게 다 지워버렸다. 무엇이 남았을까?

궁금하면 당신도 한번 지워보기 바란다. 직장, 대학과 동아리 모임, 고등학교 시절의 추억, 어린아이였을 때 동네 친구들과의 놀이 등을 하나씩 지워보자. 양파 껍질을 하나씩 벗겨보라. 도중에 멈추지 말고, 혹시 기억한다면 마지막 껍질일 가능성이 높은 자궁의 경험까지 벗겨보자! 무엇이 남는가? 비어 있다! 아무것도 없다! 그래서 석가는 "아! 나라고 하는 존재는 원래 없구나!"라는 무아론(無我論)을 주장하게 된다. 무아론은 독립된, 경험과 분리된 상식적 자아를 거부한다. 자아는 현상을 실재로 착각한 것이다. 존재의 현상 너머는 공(空)이다. 보이는 것과 실재는 다르다.

그렇다면 자아라고 믿었던 것의 정체는 무엇인가? 석가가 보기에는 오온(伍蘊)의 결합에 불과하다. 색(色, 육체), 수(受, 지각), 상(想, 인식), 행(行, 의지), 그리고 식(識, 판별)이라는 다섯 요소의 집합을 의미한다. 말은 어렵지만 의미는 쉽다. 형태를 가진 나의 몸이(색) 아름다운 여성을 보면(수) 그녀와 함께함을 상상하고(상) 사귐을 원하게 되며(행) 그러면 좋을 것이라 판별(식)하는 것을 의미한다. 그러므로 색(몸)을 제외한 사온(四蘊)은 마음의 다양한 요소들을 나타낸다. 학자 가운데는 식(識)을 마음으로 보고, 수(受)·상(想)을 마음의 작용, 그리고 행(行)을 그 외의 모든 마음 작용으로 보는 해석도 있지만, 오온을 어떻게 해석하든 본질에는 큰 차이가 없다. 핵심은 '나'라고 믿었던 것이 몸과 마음의 우연적 결합에 불과하며, 따라서 근본적으로는 없다는 말이다.

경험과 분리된 '나'는 정말 없는 것일까? 나는 경험이 만들어낸 착각일까? 석가가 옳다고 해보자. 나는 없고, 나의 마음과 몸만 있다. 그래서 난 내가 없는 것을 깨달았다. 그렇다면 지금 내가 없다는 사실을 깨닫고 있는 놈은 도대체 누구인가? 마음이 마음먹을 수는 없다. 생각이 생각을 생각하는가? 행위는 행위일 뿐이다. 뭔가를 도둑맞았는데, "네 돈은 도둑이 아니라 도둑질하는 마음이 도둑질한 거야!"라고 말하는 자는 미친놈이거나 도둑 자신일 가능성이 높다. 한 가지 점에서 데카르트는 분명 옳았다. 사유가 있으면 반드시 사유하는 주체도 존재해야 한다. 바로 그런 이유로 '나'는 벗기고 나면 아무것도 남지 않는 양파와 같은 존재가 아니다. 석가는 "이제 나는 내가 무(無)임을 깨달았다!"라고 말하지만 쉼보르스카(W. Szymborska)는 「세 가지 이상한 낱말」에서 분명히 그 오류를 집어내고 있다.

> 내가 무(無)라고 말하는 순간, 난 무언가를 창조한다.
>
> 그 무(無) 안에 들어갈 수 없는 그 무엇을!

무(無)를 말하려면 그 단어와 말하는 '나'가 존재해야 한다. 실제 석가의 설법도 잘 보면 그 안에 깨닫는 '나'와 깨달아지는 '나'가 다름을 알 수 있다. 오온으로 깨달아지는 '나', 그리고 오온임을 깨닫는 '나'. 결국 석가는 지아의 허구성을 증명함으로써 사실은 무아(無我)가 아닌 진아(眞我)를 보여주고 있다. 다시 말해 사람들이 일상적으로 믿어왔던 나라고 하는 것은 몸과 마음뿐이니 무아임이 분명하고, 그 무아인 상식적 자아 배후에는 참나가 있음을, 아니 있어야 함을 증명한 것이다.

그래서 실존주의는 인간을 대자적 존재라 부른다. 일상적 자아, 즉 몸이 원하는 대로 마음이 흘러가는 대로 살아가는 자아를 대상화할 수 있는 존재! 인간의 '나'는 자신의 몸과 마음의 밖에서 그 흐름을 관찰할 수 있다. 그것을 반성적 자아라 부른다. 실제 석가에게도 출가하기 전 왕자의 신분으로 아무 생각 없이 '주어진 대로' 살던 '나'가 있고, 생로병사의 현실 앞에서 그 생각 없는 '나'에게 질문하는 '나'가 있었다. 그 '나'가 대자적 존재로서의 반성적 '나'다. 보이지 않는 뿌리, 참나다. 이 '나'가 경험적 자아의 업을 모두 벗고 무념무상의 경지에 도달했을 때 모든 경험과 욕망, 그리고 현상적 자아로부터 자유로워진 자신을 경험한 것이다. 아쉽게도 석가는 경험적 '나'가 무아임을 설명했을 뿐, 참나를 구체적으로 밝히지 않았다. 아니, 부정확한 설명을 했다. 그것이 실수인지 의도적으로 나온 것인지는 알 수 없다. 하지만 그의 윤회 사상을 보면 결국 그도 자아를 포기할 수 없음을 보여준다. 덕분에 불교학자들에게 무아와 윤회의 화해라는 골치 아픈 숙제만 남겨주고 갔다.

석가가 의식작용의 주체를 발견하지 못한 이유는 무엇일까? 양파 껍질을 다 벗겼을 때 왜 그 안이 비어 있었을까? 당연한 일이다! 주체는 그 양파 껍질 중 하나가 아니다. '나'는 경험의 대상이 될 수 없다. 궁금하면 한번 시험해보라! '나'라고 여겨지는 그 무엇이 보이는가? 냄새가 나는가? 맛이 있는가? 아니면 만질 수 있는가? 당신은 당신의 몸만 만질 수 있고 경험의 한 조각을 회상할 수 있을 뿐이다. 양파 껍질들은 모두 그 경험의 조각들이다. 그런데 '나'를 그 경험의 하나로, 최초의 조각으로 상정했으니 눈을 까뒤집고 봐도 보일 수가 없다. '나'는 몸도, 몸의 어떤 경험의 일부도 아니다. 방향을 잘못 잡은 것이다.

"나는 없다!"라고 아직도 누군가 우긴다면 이렇게 말해줄 수밖에 없다. "지금 네가 없다고 생각하고 있는 그놈이 바로 너야!" 경험이 사실인 것처럼 경험의 주체인 나도 실재다. 그리고 나는 의식의 시작으로부터 의식의 끝까지 함께 존재한다. 그런데 신기한 일은 '나'는 경험을 할 수 없는데도 인식되어진다는 것이다. 도대체 어떻게 알게 되는 것일까?

칸트의 선험적 자아

칸트(I. Kant)는 모든 인식이 경험과 함께 시작하지만 모든 인식이 경험으로부터만 오는 것은 아니라고 말한다. 합리주의와 경험주의를 조화시키려는 이 유명한 명제가 자아에 대해 말해주는 것은 무엇인가?

우리의 모든 감각지각과 인식은 개별적으로 일어난다. 예를 들어 보자.

1) 눈앞의 꽃병을 본다.
2) 식기를 닦고 있다.
3) 집에서는 방금 먹은 생선 냄새가 진동한다.
4) 옆집에서 피아노 소리가 들린다.
5) 창밖에 다니는 사람들을 본다.
6) 옆방에서 전화벨 소리가 울리고 있다.

경험은 언제나 개별적으로 진행된다. 그런데 각각의 개별적 경험들이 서로 다른 사람이 아니라 바로 나 혼자에 의해 이루어진다는 사실, 모든 경험의 주체가 바로 나라는 사실은 어떻게 파악되는 것일까?

수많은 행위가 서로 다른 주체가 아니라 한 주체에 의해 이루어지고 있다는, 그것도 바로 '나'라는 인식을 위해서는 자기동일성의 의식이 필요하다. 자아의식은 별개의 인식 대상이란 말이다. 그런데 우리는 일상생활에서 이 문제를 깊이 고민하지 않는다. 그냥 배후에 내가 있다고 상식적으로만 알고 있다. 그리고 그냥 '나'라고 부른다. 하지만 조금만 생각해보면 그처럼 신기한 일이 없다. 그리고 그것을 설명하는 일 역시 결코 쉬운 일이 아니다. 신경생물학의 한계도 여기에 있다. 모든 개별적 경험의 진행 과정, 즉 대상 인식 과정을 뇌 안의 호르몬과 화학원소의 유기적 작용을 통해 설명할 수는 있지만 자아 인식에 대해서는 결코 설명할 수 없다. 그래서 그냥 마음이 자아인 것처럼 얼버무린다. 사실 그럴 수밖에 없다. '나'는 특정 시점이나 특정 공간에서 지각되지 않는다. 모든 경험에 논리적으로 선행하는 나는 언제나 통합적 자아로서 마음의 모든 활동을 관장하고 당연히 전제되어 있다. 굳이 말하자면 내적 직관인데, 그것도 말이 그렇다는 것이지 역시 구체적으로는 설명할 수 없다. 자아의식은 그냥 주어진 사실이다. 그것은 생명이 있는 동안 늘 함께하되 개별적 인식 대상의 범주에 속하지 않는다. 따라서 뇌의 특정 부위가 반응하는 것도 기대할 수 없다. 신경생물학이 밝히지 못하는 것은 당연하다. 보이지 않는 것을 보이는 것처럼 찾으니 뭐가 보이겠는가!

뇌가 마음이라는 주장도 상상력의 산물일 뿐이다. 과학은 단순히 의식작용 발생 시 뇌의 이러저러한 부분이 반응하는 것을 보니 그 반응하는 부분이 마음이라는 단순 추론을 하고 있다. 얼마나 초라한 추론인가! 당신이 지금 걷고 있다고 상상해보라. 걸음을 걸을 때 움직이는 것은 당신의 다리다. 양다리가 반복적으로 전후좌우 운동을 하고 있다. 그렇다면 지금 걷고 있는 것이 당신의 다리인가? 아니면 당신인가? 지금 당신이 손으로 못을 박고 있다. 현상만 보면 손이 부지런히 움직이고 있다. 그렇다고 손이 못을 박고 있다 말할 것인가? 그래서 손이 나라고 말할 텐가? 어디 가서 그런 말 하면 미친놈 소리 듣는다. 마찬가지다. 당신이 지금 생각을 한다. 그런데 생각을 하는 동안 뇌를 관찰해 보니 뇌의 특정 부위가 반응하고 있다. 그래서 추론한다. "이렇게 뇌가 반응하면 생각이 일어나니 뇌가 생각하는 것인가 보다!" "손이 움직이면 못이 박히니 손이 못을 박나 보다!"와 뭐가 다른가? 마음과 뇌는 다른 것이다. 뇌가 생각하는 것이 아니라 당신이 뇌를 통해 생각하는 것이다. 걸음은 발로, 일은 손으로, 그리고 생각은 뇌를 사용해서 한다. 하지만 모두 내가 한다.

뇌는 비가시적인 나의 개별적 의식작용이 일어날 때 그것이 가시적인 뇌의 어떤 부위를 통해 진행되는가를 보여줄 뿐이다. 단지, 그리고 오직 그것만을 보여줄 뿐이다. 따라서 개별적 의식작용의 배후가 무엇인지, 나아가 그 의식작용들이 통일되어 귀속되는 한 존재가 누구인지는 설명할 수 없다. 뇌는 컴퓨터와 마찬가지로 자신에게 정해진 방식에 따라 들어온 정보만을 정해진 방식대로 처리할 뿐이다. 차이가 있다면 인간의 뇌는 모든 세밀한 감정 정보까지 처리할 수 있다는 것이다.

칸트도 그 사실을 알았다. 모든 경험의 배후에는 반드시 그 경험들을 총괄하는, 경험에 의해서는 인식될 수 없는 '나'가 있어야 함을 알고 있었다. 경험적인 자아가 실제 나라고 하는 확신을 가지기 위해서도 그것을 보증해주는 경험 이전의 '나'가 필요했다. 그러나 그도 그것이 무엇인지는 구체적으로 알 수 없었다. 그래서 칸트는 그 '나'를 선험적 자아[01]라고 불렀다. '선험적(a priori)'이란 말은 시간적으로 '경험 이전'을 뜻하는 '선천적'이 아니라, 논리적 의미에서 모든 '경험으로부터 독립된'을 의미한다. 결국 칸트는 '나'는 분명히 있으나 그것을 정확히 설명할 수 없기에 "그냥 경험에서 오지는 않는데, 하지만 분명히 있어!" 라고 한 것이다.

'나'라는 비가시적 대상이 어떻게 인식되어지는지 설명할 수는 없다. 다만 우리는 그 '나'가 존재할 수밖에 없다는 사실을 알 뿐이다. 칸트는 그 이해의 경계까지 갔다. 그는 경험의 끝에서 그 너머 선험의 세계를 기웃거렸다. 하지만 물자체는 현상계적 존재에 의해 경험되지 않는다. 우리는 그저 주어진 그 '나'를 현실 안에서 확인하고 살 뿐이다.

보이지 않는 나

경험할 수 없다. 경험할 수 없으니 내 몸은 아니다. 몸이 아니니 뇌도 아니다. 거울을 보면 사람들은 자신을 본다고 믿는다. 하지만 거울 안의 존재는 당신이 아니다. 그 존재는 당신이 아니라 옷을 입혀놓은 당신의 몸이다. 그 '나'는 당신의 몸 안 어딘가에 있다. 하지만 보이지 않는다. 아무리 들여다봐도 나를 발견할 수는 없다. 그렇다면 나는 물질이 될 수 없다. 물질이 아닌 나를 표현할 수 있는 단어는 '영(靈)'밖에 없다. 경험적 나(Ego)가 아닌 '참나', 그 '나'

01 ; 칸트에게 '선험적'이란 말로 번역할 수 있는 단어는 두 가지가 있다. 하나는 말 그대로 '경험으로부터 독립된'이란 의미인 'a priori'이며, 다른 하나는 '선험적 지식의 모든 가능성에 관한'이란 의미인 'transcendental'이다. 하지만 우리의 관심은 전자에게만 있다. 칸트가 선천적이라는 말을 쓰지 않은 이유는 칸트가 보기에 모든 인식은 '경험과 함께' 시작하기 때문이다. 그럼에도 칸트는 모든 지식이 '경험으로부터' 오는 것은 아니라고 봤다. 따라서 수학이나 자연법칙처럼 '경험과 함께 인식'되지만 '경험으로부터 독립'된 지식을 설명하기 위해 선험적이란 말을 쓴 것이다. 그러므로 칸트가 인정한 것은 선험적 인식 가능성의 선천성뿐이다. 유사한 맥락에서 내가 선험적이라는 말을 사용하는 이유는 선험적 자아 역시 경험과 함께 깨달아지는 것이고, 경험적 자아와 독립적으로 존재하고 또 활동하며 개인의 삶에 영향을 미친다고 보기 때문이다.

는 그러므로 영(靈)이다. 사실 그 '나'를 영이라 부르든, '참나' 또는 자기(Self)라 부르든, 아니면 융의 생각대로 '제2의 인격'이라고 하든 그것은 중요하지 않다. 단어가 아니라 의미가 중요하다. 다만 국어사전에도 영(靈)이 '육체 안에 존재하며 생명을 주고 마음을 움직이는 무형의 실체'라고 정의되어 있으니 그렇게 사용하자.

'나'는 몸도 아니고 마음도 아닌 독립된 주체다. 내가 몸이 아니라 영적 존재임을 깨닫기 위해 심오한 가르침이 필요한 것은 아니다. 일상에는 그 증거가 넘쳐난다. 인간은 누구나 먹고 배설한다. 그런데 혹시 당신은 '응아' 소식이 왔을 때 너무 행복에 겨워 춤추며 화장실로 달려가는 사람을 혹시 본 적이 있는가? 오래된 변비 환자를 제외하면, 아마 본 적이 없을 것이다. 정상적인 사람이라면 화장실 가는 것을 달가워하지 않는다. 특히 한참 중요한 모임 중이라면 더욱 그렇다. '나'는 좀 참고 싶어 한다. 그런데 누군가 자꾸 가자고 조른다. 바로 내 몸이다. 이놈이 계속 화장실을 강요한다. 만약 내가 가기 싫다고 거부하면 아마 이렇게 말할 것이다. "그러다 욕본다!"

대부분의 아버지들이 퇴근하면 사실 마음은 집에 가 있다. 아빠는 집에 가서 가족과 함께하고 싶다. 그런데 몸이 자꾸 포장마차를 본다. 그러고는 '열심히 일한 당신, 좀 마셔도 돼!'라고 한다. 엄마들도 다르지 않다. '나'는 아이에게 부드럽게 대하고 싶다. 대화를 하고 싶다. 하지만 자꾸 손이 올라간다.

사람들은 자신이 상반되는 행위 사이에서 고민한다고 생각한다. 그리고 아리스토텔레스처럼 의지의 약함을 탓한다! 그럴 수도 있지만, 아닐 수도 있다. 당신이 가장 좋아하는 음식을 떠올려보라! 캐비어? 스테이크? 아니면 보신탕? 그것을 먹으면 세상 시름을 다 잊을 정도로 좋아하는 것을 생각해보라! 그리고 가정해보자! 지금 그 음식을 먹고 있다. "너무 맛있다!" 그런데 이상하게 눈물이 흐른다. 몸은 맛있어 죽겠는데 '나'는 눈물이 난다. 이상하지 않은가? 하지만 자연스러운 일이다. 사랑하는 사람이 떠나갔기 때문이다. 반대도 있다. 가끔이지만 아무리 슬퍼도 먹는 것만 보면 "헤!" 하는 친구들이 있다. 눈물 흘리면서도 너무 맛있다고 난리다. 주책이다.

> 찰리 채플린이 어느 시골 마을에 갔을 때 일이다. 마침 그 마을에서는 찰리 채플린 닮은 꼴 경연 대회가 있었다. 찰리는 그 대회에 참가했다. 물론 사람들은 그가 그인지 몰랐다. 그런데 찰리는 자신에 대한 닮은 꼴 대회에서 3위를 했다. 진짜보다 가짜가 더 진짜다웠다.

그렇다. 우리의 '나'도 짝퉁이 명품보다 더 명품처럼 보인다. 문제는 거기에 있다. 사람들은 몸이 자신이라고 느끼는 것을 훨씬 자연스러워한다. 하지만 몸은 짝퉁이다. 나와 몸은 다르다. 둘은 원하는 것이 다르다. 그래서 갈등이 있다. 그런데 문제는 몸이 나보다 더 나 같아 보인다는 사실이다. 아니, 어쩌면 몸이 나이기를 바라는 것일지도 모른다. "내 안에 내가 너무도 많아 당신이 쉴 자리 없네!"라는 말의 의미가 이제 분명해진다. 나는 이기심을 버리고 너를 받아들이고 싶다. 하지만 이기적인 몸의 욕망은 그것이 진정 '나'인 척 속이며 나를 가득 채우고 있으니 널 받아들일 자리가 없다는 말이다. 물론 참나는 그 사실을 알고 있다. 내가 아닌 나를 버려야만 네가 내 안에 들어올 수 있다는 것을 알고 있다. 그런데 그러지 못한다. 내가 아닌 몸의 욕망이 사실은 너무 좋은 것이다. 나의 욕망을 나로 알고 싶은 것이다. 그래서 "내 마음 나도 몰라!"라는 말은 거짓이다. 누구나 자기 마음을 안다. 그리고 언제나 자신이 원하는 것만을 얻는다.

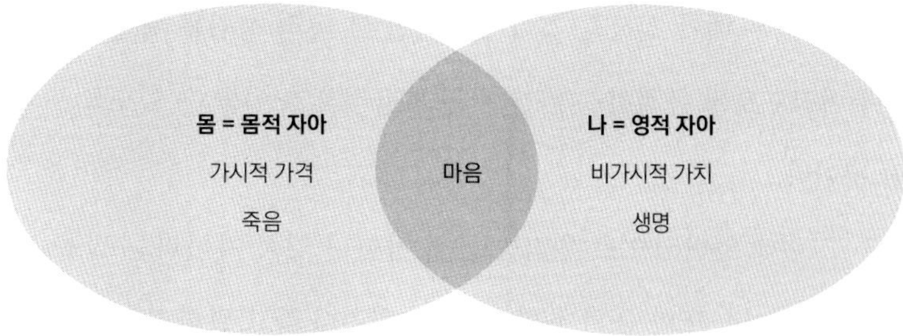

두 갈래 길

'나'는 하나다. 몸은 내가 아니다. 그리고 나와 몸은 원하는 것이 다르다. 몸은 가시적이므로 철저히 가시적인 것들을 욕망한다. 본능적이고 이기적이다. 반면 나는 보이지 않는다. 그래서 의미나 사랑과 같은 비가시적 가치를 원한다. 결국 나는 나무의 뿌리를 무엇으로 설정할 것인지, 즉 몸을 나로 선택하고 몸의 욕망을 나의 행복으로 결정할 것인지, 아니면 나를 나로 알고 나의 원함을 행복으로 설정할 것인지 선택해야 한다. 전자의 경우 몸적 자아가, 후자의 경우 영적 자아가 만들어진다.

이제 마음에 대해 이야기해보자. 자아와 행복의 뿌리가 결정되면 바로 마음이 작동한다. '마음'은 여러 기호들을 통해 표현된다. 정신, 뇌, 의식작용, 그리고 '혼' 등. 표현들은 다양하지만 의미하는 것은 지정의(知情意)로 동일하다. 앞에서 우리는 그 마음이 성품, 지성, 지식을 통해 만들어지는 것을 봤다. 하지만 근본적으로 마음은 '나'의 시녀다. 그래서 마음은 가치중립적이다. 마음을 선하게 또는 악하게 먹도록 만드는 것은 나, 즉 영(靈)이다.

마음은 내가 원하는 것이 결정되면 그 목적 성취를 위한 채널로 맞추어짐으로써 목적하는 바를 가장 효율적으로 이룰 수 있도록 도와줄 뿐이다.

그런데 일반적으로 우리는 몸적 자아나 영적 자아라는 말을 사용하지 않는다. 또한 몸의 욕망을 '몸이 원한다'라고 말하지도 않는다. "몸이 화장실 가고 싶어!", "내 몸이 지금 놀고 싶어", 아니면 "내 몸이 사랑받고 싶어!"라고 말하는 사람을 본 적 있는가? 말장난하는 것이 아니라면 그럴 일은 없다. 우리는 언제나 '나'라는 단어를 사용한다. '나 화장실 가고 싶어', '나 게임하고 싶어', 또는 '나 공부해야 해!' 등. 이런 현상이 일어나는 이유는 '나'라는 존재가 몸의 욕망을 선택하면 그것이 몸적 자아로 고착되기 때문이다. 다시 말해 '나'를 몸적 자아로 동일시하는 것이다. 결국 '나'는 단수이지만 의미는 복수다.

당신은 가끔 성공 전략에 대해 강연하는 곳을 가본 적이 있지 않은가? 그런 곳에서 자주 하는 소리가 있다. "자녀들이 원하는 것을 하도록 해주세요! 그들이 즐거워하는 일을 찾아 그 일을 하도록 하세요! 그래야 성공합니다. 억지로 하는 일은 결코 성공할 수 없어요!" 강연을 진지하게 들은 엄마는 이제 자녀에게 말해준다. "네가 원하는 것을 해야 한대. 정말 즐거워할 수 있는 것 말이야. 그래야 성공한대!" 그러면 아이가 뭐라고 할까? 솔직한 아이라면 기다렸다는 듯 대답할 것이다.

"맞아, 엄마! 난 게임하는 게 정말 즐거워. 정말 하고 싶어!" 또는 "나 스마트폰이 정말 좋아! 그러니까 빨리 사줘, 응?"

"아니! 그런 거 말고 네가 원하는 것을 해야 한다니까?"

"내가 원하는 게 그거라니까?"

"그건 안 돼! 다른 거!"

"뭐야, 엄마는! 내가 원하는 걸 하라며? 순 엉터리야!"

이런 수순으로 대화가 진행될 것이다. 엄마는 늘 이상하게 꼬인다고 생각한다. 하지만 지극히 당연한 일이다.

강사와 엄마, 그리고 아이까지 아무 생각 없이 말한 그 '나'는 포괄적인 말이다. 영적 자아로서의 '참나'와 몸적 자아로서의 '짝퉁 나'가 뒤섞여 있다. 그러니까 엄마가 "네가 정말 원하는 것을 해야 해!"라고 했을 때 '나'는 참나를 의미하는 것이다. 그래서 그 '나'가 의미 있고 가치 있는 일을 찾기를 바란다. 반면 아이가 "엄마, 나 게임 좋아!"라고 했을 때 '나'는 진짜 나가 아니라 짝퉁 나, 즉 몸이다. 아이는 자신의 몸이 좋아하는 것을 자신이 좋아하는 것으로 착각하고 있다. 따라서 아직 인생의 가치에 대해 정확히 알지 못하는 청소년에게는 "네가 원하는 것을 하라"라고 하면 안 된다. "네가 해야 할 것을 원해야 한다!"고 조언해줘야 한다. 즐거워하는 일을 하는 것이 아니라 해야 할 일을 즐거워해야 한다. 물론 나중에 그 아이가 좀 더 자라서 삶의 가치에 대한 분별력을 갖게 된다면 그냥 말해줘도 된다. "네가 원하는 것을 해!"

내가 살아 있는 동안 나는 몸과 결합되어 있다. 하지만 내가 몸을 사용하는 것이지 몸이 나를 사용하는 것은 아니다. 진정한 나는 몸이 아니다. 그런데 만약 그 '나'가 자신을 몸으로 여기고 몸적 자아로 살아간다면 그 '나'는 어떻게 될까!

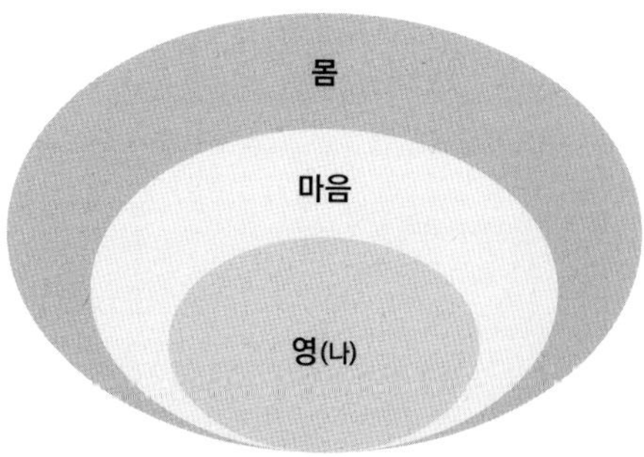

그는 늘 "내가, 내가…… 나는, 나는"을 말하겠지만 거기에 진정 '나'는 없다. 내가 없는 삶은 죽은 것이다. 내가 누구인지, 내가 무엇을 원하는지, 내가 어떤 존재와 관계하기를 원하는지 등에 대해 전혀 모르고 사니 죽은 것이다. 몸을 나로 착각한 삶은 살아 있다 해도 자동기계와 다를 바 없다. 이성도 사용하고 가치에 대한 판단도 한다. 마음도 당연히 펄펄 살아 있다. 하지만 모든 것이 몸의 본능인 이기심에 의해서만 움직인다. 마음도 영도 그 주파수에 맞추어져 있다. 그래서 사람은 가장 살아 있다고 느낄 때 죽어 있을 수 있는 것이다.

죽음에 취한 사람들은 바로 이 길을 선택한 자들이다. 그들은 몸적 자아로 보이는 대상의 욕망을 따라 마음의 모든 사유와 행위를 조율한다. 내가 아닌 나만이 내 안에 존재하니 나는 없다. 내 안에 내가 너무도 많아 당신이 쉴 곳 없는 게 아니라, 정작 내가 쉴 곳이 없다.

내가 태어났으면 내가 살아야 한다. 그래서 뒷모습을 봐야 하고 좁은 길을 선택해야 한다. 보이지 않는 영, 봐야 할 나를 봐야 한다. 그리고 나라고 믿었던, 하지만 내가 아닌 나를 죽여야 한다. 그래야 진정 내가 산다. 오해하지 마라! 몸의 욕망 자체를 부정하라는 말이 아니다. 그럴 수도 없지만 그럴 필요도 없다. 몸이 나를 지배하는 죽음의 질서가 죽고 내가 몸을 지배하는 생명의 질서로 재탄생해야 한다는 말이다.

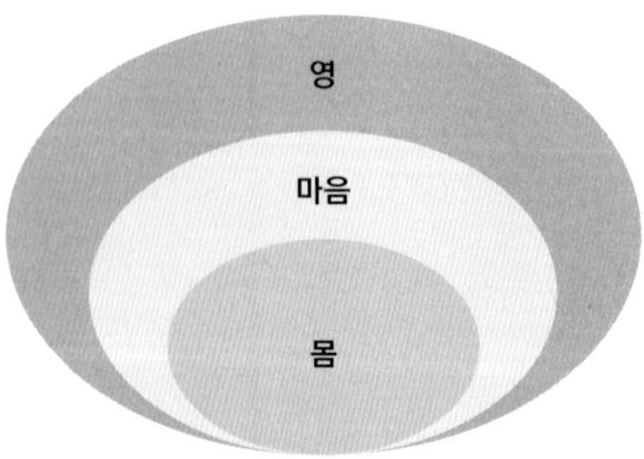

좁은 길을 가는 것은 쉽지 않은 일이다. 하지만 몸에 종속된 노예의 삶에서 돌아서야 한다. 속세를 떠나는 것은 어리석은 일이다. 깨달음은 고생한다고 오지 않는다. 진리는 공간의 차이나 수행의 양에 의해 결정되는 것이 아니다. 오히려 그 안에 머물러라. 그리고 다른 이들의 삶을 보라. 그들의 왜곡된 삶의 현상들을 구체적으로 관찰하라. 그리고 생각하라. 당신이 나무라고 있는 그들의 모습이 바로 당신 자신의 모습이다. 그 사실을 정말로 깨닫게 되면 당신은 아무도 비판할 수 없다. 하지만 그때 당신 안의 질서가 변하기 시작한다. 그리고 세상에 살지만 세상에 속하지 않는 그 길을 떠날 수 있다.

요한 하인리히 퓌슬리(J. H. Füßli), **〈악몽〉**(1781년경)

악몽은 잠잘 때 오지 않는다. 꿈이 억압된 욕망의 표출이라는 프로이트의 말이 옳다면 현실은 언제나 꿈이다. 행복감에 도취된 몸은 그것이 환희의 절정에 다다를 때, 정상과 다수의 이름으로 다가올 때 가장 현실적으로 보인다. 내가 나비가 되고, 나비가 내가 된다. 진정 하나 됨의 착각 속에 잃어버린 현실, 그 행복의 노래는 얼어붙은 겨울 바다 위를 떠돌고, 생명 없는 거대한 욕망의 머리가 생명의 뿌리를 상실한 몸 위에 보일 때, 그녀는 살아 있지만 죽어 있다. 꿈을 깨야 한다. 그런데 지금은 꿈의 현실인가, 아니면 현실의 꿈인가?

03

행복의 죽음 - 행복감

> '설국열차'는 프랑스혁명을 연상시킨다. 바퀴벌레로 만든 단백질 블록을 배급받으며 비인격적 존재로 차별 대우를 받는 꼬리 칸 사람들, 사악한 부르주아에 대항하는 프롤레타리아 혁명처럼 한계상황에 내몰린 소외된 민중이 일어난다. 그런데 좀 이상하다. 독재자에 대한 항거가 성공하고 민중이 주인인 정의로운 사회가 도래해야 하는데, 모두가 평화롭고 누구나 존엄하게 대우받는 세상으로 변해야 하는데 엔딩이 다르다. 열차는 파괴되고 두 아이만 살아남는다. 얼핏 보면 존재보다 자유를, 비인격적 삶보다 인간적 죽음을 노래하는 것 같지만 설국열차는 다른 말을 하고 있다.

세상은 빙하로 뒤덮인 죽음의 공간이 되었고, 이제 설국열차만이 유일한 생명의 자리다. 얼핏 보면 노아의 방주 같지만 열차는 일시적인 피신처가 아니다. 라이프니츠(G. W. Leibniz)의 예정조화론처럼 생존의 정밀한 메커니즘에 따라 완벽하게 설계되고 또 조화롭게 유지되는 세계다. 1000칸으로 구성되어 있다는 지도자의 말은 그 열차가 『천일야화』

의 세상을 암시하고 있음을 보여준다. 1000은 완전한 숫자다. 질적 완전이 아니라 사람들이 추구하는 모든 것들이 그 안에 있다는 뜻이다. 열차 한 칸 한 칸은 각각 하나의 삶, 하나의 행복을 대변한다. 사람들은 자신만의 칸에서 자기만의 삶을 산다. 그들은 칸을 떠나지 않는다. 보이는 것만 보고, 보고 싶은 것만 보며 산다. 다른 삶은 원하지도 않고, 알고 싶어 하지도 않는다. 설국열차는 최고의 세상은 아니지만 최상의 조화를 자랑하는 유토피아다.

그런데 그 안에 따로 노는 인간이 하나 있다. 바로 설계자다. 사람들이 열차 안을 생명, 열차 밖을 죽음으로 규정하고 있을 때 그는 밖을 내다본다. 보이는 세상이 아니라 보이지 않는 세상을 본다. 다른 사람들과 달리 진정 보기 위해 본 사람은 그뿐이다. 그래서 패러다임의 전환을 경험한다. 열차가 죽음이 되고 밖이 생명이 된다. 유토피아(Utopia)로 알던 열차가 디스토피아(Distopia)가 된다. 열차는 이제 무너져야 할 바벨탑, 진정 살아 있음으로의 길을 막아선 거대한 감옥이다. 그래서 그 괴물을 죽이고자 한다. 그는 홀로 거대한 풍차를 향해 돌진하는 돈키호테다. 낭연히 미친놈으로 몰리고 감금된다.

그러나 진리는 돈키호테가 옳다고 말한다. 열차는 죽어 있다. 존재하나 무의미하다. 살아 있으나 사실은 죽어 있는 세상이다. 죽은 열차 안에는 죽음에 취한 사람들이 살고 있다. 열차가 죽어 있다는 것은 그 안의 모든 존재도 살아 있다고 믿으나 사실은 이미 죽은 존재들임을 암시한다. 실제 그들은 호흡하고 즐기고 원하는 대로 살아가지만 생명의 뿌리는 이미 뽑혀 있다. 그런데 설국열차는 왜 죽은 것일까? 그것은 단순히 자유가 박탈되었기 때문이 아니다. 열차가 죽음인 근본적 이유는 그곳에 행복이 없기 때문이다.

행복의 짝퉁

세상 사람들은 모두들 행복을 원한다. 그리고 행복이 무엇인지 아는 것처럼 살아간다. 실제로 한계상황에 처한 끝 칸 사람들을 제외하고 설국열차의 승객들은 대부분 행복해 보인다. 그렇다면 도대체 어떤 이유에서 설국열차에는 행복이 없다는 말인가?

고가의 상품에 반드시 따라다니는 것이 있다. 짝퉁이다. 루이비통이든 샤넬이든 짝퉁은 명품과 거의 유사하고 아주 조금 다를 뿐이다. 하지만 그 '조금'이 본질의 차이를 극과 극으로 만든다.

행복에도 짝퉁이 있다. 오랫동안 사람들은 짝퉁을 몰랐다. 너무나 비슷하게 보였기 때문이다. 짝퉁을 지닌 사람들의 얼굴도 행복해 보였다. 하지만 그 행복은 명품 행복을 모르기 때문에 생긴 착각에 불과하다. 인류는 처음부터 짝퉁을 따라갔다. 문명이란 이름하에 그 짝퉁의 길을 더 화려하고 재미있게, 더 흥미롭고 자극적으로 포장하고는 새로운 장난감들을 수없이 만들어 장식했다. 시간이 지날수록 짝퉁은 더 명품같이 보였고, 더 쉽게 더 많은 사람을 행복 아닌 길로 유혹할 수 있었다. 사람들은 도살장으로 끌려가는 가축처럼 짝퉁이 주는 만족에 취해 기꺼이 그 길을 선택했다. 그리고 시간이 흐른 뒤 질문했다. "왜 사는 게 이럴까? 불행해, 외로워, 우울해!" 그러고는 말했다. "길이 원래 그런가 봐! 다 그런가 보지 뭐! 이게 정상일 거야! 그래, 행복이란 원래 불행이 잠깐 멈추는 것에 불과한 거야!"

행복의 짝퉁은 도대체 무엇일까? 이렇게 생각해보면 된다. 만약 사람들이 도덕이나 예절 같은 가식을 다 벗어던진다면 무엇을 행복이라 말할까? 10대 아이들이 10억 원만 준다면 감옥에라도 갈 의향이 있다고 하는 이유는 무엇일까?

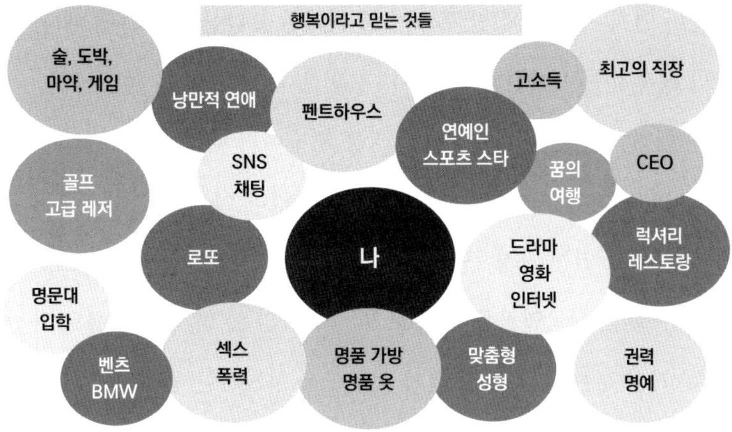

대충 여기 있는 것들 때문이다. 사람들이 원하는 것에는 큰 차이가 없다. 그리고 사람들이 행복이라고 생각하는 것들을 정리해보면 정확히 세 종류임을 알 수 있다.

> 1) 안정된 수입원으로 의식주의 생존 문제 해결하기
>
> 2) 즐기고 싶은 것 마음껏 즐기고 갖고 싶은 것 무엇이든 살 수 있기
>
> 3) 누가 봐도 폼 나게 살기

하지만 여기에 전제 조건인 이기심이 하나 추가된다.

> 4) 누구의 간섭도 받지 않고 멋대로 살기

"나는 아니야!"라고 말하는 '내숭'들도 물론 있을 것이다. 하지만 지라르(R. Girard)에 따르면 그것은 은폐된 욕망일 뿐이다. 사람들이 생각하는 행복은 별반 다르지 않다. 실제 세계적으로 통용되는 행복지수가 그렇다. 행복지수는 삶에 대한 주관적 만족도를 통계를 낸 것이다. 사

람들이 언제 자기 삶에 만족하는가? 열거된 욕망들이 충족될 때다. 당신의 행복지수는 어떤가? 낮은가? 불편은 하겠지만 심각한 문제는 아니다. 왜냐하면 행복지수가 바로 짝퉁 지수이기 때문이다. 충격적일지 모르지만 행복지수는 행복과 아무 관계가 없다. 아니, 오히려 행복으로의 길을 막고 있는 가장 큰 장애물이다. 인류 전체가 짝퉁에 속고 있는 것이다. 설마? 설국열차를 다시 보자. 승객들의 삶 역시 세 부류로 나뉜다. 끝 칸의 생존 지향적 삶, 열차 대부분을 차지하는 중간 칸들의 쾌락 지향적 삶, 그리고 앞 칸의 권력 지향적 삶이다. 흥미롭지 않은가? 사람들이 주절거리는 행복과 정확히 일치한다.

그림에서 보이는 것처럼 행복지수의 주체는 몸이다. 행복지수를 행복으로 여긴다는 말은 몸을 '나'로 생각한다는 뜻이다. 영적 자아를 포기하고 몸적 자아를 선택한다는 말이다. 이 정체성의 변질은 삶의 행복관을 심각하게 변형시킨다. 이제 몸의 욕망을 나의 행복으로 알게 된다. 당연히 삶 전체가 본능적으로 몸의 만족을 위해 존재하게 된다. 더

행복지수 (행복의 짝퉁/행복감)

종류	1. 육체의 욕망	2. 자극의 욕망	3. 비교의 욕망
목적	생존	쾌락	성공
모습	안정된 의식주 장수와 건강	뭐든지 즐기고 원 없이 소유하고	무시당하지 않고 폼 나는 삶
수단	권력에의 의지 (부, 명예, 권력)		
본질	이기심		
주체	몸		

나아가 그것을 현실적인 것이라 믿게 되고, 정말 내가 원하는 것은 이상적인 것으로 치부해버리고 만다. 게다가 대부분의 사람들이 그러니 마음도 편안하다. 정상적인 길로 가고 있다고 믿는 것이다.

몸적 자아는 순수하게 이기심에 의해 움직인다. 나의 생존, 나의 쾌락, 나의 성공이 모든 것 위에 우선하게 되며 그 욕망을 채우기 위해 부, 권력, 명예 등을 얻으려 공부하고 학위를 따고 치열하게 경쟁한다. 그리고 그렇게 욕망이 충족되면 행복하다고 느끼고, 그렇지 않으면 불행하다고 생각하게 된다. 석가는 이 부분을 정확히 봤다. 행복감의 존재들은 몸과 마음만 살아 있다.

구체적으로 몸적 자아는 먼저 생존과 안전을 추구한다. 정규직, 고소득의 안정된 돈벌이에 대한 욕망이다. 다음으로 돈 걱정이 없어지면 놀 거리와 먹을거리들, 가지고 싶은 물건들로 눈이 돌아가 자극의 욕망이 불붙는다. 세상은 온통 이 쾌락의 도구들로 넘쳐난다. 매일 욕망을 자극하는 새로운 유혹들이 쏟아져 나온다. 최고급 명품에 최고급양주, 외제 스포츠카, 그리고 섹스를 비롯한 온갖 종류의 쾌락을 마음껏 즐길 수 있다. 시간과 돈이 없어서 그렇지 세상에 놀 거리는 널려 있다. 마지막으로 비교의 욕망이다. 사람들은 남들에게 자랑하고 싶어 하고, 세상에 이름을 날리기를 원한다. "나 이런 사람이야!" 이 한 마디에 온 천하가 자신의 손가락 밑에서 움직이기를 바란다. 당연히 남들보다 잘나지도 못하고 오히려 무리로부터 손가락질당하는 건 죽기보다 싫다. 이 이른바 평등에의 욕망은 부르디외(P. Bourdieu)의 지적처럼 자신보다 상위 계층의 의·식습관이나 생활 방식인 아비투스(habitus)를 모방하도록 만든다. 그렇게라도 해서 비슷해지고 싶어 한다. 그래서 지라르도 욕망의 삼각 구조를 통해 생리적 욕망을 제외한 인간의 모든 욕망을 모방 욕망으로 규정한다. 인간은 자신이 못났을 때는 늘 같아지고 싶어 한다. 하지만 결코 평등에 만족하지 않는다. 일단 같은 레벨이 되면 그 다음에는 어떻게든 무리에서 톡톡 튀어 잘나 보이고 싶어 한다. 결국 유행을 따라가지만 자기만의 개성이 있다 뻐기고, 소외당하기는 싫어하면서도 또 같아 보이는 것은 싫어서 늘 공주나 왕자로 대접받고 싶어 한다. "당신은 특별해!"란 말을 가장 사랑한다.

욕망 충족을 향한 이 모든 몸부림은 나 아닌 다른 사람들을 나를 위한 도구로만 여기는 몸적 자아의 이기심에서 비롯된다. 사람들은 스티브 잡스가 거의 10년을 노숙자처럼 살았다는 것은 보지 않는다. 자기가 만든 회사에서 퇴출당했던 것에도 별 관심이 없다. 오로지 관심은 그가 애플의 신화라는 사실과 그가 상상할 수 없는 부를 소유했다는 사실에 있다. 실제로 잡스가 죽었을 때 IT 업계의 천재가 죽은 것을 안타까워하면서도 8조 원이 넘는 그의 재산이 과연 어떻게 될지가 관심의 대상이었다. 누구도 그가 정말 행복했는지에 대해서는 질문하지 않았다. 잡스 정도면 당연히 넘치도록 행복했을 것으로 보이기 때문이다.

당신은 지금 혹시 금욕주의를 생각하고 있는가? 그렇다면 오해다. 지금 얄팍한 도덕주의자들의 말을 반복하고 있는 것이 아니다. 쾌락주의나 물질주의를 비판하는 사람치고 쾌락이나 물질을 싫어하는 사람은 별로 없다. 오히려 고상한 척하며 쾌락욕과 물질욕을 채운다. 요즘 사회에는 이른바 멘토라 불리는 사람이 많다. 속으로는 다른 이들과 별반 차이도 없다. 하지만 겉으로는 초연한 척하며 조언과 인생 상담을 해준다. 어떤 사람은 즉석에서 해주기도 한다. 하지만 정말 자기 자신을 아는 사람 같으면 그렇게 건방을 떨지는 않을 것이다. 그런 방식으로 얄팍한 존경을 챙기고, 그 존경받음을 통해 가식적인 자기만족을 충족시키는 이들은 불쌍한 사람들이다. 자신이 잘 안다고 하는 그 말이 무슨 말인지 사실은 모르고 있기 때문이다. 이른바 멘토라 불리는 사람들은 쾌락도 돈도 그 자체로는 아무것도 아니니 마음을 잘 다스리라고 말한다. 대부분 거기까지다. 하지만 그 다음을 모른다. 마음보다 더 중요한 것을 모른다.

이제 행복지수가 왜 문제인지 생각해보도록 하자. 행복지수가 올라갈 때 사람들은 행복하다고 말한다. 새로 산 집값이 갑자기 두 배로 뛰었다면, 남편이 놀랍게도 초고속 승진을 했다면, 맨날 꼴등만 하던 막내 놈이 한 6개월 미친 듯이 공부하더니 떡하니 서울대에 입학했다면 당신의 행복지수는 틀림없이 올라가게 된다. 그때 행복해하는 자신을 가만히 들여다보라. 그것이 정확하게 말하면 행복 자체가 아니라 행복하다는 감정 내지 느낌, 즉 행복감임을 알 수 있다. 행복감은 이처럼 감정을 업(Up)시키고 기분을 하이(High)로 몰고 간다. 그래서 사람들이 행복하다고 믿는 것이다.

행복감은 행복이 아니다. 따라서 행복감을 나타내는 행복지수도 행복이 아니다. 행복감은 행복에 '감(感)' 자를 하나 더 붙인 행복의 짝퉁에 불과하다. 그 '감'은 잘 익은 홍시처럼 '감미로운' 맛이 난다. 때로는 지나치게 매혹적이다. 그래서 인류는 어리석게도 행복감을 행복으로 알고 추구해왔다. 하지만 전 세계 사람들 대부분을 우울하게 하고, 인류 전체를 불행으로 몰아넣고 있는 주범이 바로 행복감이다. 행복감은 지금도 행복지수라는 이름으로 대부분의 사람들을 참혹한 불행의 삶으로 이끌고 있다. 다시 한 번 강조하자. 지금 대부분의 사람들은 심각한 오류에 빠져 있으며, 설국열차를 타고서 정확하게 자신들이 원하는 정반대 방향으로 미친 듯이 내닫고 있다. 행복지수가 사실은 불행지수이기 때문이다. 당신은 이 말이 아마 잘 안 믿길 것이다. 왜냐하면 당신도 그 사람들 중 하나일 가능성이 높기 때문이다. 오히려 내가 미쳤다고 생각할 가능성도 있다. 하지만 안타깝게도 그것은 사실이다.

행복감의 본질

행복감을 행복으로 동일시한 상태에서 인생을 설계한다면 그 결과는 반드시 파괴적이다. 일단 행복감은 '내가 행복감을 느끼는 것'이 아니다. 행복감은 '대상이 나로 하여금 행복감을 느끼도록 만드는 것'이다. 그래서 행복감은 대상 의존적이고 대상의 존재 유무와 그 정도에 따라 춤을 춘다. 행복감을 따라가면 엄밀히 말해 '내가 사는 것'이 아니라 '내가 살아지는 것'이 된다. 자율을 상실한 채 마치 노예처럼 행복감의 새로운 유혹을 따라 끌려다니게 된다. 감각적인 흥분은 모두 내성을 지닌다. 따라서 좀 더 강한 것을 지속적으로 요구할 수밖에 없다. 새로운 게임을 원하고, 새로운 음식과 새로운 옷, 더 좋은 차와 더 넓고 화려한 집, 그리고 더 높은 자리를 원하게 된다. 잡스처럼 성공에 중독된 사람이 "Stay hungry!"라고 말하는 것은 결코 우연이 아니다. 행복감은 늘 사람을 굶주리게 하고, 그래서 필연적으로 인간을 행복감의 중독으로 이끈다. 우리가 아는 일반적인 의미의 중독만이 중독이 아니다. 사실은 중독으로 느껴지지 않는 중독이 더 위험하다. 그리고 정말 안타까운 것은 사람들이 그 행복감을 추구하는 자신의 삶을 정상으로 알고 인생을 소진하고 있다는 사실이다.

행복감은 또한 이기적이다. 이기심은 서로 경쟁할 수밖에 없다. 스미스(A. Smith)는 '공정경쟁'이란 멋진 말로 포장했지만 자본주의의 본질은 자연 상태의 무한 경쟁과 다르지 않다. 홉스(T. Hobbes)가 말한 대로 "인간은 인간에게 늑대다(homo homini lupus)." 그리고 늑대 간의 싸움은 파괴적이다. 사회는 법과 규칙을 지키는 것처럼 보이지만 그 내면에는 사실 냉혹한 약육강식의 원리가 지배하고 있다. 결국 개인은 하이데거의 지적처럼 하루를 '염려'로 시작해서 걱정으로 마치며, 항상 일이 안 풀릴까 불안해하고, 뜻대로 안 되면 불만과 불평이 이어지며, 심해지면

구스타프 클림트, 〈다나에〉(1908)

실망과 좌절과 절망으로 이어지게 된다. 무엇보다 폼 나지 못한 자신의 삶에 짜증이 나면 충동적으로 리셋의 욕망에 사로잡히게 되고, 극단적인 경우 자기파괴 장치가 가동된다. 물론 원망을 타인에게 돌리는 이들도 있다. 시기하고 비난하며 가진 자들을 '나쁜 사마리아인'으로 몰아간다. 자신에게 무관심한 세상을 원망하고 때로는 범죄도 서슴지 않는다. 겉으로는 정의와 평등을 외치지만 그 정의와 평등이 사실 자기 자신의 정의이고 평등인 사례들을 실제로 우리는 매일 주위에서 경험하고 있지 않은가!

성공한 이들은 어떤가? 은근히 자기를 과시하기 시작한다. 베블렌(T. Veblen) 효과처럼 '배부른 척 비싼 것만 사대는' 졸부들의 촌스러운 과시욕이 아니다. 그들은 겸손하다. 강자의 여유는 늘 남을 높이는 제스처 속에서 조금씩 자신을 클래스가 다른, 어쩌면 종자가 다른 존재로 분위기를 만들어간다. 자신의 특별함에 스스로 자부심을 가지며 언제부터인가 조금씩 의식적 또는 무의식적으로 자신보다 못한 이들을 고급스러운 방식으로 업신여기기 시작한다. 그는 타인의 인격과 존엄성을 야비하게 침해하고 잔인하게 파괴한다. 물론 특별한 경우가 아니면 물리적인 방식이 사용되지 않는다. 절제된 행동과 예의 바른 모습을 통해 자신의 가학적 행위를 심화시킨다. 하지만 상대방에게 미치는 파괴력은 심각하다. 상대방의 인격은 철저하게 부서진다.

사회를 피상적으로 보면 평온해 보인다. 행복감을 추구하는 사람들의 삶에는 전혀 문제가 보이지 않고, 지극히 정상으로 보인다. 정말 행복과 유사해 보인다. 당신도 그렇게 느끼지 않았을까? 하지만 그것은 대부분의 경우 회칠한 무덤, 눈에 덮인 오물 덩어리다. 욕망의 주체가 누구인지를 생각해보라! '나'가 아닌 나의 몸이다. 그럼에도 자기 자신인 것처럼 생각하는 이유는 마음, 즉 지정의(知情意)가 발달했기 때문이다. 욕망만 증폭되고 지능지수만 발달한 영리한 늑대이기 때문이다. 머리만 커지고 지혜가 없으니 분별력이 없다. 따라서 어리석은 인간들은 몸의 욕망에 따라 끌려다니는지도 모르고 살아간다. 타인은 얼마나 자신의 행복감에 기여할 수 있는가에 따라 순위가 매겨지고 도구로 이용될 뿐이다. 그래서 기본적으로 이익이 되지 않는 사람은 만나지 않는다. 삶은 그렇게 프로그래밍 된다. 쾌락을 주거나 승진에 도움이 되거나 먹을 것이라도 얻을 수 있어야 관계를 맺는다. 물론 가끔 공존을 말하기도 하지만 그것은 자기에게 이익이 될 경우에만 적용된다. 타인을 도와주지도 않지만 그것 역시 뭔가 자기만족을 채워줄 경우에만 가능하다. 결국 이기적 개인은 관계하는 모든 존재를 사물화하여 수단으로 삼게 되고, 소유물로만 여기게 된다. 순자나 한비자의 판단은 옳았다. 자신의 이익만이 선이다. 서로가 이익을 얻고 있는 동안에는 인격적 관계가 이루어지는 것처럼 보이고 예의 바른 민주 시민처럼 보이지만, 실제로는 '천상천하유아독존'이다.

남녀가 결혼해도 마찬가지다. 일반적으로 여성의 외모를 보는 남성에게 결혼은 자신에게 즐거움을 주는 그 외모의 항구적 소유를 의미한다. 따라서 그 행복감은 식을 수밖에 없고, 다른 여성을 쳐다보는 것은 시간문제다. 남성의 조건을 소유하기 위해 결혼하는 여성도 마찬가지다. 물론 말로는 "다 본다!"고 말한다. "누가 조건만으로 결혼하겠는가!"라고 외친다. 하지만 그 핵심 조건이 사라지면 쉽게 이혼으로 이어진다. 상대방을 인간이 아닌 욕망의 충족 수단으로 보는 두 사람이 만나 무슨 일이 이루어지겠는가? 당연히 행복감이 감소할수록 두 사람의 결혼은 가정이 아닌 주거 공동체로 바뀌게 된다. 행복감을 행복으로 착각할 때, 인간은 사람들 사이가 아니라 사람처럼 생긴 사물들 사이에 사는 것과 같다. 사물과는 만날 수 없다. 사물과는 대화할 수도 없

제임스 엔소르(James Ensor), 〈가면들 중의 엔소르〉(1899)

고, 의미 있는 인간관계를 형성한다는 것은 불가능하다. 그러므로 인간이 장님인 상태에서 벗어나 주위에 있는 존재의 본질을 파악하게 될 때 느낄 수 있는 유일한 감정은 외로움이다. 그리고 그것은 지극히 논리적이다. 혼자 있으니 외롭다. 사람들은 서로가 서로를 사물로 대함으로써 사실은 서로가 서로를 밀쳐내고 있다. 단지 그 사실을 모르기 때문에 오히려 다가오지 않는 상대방을 원망한다. 그래서 그들은 그저 서로 사용하는 것뿐이다. 다양한 것처럼 보이지만 세상에는 두 종류의 인간만이 존재한다. 소유하는 사람과 소유되는 사람. 그래서 둘 사이에는 만남이 없다. 소유하는 사람도 외롭고, 소유되는 사람은 비참할 뿐이다.

사람들은 왜 외로움이 낯설지 않은지 이해하지 못한다. 하지만 그 이유는 분명하다. 그는 스스로 외로움을 선택했다.

행복감의 뒷모습

행복감을 행복으로 착각하는 것이 무엇보다 위험한 이유, 행복지수를 절대 당신의 행복의 기준으로 삼아서는 안 되는 이유는 그것이 당신의 삶 전체를 무의미한 것으로 변질시킬 수 있기 때문이다. 행복감에 끌려 살 때 당신은 인생을 살면서 한 번도 살지 못할 수 있다. 평생 몸적 자아로 사니 당연한 일이지만, 그보다 더 심각한 문제가 있다.

행복감의 사람들이 그리는 인생 여정은 계단식이다. 좋은 대학에 가면 행복의 첫 계단을 올랐다고 생각한다. 졸업과 고소득의 안정된 직장은 두 번째 계단이고, 승진은 세 번째 계단, 새 차는 네 번째, 그리고 연애하고 결혼하고 집 사고 집 늘리고 하며 인생의 계단을 계속 올라간다. 사람들은 그렇게 오르다 보면 결국 언젠가 태양처럼 빛나는 행복이 자신을 찬란하게 비추어줄 것이라고 믿는다. 그렇게 되려고 인재 강연을 듣고, 긍정의 마인드를 심어주고, 미래 전략을 수립하기도 한다. 그런데 당신이 좀 놀랄 사실이 있다. 지금까지 존재한, 그리고 앞으로 존재할 인간들 가운데 그 계단 꼭대기에서 정말 행복을 만날 사람이 몇 명이나 될 것 같은가? 단 한 명도 없다. 절대 불가능하다.

"당신이 그걸 어떻게 알아? 사람들이 어떻게 살았는지 하나도 빼놓지 않고 확인해보기나 했어?" 혹시 지금 이런 질문을 하고 있나? 그러면 대답은 당연히 '아니요'다. 그럼에도 내 말은 사실이다. 그럴 수밖에 없는 논리적이고 필연적인 이유가 있다. 사람들이 꿈꾸는 그 길이 아예 존재하지 않는다. 그 길은 행복감이라는 짝퉁이 만들어낸 신기루이며 환상일 뿐이다. 그 신기루가 걷히면 어떤 모습일까? 인류가 존재한 이래 거의 대부분의 사람들이 실제 살고 간 길이 나온다. 아마 앞으로도 그럴 것이다. 그 길은 한마디로 비참하다.

일단 명문 대학에 입학하면 행복감이 '만땅'이 된다. 세상이 다 내 것 같다. 하지만 스펙 관리하느라, 자격증 따느라 돌아다니다 보면 한 학기 뒤에는 원상 복귀다. 그 풍성하던 행복감은 언제 있었는지 모르게 사라져버린다. 그러다 고소득의 안정된 직장에 취직하면 다시 행복감이 용솟음친다. 또 세상을 다 가진 것 같다. 주먹을 불끈 쥐고 하늘을 향해 날아오르며 기념사진을 찍기도 한다. "그래! 청춘은 아름다운 거야! 도전하라고! 세계를 품에 안으라고! 넌 뭐든지 할 수 있어!" 자기최면은 중독성이 있다. 분명한 건, 뭐든지 할 수 있지는 않다는 것이다. 역시 몇 개월이 지나 상사에 업무에 치이다 보면 다시 원대 복귀다. 그래서 다시 행복감을 느끼려 승진하고 차 사고 연애하고 결혼하고…… 끊임없이 행복감의 돌을 산 위로 올린다. 하지만 시시포스가 올린 돌은 반드시 제자리로 돌아온다. 다만 돌을 더 높은 산으로 계속 올리고 있

베첼리오 티치아노(Vecellio Tiziano), 〈시시포스〉(1548-1549)

다는 착각 속에 살 뿐이다. 그래서 삶은 늘 바쁘고 정신이 없다. 무엇을 위해, 어디를 향해 바빠야 하는지도 모르면서 지금 이 순간에도 전 세계 수십억 명의 사람들이 행복감의 절정을 맛보기 위해 어디론가 달려가고 있다. 고속도로에는 24시간 차들이 질주한다. 어디로 가는 걸까? 정확하게 그곳으로 달려가고 있다. 전철역도 하루 종일 붐빈다. 역은 다르고 하는 일도 다르고 옷도 다르고 생긴 것도 다르지만, 결국 가는 곳은 동일하다. 사실 아무 데도 가지 못한다. 시시포스는 늘 동일한 길을 왕복할 뿐이다. 행복감의 쳇바퀴를 다람쥐처럼 뱅글뱅글 돌릴 뿐이다. 마그리트(R. Magritte)의 그림 〈겨울비〉에는 그 사람들이 잘 표현되어 있다. 다 다른 것 같은 데 결국은 동일한 인생들, 생명이 없는 겨울비로 내리면서도 땅에 도착하지 못하는 허공의 공허한 인간들! 그렇게 오르락내리락 인생을 살다 보면 어느덧 흰머리가 보이고 힘이 빠지기 시작한다. 늙으면 정신을 좀 차릴 수도 있으련만, 누구 버릇 남 못 준다고 변하는 게 없다. 그래서 또 하루를 고민한다. "뭐 재미있는 일 없을까?" 친구를 불러 정치를 안주 삼아 소주를 들이키거나, 일주일 기다린 텔레비전 드라마를 얼이 빠진 채 본다. 그러다 그렇게 간다. 처량한 고갱의 신세와 같다. 왜 사는지, 어디서 와서 어디로 가는지 아무 생각 없이 눈앞에 보이는 무엇인가를 졸졸 따라다니다 왜 죽는지도 모르고 죽는다. 그 와중에도 남보다 좀 더 살아보겠다고 새벽 산책에 조깅에 요가뿐 아니라 심지어 장을 튼튼히 하겠다고 동네 아저씨 아줌마 다 모여 배 두드리며 고래고래 소리를 질러댄다. 그렇게 조금 더 살면, 그렇게 이미 죽어 있는 삶을 살아 있다 착각하고 조금 더 살면, 늙어서 벽에 똥칠할 때까지 버티면 때깔이 좀 좋아 보일까? 어차피 다람쥐 쳇바퀴라면 한 바퀴나 백 바퀴나 무슨 차이가 있다는 말인가? 그런데도 우리는 다람쥐를 보면 놀린다.

"다람쥐야, 다람쥐야! 멍청한 놈! 같은 도토리인 줄 모르고 계속 돌고 있네?"

"인간아, 인간아! 너도 똑같거든! 어리석은 인간이 남 말하고 있네!"

"무슨 소리야, 다람쥐야! 난 아냐! 난 너와 달라! 자, 봐! 계속 올라가고 있지! 갤럭시S 원, 투, 쓰리! 우리 집 10평, 20평, 30평! 봤지?"

"바보야, 나와서 네가 직접 봐!"

단 한 번 태어나서 단 한 번 살다가 단 한 번 죽는 당신의 인생이다. 온 우주를 줘도 바꿀 수 없는 기적과 같은 인생이다. 그 인생을 다람쥐에게 놀림이나 받을 정도로 살다 가서야 되겠는가! 절대 그렇게 살아서는 안 될 삶이다. 하지만 지금 이 순간에도 셀 수도 없이 많은 사람들이 열심히 쳇바퀴를 돌리며 이미 죽어버린 삶을 살아 있다고 여기며 살고 있다. 죽어 있음을 깨달아 다시 살아나야 함에도 깨어날 생각을 하지 않는다. 잠자는 게 좋은 것인지, 제대로 살고 바르게 죽는 것이 두려운 것인지, 이유는 각각이겠지만 슬픈 겨울비는 계속 내린다. 내리지 않으며 내리고 있다.

행복감을 행복으로 아는 사람들은 당연히 그 행복감이 계속 유지되기를 바란다. 유일한 방법은 매일매일 새로운 행복감에 취하는 것이다. 그래서 일어나면 생각한다. "오늘은 뭘 하고 놀아야 잘 놀았다는 소문이 날까!" 그러고는 행복감의 절정을 반복해서 추구한다. 쇼핑하고, 게임 하고, 영화 보고, 데이트하고, 또 하고, 하고, 또 사고, 사고……. 실제로 능력이 있어 그럴 수 있는 인간은 마치 자기의 행복이 영원한 듯 환각 상태에 빠진다. 그래서 돈이 많으면 늘 부러움의 대상이 된다. 무엇을 원해야 하는지, 어떻게 살아야 하는지, 생각 없이 살다 생가 없이 죽는 불쌍한 사람들의 뒷모습을 한 번만 보라! 그것은 행복감에 도취된 노예의 전형적인 증상, 즉 중독에서 오는 일종의 '발악'일 뿐이다.

올라갔던 것은 무엇이든 반드시 내려온다. 내려가기 싫어 행복감의 킥을 빠르게 반복한다 해도, 시간이 지나면 그 반복 과정 전체가 통째로 지루하고 싫증 나게 된다. 그러면 그 삶의 패턴 자체가 공허하고 지겨워진다. 모든 것을 다 할 수 있을 때 인간은 아무것도 하기 싫어진다. 결국 현실 밖의 환상을 찾게 된다. 마약과 같은 환각 속에서 환희처럼 보이는 고통, 생명처럼 보이는 죽음을 향해 간다. 그런데 사람들은 "그렇게라도 한 번 살아보고 죽었으면 원이 없겠다!"라고 말한다. 욕망은 이렇게 집요하다.

사실 공허를 느끼는 것조차도 축복이다. 정말 공허를 느낀다면 그 공허를 벗어날 길을 찾을 것이기 때문이다. 하지만 대부분의 영리한 돼지들은 아무 생각 없이 바로 앞에 있는 것들만 맛있게 먹으며 꿀꿀거릴 뿐이다. 돼지들은 도살장에 갈 것도 모른다. 영원히 그렇게 살 줄 안다.

더욱 비참한 것은 공허를 느낄 수 있는 사람들은 그나마 세상에서 잘나가는 인간들이라는 것이다. 설국열차의 끝 칸에 사는 대다수 평범한 이들은 그 허무함조차 느낄 여유도 없다. 그들에게는 윤리도 사치다. 생존 문제조차 해결하지 못한 채 버둥거리는 이들에게는 공허한 행복감의 희망조차 보이지 않는다. 어떤 이들은 정말 재수 옴 붙은 인생처럼 보이는 이들도 있다. 변변치 못한 대학과 직장, 질병과 노환, 보장되지 않는 노년, 쓸쓸함, 소외! 외로움, 지독한 외로움! 그들이 지은 죄는 열심히 산 것밖에 없는데, 그들이 정작 쳇바퀴 안에서 돌려야 하는 도토리는 도토리 같지 않은 좁쌀 도토리뿐이다.

설국열차가 죽음의 세상인 이유는 분명하다. 행복감의 세 가지 욕망에 종속된 인간들로 가득 찬 열차! 그래서 그 허무의 반복을 상징하기 위해 열차는 일 년에 한 번씩 동일하게 지구를 돈다. 해 아래 새 것이 없다. 어제 살던 사람이 오늘도 있고, 오늘 살던 사람이 내일도 있다. 그들은 다른 듯 다르지 않은, 생명 없는 겨울비다. 설국열차가 죽음의 열차임을 깨닫는 이가 몇 명이었는가? 둘뿐이다. 생명을 보는 존재는 늘 소수다.

세상에는 이제 무지개를 찾아 산을 넘는, 하지만 절대 무지개를 손에 넣을 수 없는 소년들로 가득하다. 그들은 불행을 정상으로 여긴다. 외로움을 당연시하고, 공허를 극복하기보다는 그것을 미화하고 낭만적인 것으로 여긴다. 그래서 행복을 찾기보다 저항과 버팀의 삶에 의미를 부여하고, 저항의 끝에서는 정신적 · 육체적 자살을 선택한다. 그렇다. 세상은 불행하다. 그래도 당신은 벗어나야 한다. 모르고는 살 수 있지만 알고도 계속 살 수는 없다.

킬링 하는 힐링

내가 태어났으면 내가 살아야 한다는 당연한 진리가 행복감에 중독된 이들에게는 해당이 되지 않는다. 행복하지 않은 상태가 오래되면 그러한 상태에 익숙해지고, 심지어 그 상태에 안주하게 된다. 행복하지 않은 것이 전혀 부자연스럽지 않다. 아니, 오히려 가끔씩 찾아오는 행복이 어울리지 않은 옷을 걸친 것처럼 어색하다. 그렇다! 희한한 일이지만 사람들은 행복하지 않은 삶이 편하다. 부자연스러운 부부관계가 오히려 자연스럽고, 별거나 이혼이 일상이며, 외로움과 쓸쓸함이 낭만인 사회. 현대는 행복이 죽은 사회다. 그래서 많은 사람들이 빛을 등지고, 길을 잃고 방황하며, 어떻게 살아야 하는 것인지 고민하지만 쉽게 답이 나오지 않는다. 그런데 현실은 삶의 질은 고사하고 인간답게 존재하기도 어려운 상황이다. 고민과 염려, 좌절과 절망, 우울과 자살의 징후들이 도처에 널려 있다. 사람들은 지금 아프다.

아픈 사람들은 치유되어야 한다. 우울한 청소년이건, 수백 번의 구직에 지쳐 쓰러진 청년이건 한 사람 한 사람은 모두 그 어머니가 뼈를 짜는 고통으로 낳은 귀한 존재들이다. 힐링은 필요하다. 하지만 치료약이 엉터리다. 반짝인다고 모두 빛은 아니다.

현재 우리 사회를 보듬고 있는 힐링을 보면 대략 네 가지 키워드가 연상된다. '위로', '긍정의 심리학', '무조건 성공', 그리고 '비움의 철학'이다. 이 중에서 '무조건 성공'은 거의 애처로운 수준이다. 닥치고 무조건 개천에서 용 나도록 만들라는 것인데, 무의미한 삶, 죽은 행복감의 길로 잘못 들어선 사람에게 계속 그 길을 가라고 종용하는 것이다. 죽은 놈한테 계속 열심히 죽어서 확실히 죽어버리라는 식이다. 그러니 힐링을 가장한 킬링이다.

위로의 힐링

위로도 좋은 것이다. 스트레스와 불안, 우울감에 상심하고 있는 사람들을 공감해주는 것도 좋다. 하지만 만약 그것이 아픔을 잠깐 잊게 만드는 것뿐이라면 치유와는 무관하다. 팔이나 다리에 깁스를 해본 사람이라면 알 것이다. 깁스한 부위 안쪽이 가려워 견디기 힘들 정도의 상황에서 누군가 그 부위를 대신 긁어주면 얼마나 시원한지 모른다. 순간적인 평안함과 만족감이 온다. 하지만 그렇다고 부러진 다리가 붙는 것은 아니다. 다리는 여전히 부러져 있다.

단순한 위로는 힐링이 아니다. 그것은 감상주의로 포장된 짝퉁 힐링이다. 마치 재미있는 영화를 보는 것과 같다. 잠시 동안 현실을 떠나 다른 세계로 들어가지만, 웃고 울며 카타르시스를 경험하지만, 영화가 끝나고 밖으로 나오는 순간 그것이 이른바 '우유 주사'라고 불리는 프로포폴 같은 것임을 깨닫게 된다. 현실은 전혀 변하지 않았다.

세상에는 자신만 그런 것이 아니고 다른 이들도 당연히 겪는 아픔이 있다. 세상은 만만하지 않으니 받아들여야 할 것들이 분명 존재한다. '흔들리지 않고 피는 꽃은 없으니', '천 번은 흔들려야' 하니, '열심히 최선을 다한 당신'이 실패나 좌절에 대해 슬퍼하거나 절망하기보다 스스로 위로해줄 가치는 충분하다. 당신은 그래도 아름다운 청춘이라는 위로를 받으며, 그렇게 운명을 감당하다 보면 온전한 한 인간으로 성장할 수 있을 것이다. 하지만 이 모든 일은 삶이 바른 길을 향해, 빛을 향해 서 있을 때만 해당되는 일이다. 무슨 말인가? 위로에는 분별이 선행되어야 한다. 맹목적이고 무조건적인 위로는 개인을 감상주의로 흐르게 하고, 자신이 직면한 현재의 삶이나 자신의 문제점을 정당화하게 만들 수 있다. 우리 사회를 지배하고 있는 성공 지상주의, 물질주의, 쾌락주의는 행복감에 중독된 병이다. 병은 위로의 대상이 아닌 실질적 치유의 대상이다. 걸린 사람에게 "나도 그 병 걸려봤는데 그 병은 다른 사람들도 다 걸리는 거야! 그러니 그냥 받아들이도록 하렴!"이라는 투의 위로는 무책임하다. 왜 그 병에 걸렸는지, 부작용이 없는 치료제는 무엇인지, 그리고 근본적으로 그 병을 예방하기 위해서는 어떤 의식을 지녀야 하는지 설명해주어야 한다. 잘못된 삶의 태도는 위로가 아닌 교정의 대상이기 때문이다. 약간의 낭만과 멋, 세련된 언술로 포장된 힐링은 어리석을 뿐 아니라 때로는 위험하고 해롭다.

긍정의 심리학

> 낙관주의자는 장미에서 가시가 아닌 꽃을 보고,
>
> 비관주의자는 꽃은 잊고 가시만 본다.

지브란(K. Gibran)의 말처럼, 가시가 아닌 장미를 보고 인생을 긍정적으로 사는 것은 참 좋은 일이다. 긍정적인 마인드를 소유한 사람이 성공할 가능성도 높다. "승자가 즐겨 하는 말은 '다시 한 번 해보자'이고, 패자가 즐겨 쓰는 말은 '해봐야 별수 없다'다"라고 『탈무드』도 증언하고 있다. 그래서 힐링의 두 번째 방향인 긍정의 심리학은 좌절하고 절망한 현대인에게 용기를 내라고 주문한다. 현실이 어렵더라도 미래를 긍정적으로 바라보라고 충고한다. 자신을 믿고 열심히 노력하면 언젠가 좋은 날이 올 것이라는 격려도 잊지 않는다. '고생 끝에 낙이 있고' '쥐구멍에도 볕 들 날이 있으니' 일상에서 늘 '할 수 있다'라고 말하고 미래의 성공한 모습을 상상하라고 주문한다. 그런데 긍정의 심리학은 과연 말 그대로 긍정적일까?

2008년 세계경제 위기를 불러왔던 서브프라임 모기지 사태는 부동산 가격 상승에 대한 맹목적 낙관주의가 그 원인이었다. 한국에서도 '부동산 신화'에 대한 순진한 긍정이 수많은 하우스푸어(House Poor)를 양산했다. 주가 상승이라는 부푼 기대감에 취한 개미들의 운명을 우리는 종종 목격하고는 한다. 그뿐인가. "어떻게 되겠지!" 하고 살아온 막연한 낙관주의는 지금 50/60세대의 허리를 휘게 하고 있다. 벌어놓은 돈은 없는데 부동산은 폭락했다. 연금은 이미 대출받아 자식들 교육비와 결혼 비용으로 지출된 상태인데 기대 수명은 점점 길어지고 있다.

사람들은 오래 사는 것보다 어떻게 사느냐가 중요하다고 말한다.

하지만 요즘은 살아내는 것조차 힘에 부친다. 삶의 질을 말하는 것은 사치이고, 그것은 소수의 선택받은 이들의 전유물처럼 보인다. 현실은 우울하다. 50/60세대들의 서글픈 자살 소식이 매일 신문 지면을 메우고 있다. 어떻게 된 것인가? 허구적 긍정이 허무적 부정을 낳는 것이다. 생각 없는 희망이 생각하지 못한 절망을 양산하고 있다. 맹목적 긍정과 맹목적 비관은 동전의 양면이기 때문이다.

"만약 그때 장미 옆의 가시를 봤다면, 달콤한 돈의 향기에 끌려 움켜쥔 장미로 나만 가시에 찔려 고통 받는 것이 아니라 가족의 행복도 사라질 수 있음을 알았더라면 덜컥 대출받아 집을 사지는 않았을 텐데!" "만약 지금 삶의 한가운데에 박힌 그 큰 가시를 그때 봤다면 장미가 언제나 피어 있지 않는다는 생각도 할 수 있었을 텐데!"

지금 당신이 경험하는 세상은 그렇게 될 수밖에 없었기 때문에 그렇게 된 것이 아니다. 당신이 그렇게 되도록 선택했기 때문에 그렇게 된 것이다.

긍정의 심리학이 짝퉁 힐링인 이유가 바로 여기에 있다. "긍정하라!"처럼 추상적인 말은 없다. '무엇을?', '왜?', 그리고 '어떤 근거로?'의 이해가 없다면 그것은 맹목적 긍정일 뿐이다. 맹목적 긍정은 무엇보다 본질에 침묵한다. 무엇이 본질인가? 긍정적 사고 이전에 무엇을 긍정하고 긍정하지 말아야 할 것인지 구분해내는 지혜다. 허구와 진실을 분리하지 않는 삶은 마치 자신이 구입한 고가의 상품이 명품인지 짝퉁인지도 모르고 자랑스럽게 거리를 활보하는 것과 같다. 짝퉁 상품의 경우는 그래도 낫다. 나중에 안다 하더라도 조금 손해 봤다 치면 그만이다. 하지만 당신은 시간의 시작과 끝에서 단 한 번 태어나 단 한 번 사는 절대적 일회성의 존재다. 소중한 만큼 소중하게 다루어야 한다. 바로 그런 이유로 무조건 "나 잘될 거야!"라는 허구적 유혹에서는 벗어나야 한다.

쥐구멍에도 볕이 들 날이 있다고 믿고 싶겠지만, 기본적으로 쥐구멍에는 볕이 들지 않는다. 고생 끝에 낙을 꿈꾸다 고생만 죽어라 하고 '멘붕'으로 끝날 수도 있다.

컵 안에 물이 반쯤 차 있다. 당신은 물이 반밖에 안 남았다고 생각하는가? 아니면 물이 아직 반이나 남았다고 생각하는가? 대부분의 사람들은 아마도 "당연히 후자이지!"라고 말할 것이다. 하지만 당연한 것은 세상에 없다. 반밖에 안 남았다는 사고도 진실이다. 중년을 훌쩍 넘어 이제 인생의 반이 벌써 지나갔다고, 나의 삶에 주어진 시간이 많지 않다고 느낄 수 있어야 남은 시간을 의미와 가치로 채울 수 있다. "아직 반이나 남아 있으니 여유롭게 가자!" 하고 멍하니 살아온 결과를 우리는 매일 주위에서 보고 있다.

정리해보자. 첫째, 긍정은 필요하다. 하지만 맹목적 긍정이 아니라 합리적 긍정이 답이다. 기회는 꿈을 가진 사람이 아니라 꿈을 정확히 알고 준비한 사람에게 온다. 행복한 노년은 긍정적인 사람이 아니라 행복을 알고 그 행복을 지금부터라도 준비하는 사람에게 주어질 수 있다. 모르는 것을 원할 수는 없는 일이다. 행복을 모르는데 그것을 어떻게 원하고 또 준비할 수 있겠는가? 둘째, 부정도 필요하다. 다만 허무적 부정이 아니라 현명한 부정이 답이다. 현명한 부정은 비관주의나 염세주의가 아니다. 그것은 신중함과 사려 깊음, 나아가 구체적이며 의미 지향적인 태도 가운데 삶을 생산적으로 변화시키는 사유 방식이다. 그러므로 맹목적 긍정과 허무적 부정은 어리석음의 사촌이고, 합리적 긍정과 생산적 부정은 지혜의 어머니다.

쥐구멍에서 빛을 보려면 어떻게 해야 할까? 저절로 들어오는 것이 아니라면 빛이 들어올 공간을 마련해야 한다. 쥐구멍이 무너지지 않도록 조심하고 받침대를 세우면서 정확히 빛을 향해 문을 열어 젖혀야 한다. 그래야 그림자를 뒤로할 수 있다.

당신이 지금이라고 말하는 순간, 그 지금의 첫 음절은 이미 과거를 향해 떠난다. 시간은 만나는 순간 사라지고, 생각하려 할수록 잊혀가는 법이다. 두 번 사는 '나'도 없고, 두 번 죽는 '나'도 없다. 인생에는 연습도, 복습도, 오류를 수정할 지우개도 없다. 지금 단 한 번의 시간이 당신 앞에 놓여 있다. 얼마나 남아 있는가? 어떤 의미와 가치로 그것들을 채우려는가? 우주를 주고도 바꿀 수 없는 삶의 목적이 매달 약간의 연금으로 죽을 때까지 삶을 버텨내는 것이어야 할까? 그래서 진정한 긍정은 생각하는 긍정이다. 생각이 없는 힐링은 이미 죽은 힐링이다.

비움의 철학

사막을 횡단하는 여행객이 있었다. 처음에는 자신 있게 출발했지만, 삭막한 모래 세상에서 결국 그는 길을 잃고 말았다. 초조와 불안이 엄습했다. 곧 실망과 슬픔, 화와 같은 온갖 잡다한 감정이 밀려왔다. 그러다 어느 순간 깨달음이 왔다. "그래, 사막이 이런 곳이지! 길을 잃는 것은 당연한 거야! 또 굳이 횡단할 필요 있나? 그냥 걷는 것도 나름대로 의미가 있잖아?" 마음에 평안이 찾아왔다. 그는 그냥 길을 갔고, 사막과 하나가 되었다. 얼마 뒤 그는 다른 사람을 만났다. 그런데 신기하게도 그는 더위와 목마름에 지쳐 보이지 않았다. 오히려 밝은 웃음과 행복한 모습으로 걷고 있었다. 어떻게 된 것일까? 그곳은 사막이 아니라 그냥 세상이었다. 삶에 지친 그에게 사막이 환영으로 만들어진 것이었다.

만약 세상이 정말 사막과 같은 곳이라면 어떨까? 그런 곳에서의 최선은 마음을 비우고 평안을 구하는 일일 것이다. 오죽하면 죽은 사람에게 좋은 곳에서 편히 쉬라고 말하겠는가! 하지만 세상은 사막이 아니다. 인생이 고(苦)처럼 느껴져도 그런 것이 아니다. 인간은 그저 평안을 위해 세상에 온 것이 아니다. 평안은 길의 끝이 아니라 도중이다. 삶이 아프다고 아픔이 없는 평안을 목적으로 삼는 것은 이해할 수는 있지만 옳은 것은 아니다. 부정은 새로운 긍정을 위해 필요하고, 해체는 새로운 통일을 위해 필요하며, 휴식은 새로운 활력을 위해 있다. 어떤 사람이 크리스탈로 된 고급 와인 잔을 샀다. 그런데 와인을 마시고 나면 잔이 늘 얼룩으로 지저분해지는 것이었다. 아름다운 잔을 귀하게 보존하고 싶었던 그는 잔을 정성껏 닦아 진열장에 넣고 말했다. "그래, 역시 잔이 맑고 투명하군! 좋다!" 이 사람은 정상이 아니다.

잔은 비우기 위해서가 아니라 채우기 위해 존재한다. 잔을 닦는 이유는 더 좋은 것으로 채우기 위함이다. 마음도 마찬가지다. 잡념이나 집착을 비워내고 얻는 평안한 마음은 힐링의 종착역이 아니다. 스트레스의 반대가 평안이라면 그 말이 옳을 수 있다. 하지만 스트레스나 우울의 반대는 기쁨이다. 그래서 인생의 목적, 힐링의 궁극적 종착점은 향유로 가득한 삶이다. 소극적 평안이 아니라 내면에서 용암처럼 솟아오르는 적극적인 환희와 열정과 기쁨으로 가득한 빛의 얼굴, 빛의 삶이 되는 것이다. 평안을 만족으로, 안식을 행복으로, 그래서 슬프게도 죽음을 쉼으로 생각하는 이유는 감동이 있는 진정한 기쁨을 모르기 때문이다. 하지만 모른다고 존재하지 않는 것은 아니다. 공기가 보이지 않는다고 없는 것인가!

공원에서 여생을 쓸쓸히 보내던 노인이 있었다. 그 노인은 그러나 마음의 평안을 구하지 않았다. 삶의 기쁨을 원했다. 그래서 달렸다. 마라톤에 집착했다. 그리고 2003년에 92세의 나이로 캐나다 토론토 마라톤을 완주했다. 5시간 40분! 환희로 가득한 존재의 시간이었다. 지금 그 시간은 세계 최고령 마라토너 파우자 싱(Fauja Singh)의 삶 전체를 지배하고 있다. 어느 학생은 열세 살 때 부모를 잃고 시력까지 상실했다. 열일곱 살이었던 누나 역시 평화시장 봉제 공장에서 직공으로 일하다 과로로 세상을 등졌다. 결국 여동생은 고아원으로, 남동생은 철물점 점원으로 흩어졌고, 본인은 맹인학교로 갔다. 이 학생에게 인생은 고(苦) 그 자체였다. 하지만 그는 인생이 원래 특별하지 않으니 마음을 비우고 살아야겠다고 생각하지 않았다. 그의 삶은 의미를 향한 건전한 욕망으로 가득했다. 훗날 강영우 박사는 한국인 최초로 미국 연방 정부 최고위 공직자가 된다. 세상을 떠난 날, 그는 자신의 삶이 비어 있지 않고 사랑과 행복으로 가득했음을 감사했다.

비우는 길을 선택했다면 67세의 실패한 사업가 샌더스(C. Sanders) 할아버지가 어떻게 천 번 이상의 문전박대를 감수하며 KFC로 어린이들을 위한 닭튀김을 만들 생각을 했겠는가! 어떻게 두 팔 두 발 없이 태어난 부이치치(N. Vujicic) 같은 이가 전 세계를 다니며 청소년들에게 꿈과 희망을 줄 수 있었겠으며, 어떻게 박봉의 중국집 배달원 김우수 씨가 월급을 쪼개 불우한 아이들을 도우며 환히 웃을 수 있었겠는가? 같은 한 세상을 살아도 중광 스님 같은 이는 '괜히 왔다 간다'라고 말하고, 천상병 시인 같은 사람은 '너무나 아름다운 소풍'이었다고 말할 수 있는 것이다.

그러므로 바른 길은 '내려놓기'가 아니라 '바로잡기'다. '멈춰 서기'가 아니고 '제대로 가기'다. 또한 '무소유'나 '최소한의 소유'가 아닌 '건전한 소유'이고, '비우기'가 아닌 '제대로 채우기'다. 평안은 그냥 슬프지 않은 것, 움직임이 없는 정(靜)이다. 하지만 삶의 기쁨은 영혼의 환희, 그래서 살아 움직이는 동(動)이다. 돌이나 쇠에게는 잡념이 없다. 자극이 와도 평안하다. 반면 생명의 특징은 잡념이다. 자극에 대한 반응이다. 잡념이 많으니 돌이 되겠는가? 아니면 그 잡념을 아름답고 고귀한 열정으로 바꾸겠는가? 그래서 기쁨의 사람은 안식을 필요로 하지 않는다. 그는 멈출 필요가 없다. 바른 길을 발견한 사람에게는 멈추는 시간도 아깝다. 매일 새로운 삶을 창조해내는 사람에게는 하루하루가 경이 그 자체이기 때문이다. 진정한 안식은 이미 그 안에 있다. 그렇지 않은가! 잔은 채워야 맛이다.

안타깝게도 지극히 소수의 사람들만이 행복 안에서 살아 있다. 대다수의 사람들은 행복이 뭔지도 모르고 산다. 아니, 자신들의 행복감이 행복이 아니라는 사실조차 모르고 있다. 내가 누군지도 모르고, 내가 원하는 행복도 모르는 사람들이 넘쳐나고 있는 현실에서 또 일련의 기회주의자들은 힐링이란 이름으로 그 아픔의 깊이만을 더하고 있다. 모든 사람이 그렇다고 해도 아닌 것은 아니라고 말하는 것이 정직이거늘, 자신의 이름 하나 얻자고 값싼 힐링을 팔아 스스로 자기의 행복감을 채우고 있다. 설명할 수 없으면 모르는 것이고, 알지 못하면 침묵해야 하는 법이거늘, 이해하지 못한 말을 하고 알지 못하는 말을 남발하고 있다. 애처로운 건 그래서 무지한 설국열차의 승객들이다. 행복지수의 허구와 행복감의 환상에서 깨어나야 함에도 불구하고 짝퉁 진리로 무장한 설국열차 안에서 보여주는 것만 바라보고 사는, 살아야 한다는 의식조차 못하고 있는 불쌍한 다람쥐들이다.

구스타프 클림트, 〈삶과 죽음〉(1911~1916)

알렉산드로스와 칭기즈칸의 권력, 드뷔시의 달밤이나 브람스의 사랑, 괴테의 로테나 셰익스피어의 햄릿, 헤겔과 니체의 초이성, 사르트르의 구토와 카뮈의 부조리, 뒤샹의 변기, 워홀의 먼로, 푸코의 판옵티콘이나 들뢰즈의 노마드, 그리고 위트킨의 양성구유자, 또는 허스트의 다이아몬드 해골! 인간이 누구이든, 그것이 무엇이든 죽음의 판결은 간단하다. "Nothing!" 벌거벗은 몸뚱어리들이 하나로 엉켜 버티고 저항해도 소용이 없다. 때가 되어 잠시 담배 피우러 나온 형리는 훌쩍 하나를 떼어간다. 그때 먼지 덩어리는 처음으로 솔직하다. 침묵한다.

04

몸의 죽음

« I »

사라짐과 두려움 – 죽음

> 한 사람이 쓰레기를 내다 버리려고 아파트 현관문을 열고 있다. 막 현관을 나서는 순간, 하늘에서 떨어진 육중한 물체가 그를 덮쳐 즉사하고 만다. 떨어진 물체는 투신자살한 사람이었다.

죽음은 예의가 없다. 그냥 불쑥 찾아와 함께 가자고 보챈다. 조금 기다려주거나 다시 오겠다고 발길을 돌리는 법도 없다. 예약도 하지 않지만 어디서 어떤 모습으로 만날지도 모른다. 케이건은 죽음의 가변성, 예측 불가능성, 편재성을 말하며 얼마나 살지, 언제 죽을지, 어떻게 죽을지 인간은 알 수 없다고 말하지만 솔직히 죽음이 그런 고상한 개념들에 관심이나 있을까? 죽음은 그냥 독단적이고 무식하다.

> 젊은 여성이 남편과 문자메시지를 주고받고 있다. 둘은 일주일 전에 결혼했다. 오늘은 신혼여행을 다녀온 뒤 첫 출근을 하는 날. 그래서 오늘 밤은 멋지게 보내려 한다. 영화를 보고 나서 낭만적인 레스토랑에서 와인과 스파게티를 즐길 예정이다. 둘은 지금 마냥 행복하

> 다. 하지만 5분 뒤 다음 역에 도착하면 그녀가 탄 지하철은 불타게 된다. 그리고 그녀는 빠져나오지 못할 것이다.

죽음은 또 잔인하다. 좀 너무하다 싶을 때가 많다. 하지만 그건 우리의 관점이다. 죽음은 잔인의 의미를 모른다. 발을 동동 구르고 안타까워하며 "제발 저 사람만은!" 하고 외쳐도 죽음은 동정하지 않는다. 한 맺힌 절규에도 동요하지 않는다. 애초에 감정이 없는 듯하다.

> 두 자녀를 둔 서른여덟 싱글맘 '풀빵 엄마'는 위암 말기였다. 마약으로도 진정시키기 어려운 고통을 그녀는 이를 악물고 참아낸다. 가족이 함께 살 방 한 칸을 위해서, 그리고 아이들이 성년이 될 때까지만이라도 살아내기 위해서. 그렇게 매일 밤 9시까지 겨울의 칼바람을 맞으며 풀빵을 구웠다. 하지만 그 애절함에도 불구하고 얼마 뒤 죽음은 무덤덤하게 그녀를 데려갔다.

죽음은 불의하다. 적어도 우리 생각에는 그럴 때가 많다. 죽어야 할 놈은 벽에 똥칠할 때까지 살고, 살아야 할 사람은 하늘이 무심하게도 빨리 데려간다. 죽음에게는 인간 존엄이나 정의의 원칙을 읽어줘도 소용이 없다. 그뿐 아니다. 죽음은 언제나 비위가 좋다. 추하고 역겹고 징그러운 장면과 맞닥뜨려도 놀라기보다는 넓은 마음으로 포용해준다. 그는 자신이 해야 할 일 외에는 그 어떤 것에도 관심이 없다. 타나토스는 늘 자기 직업에 충실하다.

> 2009년 영국 대중지 〈더 선〉은 자살한 것으로 알려진 한 유명 배우 기 사실은 목과 성기에 로프를 감고 변태적 자위행위를 하다 질식

피테르 브뢰헬(Pieter Bruegel), 〈죽음의 승리〉(1562)

사한 것이라는 의혹을 제기했다. 또한 '감각의 제국'이란 영화에는 여성이 성행위 중 목을 졸라서 남성의 쾌락을 극대화해주다 아예 죽여버리는 장면이 나온다. 목적은 유사한데 주의해야 할 점이 좀 다르다. 혼자 즐기다 보면 끝내야 할 때를 깜빡 놓칠 수 있고, 둘이 즐기다 보면 상대방을 전적으로 신뢰해야 한다는 단점이 있다.

죽음은 황당하기까지 하다. 정석을 버리고 변칙을 선호할 때가 많다. 그래도 마지막 길인데 좀 점잖은 모습으로 데려가면 좋으련만, 체면은 조금도 세워주지 않는다. 하기는 죽은 건 죽은 것이다. 죽으면 삶의 모든 것은 무화된다. 겉치레에 불과한 것을 죽어서까지 신경 쓸 필요는 없다.

분명한 것은, 죽음은 진리라는 것이다. 대부분의 사람들에게 죽음은 갑작스럽게 온다. 하지만 그건 본인의 느낌일 뿐, 정작 죽음은 서두르지도 지각하지도 않는다. 죽음은 누군가의 자살 시간을 초까지 알고 있다. 또한 실수하는 법이 없다. 소설에서는 사람이 바뀌는 수도 있지만, 현실은 그렇지 않다. 그래서 질내 틀리지 않는 예언이 하나 있다. 인간은 반드시 죽는다.

죽음의 이유

당신은 혹시 인간이 왜 죽는지, 아니면 왜 죽어야만 하는지 생각해본 적이 있는가? 이 질문은 다양한 동기에서 출발한다. 한 부류는 죽는 것이 아쉬워서 묻는다. 그의 질문은 궁금증이라기보다는 불평에 가깝다. 그래서 엄밀히 보면 '왜 죽는가?'보다는 '왜 계속 살 수 없는가?'라는 항의다. 그는 생명이 주는 욕망과 쾌락과 환희를 박탈해가는 무자비한 죽음을 고발하고 있다. 대부분의 사람들이 이렇다. 죽음이 두렵다는 것은 이별하기 싫다는 것이다. 또한 부류는 죽음의 얼굴을 무서워한다. 그에게 죽음은 만나고 싶지 않은 공포의 존재다. 부패해가는 시신이나 흉물스럽게 악취를 풍기는 사체를 경험했을 수도 있다. 또는 포(E. A. Poe)의 『때 이른 매장』에서처럼 옴짝달싹할 수 없는 캄캄한 나무 상자 안에 홀로 누워 있어야 하는 자신을 상상했을 수도 있다. 어떠한 경우이건 죽음은 인간에게 극도의 고통을 주는 사악한 마법사로 각인된다. 이 경우 질문의 본질은 공포다. 그리고 또 어떤 부류는 불확실성 때문에 질문한다. 어차피 살아 있는 동안에도 한 치 앞을 못 보는 인간이 유독 죽음 뒤에 관심을 보인다. 하지만 그가 정말 원하는 답을 알 수는 없다. 죽음을 만난 사람은 두 번 다시 돌아오지 않는다. 마지막으로 지적 호기심에서 묻는 사람이 있다. 왜 무엇인가는 살아 움직이다 멈춰 서서 움직이지 않는 것일까? 왜 변형되고 결국 먼지로 사라지는 것일까?

그런데 이유를 묻는 사람들을 가만히 보면 죽음 자체를 두려워하는 인간은 없다. 죽음이 초래할 이별, 변화, 만나야 할 불확실한 그 무엇, 그리고 호기심이 죽음 자체는 아니다. 뜻밖의 현상처럼 보이지만 사실 당연하다. 인간은 생물학적 죽음이 무엇인지 알지 못한다. 경험할 수 없다. 경험하는 순간 난 넘어간 존재이고, 또다시 넘어온 존재도 없기 때문이다. 모르는 것은 두려워할 수도 좋아할 수도 없다. 그 관점에서는 에피쿠로스의 말이 맞다.

인간이 죽는 이유는 살아 있기 때문이다. 살아 있기 때문에 죽는 것이다. 살아 있지 않은 것은 죽지 않는다. 죽을 수도 없다. 살아 있어본 적이 없기 때문이다. 우리 주변을 둘러보면 돌이나 쇠처럼 죽지 않는 것들이 많다. 그렇다면 돌이 나보다 더 행복하다는 말인가? 혹시 돌이 되고 싶은가? 죽은 님의 혼(魂)을 부르다[招] 그 자리에서 돌이 되어도 좋다던 소월 시인도 그렇지는 않을 것이다. 깨달음을 얻어 모든 집착과 번뇌의 굴레를 벗어나 다시 태어나지 않기를 꿈꾸었던 석가도 돌의 무념무상을 떠올렸던 것은 아니리라. 사실 사람들이 원하는 것은 돌이 아니라 돌과 같은 마음이다. 장자의 빈 배가 지향하는 열린 문처럼 무엇이든 흘려보내는 빈 마음이다. 하지만 아쉽게도 돌과 같은 마음은 불가능하다. 생명의 본질은 적응과 반응이다. 원해서 하는 것이 아니라 그렇게 될 수밖에 없다. 그러므로 언젠가 모든 자극에 무반응·무적응의 상태가 된다는 것은 그 전에는 그랬다는 것, 즉 살아 있었다는 것을 의미한다. 따라서 살아 있는 존재만이 죽을 수 있다.

조금만 더 생각을 발전시켜보자. 생명은 적응과 반응을 한다. 그것은 외부의 자극이 올 때 어떤 식으로든 생명체 안에 움직임이 일어난다는 것을 의미한다. 움직임은 변화다. 그리고 변화가 있다면 당연히 그 변화의 시작과 끝이 있기 마련이다. 봄이 있으면 겨울이 있고, 새벽이 있으면 밤이 있다. 따라서 살아 있음은 변화한다는 것이고, 죽음은 그 변화가 멈추는 것, 그리고 시체는 변화가 없는 것이다. 티치아노(V. Tiziano)의 그림에서처럼 탄생의 아름다움과 순진은 욕망의 젊음으로 변화하지만 희노애락(喜怒哀樂)을 넘어 결국 해골을 안고 있는 노인의 길을 가야 한다.

변화를 이끌어가는 몸을 자세히 보면 경외감을 가질 정도로 역동적이다. 인간의 눈은 24시간 동안 약 10만 번 근육을 움직인다. 두 콧구멍은 3~4시간마다 활동을 교대하고, 인체의 모든 뼈는 7년마다 새로 바뀐다. 뇌 안에서는 1000억 개의 신경세포가 1000조 개의 접합부를 통해 거의 무한하게 상호 연결된 채 살아 있는 동안 활동을 멈추지 않는다. 매일 남성은 한국 인구의 약 열 배에 해당하는 정자를 만들어

베첼리오 티치아노, 〈인간의 세 시기〉(1513)

내며, 심장은 살아 있는 동안 평균 2억8000만 번 박동하고 약 280만 리터 정도의 피를 퍼낸다. 인간의 피부는 남성이 1.9평방미터, 여성이 1.6평방미터 정도 되는데 끊임없이 벗겨지며 4주마다 완전히 새 피부로 바뀐다. 평생 우리는 피부를 1000번 정도 갈아입는다. 그뿐 아니다. 위벽을 이루는 50만 개의 세포들은 매분 죽고 새 세포로 대치된다. 몸의 변화는 이처럼 경이롭다.

그런데 변화의 메커니즘을 보면 흥미롭게도 생명과 죽음은 마치 줄다리기를 하는 것 같다. 일단 죽음이 생명에게 봉사하는 듯하지만, 결국 죽음이 승리하게 된다. 잠을 순수하게 현상적으로만 보면 활동의 정지이고 그런 의미에서 죽음이다. 그런데 인간은 잠을 자야 생명을 위한 새로운 힘과 저항력이 생기고, 또 성장한다. 죽음이 있어야 사는 것이다. 하지만 살기 위해 우리는 또한 죽어간다. 그리고 이 변화는 멈추지 않는다. 따라서 죽음이 생명보다 한 수 위다. 우리는 살아 있기 위해 매일 먹고 또 숨을 쉰다. 그런데 이 과정에서 몸에는 '유해 산소'와 '나이트러스아민'이라는 독소가 발생한다. 이들은 노화를 촉진하고 각종 병을 유발한다. 먹는 만큼 늙어가고 또 죽어간다. 그런 의미에서 시력이 약한 것은 지극히 다행스러운 일이 아닐 수 없다. 매일 밥을 먹으며 늙어가는 얼굴이 보인다면 어떻게 밥을 편하게 먹을 수 있겠는가! 세월이 흘러야 노화가 감지되는 것은 신이 우리에게 준 축복인 듯싶다. 그렇다고 안 먹을 수도 없다. 바로 죽기 싫다면 어쨌든 목구멍에 풀칠은 해야 한다. 결국 산다는 것은 좀 일찍 죽느냐 아니면 나중에 죽느냐의 차이일 뿐이다. 소식(小食)을 하며 최대한 늦게 죽고자 몸부림을 칠 수는 있겠지만 진실을 바꿀 수는 없다.

그런데 지금까지의 논의 가운데 유념해야 할 사항이 있다. 변화하는 것은 분명 죽는다. 그런데 우리는 때로 "나도 이제 늙었지!"라고 말하는가 하면, 때로는 "내 몸이 예전 같지 않아!"라고도 말한다. 정확히 무엇인가? 내가 늙는 것인가, 아니면 몸이 늙는 것인가? 내가 몸인가? 그렇지 않다는 것을 우리는 이미 확인했다. 나는 몸이 아니다. 생물학적 죽음에 관한 논의에서 이 사실을 간과하면 치명적인 오류에 빠지게 된다.

너는 바다의 일부야!

> "저번 날 멋진 이야기를 들었네. …… 넓고 넓은 바다에서 넘실대는 작은 파도에 대한 이야기야. 파도는 바람을 맞고 신선한 공기를 마시며 즐거운 시간을 보냈지. 그러다가 자기 앞에 있는 다른 파도들이 해변에 부딪혀 부서지는 것을 봤어."
>
> "'하느님 맙소사! 이렇게 끔찍할 데가 있나. 내가 무슨 일을 당할지 저것 좀 봐!' 파도는 말했지."
>
> "그때 다른 파도가 뒤에서 왔어. 그는 이 작은 파도의 우울한 기분을 알아차리고 물었어. '왜 그렇게 슬픈 표정을 짓고 있어?'"
>
> "아까 그 작은 파도가 대답했지. '넌 모를 거야! 우리는 모두 부서진다고! 우리 파도는 부서져 없어져버린단 말이야! 정말 끔찍하지 않니?'"
>
> "그러자 다른 파도가 말하지. '아냐, 넌 잘 모르는구나. 우리는 그냥 파도가 아냐. 우리는 바다의 일부라고.'"
>
> 나는 미소 짓는다.
>
> 모리 선생님은 다시 눈을 감는다.

"'바다의 일부.' 그래, 바나의 일부지."[02]

인간은 죽음을 두려워한다. 사실 인간뿐 아니라 생명이 있는 모든 존재는 죽음을 두려워한다. 그런데 두려움을 정말 극복한 것처럼 보이는 사람이 있다. "내일 지구가 멸망해도 난 오늘 사과나무를 심겠다"고 말한 스피노자다. 그는 44세의 나이에 폐결핵으로 죽었다. 젊은 시절 유대인 공동체로부터 파문당한 뒤 먹고살기 위해 시작한 렌즈 깎는 일이 원인이었다. 평생 독신이었던 그는 어느 일요일 오후에 조용히 떠났다. 사르트르와는 차원이 좀 달랐다. 주변 사람들이 잠깐 교회를 갔다 온 사이, 오후의 햇살을 받으며 조용히 영면했다.

이런 초연함은 어디서 나오는 것일까? 스피노자의 답은 의외로 간결하다. 좀 황당하기도 하다.

> 나는 신이다. 따라서 나는 불멸이며, 당연히 죽음을 두려워할 이유가 없다.

보통 사람이 들었다면 한마디 했을 것이다. "미친놈!" 당신도 그런 생각이 드나? 실제로 그는 '신에 취한 사람'이라고 불렸다. 하지만 그는 이성과 논리의 사람이었다. 그리고 스피노자는 자신만이 아니라 모든 인간이 동일하게 신이라고 주장했다. 어떻게 그 같은 생각을 하게 된 것일까?

02 : 미치 앨봄, 모리와 함께한 화요일, 세종서적 1997, 228쪽 이하.

| 신 이외에는 어떤 실체도 인정되거나 생각될 수 없다.[03] |

그는 신의 정의로부터 시작하는데, 누구나 인정할 수 있는 개념은 실체(Substance)다. 실체는 어원적으로 'sub(under) + stantia(stand)', 즉 '모든 만물의 밑에서 만물이 존재하도록 그 토대와 근원이 되어주는 존재'라는 뜻이다. 모든 존재의 존재근거가 된다면 자기 자신은 다른 무엇의 도움이 필요 없는 스스로의 존재여야 한다. 스피노자는 이를 '자기 스스로의 존재원인이 되는 존재(causa sui)'라고 말한다. 당연히 그런 존재는 신일 수밖에 없다. 이 실체라는 말의 어원은 구약성서의 모세와 신의 대화로부터 나온다. 이스라엘 민족을 애굽에서 이끌고 나오라는 신의 말에 모세는 그 신의 이름을 어떻게 전달해야 할지 묻는다. 그때 신은 "나는 나인 존재(I am that I am)"라고 말한다. 말 그대로 '변화하지 않는 존재'라는 뜻이다. 돌이나 쇠 같은 존재란 말인가? 그렇지 않다. 엄밀히 말해 '있는 것'은 무엇이든 있기 전의 상태가 있다. 소금도 다이아몬드도 마찬가지다. 그래서 변화하는 것에는 '조금 더 오래'는 있어도 '영원'은 있을 수 없다. 신의 말은 자신에게 그런 상태가 없다는, 즉 변화의 세계를 벗어난 존재란 뜻이다. 그래서 신만 '영원'이다. 영원은 우리가 아는 시간의 연장이 아니라 시간이 끝나는 지점에서 시작한다.

당연히 변화의 세계 안에 있는 어떤 것도 자신 스스로 원인이 될 수는 없다. '없음'에서 '있음'으로의 변화에는 반드시 외부의 원인이 필요하다. 그러므로 그 원인이 될 수 있는 존재는 변화 밖의 존재여야 한다. 그래서 신을 실체라 하는 것이다. 사실 여기까지는 스피노자의 실체론에 특이한 것이 없다. 그런데 그는 실체론을 극단으로 몰고 간다.

03 ; Baruch de Spinoza, Ethik, Roederberg 1987, 38쪽, 명제 14, 15.

> 존재하는 것은 무엇이든 신 속에 있으며, 신 없이는 아무것도 존재하거나 생각될 수 없다.[04]

스피노자에 따르면 신과 분리된 다른 존재는 있을 수 없다. 왜 그럴까? 신은 당연히 개념상 무한하다. 그런데 만약 신이 자신이 창조한 세상과 분리되어 있다면 신은 그만큼 유한한 존재라는 말이 된다. 신은 모든 것 안에 무한히 퍼져 있어야 하고, 이는 단순히 어떤 존재 안에 깃드는 정도가 아니라 말 그대로 모든 존재 전체여야 한다. 조금이라도 신이 아닌 부분이 있다면 그만큼 신은 유한해질 것이기 때문이다. 따라서 모든 것이 신이 된다. 자연도 신이고, 우주도 신이다. 인간도 자연 안에 있으니 당연히 신이다. 범신론이다. 하지만 좀 요상한 범신론이다. 왜냐하면 유일신도 되기 때문이다. 일반적인 범신론처럼 자연 안에 신이 내재되어 있다고 보는 것이 아니라 자연 자체가 신이라고 보니 범신론도 되고 유일신론도 되는 것이다.

그렇다면 신의 속성은 무엇일까? 스피노자는 사유와 연장이라고 말한다. 당연하다. 인간도 신이니 인간의 속성을 보면 신의 속성을 유추할 수 있다. 이 부분에서 스피노자는 석가와 유사하다. 사유와 연장은 결국 정신과 육체, 다시 말해 마음과 몸을 의미하기 때문이다. 그런데 신도 육체가 있다고? 좀 이상하지 않나? 그래서 스피노자는 육체와 정신이 다른 것이 아니라 동전의 앞뒷면처럼 동일한 하나의 서로 다른 표현이라는 이상한 결론에 이른다. 일관성에 목을 매는 철학의 불행이다. 동시에 인간이 신이라는 말도 뭔가 좀 석연찮다. 그래서 스피노자는 신을 둘로 나눈다.

04 ; Baruch de Spinoza, 같은 책, 38쪽, 명제 15.

> 나는 "창조하는 자연"(natura naturans)과 "창조되어진 자연"(natura naturata)을 이해해야 할 필요성이 있다고 본다. …… "창조하는 자연"이라는 말은 스스로 생각하는 존재, 또는 영원한 그리고 무한한 속성으로 표현되는 존재다. 반면 "창조되어진 자연"이라는 말에서 나는 신의 본성으로부터 필연적으로 도출되는 모든 존재 양태를 이해하고 있다.[05]

스피노자가 생각하기에 신의 본질은 존재다. 이는 실체의 개념에서 볼 때 논리적이다. 그런데 그 다음이 좀 이상하다. 신은 존재이니 당연히 신으로부터 존재가 흘러넘친다. 다시 말해 신은 비가시적인 영역에서 가시적인 영역으로 흘러넘칠 수밖에 없다. 이렇게 나타난 신을 스피노자는 만들어진 자연(소산적 자연, natura naturata)이라 부르고, 그 원인이 되는 보이지 않는 신을 만드는 자연(능산적 자연, natura naturans)이라 부른다. 예를 들어 컵에 물을 계속 붓다 보면 조금 지나 물이 밖으로 흘러나오는 것을 볼 수 있다. 이 경우 컵 안의 물은 보이지 않는 신이고, 컵 밖의 물은 보이는 신이 된다. 모두 신이 '무한'이라는 주장의 일관된 결론이다.

그러므로 죽음은 소멸이 될 수 없다. 사라짐은 없다. 죽음은 단지 변화다. 신은 소멸될 수 없고, 사라질 수도 없기 때문이다. '작은 파도 이야기'처럼 파도에서 물방울로 형태만 바뀐다. 인도 철학자 라즈니쉬(Rajneesh)도 유사한 표현을 했다.

> 사물을 깊이 들여다볼 때마다 그대는 자신이 다만 한줄기의 파도

05 : Baruch de Spinoza, 같은 책 56쪽, 명제 29 각주.

> 임을, '전체'는 바다임을 알게 될 것이다. 그때 걱정할 필요가 없다. '전체'가 그대를 만들어냈고, 그것이 그대를 돌볼 것이다. 그대는 전체로부터 나왔고, 그곳에 적은 없다.[06]

장자도 마찬가지였다. 그의 죽음이 임박해 제자들이 장사 지내는 것에 대해 물어볼 때 그는 자신의 장례를 후하게 치르지 말고 그냥 땅에다 버리라는 식으로 말한다. 제자들은 당연히 깜짝 놀라 말했다.

> "저희들은 까마귀나 솔개가 선생님의 시신을 먹을까 두렵습니다."
> 그러자 장자가 대답했다.
> "땅 위에 있으면 까마귀나 솔개의 밥이 되고, 땅속에 있으면 땅강아지와 개미의 밥이 되거늘 어찌 한쪽 것을 빼앗아 딴 쪽에다 주며 한쪽 편만 들려 하는가?"[07]

장자는 자기 아내가 죽었을 때도 슬퍼하지 않았다. 의아해하는 혜자에게 삶이란 자연에서 나온 것인데 원래 없던 것이 일시적으로 생긴 것이니 때가 되면 다시 본래의 자연으로 돌아가는 것이라 했다. 그의 아내는 지금 '큰 방'에 누워 있으니 슬퍼할 이유가 없다는 말이다.[08] 죽으면 자연인 신으로 돌아가서 신과 하나가 되니 죽는 것도, 어떤 방식으로 돌아가는지도 별일이 아니라는 뜻이다. 참 낭만적이고 멋있고 신비하기까지 하다. 죽음을 앞둔 모리 교수와 같은 이들에게는 얼마나

06 ; 오쇼 라즈니쉬, 삶의 길 흰구름의 길, 청아, 384쪽.

07 ; 장자, 같은 책 415쪽.

08 ; 장자, 같은 책 372쪽.

큰 위안이 되겠는가!

> 조금 뒤 내가 죽지만, 난 죽는 것이 아니라 형태만 변해 영원히 산다. 그렇구나! 이 두려움도 괜한 걱정이었구나!

그런데 정말 그럴까? 한 걸음만 더 나아가 생각해보자. 만약 인간이 신 또는 자연의 일부라면, 그리고 신이 잠시 동안 취하는 형체에 불과하다면 좀 기묘한 결론이 도출된다. 하나는 앞에서 본 것처럼 나는 신의 일부이니 죽음은 없는 것이고, 따라서 나는 죽음을 두려워할 필요가 없다는 위로의 결론이다. 역으로 인간이 자연의 일부라는 사실은 구체적이고 독립적인 '나'는 없다는 말이 된다. 몸과 마음뿐이다. 실제 '나'라고 착각하는 존재들은 사실 모두 '그것'이나 마찬가지다. 돌로 있든, 돼지로 있든, 아니면 인간으로 있든 특별한 의미를 부여하기 어렵다. 또 각자의 삶이 지니는 고유성, 삶이 지니는 실존적 가치는 모두 허상에 불과하다. 예술가로서, 음악가로서, 또는 철학자로서 무엇을 하든 모두 내가 아닌 신의 다양한 현상에 불과하다. 실질적으로 나는 없다. 이는 스피노자와 장자, 그리고 석가적 사유의 필연적 결론이다. 무슨 말인가? 논의의 출발점은 어떻게 하면 죽음에 대한 나의 두려움을 극복할 수 있는가 하는 것이었다. 그런데 결과는 내가 없다는 것이다. 그렇다면 지금 나는 죽음을 극복한 것인가? 그렇지 않다. 사실은 처음에 전제한 '나'라는 존재 자체를 삭제해버렸다. '나'는 신이라는 거대한 자연의 한 점일 뿐이다. 정말 그럴까?

당신의 삶 속에서 당신이 경험하는 모든 현상들은 환상이 아니라 구체적이고 개별적인 실재다. 고통과 두려움, 염려와 불안, 그리고 기쁨과 환희 등 이 모든 감정은 분명 당신의 것들이다. 그런데 그것들이 내가 아닌 자연의 감정이라고? 정말 그렇게 믿어진다는 말인가?

도대체 스피노자나 장자는 자연을 어떻게 이해한 것일까? 네덜란드에서 본 하늘? 중국에서 본 산들? 분명한 건 지구를 둘러싸고 있는 자연 전체도, 우주도, 그 우주에 펴져 있는 별들도, 상상할 수 없이 무한한 은하계들도 그들은 본 적이 없다는 사실이다. 그렇다면 과연 그들은 자연이나 우주를 얼마나 알고 말한 것일까? 하늘과 구름의 실체를 알았을까? 태양은 별이지만 지구는 행성에 불과하다는 사실은? 지구가 속한 은하계에는 1000억 개의 별들이 존재하고, 그런 은하계가 또 1000억 개가 존재한다는 사실은? 블랙홀의 진실은? 상대성이론과 불확정성의 원리는? 스피노자는 이성을 중요시한다고 했지만 이해할 수 없는 것을 말하고 알 수 없는 것을 말하는 것만큼 비이성적인 것은 없다. '영원의 관점'에서 바라보라니, 어떻게 그렇게 건방진 말을 할 수 있을까? 겨우 44년을 살다 간 흙이 영원을 이해한다는 주장은 지식인의 교만이라고밖에 달리 표현할 길이 없다. 적어도 칸트에게는 인식할 수 없는 것과 할 수 있는 것을 구분할 정도의 혜안은 있었다. 그래도 하이데거에게는 인간 인식의 한계를 인정하는 겸손은 있었다. 인간은 영원을 이해할 수 없으니 그 존재의 조명을 기다릴 수밖에 없다는 정도는 알고 있었다.

자연은 신이 아니다. 아무리 눈을 다시 씻고 봐도 구더기나 바퀴벌레를 신의 양태로 보기는 어렵다. 흙은 흙이고 나무는 나무다. 돌은 돌이고 물은 물이며, 원숭이는 원숭이이고 인간은 인간이다. 그렇다. 산은 산이고 물은 물이다. 그것 이상도, 그것 이하도 아니다. 그래서 신은 신이다.

인간이 죽으면 자연으로 돌아가는 것은 맞다. 하지만 정확하게 말해 인간이 돌아가는 것이 아니라 몸이 돌아간다. 몸은 분명 흙이고 흙은 자연의 일부이기 때문이다. 진아(眞我)인 '나'는 몸이 아니고 물질이 아니니 자연으로 돌아갈 수 없다. 영은 물질이 아니니 썩을 수 없다. 영은 물질적 변화를 넘어선 존재다. 따라서 영은 영의 세계로 갈 것이다. 그곳이 어디인지 정확히 알 수 있는 사람은 없다. 인간은 그 너머를 경험할 수 없다. 그리고 경험한 자는 다시 돌아오지 않는다. 스피노자의 오류는 석가와 마찬가지로 인간을 정신과 육체, 마음과 몸으로만 봤다는 데 있다. '나'를 말하면서 정작 '나'를 잃어버린 것이다.

정말 인간이 자연의 일부라면 나와 너의 차이는 무엇일까? 작은 파도와 큰 파도의 차이가 없는 것처럼 개체 사이의 본질적 차이도 없을 것이다. 정말 그렇게 생각하나? 공자, 소크라테스, 장자, 이순신, 김일성, 히틀러, 오원춘……, 그리고 당신이 모두 동일한 존재인가? 몸은 그렇다. 모두 흙이다. 하지만 존재들의 개별적 '나'는 아니다.

사람들은 로또 당첨 확률이 거의 없다는 것을 안다. 그런데 로또와 비교도 안 되는 확률, 아니 확률 자체가 존재하지 않는 것이 있다. 당신이 태어날 확률이다. 절대적 일회성! 대체 불가능성! 무한히 널려 있는 자연의 한 조각으로 그냥 우연히 부서져 나온 것이 아니라 태어날 이유가 있기에, 태어날 가치가 있기에, 기적의 존재로 단 한 번 지구에 태어났다가 단 한 번 사라지는 '나'다. 평균적으로 한 인간이 태어나기 위해서는 약 10억 마리의 정자가 필요하다. 그래서 당신은 10억 분의 1이다. 그런데 당신이 태어나려면 정확히 당신의 엄마와 아빠만 사랑을 나눠야 한다. 그 확률은 현재 약 75억 분의 1이다. 또 그 두 사람이 사랑하려면 태어나야 하고, 그 두 사람이 태어나려면 또 그 두 사람의 부모님이 만나야 한다. 이런 식으로 계속 올라가면, 지금 당신이 이 책을 읽고 있을 확률은 1/∞이다. 없다. 그래서 기적이다.

사람들은 지구에 75억의 인간이 산다고 하지만 거짓말이다. 75억의 인간이 아니라 75억의 '나'들이 산다. 그것이 진실이다. 당신의 '나'는 유일하다. '나'는 그 누구와도 대체될 수 없다. 인간은 대체되고, 교수도 대체되고, 정치가도 대체될 수 있지만 '나'는 단 한 번 살고 단 한 번 죽는다. 어디선가 와서 대충 살다가 어디론가 날아가버리는 먼지가 아니다. 사람들 하나하나의 얼굴이 다 다르고, 겨울이면 내리는 그 수많은 눈송이들 하나하나의 결정도 다르다. 새벽이슬을 맞으며 고개를 드는 나뭇잎 하나하나도 동일하지 않다. 인간은 그런데 서로 형태만 다른 것이 아니다. 생각도, 삶도 다르다. 무엇보다 존재 자체가 다르기 때문이다. 어떤가? 당신도 내일 지구가 멸망한다면 좋아하는 과일나무를 심겠는가? 그럴 수 있다. 하지만 적어도 스피노자의 이유 때문은 아니다.

이제 조금 다른 각도에서 생각해보자. 모든 것이 신이라면 신은 선(善)하니 세상과 문명, 그리고 그 역사도 선하다는 말이 된다. 스피노자는 선과 악의 판단을 인간 중심적인 관점이 아니라 영원의 관점, 즉 신의 관점에서 바라보라고 말한다. 영원의 관점에서는 모든 것이 필연이니 선이라고 한다. 개인적인 병이나 불행은 이런 말로 위로가 될 수 있다. 모든 것이 자연의 흐름이라는 자기최면에 빠린 사람들은 주변에서 많이 볼 수 있다. 그런데 스피노자가 간과한 사실이 하나 있다. 우리가 앞에서 살펴본 것처럼 인류는 오랫동안 행복감이라는 이기적인 몸의 욕망만을 추구해왔다. 그것을 선으로 보자는 말인가? 자신밖에 모르는 영리하고 사악한 늑대들, 무한 경쟁의 사회에서 타인에게 갖은 수단을 동원해 피해를 주는 존재들을 선하다고 보라는 말인가? 아니, 인간 가운데 정말 내면 깊은 곳까지 선한 존재가 단 한 명이라도 있다는 말인가?

스피노자가 기껏 이해하고 있는 영원이 무엇인지 알 수 있는 방법이 있다. 그가 영원의 진리라고 믿었던 것을 보면 된다. 바로 플라톤과

피타고라스에서 시작해 아우구스티누스를 넘어 근대 데카르트와 스피노자를 사로잡았던 수학적 진리다. 1+1=2다. 이 진리는 시간과 공간을 초월해 어디에서나 타당하다. 오죽했으면 스피노자가 기하학적 방법에 열광했겠는가! 하지만 수학은 영원한 진리가 아니다. 플라톤의 지적처럼 모든 수학의 기초는 점이다. 점으로부터 대수학이 나왔고, 점에서 선·면·입체 등 기하학이 만들어졌다. 그런데 정작 그 점은 존재하지 않는다. 점은 그냥 이데아, 즉 관념에 불과하다. 못 믿겠으면 지금 아무 데에나 점을 찍어보라. 바로 그 순간 그 점은 선, 면, 또는 입방체 등 무엇으로든지 변할 수 있다. 점은 없다. 허구다. 그 허구에 기초하여 수학이 만들어졌고, 수학에 기초해서 모든 과학이 만들어졌다. 따라서 수학도 허구다. 1+1은 2인 것이 자명해 보이지만 사실은 그렇지 않다. 언제든지 우리는 1+1을 3으로 만들 수 있다. 어떻게 하면 될까? 수학 체계 자체를 바꿔버리면 된다. 그러면 1+2=4, 1+3=5, 1+4=6 등이 될 것이다. 수학적 진리는 스피노자의 믿음처럼 영원의 특성을 보여주지 못한다. 그냥 유한한 인간들이 만들어낸 유한한 약속 내지 합의의 산물일 뿐이다. 스피노자는 바로 그 유한의 산물을 영원이라 말했고, 그 영원의 관점에서 신을 논했으며, 그 영원의 관점으로 세상을 보라고 한 것이다.

세상은 만들어진 체계가 아니라 진실이다. 진실이기에 모순과 우연투성이다. 돌 하나에 또 하나를 더하면 둘이지만, 쥐를 먹은 고양이는 하나로 남고, 엄마와 아빠가 합하면 아이까지 셋이 된다. 물방울 하나가 수많은 물방울들과 모여 다시 하나의 바다가 되는 진리는 수학과 논리의 허구를 벗어나 현실로 들어가기 전에는 알 수 없다. 스피노자는 '영원'을 말했지만 정확히 말만 했다. 이해하지 못한 것을 말한 것이다. 이른바 논리적 모순이 없다고 자부한 그의 완벽한 철학 체계는 결국 우물 안 개구리의 논리에 불과했다. 대붕(大鵬)을 말했지만 역시 진정한 대붕은 이해하지도 못한 채 한낱 티끌보다도 못한 참새 하나 이겼다고 득의양양 살다 간 장자처럼 말이다.

죽음에 대한 두려움은 극복해야 할 대상이 아니라 정확히 이해해야 할 현실이다. 정체성에 대한 정확한 인식이 있다면 두려움의 극복을 위해 이해하지도 못하는 모호한 자연의 개념을 도입할 필요도 없다. 인간은 몸과 마음만의 존재가 아니다. 마음먹고 몸을 행동으로 완성하는 '나'의 존재다. 그리고 마음먹음의 주체인 나(Self)는 영적 존재다. 영은 물질이 아니니 썩을 수 없다. 따라서 나는 죽지 않는다. 아니, 나는 죽을 수 없다. 스피노자의 말처럼 내가 자연의 일부이기 때문이 아니라 정확히 그 반대의 이유로 그러하다. 물론 몸에 관한 한 스피노자나 장자는 옳다. 몸도 죽지 않는다. 몸은 심장이 멈추면 원래의 재료로 돌아간다. 그 몸은 사라지지만 몸의 성분들은 자연 안에 스며든다. 그런 의미로 보면 인간은 결코 죽지 않는다. 영은 영으로, 먼지는 먼지로, 죽음은 각자의 자리로 돌아가는 것을 의미할 뿐이다.

죽음에 대한 두려움은 분명 현실이지만 그 두려움은 나로부터 나오는 것이 아니고 몸으로부터 발생하는 것이다. 몸은 죽음을 두려워할 수밖에 없는 존재로 결정되어 있다. 그러므로 엄밀히 말해 내가 아닌 내 몸이 죽음을 두려워하는 것이고, 나는 존재와 삶 전체를 몸의 생존에 의존하고 있기에 몸의 두려움을 나의 두려움과 동일시하는 것이다. 결국 내가 아무리 초연한 사상에 심취한다 하더라도 죽음에 대한 두려움을 완전히 초탈하는 것은 불가능하다. 몸이 느끼는 두려움은 선택이 아니라 필연이다. 가끔 장자나 스피노자, 또는 석가나 소크라테스처럼 우리는 그 몸의 두려움을 극복한 현자들을 본다. 하지만 그들이 말한 두려움으로부터의 자유를 진정 나의 자유로 보기는 어렵다. 정작 '나'를 모르고 있었기 때문이다. 그래서 늘 그렇듯, 무식하면 용감하다.

그런데 두려움에도 뒷모습이 있다. 모든 사물과 현상에는 양면성이 있다. 왜 두려움이 몸에 본능으로 주어졌겠는가? 죽음에 대한 두려움이 곧 생명이기 때문이다. 과거에 문둥병이 신의 저주에 의한 것이라고 규정되고 인간 사회로부터 격리 수용되었던 본질적인 이유는 충격적인 모습이나 전염성에만 있었던 것이 아니다. 다른 모든 병들과 구별되는 특징을 지니고 있기 때문이다. 그것은 고통을 느끼지 못하는 것이다. 바로 그 이유로 문둥병은 신의 저주에 의한 병으로 오해되고는 했다. 치유로 나아갈 수 있는 신의 선물, 즉 고통이 없기 때문이었다.

병자에게 고통이 선이듯, 죽음을 만날 수밖에 없는 모든 몸에게 두려움 역시 선이 된다. 두려움이 있기에 현실에서 사랑하는 사람을 걱정하고, 마음 아픈 일을 행한 사람에게 용서를 구한다. 따뜻한 지구의 햇살을 즐기며 단 한 번 주어졌던 나의 고유한, 가치 있었던 삶을 정리하게 해주는 존재가 두려움이다. 그렇다면 그 두려움이 과연 두려워할 일일까? 또한 두려움이 없다면 아마 전쟁 중에 아리스토텔레스의 중용을 이해하지 못한 많은 어리석은 군인들이 만용을 용기로 착각하고 과감히, 그리고 기꺼이 죽어갈 것이다. 병에 걸린 사람들이 돈이 들거나 귀찮다고 치료를 거부할 수도 있을 것이다. "그냥 죽으면 되지 뭐"라는 말이 유행어가 될지도 모른다. 그뿐 아니다. 죽음을 두려워하지 않는 많은 범죄자들이 사회에 초래할 결과는 상상하기도 싫다. 그리고 사람들은 조금만 괴로워도 자살할 가능성이 높다. 그러므로 죽음에 대한 두려움은 인간으로 하여금 자신의 생명을 사랑하도록 지켜주는 마지막 방어선이다.

이제 논의를 본질적인 방향으로 전환해서 또 다른 몸의 죽음을 말해보자. 몸이 죽는다는 말은 일의적인 것이 아니다. 사람들이 생각하는 것과 달리 진정 두려워해야 할 몸의 죽음은 뇌파가 평탄파로 변하는 것을 의미하지 않는다. 심장이 펄펄 뛰는 상태에서도 당신의 몸은 죽은 것일 수 있다.

죽음의 뒷모습

진정한 몸의 죽음은 심장박동이 멈출 때 일어나지 않는다. 그 죽음은 오히려 몸이 가장 생기 있게 작동하고 있을 때 발생한다. 융(K. G. Jung)이나 프로이트(S. Freud)의 표현을 빌리면, 그것은 몸의 팽창이 일어나는 때다. 프로이트의 인격 이론에 따르면 초자아(Super Ego)가 비대해질 경우 자기비하적 존재가 되고, 자아(Ego)가 팽창될 경우 냉혈한이 되며, 이드(Id)가 부풀어 오를 경우 반사회적 존재가 된다. 모두 건전한 인격의 상태에서 이탈한 경우다. 융이 볼 때 인간의 제1인격인 이성이 팽창되어 에고로 고착되면 제2인격인 자기(Self)는 무의식의 그림자 안으로 사라지게 된다. 기형이 된 인간존재는 결국 존재의 불균형으로 인해 파국으로 치닫게 된다. 자기(Self)가 보는 것을 자아는 보려 하거나 들으려 하지 않고, 결국 비대해진 자아는 자신의 아둔하고 광적인 영리함에 도취되어 핵이나 환경 파괴 같은 인류의 위기를 초래하게 되었다는 것이다. 둘은 다른 이야기를 하는 것 같지만 본질은 하나다. 조화의 파괴, 균형의 상실은 존재의 파멸을 불러온다.

그러므로 몸의 죽음은 몸이 죽어갈 때가 아니라 가장 살아 있을 때, 즉 몸의 가치가 극단적으로 고양되어 우상화될 때 발생한다. 이러한 상태가 정확히 어떤 것인지를 알기 위해 잠깐 소크라테스와 플라톤으로 돌아가보자. 고대인에게 덕(Virtue)은 단순히 윤리적인 영역에 국한된 개념이 아니다. 난어적으로 보면 '덕이 있음'은 '탁월함'을 의미한다.

비교적 의미의 상대적 탁월함이 아니라 그 존재의 본성에 부합된다는 의미에서 탁월함이다. 그런 의미에서 존재는 모두 저마다의 덕이 있다. 칼은 칼답게 대상을 잘 자를 때 덕이 있고, 스마트폰은 수행해야 할 기능이 최적인 상태일 때 덕스럽다. 아리스토텔레스식으로 말하면 그 사물의 이데아, 즉 내재된 유전자를 가장 탁월하게 발휘하는 것이라 하겠다. 인간의 경우 이데아는 지성이므로 그 지성이 가장 훌륭하게 발휘된 관조의 상태가 인간의 덕이 가장 잘 드러나는 때다. 그렇다면 몸을 따로 분리해서 생각해보자. 인간에게 있어 몸의 덕은 무엇일까? 이 질문에 대한 탁월한 답은 플라톤이 제시한다.

플라톤은 정의로운 스승인 소크라테스를 불의한 자로 몰아 정죄한 국가를 이해할 수 없었다. 그래서 그는 국가의 정의(正義, dikaiosyne)를 재검토한다. 국가는 기본적으로 지혜의 덕을 지닌 지배층, 용기의 덕을 지닌 수호층, 그리고 절제의 덕을 내재한 일반인층으로 구성된다. 특히 여기서 중요한 것은 지혜와 절제인데, 지혜는 국가의 이익과 불이익을 판단할 수 있는 분별의 능력이고, 절제는 단순히 자제나 겸손이 아니라 자기 자신의 존재론적 위치를 정확히 아는 것을 뜻한다. 따라서 절제는 모든 계층이 지녀야 할 기본 덕목이다. 그렇다면 그런 국가는 언제 정의로워질까? 그것은 각 계층이 자신에 본분에 부합되는 덕에 따라 살아갈 때 실현된다. 다시 말해 각 계층이 자기 자신을 아는 절제의 덕을 기초로 상호 조화, 의존, 그리고 보완을 통해 이상적인 국가를 형성하게 된다. 그런데 흥미로운 점은 플라톤이 국가를 정확하게 인간 개개인의 확장된 형태로 봤다는 사실이다. 다시 말해 인간 역시 정의로워야 하는데, 이때 정의는 현대사회가 이해하는 샌델(M. Sandel))식의 개념이 아니다. 플라톤에 따르면 인격, 즉 인간의 영혼은 세 가지 영역에 세 가지 능력을 지닌다. 『파이드로스(Phaidros)』에서 플라톤은 수레의 마부와 온순

이성적인 부분 (rational nature)	1. 이성(nous, Reason) – 지혜/머리
비이성적인 부분 (irrational nature)	2. 의지(thymoeidos, affekt) – 용기/가슴
	3. 욕망(epithymetikon, 식욕·성욕 등) – 절제/허리

한 말, 사나운 말로 구분해 설명한다.

그리고 개인의 정의는 국가와 마찬가지로 자신의 내면에 있는 세 영역이 조화롭게 작동되는 것이다. 예를 들어 술을 마시고 싶다는 욕망이 있을 때, 마부인 이성은 지혜의 덕에 따라 지금 상황에서 음주는 바람직하지 않다는 분별을 한다. 그러면 온순한 말인 의지는 용기의 덕을 발휘하여 욕망으로 하여금 이성의 지혜에 따르도록 인도한다. 이때 사나운 말인 욕망이 절제의 덕을 발휘해 자신이 지혜롭지 않음을 인정하고 이성의 명령에 따르게 되면 개인은 정의롭다. 그런데 플라톤이 여기서 말하는 머리, 가슴, 허리는 사실 상징적인 것에 불과하다. 현실적으로 그것은 나(Self), 나의 마음, 그리고 나의 몸을 의미한다. 그렇다면 이제 분명하다. 몸에게 있어 덕은 자신이 지혜로운 존재가 아니며 마음대로 용기를 가장해 행동해서는 안 된다는 것을 깨닫는 것, 지혜로운 주인인 '나'의 판단에 따라 '의지'가 명령할 때 그 명령을 따라야 하는 것이다. 그때 몸은 가장 '몸스럽고', 그것이 곧 몸의 덕이 된다. 그리고 이때 몸은 진정 살아 있다. 따라서 몸의 생명과 죽음은 역설의 논리에 따른다. 몸은 죽어야 살고 살려고 하면 죽는다. 절제는 몸의 입장에서 자기부정을 뜻하기 때문이다.

그러므로 몸의 죽음은 질서의 전도이고, 몸의 자기 자리 이탈이다. '나→마음→몸'의 순으로 진행되어야 할 삶의 방향이 '몸→마음→나'의 순으로 이루어지면 제멋대로 할 수 있는 몸은 좋다고, 이제 진정 살 것 같다고 날뛰겠지만 실상은 죽은 것이다. 몸이 모든 것의 중심이 되면 몸은 나의 정체성이 되고, 나의 실존이 되며, 몸의 행복이 나의 행복이 되고, 몸의 길이 나의 길이 되며, 결국 몸의 운명이 나의 운명이 된다. 이때 나는 당연히 죽게 되지만 진정 자기 자신으로 존재하지 못하는 몸도 살아 있지 못한 것은 매한가지다. 몸의 팽창은 몸의 자살이다.

서구 근대의 이성 사회를 지난 이후 1970년대를 중심으로 시작된 탈근대적 사고는 정확히 비이성적 길을 간다. 이성의 팽창을 비이성의 팽창으로 대체시킨다. 그리고 그 중심에는 몸이 있다. '나'는 이제 나의 몸이다. 몸은 단순히 육체가 아니다. 몸은 기호다. 따라서 욕망하고 느끼고 쾌락에 탐닉한다. 몸은 다양하다. 그것은 욕망, 감성, 쾌락, 성, 그리고 광기다. 따라서 인간에게 몸은 실존의 구체적 현상이다. 몸은 의미를 질문하지 않는다. 몸은 그냥 현존한다. 데카르트는 '나는 생각한다. 그러므로 나는 존재한다(cogito ergo sum)'라고 말했다. 하지만 이제 현대인은 '나는 몸이다. 그러므로 나는 존재한다'라고 천명한다.

거울 안의 발가벗은 내가 나의 실존이라면, 몸은 아름다워져야 하고 나는 오직 몸을 통해서만 살아 있음을 넘어 진정 존재함을 느낄 수 있다. 그렇게 우상화가 고착되면 자연스럽게 몸과 몸의 문화 그리고 관련산업은 살아 움직인다. '제트기의 속도로 살을 빼준다'는 제트 슬림, 지방 흡입술, 헬스클럽, 실리콘, 건강하고 섹시한 몸에 대한 강박관념적 집착은 몸이야말로 현대인들을 사로잡는 주문이고 신화가 되도록 만든다. 몸을 가꾸는 것이 교양선택이 아니라 전공필수가 되고, 부위별 성형 전문 병원이 호황을 누리고, 몸의 문화는 남녀노소를 불문하고 몸을 살도록 만든다. 하지만 사람들은 바로 그 살아 있음의 그림자

베첼리오 티치아노, 〈우르비노의 비너스〉(1538)

열일곱의 몸은
은비늘 휘날리는 청어처럼 이쁘고
스물넷의 몸은 대리석처럼 맑고
스물아홉의 몸에 황혼이 물들면
푸른 녹치 냄새가 나오
서른에서 마흔, 마흔에서 쉰 살의 몸
늙어가는 몸을 추하다고 생각지 마오
단지 서러울 뿐
서럽게 익어가며 스러지는
사람의 육체는 얼마나 아름답소

벨벳처럼 부드러운 어둠 속에 내가 있소
여자의 몸보다 사람의 몸이길 바라는 내가 있소
무서운 속도로 흘러가는 세월에 대해
동전의 양면처럼 붙은 고통과 열정에 대해
사방이 흔들거리는 듯한 불안에 대해

저항하고 끌어안고 폭발하는 몸이 있소
당신을 잡고 싶고, 놓고 싶은 몸
자유롭고 싶은 몸
생각이 많은 내 몸이 있소

_신현림, 「우울한 육체의 시 – 생각이 많은 몸」

에 죽음이, 자기파괴와 부정이 들어 있음을 모른다. 사실은 몸에 대한 극단적 집착 바로 뒤에 몸에 대한 자학이 붙어 있다. 멀쩡하게 잘 있던 코를 깎고 심을 박는다. 쌍커풀을 만든다고 눈을 학대하고, 유방을 찢어 보형물을 넣고, 뼈를 깎는 고통을 감수하며 턱뼈를 깎는다. 실컷 배 터지게 먹고 불어난 살을 빼기 위해 살을 가르고 청소기로 지방을 흡입한다. 아니면 무조건 먹지 않는다. 유명 모델이었던 카롤리나 헤스통은 2006년 21세의 나이에, 이사벨 카로 역시 2010년 28세의 나이에 거식증으로 사망했다. 몸을 위해 몸을 거부하고, 몸을 살리기 위해 몸을 죽이는 아이러니가 일어나는 것이다.

사람들은 자학으로 생각하지 않는다. 자신의 환상 속에 존재하는 몸의 이데아가 완성되면 남들의 부러운 시선을 마음껏 먹고 살 수 있다고 믿기 때문이다. 그래서 아름다워지려는 욕구는 폭력의 고통을 잊게 한다. 에로스와 타나토스가 상호 보완한다는 프로이트의 말을 기이한 방식으로 정당화한다.

1997년 12월 런던, 행위예술가 비토리니(S. Vittorini)는 '공포 서커스'라는 이름의 행위예술전을 열었다. 그는 행사 6주 전에 젖꼭지와 귀, 혀를 뚫어 쇠고리를 달았다. 엄청난 고통의 시간이 흐른 뒤, 그는 거기에 무거운 종을 금속 사슬에 이어 단 채 걸어 다니는 행위예술을 선보였다. 사람들은 경악했지만 그는 외부의 고통에 대한 몸의 저항을 통해 스스로 몸에 대한 주권을 찾았다고 믿었다. 그런가 하면 어떤 이들은 문신이야말로 자신을 남과 다르게 만드는 유일한 행위로 본다. 그래서 그들은 자신이 부정적으로 판단한 부위만 골라 원하는 모양을 문신함으로써 부정을 긍정으로 전환시킬 수 있다고 생각한다. 그리고 그렇게 새로운 사랑의 대상이 된 몸이야말로 진정 자신이라고 믿는다. 그런데 인간이 이처럼 자신을 몸과 동일시하면 어디까지 가게 될까? 한때

'인체의 신비전'이라는 전시회가 유행한 적이 있다. 인간의 몸을 자르고 쪼개고 부위별로 모으고 단면을 보며 몸의 내면을 샅샅이 시각적으로 훑어보는 것이다. 사실 이 전시회는 단순한 호기심 이상의 의미를 내포하고 있다. 몸적 자아가 자신을 탐구하는 마지막 영역을 상징하고 있기 때문이다.

스피노자와 장자는 '나'를 나 밖의 우주로 봤고, 데카르트는 '나'를 정신으로 봤다. 프로이트는 정신이 아닌 무의식을 말했고, 현대인은 몸을 나로 보고 있다. 일단 몸을 나로 보면 당연히 긍정적인 외모의 아름다움이 추구된다. 하지만 행복감의 원리에 따라 단순한 외적 아름다움은 식상해지게 되며 개성있는 미로 대체된다. 엽기나 개성을 지닌 외모가 주목을 끌게 된다. 하지만 조금 지나면 보이는 몸 자체에 싫증이 나게 된다. 미로에 빠진 생쥐가 더 이상 길을 찾지 못할 때 어디로 갈 것 같은가? 그에게 남은 유일한 길은 자기 자신 속으로 들어가는 것이다. 실제로 현대인은 그렇게 몸의 내면으로 들어갔다. 그것도 정신적이거나 신비적인 의미가 아닌, 말 그대로 몸을 뚫고 들어갔다. 그러고는 겉 피부 안, 오랜 시간 동안 터부시 되며 은폐되었던 몸의 적나라한 내면을 들여다본다. 인간은 내딛을 수 있는 마지막 빌걸음을 내딛었다. 문제는 더 나아갈 길이 없다는 것이다. 해체된 '나', 정확히 말해 몸과 연결된 경험의 덩어리에서 찾을 것을 전부 찾고 나면 마지막에 남는 것은 살덩어리와 공허한 나밖에 없다. 내가 나의 주권을 포기하고 나의 마음을 몸을 위해 봉사할 때, 나의 행복이 몸의 행복감으로 전락해버릴 때, 그때 몸은 가장 살아나고 그때 몸은 그렇게 죽는다.

요한 하인리히 퓌슬리, 〈침묵〉(1799–1801)

침묵으로 존재는 저항한다.
들리지 않는 울부짖음의 가장 작은 울림,
가장 큰 절규로.
"나는 타자다!"

« 2 »

무저항의 저항 – 낙태

1982년, 맬빈 와이즈버그는 낙태된 태아를 검시하고 그 결과를 병원에 알려주는 사업으로 돈을 벌었다. 사업은 번창했지만 얼마 뒤 공급 초과로 시체가 너무 많이 쌓였고, 저장하기 어려워지자 컨테이너를 빌려 집 뒤에 두고서 그 안에 태아의 시체들을 저장했다. 그의 비인간적 시체 저장이 드러난 것은 컨테이너 임대료가 밀렸기 때문이었다. 차압을 위해 컨테이너를 열어본 일꾼들은 '전쟁 상태' 같은 광경을 목격했다. 1만6000명 이상의 태아들이 머리가 없거나 사지가 없이 썩어가고 있었다. 와이즈버그를 고용한 병원은 면허가 취소되었지만 곧 더 큰 낙태 병원으로 바뀌었다. 와이즈버그는 어떤 형벌을 받았을까? 불법 주차 딱지뿐이었다.

쓰레기차 피하려다 똥차에 치여 죽는다는 말이 있다. 어떤 아기는 산모가 병원에서 낙태하지 않아 참혹한 운명에서 벗어나지만 똥통에 버려지기도 한다. 아기가 경험하는 세상은 어둡고 냄새나는 뒷간뿐이다. 그래도 빛을 봤으니 자궁 안에서 죽임을 당하는 애들보다는 나은 것일까! 세계 9위의 경제 대국임이 무색하게 아직 낙태도 입양율도 최고 수준이니, 1등을 좋아하는 대한민국을 자랑스러워해야 하나!

낙태 방법

프랑스에서 개발된 일종의 호르몬제인 RU-486은 경구용 알약으로 된 낙태약인데 미국의 경우 10년 동안 140만 명의 여성이 사용한 인기 제품이다. 이 낙태약은 '미프프리스톤(mifepristone)'이라는 약명을 따 '미피'(miffy)라고도 불리는데 임신 9주까지는 25퍼센트, 전체 낙태 중에는 15퍼센트의 비중을 차지하고 있다. 2001년에 5만5000건이었던 미피 낙태는 2008년 통계에만 18만 4000건에 이르렀으니 현재는 상당한 비중을 차지할 것으로 추측할 수 있다. RU-486은 사후 피임약으로도 불리지만, 사실은 착상을 돕는 프로게스테론의 작용을 차단하고 자궁내막을 파괴해서 태아를 떨어져 나가게 하므로 피임약이 아닌 낙태약이라 말한다. 부작용으로는 복용 시 8~12일 이내 동안 출혈 현상을 보이며, 구역질·구토·위경련 등이 있을 수 있다.

흡입술이라고 불리는 약 80퍼센트의 낙태는 임신 6~12주 사이에 흡인기에 의해 이루어진다. 이 기간의 태아는 형태상으로 완전한 인간의 모습을 지니고 있다. 팔·다리·얼굴·손과 모든 장기를 지니고 있으며, 뇌파도 측정된다. 산모의 자궁경부를 확장시킨 뒤 튜브 모양의 기다란 관을 자궁에 넣어 절단한 아이의 신체와 태반을 진공으로 빨아낸다. 이때 흡인력은 가정용 진공청소기보다 20여 배 이상이나 강하다. 이 흡인기는 완전한 흡입을 위해 자궁 내의 여러 곳을 골고루 휘젓는다.

나아가 조직이 남아 있을지도 모른다고 의심되는 경우에는 예리한 큐렛으로 훑기 때문에 자궁 천공이 생길 수 있다.

소파술은 임신 15주까지 행해지는데 현대식 능지처참에 해당된다. 날카로운 해부용 칼로 살아 있는 태아의 사지를 자르고 수저 같은 기구로 아이의 신체를 긁어낸다. 태반은 자궁벽으로부터 얇게 긁어내는데, 이 수술은 많은 출혈을 유발시킨다. 아이는 살기 위해 본능적으로 도망쳐보지만 죽음을 피할 수는 없다. 시술 이후에는 태아의 일부가 자궁에 남아 염증을 일으키는 것을 방지하기 위해 긁어낸 태아의 형태를 맞추어본다.

일반적이지 않은 경우이지만, 임신 후반에는 염수가 사용되기도 한다. 의사가 염수를 자궁에 주입하면 태아는 양수와 함께 그것을 마시고 내장과 몸이 다 타버린다. 여러 시간 동안 진행되는 이 잔인한 과정에서 때로 마취가 잘 안 되면 산모는 아이가 고통스러워하는 것을 몸으로 느낄 수 있다.[09]

태아가 다 자란 경우에는 제왕절개를 해서 아이를 꺼낸다. 정상적인 분만과 다른 점은 꺼낸 아이를 그냥 죽도록 내버려둔다는 것이다. 병원 폐기물 통에 버리는 일도 있고, 드문 경우이지만 울고 있는 아이를 호흡 마비용 주사로 안락사시키는 경우도 있다.

09 : 미국은 법적 자율과 달리 일반인들의 시각은 보수적이며 그 중 일부는 급진적이다. 2009년에는 캔사스 주 낙태 시술 병원장인 조지 틸러 박사가 루터교회에서 봉사하던 중 백인 남성의 총격을 받고 현장에서 숨진 사건이 있었다. 살해된 틸러 박사가 운영하는 병원은 임신 20주가 지난 여성에게도 낙태 시술을 하는 미국의 병원 세 곳 중 하나로 유명했다. 이 때문에 잦은 법정 다툼을 벌였고, 낙태 반대 운동가들의 공격을 받아왔다.

비용

낙태에 드는 비용은 몇십 만 원이지만 3개월 이후부터는 쉽게 100만 원을 넘어간다. 그래서 청소년들 사이에 낙태를 위한 계 모임이 만들어지기도 하고, 10만 원대의 싸구려 불법 낙태도 성행하고 있다. 가출 청소년들의 무분별한 동거나 인터넷 성매매의 증가로 청소년 낙태는 우리 사회에 성과 청소년 교육에 대한 심각한 우려를 자아내고 있다. 젊은이들의 성 개방 문화 역시 낙태를 일상의 문제로 만들고 있다. 모텔 잡기가 어렵다는 대학가의 신풍속도는 하나의 방증이다. 하지만 낙태는 젊은이들만의 문제가 아니다. 사실 심각한 것은 자녀 계획 없는 부부들의 무분별한 임신이다. '생각 없는'임신 후 이른바 '생각 있는' 결정이 낙태인 경우가 많기 때문이다. "Pro-Life!"와 "Pro-Choice!" 사이의 경쟁에서는 "내 배는 나의 것!"[10] 을 외치는 성인의 결정이 대부분 우선되고 있다.

논쟁

낙태 문제의 실질적 사회 이슈화는 2010년에 발생했다. 'Pro-Life'라는 양심적 의사 모임에서 반낙태 시술 선언과 함께 불법 낙태 시술 병원을 고발하고, 대법원에 낙태죄의 양형 기준 제정을 요청하는 청원서를 제출하는 등 본격적인 낙태 반대 운동을 시작했기 때문이다. 의사회는 하루에 1000건 이상의 불법 낙태에 대해 사법부가 고발된 병원을 처벌하지 않고 있다고 강조했다. 실제 한

10 ; "내 배는 나의 것(Mein Bauch gehoert mir!)"이라는 슬로건은 1970~80년대 독일을 비롯한 유럽 급진주의적 페미니즘 사이에 유행했다.

국에서 낙태는 엄연히 불법이며, 단지 성폭행을 통한 임신이나 자궁외 임신 등 예외 조항을 규정한 모자보건법이 있을 뿐이다. 나아가 낙태죄는 형법에서 벌금형 없이 징역형만 규정되어 있다. 하지만 실제 처벌은 거의 이루어지지 않았던 것이 사실이다. 이러한 프로라이프의 운동에 반대하는 입장도 만만치 않다. 반대파는 프로라이프의 운동으로 인한 풍선 효과로 음성 낙태 시술이 늘어나고 낙태 비용이 처벌의 위험 부담으로 인해 비상식적으로 올라간 것을 지적한다. 동시에 원정 낙태나 '낙파라치' 같은 부작용도 목격되고 있다.

낙태가 많이 이루어지고 있는 원인에는 산부인과의 수입원 중 낙태와 제왕절개가 차지하는 부분이 상당하다는 점도 있다. 의사들로 하여금 자연스럽게 낙태 시술에 참여하게 만드는 수입 구조가 있는 것이다. 여성 단체들은 본질적 차원에서 접근하고 있다. 낙태 금지가 여성적 신체 자유권을 침해한다는 것이다. 여성계는 "출산은 여성의 삶에 심대한 영향을 미친다. 원치 않는 출산을 강요할 수 없다"는 미국 대법원의 견해를 수용하고 있다. 결국 선택과 생명 사이의 핵심 쟁점은 정부가 휴직 상태의 법을 되살려 엄격히 규정해야 할 것인지, 아니면 지금까지 해왔던 것처럼 법으로는 면피하고 현실에서는 묵인하는 현상을 지속해야 할 것인가다. 물론 선택권과 생명권을 절충할 수 있는 내안 모색도 가능성 여부를 타진해볼 필요가 있다.[11]

11 ; 2010년 국회 입법조사처는 '이슈와 논점' 제25호에서 "태아의 생명은 여성의 선택권과 절대적으로 갈등 관계에 있는 것이 아니다"라며 "태아의 생명은 모체의 생명 및 건강과 관련지어 그 의미를 파악할 수 있고, 여성의 권리 또한 궁극적으로 태아의 생명을 지키는 관계에서만 의미가 있다"고 밝혔다. 또 "낙태에 대한 찬반 논의에서 태아 생명권과 여성 선택권이라는 두 가지 관점 중 어느 한쪽만을 주목한다면 절대로 합의점을 찾을 수 없다"며 "현실적이고 구체적인 상황에서 좀 더 합리적이고 타당한 논의 방향을 설정해 결론을 도출하는 과정이 필요하다"고 지적했다. 즉 현행 법체계에서 낙태의 절차와 요건을 명시하고, 더욱 구체적이고 현실적인 낙태 허용 범위를 규정하는 것이 필요하다는 지적이다. 이에 대한 구체적 대안으로 입법조사처는 2009년 9월 법무부와 한국형사정책연구원 등이 공동 주최한 학술 대회에서 예외 조항인 모자보건법 제14조를 형법에서 규정할 것을 제안했다.

딜레마

낙태 문제는 분명 태아로부터 온 것은 아니다. '태어나기를 원하는 태아'가 아니라 '태어나기를 원하도록' 만들고 이제 '태어나기를 원하지 않았으면' 하는 이들 때문에 발생한다. 태아는 본인의 의지와 상관없이 귀찮은 존재가 되는 것뿐이다. 낙태는 개인만의 문제도 아니다. 미혼모에 대한 사회적 시선이 있고, 생존의 한계상황을 양산하는 자본주의의 구조도 있다. 따라서 저출산인 요즘 낙태 문제의 해결을 정부가 바란다면 이 구조들 역시 함께 고려해야 함이 분명하다. 그러나 저출산이나 생계, 미혼모 등 현실적인 문제 이전에 먼저 생각되어야 하는 것은 낙태의 본질이다. 현실은 고려되어야 하지만 현실이 진리인 것은 아니다. 감정적 판단을 자제해야 하는 이유도 여기에 있다. 필요한 것은 객관적이고 공정한 가치판단이다. 만약 낙태가 당위라면 수용되어야 하고 낙태가 잘못된 것이라면 막아야 한다. 숫자도 중요한 것은 아니다. 한 명의 유태인을 죽인 것이 600만 명의 유태인을 죽인 것보다 덜 나쁜 것이라고 말할 수는 없기 때문이다.

본질적 차원에서 낙태에 대한 윤리적 담론은 딜레마로부터 시작한다. 딜레마는 태아의 생존권과 산모의 선택권, 즉 행복추구권이 거의 대등하게 대립하고 있다는 사실에서 기인한다. '살고 싶은' 태아와 '행복을 원하는' 산모의 갈등 사이에서 결정은 쉽지 않다.

정체성

딜레마로부터의 자유, 다시 말해 낙태 허용 여부에 대한 객관적 논의의 핵심은 태아의 정체성을 어떻게 규정하는가에 있다. 즉 태아를 언제부터 인간 생명으로 볼 것인가 하는 문제다. 여기서 주의할 점은 이 질문이 태아를 생명으로 보는 문제와는 전적으로 다르다는 사실이다.

사람들은 생명이 존엄하다고 믿는다. 하지만 생명은 존엄하지 않다. 만약 사람들이 그 믿음대로 일관성 있게 행동한다면 굶어 죽어야 할 것이다. 밥도 나물도 김치도 모두 생명이기 때문이다. 산다는 것은 죽이는 것이다. 인간이 존엄하다고 하는 만큼만 생명은 존엄성을 지닌다. 그것이 진실이다. 그래서 애완동물은 나름대로 존엄하지만 바퀴벌레는 아니다. 싱어(P. Singer)같은 동물 보호론자도 돼지에 관해서는 시비를 걸지만 파리의 일을 시비하지는 않는다.[12] 싱어도 모기는 싫어할 것이다. 왜냐하면 그는 생명 보호론자가 아니라 동물 보호론자이기 때문이다. 생명은 그 자체로 존엄하지 않다. 그러므로 여기서 낙태 반대의 일반적 논거에 문제가 발생한다.

P1: 태아는 생명이다.

P2: 생명은 존엄하다. 즉 그 자체로 가치 있다.

C: 그러므로 태아의 생명도 가치가 있으며, 태아를 죽이는 행위는 옳지 않다

이미 확인한 것처럼 논거 P2는 사실이 아니다. 따라서 결론(C)도 타당성이 없다. 결국 태아가 생명이라는 사실 그 자체만으로는 생명에

12 ; P. 싱어, 실천윤리학. 싱어는 생명권을 보장받을 수 있는 존재가 누구인가를 밝히기 위해 '인간이라는 종' 과 '인격', 그리고 '동물이라는 종'을 구분한다. 여기서 인격이라는 것은 자아의식과 합리적 사고를 지니고 있다는 것이다. 싱어가 말하고자 하는 요점은 간단하다. 생명권은 단지 인격에게만 보장된다. 생물학적으로 인간이라는 종에 속하든 아니면 동물에 속하든 중요한 것은 '인격'이어야 한다는 것이다. 이러한 논리대로라면 인간이라는 종에 속하면서도 태아나 지적장애아 또는 무뇌증 아이나 뇌사자 또는 식물인간처럼 정식적 기능이 정상이 아니거나 소실된 경우 인격으로 인정받지 못하게 되고, 따라서 생명권을 지니지 못한다. 반면 동물이라도 침팬지나 돌고래 등 자아의식과 합리적 사고를 지닌 것들은 인격으로 인정되어 생명권을 보장받는다.

대한 무조건적 권리를 요구할 수 없음을 알 수 있다.

하지만 인간은 단순 생명과 다르다. 인간은 존엄하다. 물론 여기서의 존엄성은 인간의 일방적 합의에 의한 것이다. 모기나 바퀴벌레는 동의한 적이 없다. 그러나 그 사실이 인간에게 미치는 영향은 미미하다. 말 그대로 인간에게는 '에프킬라'가 있다! 핵심 개념은 '합의'다. 인간 존엄성은 18세기 계몽주의의 산물이다. 칸트는 이를 형식화했으며, 존엄의 정신은 인권 헌장과 현대 민주주의 헌법의 기초가 되었다. 그러므로 낙태 문제의 본질은 태아를 언제부터 인간으로 볼 수 있는가 하는 데 있다. 기본적으로 법은 인간 종의 생물학적 관점과 사회적 관점을 고려한다. 유전적 질병이나 장애아의 낙태를 허용하는 모자보건법의 경우는 후자를 염두에 둔 것이다. 하지만 일반적으로는 전자가 문제가 된다.

태아는 인간인가 아닌가? 그리고 인간이라면 언제부터 그러한가? 당신은 의견은 어떤가? 어떤 의미에서 질문 자체가 좀 이상하다는 생각도 들지 않나? 그것도 그럴 것이 산모에게 "당신 아이는 처음부터 인간이 아니고 특정 시기부터 인간입니다!"라고 말하면 "미친 거 아냐?"라는 소리를 들을 가능성이 높기 때문이다. 하지만 바로 그 '미친 짓'일지 모르는 일이 낙태 문제의 이론적 핵심 쟁점이다.

보수주의[13]와 자유주의[14]라는 양극단은 일반적 상식과 어울리지 못하는 문제가 있다. 절충주의의 경우는 수정부터 출산 사이에 한

13 ; 가톨릭 교회를 비롯한 보수주의 진영은 인간 생명이 수태 시부터 시작된다고 보고 낙태를 단호히 반대한다. 현대적 보수파인 유전학파(The Genetic School)는 인간의 유전인자를 지닌 모든 존재를 인간으로 규정한다. 따라서 수정되는 순간부터 인간이므로 낙태를 거부한다. 그러나 유전자만을 놓고 인간임을 결정할 수 있을지 논란이 있다. 인간의 유전인자를 동물에게 주입하는 것이 가능한 세상이 되었기 때문이다.

14 ; 여기서 말하는 자유주의자는 좁은 의미에서 이해되어야 한다. 즉 수정 때부터 출산 시기까지의 어떤 단계에서든 산모가 원하면 낙태할 수 있다는 주장이다. 넓은 의미의 자유주의는 절충주의를 포함한다. 어떤 이들은 태아의 생명 유지가 산모에게 종속되어 있으므로 생명권이 없다고 말하기도 하지만 종속성이 처분권을 의미할 수 없다.

단계를 끊어 낙태가 허용될 수 없는 시기와 허용될 수 있는 시기를 나누는 것이므로 태아의 생명과 산모의 삶을 동시에 어느 정도 보장해줄 수 있는 장점이 있다.

다양한 관점

1) 출산 직후를 인간으로 보자는 입장이 있다. 가시성을 통해 구별하자는 것이다. 하지만 배 안과 밖이라는 공간적 차이가 인간과 비인간을 나누는 기준이 될 수는 없다. 태어난 아이를 사과 상자에 넣고서 보이지 않으니 인간이 아니라고 할 수는 없지 않은가?

2) 출산 후 약 6개월 뒤 자아의식과 합리적 사고의 형성 단계를 인간으로 보자는 극단적 자유주의 같은 입장도 있다. 싱어나 회르스터(N. Hoerster) 등은 한 존재가 삶에 대한 권리를 부여받기 위해서는 '삶에 대한 관심'을 보여야 한다고 주장한다. 여기서 관심이란 '자기 스스로 미래를 향한 목적이나 계획을 정하고 구현할 수 있는 의지'를 의미하며, 그 의지가 자아의식의 존재를 증명한다는 것이다. 따라서 임신기의 낙태는 도덕적으로 문제가 없다는 결론을 도출한다. 하지만 합리성을 주장하는 이 주장 자체가 합리적이지 않다. 먼저 '삶에 대한 관심'이라는 말 자체가 지나치게 모호하고 추상적이다. 삶은 무엇이고, 관심이란 정확히 어떤 것인가? 나이가 얼마 정도 되면 그들이 말하는 관심을 인간은 가지게 된다는 것인가? 미래를 향한 목적의 범주는 어떻게 규정하는가? 이해할 수 없는 말을 하며 합리성을 말하는 만용은 도대체 어디서 나오는지 궁금하다. 또한 자아의식의 형성 시점 자체를 특정하는 것이 불가능하다. 자아의식은 일순간이 아니라 점차적으로 형성되기

때문이다. 마지막 문제점은 이 같은 결론을 인정하면 미끄러운 경사면(Slippery Slope) 효과[15]를 초래할 수밖에 없다는 것이다. 자아의식을 상실한 식물인간뿐 아니라 기억상실증에 걸리거나 정신착란에 빠진 사람들은 죽여도 아무런 문제가 없다는 말인가? 그것은 명백한 살인이다.

3) 임신 후 약 6개월부터 해당되는 자체 생존 능력기[16]는 어떨까? 이 주장도 상대적이라는 문제점이 있다. 과거에는 이 시기를 8개월 정도로 봤지만 현대 의학은 6개월밖에 안 된 몸무게 500그램의 미숙아도 살려내고 있으며, 이 시기는 계속 단축되고 있다. 공간적인 차이도 무시할 수 없다. 예를 들어 미국에서 자체 생존기에 들어선 임산부가 의료 시설이 미비한 아프리카로 여행을 간다면 태아는 바로 인간에서 비인간으로 변하게 된다.

4) 임신 약 15주 정도 되어 태동이 시작되면 그때부터 인간으로 보자는 견해도 허술하기는 마찬가지다. 중세 가톨릭은 이때 영혼이 들어간다고 믿었다.[17]

5) 일반적으로 가장 선호되는 주장은 임신 8주 정도의 뇌파 측정 시기다. 이 견해는 뇌사를 사망으로 인정하는 현대 의학으로부터 역으로 연역한 것이다. 이 주장은 실용적이다. 낙태할 시간적 여유도 있고, 그렇지 않은 경우 태아를 보호할 수 있는 근거도 된다. 문제는 생명의 뇌사 자체가 그렇게 확실한 것이 아니라는 데 있다. 나는 뇌사가 생물

15 : 스키장에서 스키가 익숙하지 못한 사람이 슬로프 위에서 출발했을 때 도중에 멈추지 못하고 내려오는 경우를 볼 수 있다. 이처럼 미끄러운 경사면 효과는 한 번 미끄러지면 멈출 수 없는, 다시 말해 하나를 인정하면 다른 것도 인정하지 않을 수 없게 되는 상황을 일컫는다.

16 : 자체 생존 능력기는 태아가 자궁 밖에서 혼자 생존할 수 있는 기간을 의미하는 것이 아니라 인큐베이터에 넣고 모든 의학적 조치를 취해주었을 때 살아날 수 있는 시기를 의미한다. 당연히 의학 기술의 발달 여부에 따라 유동적일 수밖에 없다.

17 : 이 견해도 수태 후 40일까지는 낙태를 허용하는 셈이다. 태아가 40일 이전에는 살덩이에 불과하며 천사가 생명의 호흡을 불어넣어야만 인간이 된다고 봤기 때문이다.

학적 관점의 사망이 아니라는 견해를 옹호한다. 다만 이 이야기는 다음 장에서 자세히 하도록 하자.

태아의 발달 시점에 대한 결론은 분명하다. 살펴본 것처럼 특정 시점을 중심으로 태아를 단순 생명과 인간으로 분리하려는 모든 시도는 실패할 수밖에 없다. 따라서 태아는 수정부터 출산까지 인간으로서의 연속선상에 있는 것으로 봐야 한다. 사실 인간의 조건은 일련의 학자들이 고안해내는 특정 '인간성'의 개념으로부터 도출되는 것이 아니다. 인간은 단순히 '인간이란 종에 속한다는' 이유 안에 이미 존재한다. 그리고 인간은 수정되는 순간부터 인간 종에 속한다.

수정부터 죽음을 맞이할 때까지 인간은 연속선상에 있다. 그러므로 태아는 노인의 가능태[18] 다. 그 사이에 인간과 비인간을 구분할 수 있는 합리적 근거는 존재하지 않는다. 따라서 태아의 생존권은 산모의 행복추구권보다 우선한다. 원하지 않는 출산이 여성의 불행으로 이어진다는 절대적 필연성도 없지만, 자신의 행복에 지장을 초래한다고 인간 생명을 죽일 수는 없는 일이다. 치매에 걸린 노부모를 돌보느라 인생이 불행해졌다고 해서 그들을 죽일 수는 없는 일 아닌가? 태아가 단순 생명이라면 여성이나 부부의 행복추구권이 우선시될 수 있다. 하지만 태아는 인간 생명이므로 부모의 모든 어려움에도 불구하고 우선권은 인간 생명인 태아에게 있다. 결국 태아를 죽이는 것은 살인이다.

어떤 인간도 다른 인간의 생명을 고의로 단축시킬 권리는 없다. 그렇기에 태아에 대한 어떤 종류의 인위적인 낙태도 허용될 수 없다. 이 주장은 이미 확인한 것처럼 단순히 태아에 대한 동정적 결론이 아니

18 ; 가능태는 현실태와 대비되는 개념이다. 가능태는 '무엇이 되어질 수도 그러지 않을 수도 있는 존재'가 아니라 '특별한 상황적 장애가 발생하지 않는 한 반드시 그렇게 되어질' 존재를 뜻한다.

라 합리적 논거에 기초한 것이다. 이미 낙태를 경험한 사람이거나 계획하고 있는 사람에게는 충격일지 모르나 그런 것을 그렇지 않다고 할 수는 없는 일이다. 그리고 사실은 사실로 인지하는 것이 필요하다. '살인인 줄 모르면서 하는 살인' 또는 '살인이 아니기를 바라면서 하는 살인'이 무지에서 비롯된 것이라면 계몽은 당연한 일일 것이다.

현실과의 괴리

어떤 형태의 낙태도 본질은 살인이다. 원치 않는 임신일 경우라도 아이를 죽일 수는 없는 일이다. 그런데 이 결론은 위험하다. 여성의 자기결정권을 침해한다느니, 아니면 페미니스트적 입장에서 새로운 형태의 여성 차별로 규정하며 강력히 항의할 가능성이 높다. 그러나 낙태의 문제는 인간의 자기결정권이나 성차별 등의 문제와는 하등 관계가 없다. 그리로 몰고 가고 싶은 사람은 있겠지만 사실이 그렇지 않다. 지금까지의 논의는 단지 태아가 인간이냐 아니냐 하는 문제에 대한 합리적 검토였다. 그리고 결론은 태아가 자궁내의 전 시점에서 인간일 수밖에 없다는 것이다. 그런데 민주주의 헌법은 인간 생명을 최고의 가치로 본다. 따라서 태아를 죽이는 것은 살인일 수밖에 없다는 것이다. 이 논리의 어떤 부분에 여성에 대한 자기결정권 침해나 성차별의 흔적이 발견되는가? 논리에 따른 정당한 추론이 자신이 원하는 결과와 다르게 나온다고 반대한다면 그것은 이기주의의 전형적 행태에 불과하다.

물론 사실을 사실로만 적용할 경우 현실적인 문제가 발생한다. 낙태를 금지하면 음성적인 낙태가 성행할 수도 있다. 그 경우 부작용 역시 클 것이다. 그렇다면 현실적인 선에서 낙태를 허용해야 하지 않을까? 독일은 1970년대부터 1990년대 중반까지 낙태에 관한 논쟁을 벌이다가 1995년 8월에 의학적 타당성이 인정되고 임부의 동의가 있는 경우 임신 12주 이내의 낙태를 허용하는 형법 개정안이 통과된 상태다. 사실상 여성이 원하면 형식적 상담을 거쳐 낙태가 허용되고 있다. 미국의 경우는 낙태 여부를 임신 3개월까지 임부의 자율에 맡기고 있다. 이미 1973년에 대법원의 결정으로 낙태가 허용되고 있으며, 심지어 헌법상 미성년자 단독의 낙태 결정권에 대한 판시가 이미 1979년에 내려졌다. 현재 한국에서 시술되는 전체 낙태의 96퍼센트는 불법이다. 하지만 사회적·경제적 사유 등 선진국 기준으로 보면 이 중 90퍼센트는 합법이다. 실효성도 없고 선진국과의 형평성도 없는 법이 형식으로만 존재하고 있다. 그렇다고 미혼모를 우대하는 사회도 아니다. 미혼모와 자녀를 위해 주거와 자립 교육을 제공하는 시설은 전국에 열아홉 곳뿐이며, 그마저도 5~10가구 규모뿐이다. 중·고교 여학생의 경우는 거의 강제적으로 자퇴를 권고당하는 등 학습권도 박탈된다. 빈곤층 전락은 시간문제다. 그 와중에도 재력 있는 산모는 원정 낙태를 할 수 있다. 반면 가난한 산모는 무면허나 음성 시술을 받을 수밖에 없다. 설사 태어난다 해도 최선의 경우는 입양뿐이다.

이런 상황에서 낙태가 살인이니 절대 하면 안 된다는 주장은 설득력이 없다. 정상적인 가족을 위한 양질의 어린이집도 정부는 충분히 제공하지 못하고 있는 실정이다. 열심히 일해도 직업이 보장되지 않는 사회다. 아이의 출산과 양육을 전적으로 부모 책임으로 전가하는 사회는 사실 사회로서의 정당성을 상실한 것이다. 따라서 일방적으로 낙태한 부모들에게 돌을 던질 수 있는 권리가 사회에게는 없다. 하지만 그럼에도 진실은 변할 수 없다. 태아는 인간이다. 그리고 인간을 죽일 권리는 누구에게도 없다. 만약 당신이 낙태를 한다면 그 행위에 대해 돌팔

매질을 할 수 있는 인간은 없다. 그렇다고 당신이 살인을 한 것이라는 사실이 변하는 것은 아니다.

불법 낙태에 대한 법적 규제가 먼저 현실화되어야 한다. 법치주의는 민주주의의 근본이다. 말로만 법이고 현실은 무법이라면 법의 권위는 어디에서도 찾을 수 없는 것이다. 불법 낙태에 대한 정확한 처벌 규정과 엄격한 준수가 요구된다. 그리고 자율이다. 규제만으로는 문제의 근본을 해결할 수 없다. 자율이 없는 규제는 공허할 수밖에 없기 때문이다. 이 경우 문제는 여성이 출산을 원하나 양육이 불가능하다고 느낄 경우 어떻게 그녀와 동반자의 행복추구권을 보장해줄 것인가라는 것과, 반대로 출산을 원하지 않을 경우 어떻게 대리 양육이나 입양을 유도할 수 있을지의 문제가 된다. 결국 필요한 것은 미혼모의 출산과 양육을 위한 재정적·사회적 지원, 맞벌이 부부를 위한 기업 자체의 탁아시설 지원과 세제 등 다양한 혜택, 대리 양육 시스템의 확립과 국내 입양의 확대 등이다. 해야 하는 것은 해야 한다. 하지 않는다고 비판만 해서도 안 되지만 어렵다고 포기하는 것은 정부 차원에서 살인 방조죄를 저지르는 것과 마찬가지다. 더욱이 저출산 문제가 심각한 요즘, 낙태 문제의 해결은 이중의 긍정적 효과를 기대할 수도 있을 것이다.

다음으로 무책임한 성교육이나 성에 대한 사회의 이중성, 그리고 무엇보다 남성 중심의 성문화가 수정되어야 한다. 낙태의 70퍼센트 이상이 이기적인 욕망만을 추구하며 알아야 할 것에는 관심이 없는 무지 때문에 일어난다.[19]

19 ; 1995년 보건사회연구원이 낙태의 이유에 대해 조사한 바에 따르면, 임산부의 건강 보호(9.7퍼센트)나 태아 이상(5.1퍼센트), 그리고 딸이어서(1.7퍼센트)를 제외하고는 모두 피임에 대한 상식이나 약간의 관심만 있었다면 일어나지 않았을 낙태였다. 자녀를 원하지 않거나 터울 조절을 위해서라면 피임을 할 수 있었을 것이고, 그랬다면 그렇게 많은 태아들을 불필요하게 지울 필요는 없었을 것이다.

나아가 임신을 남성과 여성 모두의 문제로 보는 의식이 요구되며 법적 책임도 동일하게 묻는 사회 풍토가 조성되어야 한다. 그리고 이를 위해 장기적으로 성과 사랑, 결혼에 관한 심도 있는 교육이 조기에 이루어질 수 있어야 한다.

몸의 죽음

태아가 인간이 아니기에 낙태를 하는 것이 아니다. 낙태를 하고 싶으니까 태아가 인간이 아닌 근거를 찾는 것이다. 다르기 때문에 차별하는 것이 아니라 차별하고 싶기에 다름을 찾는 것과 같다. 사람들은 낙태의 원인을 임신이라고 생각하지만 그렇지 않다. 낙태의 원인은 몸적 자아로 자신의 정체성을 결정하고 오직 이기심만으로 자신의 행복감만을 따라가는 개인에게 있다.

몸의 죽음은 이미 우리가 살펴본 것처럼 진정 몸의 본질에 부합하지 않을 때 발생한다. 몸이 지녀야 할 덕, 즉 몸의 탁월함은 몸의 건강이나 미 또는 쾌락을 극대화하는 것을 의미하는 것이 아니었다. 그 덕은 어떠한 경우에든 진정한 '나'인 영을 도와 존재 전체의 행복에 기여할 때 충족된다. 플라톤의 표현을 빌리면 그것은 몸이 자신의 정체성을 깨달아 절제의 덕을 체화하는 것이다. 그렇지 않고 영이 간과된 채 몸이 비대하게 팽창되어 이기심만이 존재를 지배하게 되면 몸은 결국 절제의 영역을 벗어나 자신의 고유한 탁월함을 발휘하지 못하는 부덕의 존재로 변질되게 된다. 몸은 살아 있지만 사실은 더 이상 몸답지 못한 몸, 즉 죽은 몸이 된다. 낙태의 경우도 바로 그런 경우들 중 하나다. 몸의 욕망은 필연적으로 그 욕망에 방해되는 것을 제거하기를 원한다. 주체가 몸이니 당연한 일이다. 그렇게 이기적인 개인들이 모여 자본주의

에곤 실레(Egon Schiele), **〈죽은 어머니〉**(1910)

당신은 죽지 않았습니다.
당신은 살아 있습니다.
하지만 당신은 나를 죽였습니다.
그래서 당신은 죽은 어머니입니다.
당신은 분명 죽었습니다.

당신은 죽었습니다.
당신은 살아 있지 않습니다.
하지만 당신은 나를 낳았습니다.
그래서 당신은 죽은 어머니입니다.
당신은 분명 살아 있습니다.

를 만들고 경쟁과 구별 짓기를 통해 남을 누르며, 오직 성공만을 위해 치열하게 싸우다 패자로 전락하면 그 고통을 태아에게 전가한다. 몸은 또 도덕에 무관심하다. 그래서 무분별한 성의 탐닉만을 원하는 사람들, 행위에 대해 무책임하고 무관심한 그들의 이기심이 또 태아에게 전가된다. 자신의 몸을 위해서는 얼마든지 가꾸고 투자하는 이기적인 사람들이 생명의 잉태를 위해서 필요한 수고는 그냥 귀찮거나 성가신 일로 생각한다. 그리고 그것이 현실이라고, 현실을 고려해야 한다고 말한다. 몸의 본능인 이기주의는 그렇게 인간 생명조차도, 만약 그 존재가 보이지 않고 저항할 수 없는 상태라면 쉽게, 귀찮은 오물처럼 취급할 수 있다. 그리고 바로 그 행위를 통해 스스로를 파괴한다. 왜냐하면 그 행위의 존재 자체가 이미 몸이 죽은 것을 암시하는 것이기 때문이다. 파괴된 존재만이 타인을 파괴할 수 있는 것이다. 결론적으로 이기적인 몸이 자아로 인식된 삶은 '나'도 죽은 것이요, 자기 자신으로 살아가지 못하는 몸도 죽은 것이다. 사실 총체적으로 죽어 있다. 그런데 그렇게 죽어 있는 바로 그 순간 몸은 가장 살아 있다고 느끼고 있으니 누가 말리겠는가!

« 3 »

엄마가 된 시체 – 뇌사

언
젠
가 는
나 의 주
치 의 가 나
의뇌기능이
정지했다고단
정할때가올것입
니다살아있을때의
나의목적과의욕이정
지되었다고선언할것입
니다그때나의침상을죽은
자의것으로만들지말고산자
의것으로만들어주십시오나의몸을산형제를돕기위한충만한생명으로만들어주십시오나의눈은해질때노을을
천진난만한어린이들의얼굴과여인의눈동자안에감추어진사랑을한번도본일이없는사람에게주십시
오나의심장은끝없는고통으로신음하는사람에게주십시오나의피는자동차사고로죽음을기
다리는청년에게주어그가먼훗날손자들의재롱을볼수있게하여주십시오나의신장
은한주일혈액정화기에매달려삶을영위하는형제에게주시고나의뼈와근
육의섬유와신경은다리를절고다니는아이에게주어걷게하십시
오나의뇌세포를도려내어말못하는소년이함성을지르게
하고듣지못하는소녀가그녀의창문에부딪히는
빗방울소리를듣게하여주십시오그외에나머지
들은다태워서재로만들어들꽃들이무성히자라
도록바람에뿌려주십시오당신이뭔가를매장해야한
다면나의실수들을나의약함을나의형제들에대한편견
을매장해주십시오나의죄악들은악마에게나의영혼은하
나님께돌려보내주십시　　　오우연한기회에나를기
억하고싶다면당신들　　　이필요한때했던나의
친절한행동과말　　　만을기억해주십
시오내가부탁　　　한이모든것들
을 지 켜 준　　　다 면 나 는
영 원 히　　　살 것 입
니　　　다

_테스트(R. Test), ‘영원한 삶’

> 오전 11시 30분, 뇌수술을 받은 김 모(46세/여) 씨에게 최종 뇌사 판정이 내려진 뒤 유족들은 고인이 여러 명의 새 생명으로 다시 태어나기를 바라고 있다. 간은 둘로 분할하여 말기 간경화 환자인 천 모(33세/남) 씨와 선천성 담도 폐색으로 생명이 위태로웠던 장 모(3세) 군에게 이식된다. 신장과 각막을 이식받을 환자 네 명도 선정된다. 뇌사자 김 씨의 몸은 그렇게 깨끗이 분해되어 여섯 명의 새 생명으로 다시 돌아왔다.

뇌사는 법적으로 장기를 적출할 수 있는 기준으로서의 사망을 의미한다. 물론 보호자의 동의나 본인의 장기 기증 동의서가 전제되어야 한다. 뇌 기능 전체의 불가역적 상실, 즉 느낌·감정·의식·고통·슬픔·기쁨·괴로움이 없는 무의 상태로 보기 때문이다. 뇌사의 사망 인정에는 현실적 고려가 작용한다. 환자의 인공호흡기를 떼려는 의사에게 적극적 안락사의 책임을 지울 수도 있고, 가족들에게 고통과 경제적 부담을 줄 수도 있으며, 장기 기증을 기다리는 소중한 생명들이 헛되이 죽을 수도 있다. 모든 정황으로 볼 때 뇌사를 사망으로 인정한 법률의 통과는 타당성이 있어 보인다.

그런데 장기 기증자 중에서 뇌사 현상에 대한 정확한 지식을 보유한 사람은 그리 많지 않다. 장기이식 센터에서는 뇌사 판정 기준에 관한 정보를 제공하고 있을 뿐이다. 뇌가 죽었다거나 뇌파가 반응이 없다는 식의 상식적인 지식 외에 뇌사 현상에 대한 구체적 설명은 없다. 아마 이 글을 읽고 있는 당신도 뇌사 문제에 대해서는 그렇게 심각하게 생각해본 적이 없을 것이다. 따라서 나는 몇 가지 질문을 통해 본질적인 문제에 접근해보고자 한다. 뇌사 상태에서, 또는 장기 적출을 위해 뇌사사의 몸에 메스를 댈 때 한 인간의 몸에는 어떤 일들이 벌어지는 것일까? 뇌파는 측정이 안 되지만 몸의 기능은 정상적으로 진행이 되고 있는 상태를 죽음 직전의 단계가 아닌 죽음이라고 단언할 수 있는 근거는 무엇인가? 혹시 뇌사를 법적 사망으로 인정한 배후에는 순수하게 의학적이지 않은 어떤 이유가 있는 것은 아닌가?

뇌사

17세기에 하비(W. Harvey)에 의해 혈액순환 법칙이 발견되고 18세기에 심장의 활동이 규정된 뒤 영혼의 개념은 생물학적인 개념으로 바뀌었다. 이것이 이른바 1) 호흡, 2) 심장박동 정지, 3) 양안의 동공 산대라는 3징후설의 심장사다. 그런데 1959년에 프랑스의 신경생리학자였던 몰라레(P. Mollaret)와 굴롱(M. Goulon)이 의학사에 없던 기이한 발견을 한다. 장기간의 호흡 정지와 그로 인한 산소 부족 때문에 뇌가 불가역적으로 파괴된 일련의 환자들이 인공호흡을 통해 장기가 정상 상태로 유지되며 생명을 유지하는 것을 관찰한 것이다. 이 신기한 현상을 그들은 "Coma depasse", 즉 '혼수상태의 저편' 또는 '종국적인 혼수상태'라고 불렀다. 그리고 외부적 심장마사지의 도입 후 심폐소생술이 퍼지게 된 1960년경에는 'Coma depasse' 상태에서 생명을 유지하는 환자의 수가 늘어나게 되었다. 물론 당시에는 그러한 환자들을 사망으로 인정하지는 않았으나 종래의 사망진단은 수정되어야만 했다. 심장과 호흡이 정지되었다가 다시 회복될 수 있는 가능성이 제시되었기 때문이었다. 결국 사망진단, 즉 모든 생명 기능의 불가역적 상실은 약 15분, 즉 원칙적으로 인간을 다시 소생시킬 수 있는 시간만큼 기다려야 했다. 중요한 것은 뇌사 발견 초기에는 그 현상에 대한 구체적 관심이 없었다는 사실이다.

뇌사 현상이 의학적 관심을 끌게 된 것은 1967년 12월 3일에 남아프리카의 외과의사인 버나드(C. Barnard) 박사가 세계 최초로 심장이식수술을 성공한 뒤였다. 수술 일 년 후인 1968년, 'Coma depasse' 상태의 인간을 뇌사자인 동시에 "사망으로 인정"하는 것이 서류상으로 효능을 지니게 되었다. 이 역사적 과업은 하버드대학교 의과대학 특별위원회에 의해 이루어졌는데, 신학자 · 법률가 · 의학자 등으로 구성된 학자들은 죽음의 정의를 새롭고 멋지게 형식화했다.

> 우리가 향하는 최우선의 목적은 비가역적 의식불명 상태(Coma depasse)를 새로운 죽음의 경계로 정의하는 것이다. 이 새로운 정의의 필요성은 두 가지로 요약된다. 1) 생명 유지 기능의 재생과 도움에 관한 의학 영역의 발전으로 중상 환자들의 생명을 구하기 위한 노력이 더욱 강화되었다. 이 노력은 때로 부분적인 성과만을 지닌다. 그리고 그 결과는 심장이 계속 뛰는 상태에서 뇌가 비가역적으로 파손된 개체들이다. 영구적인 지적 능력의 상실로 고난받아야 하는 환자들이나 그 가족들, 병원, 그리고 그 의식불명 상태의 환자들이 차지하고 있는 병원 침대를 기다려야 하는 환자들에게 그것은 커다란 부담이 된다. 2) 시대에 뒤떨어진 죽음의 정의는 이식을 위한 장기 조달에 있어서 논란을 일으킬 수 있다.
>
> _하버드대학교 의과대학 특별위원회 성명서(1968)[20]

의학계에서 형식적인 근거를 마련하자 세계 곳곳의 정계와 종교계가 합세하여 뇌사의 법적 사망 인정에 대한 필요성을 역설하기 시작

20 ; 문국진, 생명윤리와 안락사, 여문각, 49~52쪽.

했다. 1990년에는 독일 가톨릭과 개신교도 연합성명을 통해 뇌사를 심장사와 같은 사망으로 인정했다. 그리고 장기 기증은 점차적으로 합법화되기 시작했다. 1983년에는 미국 대통령위원회가 뇌사를 인정하는 통일사망법을 각 주에서 채용하도록 권고해 현재 35개 주가 입법화했으며, 다른 주들도 판례로 인정하고 있다. 그리고 선진국 대부분이 그 뒤를 따랐다. 1971년에 핀란드는 국민보건국이 시체 조직의 적출에 관한 훈령을 내놓아 뇌사를 인정했으며, 1976년에는 대만이, 그리고 프랑스·벨기에·오스트리아·영국·독일·일본 등 16개국에서 뇌사를 법적으로 인정하고 있다. 한국도 2002년 이후에 이 대열에 동참했다.

윤리적 관점

현재까지 뇌사 상태에서 깨어난 사람은 아무도 없다. 만약 의식을 다시 회복한 사람이 있다면 그것은 오진이거나 뇌의 전부가 손상되지 않은 식물인간일 것으로 추측된다. 뇌사는 '뇌 기능 전체의 불가역적 상실'을 의미한다. 즉 대뇌·소뇌 ·간뇌의 모든 기능이 정지된 것이다. 반면 식물인간은 '부분 뇌기능의 가역적 상실'을 의미한다. 일반적으로 의식 작용의 중심인 대뇌와 평형감각을 담당하는 소뇌는 소멸되었으나 간뇌가 살아 있어 반응과 자발적 호흡이 정도에 따라 가능한 상태를 말한다. 식물인간 상태에서는 시기가 각각 다르지만 다시 의식을 회복한 경우가 있다. 10년간의 식물인간 상태에서 끝내 운명을 달리한 야구 선수도 있지만, 반대로 회복된 환자도 있다. 따라서 뇌의 모든 기능이 영구적으로 소실되었다는 점에서 뇌사를 죽음과 동일시하는 것은 어쩌면 당연한 귀결인 듯싶다. 그러나 동일한 이유에서, 즉 아직 의식을 회복한 뇌사자가 없기 때문에 뇌사 상태의 인간에게 어떤 일이 일어나는지, 그가 진정 아무것도 느끼지 못하는지, 아니면 무엇인가를 느낄 수 있는지 확인할 수 있는 방법도 없다. 의학적 입장에서 뇌사는 죽음이다. 하지만 의학적 입장이 항상 정확한 것은 아니었다. 2009년에 인공호흡기를 제거하면 생명 유지가 힘들 것이라고 판단되었던 할머니가 200일 가량을 생존했던 적이 있다. 동시에 의식 작용과 관련하여 의학적 판단과 전혀 다른 현상을 목격한 사례가 적지 않다. 더욱이 뇌사에 대한 윤리적 논의는 무엇보다도 인간 생명과 관련된 것이기에 신중을 요하는 사안이다. 그러면 하버드 위원회의 성명서를 중심으로 뇌사에 대한 찬성의 입장을 검토해보자.

첫 문장에서 그들은 자신들의 목적이 뇌사를 죽음으로 인정하는 것을 정상화시키는 것이라고 밝히고 있다. 하지만 그들은 목적에 대한 타당성, 즉 새로운 죽음의 정의에 대한 필요성만을 밝히고 뇌사에 대한 진단 방법만 첨부하고 있다. 반면에 분명히 밝혔어야 할 두 가지 사항에 대해서는 어떠한 설명도 제시하고 있지 않다. 그것은 1) 뇌사 상태에 대한 구체적 설명, 그리고 2) 뇌사를 죽음으로 간주할 수 있는 구체적이고 성낭한 근거다. 또한 죽음의 새로운 정의에 대한 필요성으로 위원회는 1) 환자와 가족 그리고 의사들의 부담을 덜어주어야 한다는 것, 그리고 2) 장기이식을 목적으로 장기 조달을 위한 죽음의 새로운 정의가 필연적으로 요청된다는 점을 언급하고 있다. 하지만 위원회가 밝힌 대로 환자가 아무것도 느끼지 못하는 무의 상태라면 "환자의 큰 부담(great burden)"이 무슨 의미인지 궁금하다. 장기이식을 위해 뇌사자의 죽음을 인공적으로 연장시키는 일이 부담이라면 더 부담 아닐까? 가족의 경우도 다르지 않다. 배우자가 뇌사자일 경우 그 상태를 지켜보는 일은 분명 아내와 가족에게 고통을 줄 것이다. 따라서 차라리 장기 기증을 원하는 사람도 있을 것이다. 하지만 심장이 뛰고 따뜻한 체온을 지닌 상태로라도 함께하기를 원할 수도 있다.

결국 하버드 위원회의 진심은 장기이식에 있음을 알 수 있다. 이식수술이 없을 때 뇌사는 관심 밖이었다. 그런데 이제 의학 기술의 발달로 장기이식이 가능하고 장기가 필요하다. 문제는 장기 수혜자다. 심장사로 죽은 사람의 경우에는 각막이나 신장 등 몇 가지 특수한 장기를 제외하고는 이식이 불가능하다. 그런데 뇌사자의 경우에는 호흡과 심장박동이 있으므로 장기들이 온전히 유지된 상태다. 따라서 뇌사를 사망으로 인정할 수만 있다면 필요한 장기를 조달할 수 있다. 다시 말해 고전적 죽음의 정의가 장기이식 의학의 발전을 저해하므로 새로운 정의로 대체할 필요성이 발생한 것이다.

질문

"뇌사 현상은 구체적으로 무엇인가" 하는 질문은 "뇌사 판정을 위한 진단 조건은 무엇인가"라는 질문과 동일한 것이 아니다. 얼핏 보면 같아 보이지만 둘은 본질적으로 다른 것을 묻고 있다. 후자는 하버드 위원회의 제안 후 현재까지 수정되고 보완되고 있는 뇌사자에 대한 판정 기준에 관한 것이다. 반면에 전자는 뇌사 상태에 있는 환자에게서 보이는 신체적 징후를 의미한다. 위에서 하버드 위원회의 성명서에 내재된 진의를 살펴봤다. 그렇다면 뇌사를 사망으로 인정하는 의학적 판단은 과연 정당한 것일까? 일단 논란의 여지가 있다. 뇌사는 그 자체로 모순적 상태다. 살아 있으면 살아 있는 것이고 죽었으면 죽은 것인데 뇌사는 부분적으로 생명과 죽음이 분리되어 분포된 상태다. 뇌사자는 뇌의 기능은 정지되어 있지만 신체의 기능은 유지되고 있는 상태다. 여기서 제기될 수 있는 질문은 어떠한 근거에서 뇌의 생존 여부가 몸 전체의 생존을 결정짓는 기준으로 선택될 수 있는가 하는 것이다.

뇌사 판정의 기준은 세계적으로 통일되어 있지 않고 나라마다 차이를 보이고 있다.[21] 왜 완전하고 통일된 뇌사 판정 기준이 아직 없는 것일까? 더 석연치 않은 부분은 뇌사 상태에 대한 정보가 일반인에게 구체적으로 제공되지 않고 있다는 점이다. 이것이 의도적인 것이라면 푸코(M. Foucault)가 지적한 것처럼 정보의 차단 역시 개인의 자율성을 침해하므로 폭력이 될 수 있다.

1992년 10월 5일, 독일 에를랑겐의 대학 병원 응급실에 한 환자가 이송되어 온다. 환자의 이름은 마리온 플로크(Marion Ploch). 교통사고를 당한 열아홉의 그녀는 사흘 뒤인 10월 8일에 뇌사 상태로 최종 진단을 받는다. 그런데 의사들은 그녀가 임신 15주째이며 태아는 사고에도 불구하고 건강한 상태임을 발견한다. 이 상황에서 의사들은 중대한 결정을 내린다. 응급조치를 계속함으로써 마리온의 생명을 5개월 동안

21 ; 일본 후생성의 경우 1)깊은 혼수상태, 2)호흡 정지, 3)동공 산대, 4)뇌간반사의 소실, 5)평탄 뇌파, 6)이상의 조건이 여섯 시간 계속된 상태를 그 기준으로 삼는다. 한국의 경우 1983년에 대한의학협회에서 이른바 '제1차 뇌사 판정'이라고 할 수 있는 '죽음의 정의 및 뇌사 판정 기준'이 나왔고, 1988년에 서울대학교 병원에서 국내 최초의 뇌사자로부터의 간 이식수술이 실시된 후 뇌사연구특별위원회가 구성되어 1989년에는 새로운 뇌사 판정 기준이 제정된다. 1992년에는 서울대에서 뇌사에 대한 '서울대 판정 기준'을 작성했다. 1999년 1월 6일에는 뇌사 입법안이 국회를 통과했으며, 이 법안은 2000년부터 시행되었다. 이는 세계에서 열일곱 번째로 국회를 통과한 것이다. 이 법안의 뇌사 기준이 되는 것은 1993년 3월 4일에 나온 대한의사협회의 뇌사 판정 기준이다. 이는 다음과 같다.

- 외부 자극에 전혀 반응이 없는 깊은 혼수상태
- 자발호흡의 비가역적 소실
- 양안 동공의 확대 고정
- 뇌간반사의 완전 소실
- 자발운동, 제뇌경직, 제피질경직, 경련의 무발생
- 무호흡 검사
- 뇌파검사에서 30분간 평탄 뇌파

위에서 본 대로 한국 내에서도 시간과 판정 기관에 따라 차이가 날 뿐 아니라 각 국가마다도 차이를 보인다. 예를 들어 뇌사 판정을 위해 요구하는 시간은 한국을 비롯한 대부분 국가의 경우 6~12시간인데, 스웨덴은 25분에 불과하고, 독일 같은 경우는 12~72시간을 요구하기도 한다.

유지시켜 아이를 살리기로 합의한 것이다. 언론은 계속해서 아이와 산모의 상태를 보고했고, 수많은 사람들의 관심과 보호 아래 하루하루를 넘겼다. 그러나 5주 뒤 산모에게서 고열과 함께 폐렴 증상이 나타났고, 얼마 지나지 않아 갑작스러운 자연유산으로 이 드라마는 끝났다.

이 이야기에서 우리는 몇 가지 흥미로운 점을 발견할 수 있다. 일반적인 상식과 달리 그녀의 호흡과 혈액순환은 5주 이상 지속되었으며, 유산이 아니었다면 의사들의 계획대로 근 5개월 동안 산모의 생명은 유지되었을 것이다. 이는 뇌사 후 어떠한 경우에도 2주 후면 사망한다는 초기 의학은 극복되었고 뇌사자의 장기를 장시간 보존할 수 있음을 의미한다. 일본 오사카대학교에서는 이미 뇌사자를 54일 동안 살려두는 실험에 성공했으며, 실제로 이론적으로는 일 년 이상도 가능하다고 한다. 또 하나 주목할 점은 산모의 고열이다. 만약 뇌사를 사망과 동일시하는 주장이나 법안이 사실이라면 뇌사자는 죽은 사람, 즉 시체임을 의미한다. 그런데 어떻게 시체가 발열할 수 있을까? 시체는 죽은 태아를 자발적으로 뱉어내지 않는다.

에를랑겐 사건이 보도된 지 얼마 되지 않았을 때 한 남자가 자신의 아이를 안고 어느 잡지사를 찾아왔다. 그의 아내 역시 임신 중에 교통사고를 당한 뇌사자였다. 하지만 그는 마리온과 달리 자신의 아내가 제왕절개를 통해 건강한 아이를 낳았다고 고백했다. 인터뷰 중 특히 관심을 불러 일으켰던 부분은 뇌사자인 아내의 병상 일기였다. 언론과 사람들의 관심을 불러일으켰던 마리온과 달리 그 여인의 침상에는 항상 남편이 있었다. 그는 이미 시체로 간주되어 아무것도 듣거나 느끼거나 의식하지 못하는 것으로 판정된 자신의 아내에게 매일 귓속말로 속삭였다고 한다. "남들이 뭐라고 하든 나는 당신이 내 얘기를 듣고 있다고 믿어. 조금만 더 힘을 내요. 내가 당신 곁에 있을게!"

한곳에서는 아이가 태어났고, 한곳에서는 유산되었다. 그녀가 남편의 속삭이는 소리를 들었는지는 알 수 없다. 그러나 한 가지 분명한 사실은 뇌사의 정의상 이미 사망한 여자가 아이를 낳았다는 사실이다. 그녀는 '엄마가 된 시체'다.

출산 이외에도 뇌사자에게는 우리가 이해할 수 없는 많은 점이 있다. 인간은 더우면 땀을 흘린다. 신체가 스스로 체온조절을 하는 것이다. 그런데 뇌사자도 더우면 땀을 흘린다. 시체가 체온조절을 한다는 것 자체가 원칙적으로 난센스다. 또한 뇌사자는 살아 있는 것처럼 신진대사도 하고 순간적인 움직임을 보일 수도 있다. 나아가 뇌사자의 장기를 적출하기 위해 복부를 절개하면 신체 내의 혈압이 급상승한다. 그래서 의사들은 혈압을 낮추는 용액을 투여한다. 시체의 혈압은 올라가지 않는다. 하지만 무엇보다 뇌사자가 아직 죽음과 거리가 있다는 것은 남성의 경우에 더욱 분명하게 드러난다. 뇌사자 남성의 성기는 자극하면 발기한다. 지속되면 사정도 한다. 시체는 성기의 자극에 흥분하지 않는다. 더욱이 성적 흥분이나 쾌감이 뇌를 통해 일어난다고 하는 성심리학자들의 주상을 생각하면 정말 뇌기능이 완전히 상실된 것인지 의심이 간다. 이처럼 뇌사 상태에서도 몸과 환경이 상호 관계하는 현상들을 모두 반사 신경의 문제로 치부해버릴 수 있을까? 닭의 목을 자르면 목 없는 닭이 뛰거나 날아다니는 것과 같은 현상이란 말인가?

논의의 초점은 뇌사자에 있다. 그가 사망한 것이라면 그는 분명 시체다. 시체는 아이를 유산시키지도 출산하지도 않는다. 체온조절을 하지도 않고, 더욱이 배를 가른다고 혈압이 상승하지도 않는다. 시체는 삶과의 인연을 끊은 존재다. 그런데 뇌사자는 그 정체성이 모호하다. 살아 있는 것도 아니고, 죽어 있는 것도 아닌 것이다. 장기를 적출하기 위해 그들은 확실하게, 의심의 여지 없이 시체여야 한다. 하지만 장기를 사용할 수 있으려면 그들은 또한 시체가 분명히 아니어야 한다. 따라서 뇌사는 생명과 죽음이 공존하는 모순적 현상이다. 그리고 그 모순적 현상은 인간애, 선행, 새로운 생명 등의 이념들로 포장되어 있다. 모순을 모순이 아닌 듯한 논리로 은폐할 수 있다. 그러나 모순이 사라지는 것은 아니다.

이미 뇌사 판정 기준이 각 나라마다 다르며 시간마다 유동성을 띤다는 것을 밝힌 바 있다. 동시에 뇌사 판정의 순간 뇌의 전 기능이 정지한다는 것도 확실한 사실이 아니다. 독일과 일본에서는 뇌사 판정 후 며칠이 지난 뒤에도 뇌에서만 분비되는 호르몬이 관찰된 바 있다. 즉 시상하부나 뇌하수체에서 정상적으로 호르몬이 분비되는 것이다. 이는 분명 뇌사 판정 후에도 뇌가 활동한다는 것을 의미한다. 또한 뇌사의 조건인 평탄 뇌파 30분과 관련해서도 문제가 있는데, 실제로는 대뇌피질의 가장 바깥 몇 밀리미터의 뇌 전기 활동밖에 기록할 수 없다고 한다. 많은 뇌사 판정을 받은 어린이들의 뇌에서 아직 혈류가 있고 신진대사 작용이 일어나는 것도 관찰된 바 있다. 의식의 완전 상실이라는 말도 정확한 것이 아니다. 의식은 엄밀한 의미에서 관찰될 수 없는 것이다. 관찰될 수 없는 것이라면 그것은 단지 자연과학자들에 의해서만 평가되어질 수 있는 성질의 것이 될 수 없다.

뇌사는 뇌 기능의 불가역적 상실이지 모든 신체 기능의 불가역적 상실이 아니다. 일상적인 삶 속에서 우리의 정체성은 얼굴을 통해 확인된다. 지문이니 인감이니 해도 실제 삶에서 우리는 얼굴을 통해 서로를 확인한다. 그렇기 때문에 일란성 쌍둥이의 경우에 정체성의 혼란이 있는 것이다. 그러나 그렇다고 해도 몸이 없는 나는 내가 아니다. 얼굴이 나의 정체성을 확인해주지만 나는 얼굴만이 될 수 없다. 나는 나의 뇌와 몸과 함께 나다.

뇌에 관한 연구는 의식이 대뇌의 전두엽에서 일어난다고 밝히고 있다. 그렇다면 우리는 마음이 심하게 아플 때 그 이마에 손을 대고 이렇게 말해야 할 것이다. "아, 마음이 너무 아파!" 그러나 우리의 손은 머리로 가지 않는다. 사랑하는 사람을 잃은 이는 머리가 아닌 가슴에 손을 댄다. 실제로 그곳이 아픈 것이 아닌데 습관적으로 그렇게 느끼는 것일 뿐일까? 아픈 것은 마음이다.

뇌가 우리의 신체를 통제하는 중앙 제어 시스템이라는 사실은 분명하다. 그러나 몸이 없는 얼굴과 마찬가지로 통제할 몸이 없으면 뇌는 아무것도 아니다. 뇌는 우리의 몸 자체가 아니라 그 일부일 뿐이다. 부분이 전체를 대표할 수는 있지만 부분이 전체가 될 수는 없다. 목 밑의 신체가 전체가 아닌 것처럼 뇌도 전체가 될 수 없다. 신체는 하나의 총체적 유기체이며, 그 유기체는 다양한 기관 체계와 척수, 호르몬들의 상호작용을 통해 활동하고 유지된다. 인간의 삶은 뇌만의 일방통행이 아니며 다양성과 전체성을 지니고 있는 복합체다. 내가 누군가를 사랑할 때 나는 그 사람의 얼굴만을 사랑하는 것도 아니고, 그 사람의 뇌만을 사랑하는 것도 아니다.

데카르트의 망령

뇌사가 사망이라는 법이 지니는 아이러니는 구태의연한 모더니즘의 망령이 현대에, 그것도 최첨단 기술인 의학 분야에서 되살아났다는 데 있다. 뇌사의 철학적 의미는 인간을 머리와 몸이 상호 연관된 하나의 개체로 보는 것이 아니라 머리와 몸이 분리된, 즉 인간적 요소와 비인간적 요소로 구분하고 있다는 것이다. 다윈과 프로이트, 그리고 두 차례의 세계대전을 겪으면서 극복되었다고 믿었던 데카르트의 코기토적 사고, 정확하게는 'Cogito ergo sum(나는 생각한다. 그러므로 나는 존재한다)'이 새롭게 부활한 것이다. 데카르트는 자아가 생각하는 동안만 존재할 수 있다는 사고에서 생각하는 기능만이 인간적인 것이라고 봤다. 결국 뇌사의 사망 인정은 사유하는 존재로서의 인간만을 강조하고 몸을 기계와 동일시하는 이분법적 사고가 장기의 필요라는 시대적 요청과 맞물려 새롭게 부활한 것이다.

뇌사는 죽음이 아니라 필연적으로 죽음을 향해 나아가고 있는 삶의 마지막 단계다. 그 마지막 단계가 아무리 확실하고 짧다 할지라도 그 삶의 단계를 죽음이라고 넘겨짚어 단정할 수는 없다. "죽었다"라는 단어와 "죽은 것이나 마찬가지"라는 말의 의미는 분명 다른 것이다. 어차피 모든 인간은 죽으며 죽음에 이르기까지 삶은 수많은 단계를 거친다. 그러나 단계는 단계 이상도 단계 이하도 아닌, 말 그대로 삶의 한 단계일 뿐이다. 모두 삶의 한 부분이다. 시간적으로 이제 2주가 남았건 1분이 남았건 그것은 상대적인 차이일 뿐이다. 죽음 1초 전의 삶도 삶이다. 그것은 100년의 생보다 결코 덜 가치 있는 것이 될 수 없다. 삶은 삶이기 때문이다. 금방 1분 뒤에 교통사고로 죽을 건강한 사람은, 엄밀하게 말해 2시간 뒤에 호흡기를 제거당할 뇌사자나 한 달 뒤에 죽을 말기 암 환자보다 늙은 것이다. 만약 우리가 과학기술의 발전을 통해 신과 같이 전지(全知)해졌다고 가정해보자. 그렇다면 인간의 삶의 필연적인 인과성을 정확히 계산해 미래를 예측할 수 있을 것이다. 하지만 그렇다 하더라도 그에게 달려가 당신은 이제 죽었다고 말하며 장기를 적출할 수는 없다. 한 인간이 가까운 미래에 죽는다는 사실에 대한 지식을 그가 죽었다고 단정하기 위한 이유로 사용할 수는 없기 때문이다.

물론 장기가 오기만을 애타게 기다리는 수혜자를 기억해야 한다. 또한 환자를 살리려는 의사들이 있다. 뇌사 환자는 심장과 간장의 유일한 공급처이자 신장의 중요 공급원이라고 한다. 오늘날 장기 증여의 98퍼센트가 중환자실의 집중 치료실에서 이루어지고 있다. 인간은 살고자 하는 권리가 있듯이 존엄 속에 죽을 권리도 있다. 뇌사자의 장기는 죽은 자를 위한 것이 아니라 산 자를 위한 것이기에 그들이 자신들의 장기를 타인을 위해 증여한다면 아름답고 보람 있는 일이다. 그러나 그러한 사람들이라도 뇌사가 무엇인지를 분명히 알고 난 뒤 자신의 행위에 대한 결정을 내려야 할 것이다. 정보의 완전한 제공, 그것이 없다면 그는 자신이 무슨 일을 하는지 스스로 모르고 행한 것이 된다. 물론 무지에서 나온 행위가 반드시 잘못된 것이라고 말할 수는 없다. 하지만 삶과 관계된 것이라면 그렇지 않다.

타인을 위해 자신의 목숨을 희생하는 것은 본질적으로 동일한 가치를 지닌다. 전우를 위해 산화하는 군인이나 가족, 친구 또는 사랑하는 이를 위해 자신의 생명을 버리는 이들은 모두 삶이 시간과 관계하지 않고 가치와 관계한다는 것을 이해한 사람들이다. 뇌사에 빠질 것을 대비해 장기 기증서에 서명하는 이도 마찬가지다. 뇌사 상태에서의 그는 살아 있는 인간이고, 그 상태에서 장기 적출은 분명히 타인에 대한 자기 삶의 증여다. 증여는 증여로 남아야 한다. 그리고 그러기 위해서 증여자는 뇌사에 대한 정확한 정보를 인식하고 있어야 한다. 뇌사를 사망으로 인정하자는 주장을 그럴듯한 공리주의로 포장해서는 안 된다. 하나의 폐기물과 여러 명의 새 생명을 비교하면 그것은 당연한 것처럼 보인다. 하지만 개인이 아닌 타인이 그러한 입장을 강요할 수는 없다. 따라서 뇌사자의 장기 적출을 목적으로 한 법적 사망 인정은 비윤리적이다. 선한 일이 당위는 아니며 증여가 강요가 될 수는 없다. 뇌사자의 장기 적출은 선으로 포장한 비도덕적 강요, 즉 비가시적 폭력에 의한 포기가 아니라 정확한 인식에 기초한 자유의지의 적극적 선택이 되어야 하는 것이다.

인간 생명의 시작이 언제부터인지 쉽게 말할 수 없는 것처럼 인간의 죽음이 언제부터인지도 정확히 말할 수 없다. 만약 극단적으로 세포사를 인정한다면 시체가 썩을 때까지 기다려야 할 것이고 심장사도 받아들일 수 없을 것이다. 심장이 멎은 후에도 일련의 세포들은 자체 내에 잔류하는 혈액 속의 산소를 통해 신진대사를 한다. 그러나 죽음의 정의가 어렵다는 사실이 죽음을 필요에 따라 마음대로 정의해도 된다는 의미는 아니다. 그 정의가 절대적 개념이 아니라는 사실만을 지적하며 그것을 편의주의적으로 해석하고 사회의 변화에 따라 마음대로 변화시켜도 된다는 것을 의미한다면 많은 장기 거래상들이 원하듯이 대뇌사만으로도 사망과 동일시하게 될 날이 머지않았음을 충분히 짐작할 수 있다. 특히 그것이 인간의 생명과 관계될 때는 더욱 그러하다. 심장사 외에 뇌사를 필요에 따라 추가하기 위해서는 적어도 뇌사에 대한 정확한 정보 공개가 일차적으로 이루어져야 하고, 그 후에 충분한 근거의 제시와 그것을 통한 보편적 합의가 이루어져야 한다. 그 과정에서 결코 있어서는 안 될 일은 목적을 위한 수단의 정당화, 특히 선을 위한 수단적 악이나 절차적 악의 용인이다.

> 정의는 결코 지식을 대체할 수 없다. 인공적인 도움을 받는 의식불명의 상태가 삶의 남은 단계일지 모른다는 의혹은 결코 이유 없는 것이 아니다. 뇌의 기능이 없는 인간이라 할지라도 완전히 죽은 것이 아니라는 근거는 있다. 이 결코 부인할 수 없는 무지와 이성적 의혹이 존재하는 상황에서 유일한 행위 규칙은 가능한 삶의 편을 선택하는 것이다. 그러므로 어떠한 상황에서도 죽음 앞의 상태에 있는 인간의 신체에 개입하는 일이 일어나서는 안 된다.

_한스 요나스, 『기술, 의료, 그리고 윤리』(1985) 중에서[22]

몸의 죽음

사람들은 뇌사가 사망이라고 말하지만, 내가 보기에 뇌사는 사망으로 내몰린 것이 맞다. 일단 뇌사라는 기형적 현상이 발생한 이유도 단순히 심폐소생술을 통해 어떤 방식으로든 심장만 뛰게 만들면 살아 있는 것이라는 순진한 사고에서 기인한 것이다. 진리는 전체다. 인간의 생명도 영과 정신, 그리고 몸의 전체적 관점에서 바라봐야 한다. 적어도 고대인들에게 그것은 상식이었다. 하지만 근대의 개인은 자신을 주체라 명명하고 스스로 신격화하며 이성을 통해 모든 문제를 해결할 수 있으리라는 광적 망상에 사로잡혀 있었다. 그 결과 존재를 단순히 실증적이고 기계론적으로만 해석하는 오류를 초래했고, 결국 인간의 생명을 몸에만 국한시키는 오류를 범했으며, 그 결과 몸 역시 그저 심장이 뛰는 기계로만 이해되는 비극을 낳았다.

온전한 인간 이해가 배제된 프랑켄슈타인적 자기파괴의 놀이는 말 그대로 몸의 극도로 팽창된 우상화, 즉 무조건적 생명 늘리기의 결과다. 그렇게 늘려놓은 몸, 이제 일 년 이상도 싱싱하게 보존할 수 있는 장기 저장소를 다시금 다른 몸들의 무조건적 생명 늘리기에 이용하고 있다. 사실 그렇게 오래 보존하지 않는 이유는 공급보다 수요가 많은 이유 때문이지 도덕적 배려 때문은 아니다. 그리고 그 과정에서 인간은 자신의 알량한 도덕적 양심에 면죄부를 주기 위해 멋진 이데올로기를 고안해냈다. 그것이 바로 '뇌사'다. 고상함과 숭고함을 자랑하던 인간

22 ; H. Jonas, Technik, Medizin und Ethik, Felix Meiner Verlag.

이성이 몸의 맹목적 이기주의에 도구로 사용된 꼴이다. 결국 뇌사는 다양성과 창의성이 이기주의적 욕망과 결합할 때 초래할 수 있는 결과를 감각적으로 보여주고 있다.

어떤 수단을 써서라도 호흡을 연장하는 것이 선이라고 여겨지는 몸은 이미 그 선으로 착각한 악에서 죽은 것이다. 뇌사자는 살아 있는 시체다. 따라서 더 오래 살려놓는 만큼 더 죽어 있다. 그렇다고 뇌사를 온전한 사망으로 인정해야 한다는 말은 당연히 아니다. 인간의 생명을 장기의 적합한 배열 정도로 이해하는 자들을 위해 뇌사자의 몸이 도구로 사용되어서도 안 된다. 그 경우에도 몸은 자신의 본질을 상실한 것이다.

뇌사는 생명을 인간 전체의 맥락에서 이해하지 못하고 부분을 전체로 확대해석한 오류의 결과다. 우리는 그 오류를 되돌릴 수 없고, 따라서 함께 살아야 한다. 다만 투명성과 객관성은 어떠한 경우에도 담보되어야 한다. 그리고 인간의 몸을 가지고 장난하는 일은 그만두어야 한다. 인간은 영과 혼과 몸의 전체적 존재다. 죽으면 몸은 흙이 되고 영혼은 그 존재의 자리로 돌아가지만 살아 있는 동안은 분리되어 있지 않다. 만약 뇌사자가 죽음을 향한 삶의 마지막 단계가 맞다면, 그에게 영혼은 아직 함께 있다. 마음을 표현할 뇌가 없지만 마음은 있고, 그 마음의 주체인 나도 아직 있다. 그는 여전히 분명한 인간이다. 그렇다면 진정 뇌사자가 누구인가? 심폐소생술의 부작용으로 누워 있는 그 사람인가, 아니면 인간을 살아 있는 시체로 만들어놓고 그럴듯한 법률로 선을 위장한 뒤 마음대로 장기를 적출해가는, 진정 생각을 포기한 인간들인가!

구스타프 클림트, 〈키스〉(1907-1908)

환희와 열정은 달의 밤을 밝히고 꽃 정원을 채색한다. 이제 비로소 사람[人]이 된 듯, 하나로 결합된 두 남녀의 숨결이 별밤을 수놓고 있다. 키스는 기호다. 서로를 감싸 안은 황금빛 실루엣, 숨 가쁜 입맞춤의 몰입은 시간 사이를 파고든 영원의 만남을 가능케 하는 것 같다. 하지만 보이는 것은 사실이 아니다. 뒷모습에는 하나 된 둘의 진아(眞我)가 숨어 있다. 은폐된 정욕, 소유와 소유되어짐! 사랑의 베일로 가려진 은밀한 욕망이 언덕 위로 거대하게 발기한 남근의 실루엣을 통해 드러난다. 프로이트가 옳았다. 억압된 것은 반드시 되돌아온다. 클림트는 그 위장된 무의식을 고발한다. 그 길의 끝은 죽음이다. 에로스는 늘 타나토스와 함께한다. 욕망은 죽음을 부르고, 사랑한다는 것은 죽는 것이다. 드레스 밑 여인의 발끝은 이미 끝없는 어둠의 절벽으로 드리워져 있다. 죽음은 이미 거기에서 키스로 이어진다. 화려함과 부드러움으로 은폐해도 쾌락은 그렇게 늘 잔인하리만큼 파괴적이다.

05

향유의 죽음

« I »

춤추는 시선 – 욕망

로테는 혼자 있었습니다. (……) 그녀는 조용히 생각에 잠기며 자신의 입장에 대해 여러 가지로 생각을 더듬었습니다. 자기는 영원히 남편과 결합되어 있다. 이 사람의 사랑과 성실을 잘 알고 있고 자신도 진심으로 존경하고 있다. 이 사람의 침착함과 미더움은 아내로서의 행복을 그 위에 쌓아올리도록 바로 하늘이 정해준 것처럼 생각된다. 자신에게 있어서나 아이들에게 있어서나 영원히 의지할 수 있는 사람이다. (……) 그러나 한편으로는 베르테르도 그녀에게 없어서는 안 될 사람이 되어 있었습니다. 처음 만난 그 순간부터 두 마음은 아름답게 일치했고, 교제를 오래 계속하는 동안 여러 가지 과정의 일들로 지금은 이미 지워버릴 수 없는 인상을 그녀의 가슴에 새겨놓고 있었습니다. (……) 만일 그가 없어진다면 자기의 마음속에 다시는 메울 수 없는 공백이 뻥 뚫리고 말 것 같은 생각이 들었습니다.[23]

23 ; J. W. von 괴테, 젊은 베르테르의 슬픔, 문예출판사 2001, 227쪽.

영원히 결합된 남편 알베르트, 그리고 마음이 아름답게 일치한 베르테르! 로테는 지금 두 사람을 바라보고 있다. 지적이고 품위 있으며 예의 바른 알베르트. 부유한 귀족인 그는 로테에게 안정과 평안, 그리고 현실을 의미한다. 반면 베르테르는 정열이고 격정이며 낭만이다. 그는 타오르는 불꽃이다. 두 사람 사이에서 그녀는 갈등하고 있다. 적어도 그녀는 두 사람을 사랑한다고 믿고 있다. 두 사람을 동시에 사랑하는 것이 가능할까? '남들이 하면 바람이고 내가 하면 로맨스'라고들 하는데, 그렇다면 바람과 사랑은 관점의 차이일 뿐일까?

인간의 애정이 변증법적 구조를 지니고 있음을 설명한 사람은 헤겔(G. W. F. Hegel)이다. 그는 인류 역사를 절대정신의 자기발현으로 설명했는데 그 변증법적 과정이 흥미롭게도 사랑의 구조를 지니고 있다.

변증법의 기본 구조인 정반합은 정(Thesis)의 '자기긍정'에서 출발해 반(Antithesis)의 '자기부정'을 거쳐 합(Synthesis)의 '새로운 자기'로 나아간다. 사랑도 마찬가지다. 누군가를 사랑하기 전, 개인은 자기긍정의 시간을 보낸다. 모든 사고와 행동 앞에는 '나는'이라는 주어가 붙는다. 그런데 그러던 그가 누군가를 만나 사랑에 빠지게 되면 철저하게 '자기부정'의 단계로 들어간다. 자기부정은 죽음을 의미한다. 그는 사랑하는 존재 안으로 들어가 용해된다. 또는 상대방에게 나라는 존재의 공간을 비워준다. 그가 내 안으로 들어와 나의 공간을 차지한다. 이렇게 자신을 완전히 부정한 상태를 제3자가 보면 미친 것으로 보일 수밖에 없다. 사회관계나 개인적인 일 등 만남 이전 자아를 둘러싼 모든 환경은 낭만적 사랑에 빠진 자에게는 무가치한 것이 되어버리기 때문이다. 그런데 사랑은 그 미침을 향유한다. 모든 것을 잃음이 새로운 시작으로 이해된다. 자신을 완전히 부정한 개인은 사랑 안에서 '새로운 자기(Self)'로 발전한다. 시간이 새롭게 움직이고, 인생이 다시 시작되고, 모든 것이 재창조된다.

사랑한다는 것은 죽는 것이다. 기존의 나의 모든 욕망, 비전, 습관, 취미 등 모든 것이 상대방 중심으로 바뀌기 때문이다. 곱창을 못 먹던 놈이 먹게 되고, 회를 좋아하던 친구가 더 이상 안 먹는다고 한다. 가던 곳을 안 가게 되고, 안 가던 곳을 가게 된다. 그렇다. 사랑한다는 것은 죽는 것, 그리고 새로운 존재로 부활하는 것이다. 그런데 만약 사랑이 정말 그런 것이라면 두 사람을 사랑하는 것은 불가능하다. 누군가를 만나 자신을 모두 내주었다면 그에게는 또 다른 존재에게 내줄 것이 없다. 누군가가 나의 공간을 가득 채우고 있다면 또 다른 누군가가 들어올 나의 공간은 없다. 그러므로 두 사람을 향한 사랑은 논리적으로 불가능하다. 그렇다면 한 남자와는 영원한 결합을 노래하고, 다른 남자와는 처음부터 일치감을 느낀 로테를 우리는 어떻게 이해해야 할까?

진실처럼 느껴지는 것이 다 진실이 아니듯, 사랑처럼 보이는 것이 다 사랑인 것은 아니다. 오아시스처럼 보이는 신기루는 항상 매력적이고 화려하다. 헤겔의 변증법이 보여주는 것처럼 사랑한다는 것은 죽는 것이다. 자발적이고 완전한 자기부정은 죽음이다. 하지만 사랑만 죽음을 가져오는 것은 아니다. 욕망도 죽는다. 정확히 말하면 사랑처럼 보이는 욕망도 죽는다. 다만 욕망의 죽음은 자발적이지 않다. 그것은 늘 타의적이다. 자극에 끌린, 세이렌의 노래에 유혹되어 죽음으로 이끌린 선원들처럼 죽는 것이 아니라 죽게 된다. 그런데 그 안에 어리석음이 있다. 죽어가는 가운데 자신은 가장 살아 있다고 느끼기 때문이다. 죽음이 사랑의 가면을 벗고 자신의 얼굴을 드러내는 때는 늘 욕망의 충족이 환희의 절정을 이루는 순간이다. 그것이 클림트의 〈키스〉에 내재된 진실이다. 얼핏 보면 마치 사랑의 결합, 아름다운 하나 됨의 키스인 것처럼 느껴지지만 사실은 사랑처럼 보이는 욕망일 뿐이다. 그래서 하나로 결합한 두 사람의 모양은 거대한 남근의 형상을 하고 있다.

사랑은 그 존재 안으로 내가 용해되어 들어간다. 하지만 욕망은 정반대다. 그 존재가 내 안으로 용해되어 들어오기를 원한다. 사랑을 소유하고 싶은 것이다. 하지만 정작 그 소유욕이 충족된다 하더라도 욕망의 주체는 대상을 진정 소유하는 것이 아니라 오히려 소유되어진다. 대상이 지니는 치명적인 아름다움이 나의 욕망을 깨운 것이기 때문이다. 소유하고 싶도록 만든 것이기 때문이다. 그래서 사랑은 있는 그대로 받아주지만, 욕망은 그 욕망이 원하는 것만을 향한다. 사랑은 희생을 낳지만 욕망은 극단적 소유욕과 집착을 낳는다. 그러므로 불같은 사랑처럼 보이는 애정은 은폐된 욕망의 자기기만에 불과하다. 두 사람을 동시에 사랑한다는 믿음이 바로 그 자기기만의 전형이다. 서로 다른 두 유혹이, 그 차이로 인해 비교하며 저울질하는 것이 어려운 상태로 다가올 때 욕망은 둘 다에 대한 소유욕이 된다. 사실 일상에서 늘 겪는 일이다. 당신도 음식점에서 메뉴를 고를 때 주저해본 적이 있을 것이다. 이것도 맛있을 것 같고 저것도 괜찮을 것 같아서 결국 친구와 서로 다른 것을 시킨 뒤 나눠 먹지 않나! 사랑을 제외하면 본능의 욕망은 근본적으로 동일하다. 그러므로 두 사람을 동시에 사랑하는 것은 불가능하지만 동시에 소유하는 것은 가능하다. 로테도 두 가지 메뉴가 모두 마음에 들었던 것이다.

로테를 향한 사랑이 받아들여지지 않자 자살하는 베르테르는 소유욕의 자기파괴적 집착을 보여준다. 그는 로테를 만나기 전 이미 다른 여자와의 스캔들로 고생을 한 뒤였다. 그가 자살을 선택했다는 사실이 그가 로테를 사랑한 것이 아님을 증명한다. 그녀를 소유하지 못한 삶을 견딜 수 없다는 말은 아직 그 삶이 자기의 삶이라는, 그 중심에 내가 있다는 말이다. 반드시 내가 원하는 방향으로 관계가 흘러가야 한다는 것, 상대방은 반드시 내가 독점해야만 한다는 집착, 그것은 사실 자신이 가장 사랑하는 존재가 자기 자신이라는 뜻이다. 그래서 극단적 소유욕은 언제나 이중적으로 중독된다. 베르테르는 로테에게 중독되어 있고, 로테에로의 중독을 통해 자기 자신에게 중독되어 있다. 그는 자신을 너무 사랑하고 있다. 나르키소스적 집착이 상대를 통해 우회되어 돌아온 것이다. 낭만적 사랑이라고 부르는 애정, 그것은 결국 이기적인 집착이다. 로테를 향한 집착, 바로 베르테르 자신을 향한 집착이다.

그러나 클림트의 〈키스〉는 죽음이다. 극단적 소유욕은 극단적 상실을 초래한다. 집착은 필연적으로 집착의 대상을 잃게 만든다. 집착은 있는 그대로의 상대를 자신이 구성한 환상 속의 존재로 변이시킨다. 집착하는 순간 베르테르는 로테를 잃은 것이다. 나아가 집착은 대상에 대한 폭력이다. 자신의 소유로 남도록 강제하는 것이기 때문이다. 강제는 자율성을 침해하고, 자율성의 상실을 무의식이 느끼면 그 집착의 대상은 필연적으로 주체를 거부하게 되어 있다. 또한 집착의 주체는 불안하다. 그는 대상에 종속되어 있으므로 안정감이 없다. 그 불안을 대상은 감지하게 되어 있다. 당연히 평안을 찾는 것이 본성인 인간은 멀어지게 된다. 로테가 베르테르와 이별한 것은 단순히 알베르트의 요구 때문만이 아니었다. 의식은 아니지만 로테의 무의식은 자신을 향한 베르테르의 집착이 파괴적임을 감지한 것이다. 그리고 그녀의 육감은 옳았다. 베르테르는 그녀를 향한, 그리고 자기 자신을 향한 이중적 집착에서 벗어나지 못했다.

사람들은 하나의 대상을 향한 사랑과 증오가 본질적으로 같다고 생각한다. 하지만 이는 사실이 아니다. 사랑은 증오하지 않는다. 증오할 수 없다. 증오하는 것은 집착이다. 그러므로 집착과 증오가 동전의 양면이다. 베르테르의 집착도 증오로 변질된다. 그의 의식은 그녀를 사랑하고 그녀가 없는 삶을 견딜 수 없다고 말한다. 하지만 그의 무의식은 자신의 소유가 될 수 없는 존재를 파괴하기를 원한다. 그리고 자신이 원하는 삶이 될 수 없는 자기 자신 역시 파괴해버리기를 원한다. 이 두 가지 증오가 일치하는 곳이 자살이다. 그는 로테가 양심의 가책으로 고통받는 것을 원했다. 그것을 위해 그는 자기의 몸을 파괴하기로 결정한다. 그렇게 자살은 증오의 완성이자 결말이 된다. 뜻대로 되지 않는 자신의 삶과 가질 수 없는 대상에 대한 이중적 파괴이기 때문이다. 더욱이 자신의 영혼은 그녀의 고통을 직접 목격할 수 있다. 베르테르가 자신이 자살할 총을 로테가 직접 건네주었다는 말을 듣고 감정의 극한 동요를 경험한 것은 집착과 증오의 이중주가 들려주는 어두운 멜로디다.

누군가를 향한 사랑은 유혹에 의한 죽음으로의 이끌림이 아니다. 그것은 그 존재 자체를 향한 스스로의 내어줌이다. 그 사람은 이미 그 사랑 안에서 죽어 있지만 그는 중독되어 있지 않다. 사랑할수록 그는 객관적이 된다. 사랑할수록 그는 감정의 소용돌이에서 벗어날 수 있다. 그의 행복은 더 이상 자신의 삶으로부터 나오지 않기 때문이다. 그의 슬픔은 소유하지 못하는 나로부터가 아니라 행복하지 않은 그 사람에게서 비롯되기 때문이다. 그는 늘 자신을 떠나 있다. 그래서 생각하고 또 생각할 수 있다. 그 사람의 행복을 최우선의 가치로 설정하기 위해 늘 깨어 있다. 사랑하기 때문에 자살하는 것이 아니라 사랑하기 때문에 자살할 수 없다.

사랑을 가장한 베르테르의 소유욕, 은폐된 욕망의 이기주의적 껍질을 벗겨 그림자의 영역을 드러낸 사람은 프로이트(S. Freud)다. 그의 오이디푸스 콤플렉스는 인간 본성에 내재된 무의식이 종국적으로 이기적임을 보여준다. 오이디푸스에 따르면 남성의 무의식에는 엄마에 대한 소유욕이 내재되어 있다. 엄마는 완전한 사랑이라는 신기루로 나타난다. 하지만 이때 사랑은 '사랑하는 것'이 아니라 '사랑받는 것'이다. 따라서 사랑처럼 보이는 것은 사실 소유욕이다. 누군가가 내가 원하는 방식으로, 나에게 가장 기쁨을 주는 형태로 나를 행복하게 해주기를 바라는 것이다. 남성의 무의식에 존재하는 그 대상은 일차적으로 '어머니적인 것'이다. 융식으로 말하면 자신의 내면에 있는 생산적 아니마(anima)다. 성모 마리아나 신사임당 같이 있는 그대로의 자신을 한없이 품어주고 감싸주는 모성의 포근함이다. 어린 시절의 잔상은 그 욕망을 강화한다. 엄마 품에 안겨 젖을 마음껏 먹고 잠이 든 아기는 행복하다. 정확히 말하면 행복감에 가득 차 있다. 남성은 바로 그렇게 자신을 만들어줄 여성을 찾는다. 그런데 정작 그가 찾는 어머니는 자신을 감싸주기만 해서는 안 된다. 그녀는 정확히 자신의 성욕, 즉 발기된 남근의 욕망 역시 최상으로 충족시켜줄 수 있어야 한다. 그래서 근친상간이다. 융은 역시 그것을 좀 더 구체화하여 남성의 내면에 자리 잡은 파괴적 아니마로 규정한다. 그리스 로마 신화의 세이렌처럼 치명적인 미모와 매혹적인 긴 생머리로 마법 같은 노래를 불러 뱃사람을 유혹해 몰살시키는 파괴적 여성상이다. 프로이트는 남성의 이 이중적 욕망을 단순히 어머니에 대한 근친상간적 성욕이라 말했지만 문제는 그렇게 간단한 것이 아니다. 전통적으로 남성이 여성을 선과 악, 현모양처와 기생의 이중적 존재로 분류해온 것도 사실은 자신의 무의식이 원하는 여성을 분류한 것에 지나지 않는다. 그런데 문제는 대부분의 남성이 여성을 만날 때 생산적 아니마보다는 파괴적 아니마에 더 끌린다는 사실이다. 그리고 더욱 심각한 것은 바로 그 파괴적 아니마에 부합하는 여성에게서 생산적 아니마의 모습을 바란다는 것이다. 처음부터 파국은 운명처럼 결정되어 있는 것이다.

내면의 파괴적 아니마는 남성의 시각을 통해 특정 여성에게로 향하고 매치된다. 남성이 일반적으로 여성의 외모에 약한 이유가 여기에 있다. 이렇게 특정 여성을 향한 욕망이 발동하면, 그 다음 그녀에게 자신의 내면에 있는 생산적 아니마를 뒤집어씌운다. 그리고 그녀는 남성의 이상형, 즉 모든 것을 줄 수 있는 어머니로 인지된다. 로테가 지고지순의 마리아 같은 여성으로 등장하는 까닭이 여기에 있다. 사실 그 모습은 베르테르의 욕망이 구성해낸 생산물이었을 가능성이 크다. 로테에 관해서는 뒤에 말하기로 하고 여기에서는 베르테르에게 집중해보자. 만약 베르테르가 로테를 실제로 소유하게 되었다면 어떻게 될까? 로테가 알베르트와의 단조로운 삶을 벗어나 베르테르와의 모험적이고 열정적인 삶을 살기로 결정하고 함께 둘만의 장소로 도망갔다면?

이 질문에 대한 정확한 답이 나와 있는 책이 있다. 바로 톨스토이(L. Tolstoy)의 『안나 카레니나』다. 소설에서 톨스토이는 행복한 가정의 행복한 이유는 모두 비슷하지만 불행한 가정의 불행한 이유는 제각기 다르다고 말한다. 행복한 가정은 돈, 건강, 명예 등 여러 요소가 모두 충족되어 있지만 그 가운데 하나라도 어긋나면 불행해진다는 것이다. 그 불행한 여성이 바로 안나 카레니나였다. 그녀는 타고난 미모의 소유자로 부유한 백작과 결혼했으며 세료지라는 사랑스러운 아들도 있었다. 하지만 그녀의 결혼 생활은 무미건조했다. 나이 많고 지루한 남편 때문이었다. 그런 그녀에게 브론스키라는 미남의 백작 장교가 나타난다. 그는 베르테르와 마찬가지로 열정적인 남성이었고, 게다가 그는 베르테르와 달리 귀족이자 부유한 사람이었다. 로테가 안나와 같은 상황이었으면 어떻게 처신했을까? 결국 안나는 자신이 없는 삶은 무의미하다고 자살 시도까지 하며 집착하는 브론스키의 마음을 받아들이고 이탈리아로 사랑의 도피 행각을 벌인다. 그런데 그렇게 둘만의 시간을 즐기게 되었을 때 조금씩 브론스키의 마음이 안나를 떠나간다. 그들은 결국 자신의 고향으로 돌아간다.

문제는 집착이 낳은 환상이 언젠가 깨진다는 사실이다. 소유욕이 충족되면 충족될수록 파괴적 아니마에게서 발산되는 유혹의 마법은 그 힘을 잃게 된다. 여성의 신비는 레비나스(E. Levinas)의 말처럼 남성에게서 멀리 있을 때 강해지는 법이다. 따라서 가까워질수록 행복감은 떨어지고 충만함도 사라지게 된다. 그러면 여성에게 덧입혀놓았던 생산적 아니마의 환상도 조금씩 비례해서 벗겨지게 된다. 그리고 어느 순간 남성의 앞에 있는 여성은 더 이상 그 로테도, 그 안나도 아닌 평범한 존재로 인지된다. 그래서 소유 후에는 늘 "이 여자가 아닌가 봐!"라고 말하게 된다. 어머니와 동일시된 환상 속의 완전한 행복감과 여성이 주는 불완전한 만족감, 그 갭 사이로 욕망은 필연적으로 파고들게 된다. "다른 여성을 만나면 어쩌면……?" 그렇게 남성은 또 다른 여성을 찾아 나서지만 누군가를 또 만나도 결과는 같다. 그래서 남성은 지극히 단순하게 직선적으로 하나의 목표를 향해 간다. '엄마 찾아 삼만 리!' 사람들은 그것을 남성의 바람기라고 부른다. 정말 그 현상이 단순한 엄마 찾기라면 아내의 입장에서도 그렇게 화낼 일은 아닐지도 모르겠다. 어쩌면 또 문을 나서는 남편이 측은하게 보일지도 모른다. "아이고, 또 엄마를 찾겠다고 나가네! 어차피 여자는 다 그 여자인데!" 하지만 완전한 사랑받기의 뒷모습이 모성의 환상 속에 감추어진 순수한 이기적 성욕 방출이라는 사실을 깨닫는 순간 순진한 아이에게 남는 것은 발기한 남근뿐이다. 프로이트에 따르면 이런 사람들은 오이디푸스를 극복하지 못한 것이다. 베르테르가 그렇고, 브론스키가 그렇다. 그들은 환상 속의 이중적 아니마를 포기하지 못한다. 이 반사회적 욕망은 필연적으로 아버지로 상징되는 법과 도덕에 의해 제거된다. 하지만 사회가 특별히 애쓸 필요는 없다. 이미 본 것처럼 욕망에 집착된 존재는 매장당하기 전에 스스로 자신을 거세한다. 그는 어차피 사회에 진입할 수 없는 존재다.

베르테르와 달리 알베르트는 오이디푸스 콤플렉스를 극복한 사람이다. 그는 이성적이고 차분하다. 예의 바르고 배려심도 있다. 어린아이 장난처럼 사랑이란 이름으로 철없이 약혼녀를 방문하는 베르테르를 이해해준다. 둘만의 대화를 허락하고 관용한다. 그는 사회화된 존재다. 그는 '엄마', 즉 완전한 욕망의 충족을 향해 헤매지 않는다. 로테를 법과 사회적 룰에 따라 소유한다. 그래서 불안하지 않고 안정감이 있다. 주어진 것에 만족하고 한계를 발견할 수 있는 존재다. 그래서 그는 사회적으로 정상이다. 하지만 알베르트에게도 문제가 있다. 사회적으로만 정상이기 때문이다.

알베르트도 베르테르와 마찬가지로 이기적인 소유욕의 인물이다. 다만 그가 추구하는 행복은 베르테르의 그것과 다르다. 베르테르는 행복감 가운데 자극의 욕망을 찾아 헤매는 인물이다. 반면 알베르트는 비교의 욕망에 사로잡혀 있다. 그는 집착하지 않는다. 아니, 사실은 집착한다. 하지만 그 대상은 베르테르와 같은 아니마가 아니다. 그의 관심은 타인의 시선에 있다. 명예, 부, 그리고 권력은 그 욕망의 산물들이다. 이미 그것을 소유한 존재로서 그는 여유가 있다. 베르테르와 로테의 만남을 최대한 인정해준다. 그러나 자신의 기준을 넘어간다고 판단될 때 조용히 그러나 권위 있게 명령한다. 그래서 알베르트와 안나의 남편 카레닌은 여러모로 닮아 있다. 그들은 자신들의 조건을 통해 여성을 소유한다. 현명한 아내는 자신의 세계에 장식되어야 할 가구 가운데 하나다. 그리고 바로 그런 이유로 라캉(J. Lacan)이 말한 것처럼 그들에게 남녀의 섹스는 없다. 부부 간의 섹스가 왜 없겠는가? 자녀도 출산하고 표면적으로는 모든 것이 정상으로 보이지만 진정한 남녀의 관계는 없다. 자신의 소유물과 성관계를 나누는 것은 자위와 다를 바 없기 때문이다.

그래서 그들의 향유는 소유를 통해 죽어 있다.

이제 로테를 좀 들여다보자. 엘렉트라 콤플렉스(Electra Complex)로 더 잘 알려진 여자아이의 성격 발달 과정에 대해 프로이트는 독특한 이론을 제시한다. 남자아이와 비교해보면 당연히 반대가 될 것 같은데 전혀 그렇지 않다. 여자는 남자보다 훨씬 복잡하다. 프로이트에 따르면 여자아이 역시 처음에는 아빠가 아닌 엄마를 향한다. 이유는 자신에게 남근이 있다고 착각하기 때문이다. 착각한 대상은 바로 클리토리스다. 여성의 성감대로 알려진 돌출된 부분이 여자아이로 하여금 자신도 남근을 지니고 있다고 믿게 만든다. 그러다 남자를 보게 되면 결국 여자아이는 자신의 생각이 잘못되었음을 알게 된다. "아, 나는 이미 거세당한 상태였구나!" 거세 확인은 자연스럽게 남근 선망으로 이어진다. 그래서 여자아이의 관심은 그때에야 엄마에서 아빠로 넘어가게 된다. 그런데 흥미로운 사실이 또 있다. 욕망의 대상이 아빠에서 다른 남성으로 대체되기 전 여성은 생리를 한다. 그리고 이때 쾌락의 중심이 클리토리스에서 질로 바뀐다. 이것은 이상적인 것에서 현실적인 것으로, 낭만에서 생존으로 관심 이동이 이루어지는 것을 의미한다.

남성의 욕망이 단순하고 직선적인데 반해 여성의 욕망은 이중적이다. 클리토리스적 욕망과 질적 욕망! 결국 선택은 질적 욕망으로 가게 된다. 따라서 프로이트는 여성의 욕망을 낭만적 사랑에서 현실적 사랑으로의 이동이라고 설명한다. 연애할 때는 즐기고 결혼할 때는 현실적인 사람을 선택한다고 본 것이다. 그런데 결혼을 했다고 여성의 클리토리스적 욕망이 사라지는 것은 아니다. 억압된 것은 반드시 되돌아온다. 결혼 후 아줌마들은 간접적으로라도 열정적 사랑을 향한 욕망을 해소하고 싶어 한다. 그래서 '파리의 연인'이나 '가을 연가' 등 낭만적인 드라마에 심취한다. 눈물 흘리고 기뻐하며 주인공과 동일시된다. 그러다 사회적 여건이 허락되면 드라마에 머무르지 않고 구체적인 현실 안에서 그 욕망을 실현한다. 물론 그로 인해 문제나 갈등이 발생하면 언제든지 다시 질적 욕망으로 회귀하여 가정으로 돌아온다. 이러한 로테의 은폐된 욕망이 자유롭게 발현된다면 어떻게 될까? 알베르트가 베르테르와의 만남을 금지하지 않고 좀 더 너그럽게 허락했다면?

실제 로테는 안정적이고 덕망있는 알베르트를 선택함으로써 질적 욕망을 충족했지만 베르테르를 무도회장에서 만났을 때 클리토리스적 욕망이 고개를 든다. 그런데 여건이 존재했다. 약혼자인 알베르트는 출타 중이었다. 이중의 욕망을 실현할 좋은 기회가 온 것이고, 그녀는 그 기회를 놓치지 않는다. 정확히 알베르트가 금지를 명령할 때까지, 이미 결혼한 여성이었음에도 로테는 베르테르와의 만남을 포기하지 않는다. 사람들은 로테를 지고지순의 상징으로 칭송한다. 거대 기업의 창업주는 '로테(Lotte)'의 이름을 딴 기업을 만들 정도였다. 지고지순한 순백의 여성, 순결, 순수, 정열의 화신 로테! '롯데'의 'L' 자에는 사랑(Love), 자유(Liberty), 그리고 풍요로운 삶(Life)의 의미가 숨어 있다고 한다. 그러니 로테라는 신화, 즉 그녀가 위장하고 있는 기호의 이데올로기 뒤에 숨겨진, 치명적인 유혹으로서의 은폐된 욕망을 알았더라면 그녀의 이름을 기업명으로 선택하지는 않았을 것이다. 아니, 어쩌면 바로 그렇기 때문에 채택된 것이었을까?

로테는 순수하고 마음이 착한 레이디가 아니었다. 프로이트의 입장에서 그녀는 평범한 사회적 여성이며 자신의 내면에 있는 이중적 욕망을 지고지순이라는 위장막으로 가리고 사는 은폐된 욕망의 소유자일 뿐이다. 그녀는 두 사람을 동시에 소유하고자 했던 극단적 이기주의자였다. 자신이 유부녀이기에 언젠가는 베르테르와 헤어져야 한다는 것을 알고 있었지만 그를 놓치고 싶어 하지 않았다. 그를 다른 여성에게 빼앗기고 싶지 않았다.

> 아! 지금 당장이라도 이 사람을 자신의 오빠로 바꿀 수 있다면 얼마나 행복할까! 만일 자기 친구 중 누구와 결혼시킬 수 있다면…….
> 로테는 자기 여자 친구들을 하나하나 떠올려봤으나 누구나 다 결점을 지니고 있어서 베르테르에게 어울릴 만한 상대가 아니었습니다. (……) 확실히 그렇다고 의식한 것은 아니지만, 실제 자기가 마음속으로 은근히 바라고 있는 것은 자기를 위해 그 사람을 잡아두고 싶은 게 아닐까 하는 것을 처음으로 느꼈습니다. 동시에 그 사람을 잡아둘 수는 없다, 잡아두어서는 안 된다 하고 자신에게 타일렀습니다.[24]

동일한 존재를 오빠로 원하는 것, 또는 자기가 언제나 볼 수 있는 여자 친구의 남자로 상상하는 것, 이것은 로테가 베르테르를 포기할 수 없었음을 뜻한다. 어떤 형태로든 그를 소유하고 싶어 했다. 하지만 그녀는 그렇게 되는 것도 거부하고 있었다. 베르테르가 오빠가 되는 것도 그렇지만, 친구가 그를 차지하는 것은 도저히 용납할 수 없었다. 그래서 결론을 내린다. 세상의 어떤 여자도 베르테르에게는 어울리지 않는다. 그에게는 부족하다. 무슨 말인가? 자기만이 유일하게 어울리는 여자라는 말이다.

로테의 마음을 가장 잘 이해할 수 있는 사람은 아마도 영화 '글루미 선데이'의 일로나일 것이다. 그녀도 두 사람을 바라보기 때문이다.

24 ; 같은 책, 228쪽.

유태계 헝가리인 자보는 애인 일로나와 함께 부다페스트에서 고급 레스토랑을 운영한다. 둘은 함께 동거하는 사이다. 차분하고 이해심 많으며 자상한 자보에게 일로나는 이미 애인 이상이다. 그러던 어느 날 피아니스트 안드라스를 고용하게 되고, 그는 자신이 작곡한 '글루미 선데이'를 일로나에게 선물한다. 정열적이고 매력적인 청년 안드라스에게 매혹된 일로나는 처음부터 교감을 느낀다. 안드라스의 감성과 자보의 이성은 일로나에게 동시에 매력적이다. 결국 삼각관계의 갈등으로 이어지고 파국으로 결말이 날 즈음, 자보는 "당신을 잃느니 반쪽이라도 갖겠어!"라고 일로나에게 고백함으로써 두 남자와 한 여자의 사랑이 시작된다. 자보와 일로나가 밤을 보내면 다음 날은 안드라스가 일로나를 안고, 일로나와 안드라스가 여행을 다녀와도 자보는 일로나를 인정하는 신기하면서도 흥미로운 관계가 완성된다.

알베르트가 로테에게 무한 자유를 허락했다면 발생할 수 있는 개연성 있는 시나리오다. 물론 차이는 있다. 자보와 달리 알베르트는 로테를 반만 소유하려 하지도 않겠지만 결혼 전에 동거하지는 않을 것이다. 그에게 중요한 것은 이미 말한 것처럼 사회적 시선이다. 또한 일로나의 경우 자신으로 인해 갈등이 일어났을 때 책임을 스스로 지려 한다. 그리고 어느 한쪽을 선택할 수 없으니 둘을 떠나겠다고 말한다. 이 점에서 보면 일로나는 일렉트라 콤플렉스를 아직 완전히 극복하지 못한 존재다. 하지만 적어도 솔직했다. 그에 반해 로테는 지극히 단순한 내숭의 여성일 뿐이다. 그녀는 둘을 소유할 수 있을 때까지 소유하다가 한계에 부딪히자 바로 낭만을 포기하고 안정을 선택한다.

"이것이 마지막입니다. 베르테르! 이제 두 번 다시 만나지 않겠어요!"[25]

겉으로는 슬픔을 포장하고 있지만 그녀의 결정은 냉철하다. 그리고 그 다음 로테의 행동을 보면 그녀가 얼마나 무서운 파괴적 아니마의 소유자인지 알 수 있다. 로테는 베르테르를 포기한 것이 아니다. 선택해야 하기에 알베르트를 택했지만 그녀의 내면은 베르테르를 향한 소유욕으로 가득 차 있다. 무슨 말인가? 로테의 입장에서 생각해보자. 그녀의 의식이 아니라 그녀의 무의식을 한번 보자는 말이다. 그녀의 무의식은 현실을 이렇게 진단하고 있다. 이제 베르테르는 더 이상 소유할 수 없다. 하지만 이대로 베르테르가 떠나버린다면 그는 틀림없이 다른 여성을 만나게 될 것이다. 그것은 더 참을 수 없다. 만약 그를 계속 소유할 수 없다면 지금 이처럼 자신에게 집착할 정도로 사랑하는 베르테르의 그 모습 그대로 멈춰버리는 것이 낳다. "너는 나를 벗어날 수 없어. 넌 영원히 내 거야." 로테의 무의식에 숨겨진 진실이다. 이 내면의 은폐되고 왜곡된 소유욕으로 인해 로테는 베르테르의 자살을 알면서도 방치한다. 아니, 어떤 의미에서 방조한다. 사냥을 핑계로 알베르트의 총을 빌리고자 할 때 그녀는 바로 베르테르의 자살을 감지한다. 그런데도 그녀는 자신의 손으로 총을 건네준다. 그리고 실제로 베르테르의 자살을 알리러 온 하인이 벨을 누르자 베르테르가 죽었음을 안다. 그러면서도 그녀의 의식은 끝까지 자신의 지고지순을 정당화하며 쓰러진다.

로테는 초인종 소리를 듣자 온몸의 피가 거꾸로 흐르는 듯했습니

25 : 같은 책, 245쪽.

다. (……) 로테는 정신을 잃고 알베르트 앞에 쓰러졌습니다.[26]

아마 로테는 일로나가 한없이 부러웠을 것이다. 왜냐하면 안드라스와 자보는 일로나의 반만이라도 사랑하기를 선택했기 때문이다. 만약 알베르트가 남편으로서의 기득권을 내려놓을 정도로 이해심이 많았거나, 또는 멍청했다면! 사실 로테 역시 알베르트의 인내가 바닥이 나기 전까지는 베르테르를 만났다. 로테는 베르테르와 알베르트를 위해 자신의 사랑을 포기한 것이 아니다. 더 이상 둘 다 소유할 수 없었기 때문에 하나를 놓아버린 것이다.

톨스토이는 모든 것이 충족되어야 행복하다고 말하지만 그것은 사실이 아니다. 이미 우리는 행복감의 결말을 봤다. 그것은 행복의 죽음이다. 인간은 모든 것이 있어도 불행할 수 있고, 모든 것이 결핍되어도 행복할 수 있다. 행복은 행복감이 아니기 때문이다. 향유의 죽음도 마찬가지다. 로테도 알베르트도 그리고 베르테르도 각자의 이기적 욕망 안에서, 각자가 원하는 것에 집착하다, 각자의 향유 안에서 죽은 것이다. 권총으로 자살한 베르테르와 안드라스, 그리고 기차에 몸을 던진 안나는 홀로 죽은 것이 아니다. 그들은 현대를 사는 우리를 포함한 모든 욕망 주체를 상징하는 기호이기 때문이다.

26 : 같은 책, 263쪽.

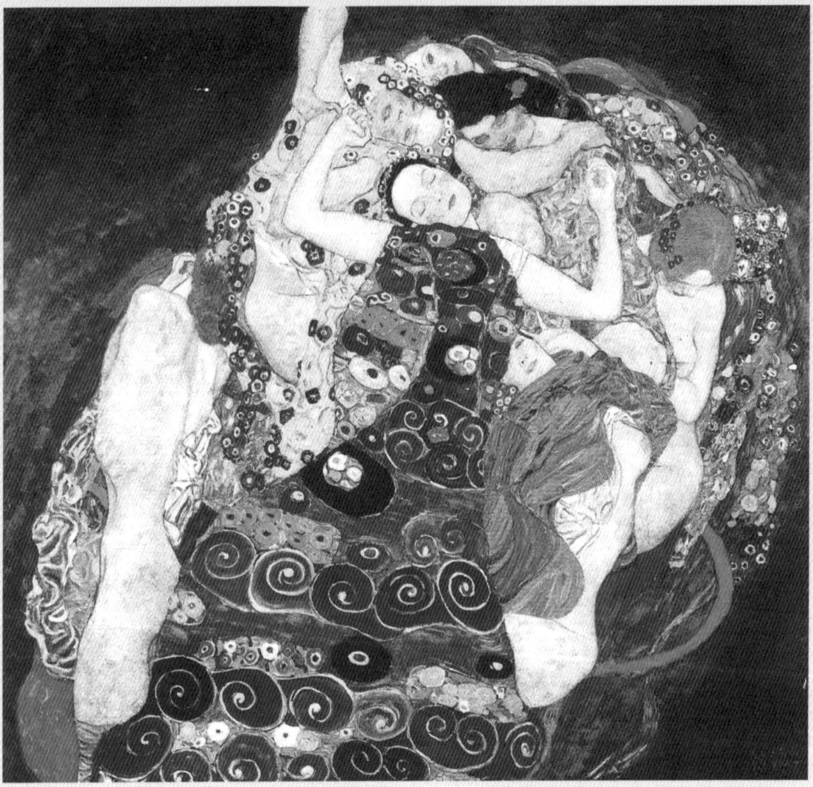

구스타프 클림트, 〈처녀〉(1912-1913)

시선은 분산될 수 없다. 선택해야 한다. 안정과 열정, 현실과 낭만, 이성과 감성은 동일하게 매혹적이다. 시선은 하나, 바라봄은 여럿, 욕망도 여럿이다. 사랑은 없다. 은폐된 소유욕은 언제나 갈라진 욕망이다. '사랑하고 싶어'로 포장된 '사랑받고 싶어'는 평안에서 소요, 이탈에서 안식으로의 그 변증법적 흐름을 멈출 수 없다. 용해되고 소멸된 자아, 향유의 희생제물을 타고 흐르는 죽음의 향기는 늘 치명적으로 감미롭다.

« 2 »

불떡볶이의 진실 – 쾌락

나는 불떡볶이를 먹지 못한다. 불떡볶이뿐 아니라 불닭도 못 먹고, 아무튼 '불' 자 들어간 것과는 상극이다. 오랜 유학 생활이 입맛을 싱겁게 만들어버렸기 때문이다. 그래도 가끔 떡볶이 집을 가는데 땀을 뻘뻘 흘리며 맛있게 먹고 있는 젊은이들을 보면 신기하기만 하다. "저렇게 매운데 어떻게 먹을까?" 매운 것을 먹지 않으면 먹은 것 같지 않단다. 쌓인 스트레스를 푸는 데는 최고라나. "안 맵냐?"고 물어보면 맵단다. "그런데 왜 먹냐?" 맛있단다. 매운데 맛있단다. 매워서 맛있난다. 아니, 맵지 않으면 맛이 없단다.

한번은 두 살짜리 아들놈에게 정말 조금 매운 것을 준 적이 있다. 30분을 고통 속에 일그러진 표정으로 울어댔다. 아내에게 얼마나 혼났는지 모른다. "정신이 있느냐 없느냐! 어떻게 아이에게 그런 것을 주느냐!" 혼나는 와중에도 궁금한 생각이 들었다. "저놈도 크면 불떡볶이를 좋아하려나?"

뜬금없이 불떡볶이가 떠오른 건 사드(Marquis de Sade)의 『소돔 120일』 때문이다. 관심 있는 소수의 문제일지 모르겠으나 2012년 한국에서는 이 소설에 대해 배포 중지 및 즉시 수거 결정이 내려졌다. 서점에서 비닐 포장된 상태에서도 판매할 수 없다는 것인데, 이유는 간행물 윤리위원회의 유해 간행물 판정 때문이었다. 근친상간과 가학·피학적 성행위 등 표현 수위가 지나치고 반인륜적 내용이 심하다는 것이다. 아마 아무 의미도 없는 것이 극단적이고 말초적이기만 하다는 판단이었던 것 같다. 이해는 가지만 왠지 눈 가리고 아웅 하는 것 아닌가 하는 느낌이다. 쾌락의 본질에 관심이 있는 사람이라면 이 소설을 한 번 정도 접해보는 것이 의미가 있을 것이기 때문이다. 왜 그럴까? 그 이유는 불떡볶이 안에 있다.

독일의 정신의학자 크라프트 에빙(R. F. v. Krafft-Ebing)은 사드의 이름을 빌려 가학성 음란증을 '사디즘'이라 정의했다. 실제 사드도 삶 대부분을 교도소에서 보낼 정도로 사디스트적이었는데, 이 작품은 그 절정을 보여준다. 프랑스혁명 때 분실됐다가 1904년에 발견되어 완성본인 제1부와 제2~4부의 줄거리 요약으로 간행되었다. 그렇다면 사드 현상이 우리에게 주는 의미는 무엇일까? 불떡볶이와 그의 광적 음란증은 무슨 관계가 있는 것일까?

루이 14세 시절의 권력자이며 변태성욕자들인 블랑지스 공작, 모 주교, 퀴르발 판사, 그리고 징세청 부인인 뒤르세는 서로 딸을 아내로 주고 또 동시에 음란 행위에 동참할 정도로 윤리를 초월한 인간들이다. 현실 안에서 모든 정욕을 채운 이들은 싫증을 느끼고 외딴곳으로 가서 넉 달 동안 자신들의 욕망을 무제한적으로 실현시키기로 결정한다. 그리고 일 년을 준비해 미소녀와 미소년들을 납치하고 이야기꾼들과 색골, 요리사를 대동하여 스위스의 외딴곳에 있는 뒤르세의 별장으로 간다. 그러고는 120일 동안 모든 상상을 현실화해 성적 쾌락을 즐긴다.

소설에는 인간이 상상할 수 있는 가장 엽기적인 행위들이 모두 등장한다. 채찍질은 기본이고 온갖 종류의 고문, 항문 섹스, 동성 간의 변태적 성애, 근친상간, 배설물의 사용, 그리고 살인과 인육을 먹는 행위 등 읽다 보면 때로는 구역질이 날 정도로 변태적인 행위들이 쉬지 않고 등장한다. 천재든 미친놈이든 사드가 정상이 아니라는 것은 바로 알 수 있다.

그렇다면 과연 이 책에서 건질 수 있는 것은 무엇일까? 그것은 우리 자신의 그림자다. 인간의 심연에 잠복해 있는, 싸이의 '강남 스타일' 가사처럼 한 번 '끝까지 가고 싶은' 욕망의 얼굴이다. 당신은 혹시 스스로에게 이런 질문을 한 적이 있는가? 쾌락을 원하는 대로 무한정 추구할 수 있다면 그 끝은 어디일까?

> 매 순간 언제든지 만족할 수 있다면 그런 상태를 어떻게 행복하다고 할 수 있겠소? 행복은 희열 속에 있는 게 아니오. 행복은 욕망에 있는 거요. 더 정확히 말하면 욕망을 제어하는 브레이크를 부서뜨리는 것에 있소.[27]

끝이 어디인지를 알기 위해 소설에서 주목해야 하는 부분은 바로 성적 쾌락의 탐닉 순서다. 30일을 기준으로 그게 네 가지 종류의 성적 쾌락이 등장한다. 첫째 달은 단순한 정욕, 둘째 달은 복합적 정욕을 즐긴다. 말이 단순이고 복합이지 사실은 다 변태적인 것이지만 강도에 있어 차이를 보인다. 셋째 달은 범죄적 정욕을 즐기고, 마지막 넷째 달은 살인의 정욕을 다룬다. 결국 마지막에는 대부분의 사람들을 죽인 후 인육을 즐기고 성을 떠나는 것으로 이야기는 끝난다. 이처럼 단

27 ; 사드, 소돔 120일, 고도 2000, 266쪽.

순→변태→범죄→살인의 순서로 이어지는 소설의 흐름에 바로 사드의 광적 천재성이 엿보인다. 왜냐하면 그것은 단순히 성적 욕망만이 아니라 모든 욕망의 길이기 때문이다.

> "그 길은 우리가 감각으로 알 수 없는 길이오. 우리는 오직 상상력을 꽃피울 때에만 그 길을 따라갈 수 있소. 탐욕은 탐욕을 부르는 법. 충족시킬 수 없는 상상력은 언제나 우리를 더 큰 탐욕으로 인도하오. 그리고 상상력이란 우리의 가슴을 갈수록 둔하게 만들며 동시에 그러한 속성을 확대시키는 까닭에 한번 그렇게 되기만 하면 그때부터 한때 덕을 품었던 우리의 가슴은 그 중 하나도 기억해내지 못하게 되오. 훨씬 더 생생한 일들에 익숙해지면 사람은 그때까지 자기를 열광시켰던, 결코 감미롭지도 않고 미약하기만 한 처음의 인상들을 재빨리 털어낸다오. 그리고 수치와 불명예가 자기의 새로운 성격을 만족시켜줄 것이라고 느끼기 때문에 그에 대해 한 치의 의심도 없이 수치와 불명예에 친숙해지기 시작하는 것이오. 그것들에 한번 탐닉하면 누구든 순식간에 거기에 빠지게 되는데, 왜냐하면 수치와 불명예라는 것은 그 속성상 새로운 매력을 가지고 있기 때문이며 더 이상 변할 수 없기 때문이오."[28]

하나의 욕망이 만족되면 다른 욕망이 나타나고, 그렇게 욕망 추구는 지속된다. 욕망은 또 다양하다. 하지만 모든 욕망의 길은 하나다. 얼핏 보면 인간의 욕망은 맹목적으로 추구되는 것처럼 보이지만 사실은 그렇지 않다. 욕망은 구체적인, 하나의 패러다임을 지니고 있다.

28 ; 사드, 소돔 120일, 고도, 2000, 455쪽.

영화 '감각의 제국'에 나오는 두 남녀도 정확히 그 방향으로 쾌락을 진행시킨다. 처음에는 단순한 육체적 쾌락에서 각종 자극적이고 말초적인 성욕을 즐기던 둘은 S/M[29] 으로 넘어가게 되고 결국 '기절 놀이'를 성행위에 결합시킨다. 여성이 남성의 목을 졸라주는 것인데, 목이 졸려 정신이 몽롱해질 즈음 쾌락의 환상적인 극단에 이른다. 이른바 브레인 페스티벌(Brain Festival)이다. 그런데 그렇게 목을 조르던 여성은 어느 날 손을 놓지 않고, 결국 죽은 남성의 성기를 자른 후 주머니에 넣고 다니다 체포된다. 실제로 적지 않은 사람들이 자위 기구를 통해 이런 극단의 성적 쾌락에 목숨을 걸고 있다.

길은 달콤한 곳에서 시작한다. 그러고는 덜 달콤한 것, 약간 고통스러운 것을 거쳐 고통스러운 것으로 넘어가고, 결국 극단적 고통을 넘어 죽음으로 나아간다. 특히 성적 쾌락은 생존과 번식을 위한 성기 중심에서 시작한다. 그래서 정상 체위에서 여성 상위 등으로의 체위 변화와 구강성교 또는 혼음으로 이어지고, 점차 출산과 전혀 관계가 없는, 그리고 더 나아가면 몸의 접촉 자체와 관계가 없는 방향으로 흐르게 된다. 그러므로 동성연애나 S/M, 페티시즘(fetishism, 절편음란증), 복장 도착증, 나아가 소아 기호증 같은 성애적 현상은 역설적이게도 더 문화화된 성 유희의 형태가 된다. 이상하지 않은가? 문화화될수록 변태적으로 변한다? 하지만 그것은 사실이다.

문화는 디자인이다. 실용성과 예술성, 즉 생존과 쾌락을 추구하며 더 다양하고 안전한 생존 방식, 더 다양하고 재미있는 쾌락의 가능성을 탐닉하는 것이 문화의 원동력이기 때문이다. 그런데 다양성은 가치중립적인 용어다. 포스트모던의 사람들은 다양성이 마치 선인 것처

29 : Sadism(가학성 음란증), Masochism(피학성 음란증)의 약자.

럼, 유일성을 주장하는 것이 마치 독단인 것처럼 말하지만 유일성이나 다양성이나 가치론적으로는 양면성을 지닐 수밖에 없다. 그래서 개인은 다양한 취미 생활을 할 수 있고, 나치나 일본군은 다양한 방식으로 생체 실험을 했다. 나만이 옳다는 주장은 독단이지만 인간이 존엄하다는 그 유일성의 가치는 독단이 아니라 합의된 진리다. 이 양면성을 이해하지 못하는 자들, 일례로 우둔하고 사악한 일련의 지식인들이나 게임업자들은 청소년들을 100만 명 가까이나 중독으로 내몰고 있는 게임을 문화라 말한다. 웃기는 일 아닌가? 게임이 문화라는 사실은 세 살짜리 아이도 안다. 유해한 문화이니 수정하라는 것이다! 자율적 정화는 청소년들의 영혼이라도 팔아서 돈을 벌겠다는 이들에게는 불가능과 동의어다. 정부의 합리적 규제와 교육만이 길인데 로비로 이성을 상실한 정치가들도 아무 생각 없이 왔다 갔다만 하고 있으니 청소년들의 미래는 누구라도 예언할 수 있는 수준이 되었다. 분별력을 포기한 세상은 동물 농장과 다를 바 없다.

문화는 그 자체로 선이 아니다. 문화가 맹목적으로 흐르고 단순한 중독을 향해, 다양한 쾌락만을 향해 벌떼같이 퍼져나갈 때 그러한 문화적 인간들은 동물보다 더 동물적인 존재가 된다. 그렇지 않은가! 사실 개들은 발정기 때만 성교한다. 하지만 이른바 문화화되었다고 자부하는 머리만 좋은 돼지들은 시도 때도 없이 온갖 잡다한 방식을 동원해 섹스를 한다. 그러면서 그것이 다양성이라고 행복추구권이라고 꿀꿀거리기도 한다. 그러므로 우리는 문화화에 두 가지 방향이 있음을 알게 된다. 하나는 성숙해지는 길이고, 다른 하나는 그저 난잡해지는 길이다. '기절 놀이'를 통한 성행위나 자위행위는 이른바 사드류의 그 난잡하고 고상한 문화화가 거의 극단에 이르렀음을 의미한다.

그런데 쾌락의 길은 성적 쾌락에만 국한된 것이 아니라 모든 감각적 쾌락에 해당된다. 나아가 그것은 사드 같은 소수의 미친 인간들에게서만 보이는 것이 아니다. 개인이 자신의 정체성을 몸으로 규정하고 행복감만이 행복인 줄 알고 살다 보면 누구에게나 사드화 될 가능성은 상존한다. 무슨 말인가? 정도의 차이는 있지만 사드는 우리 모두의 자화상이다. "나는 바로 너다!" 이것이 사드의 유일한 메시지다.

사람들이 매운 떡볶이를 찾는 이유는 단순히 스트레스 때문만이 아니다. 달콤한 떡볶이가 맛이 없기 때문이다. 그것에 질렸다는 말이다. 다양한 맛을 찾지만 '달콤한' 것은 반드시 '달콤하지 않은' 것을 거쳐 '고통스러운' 것으로 나아가게 되어 있다. 어렸을 때 어른들이 뜨거운 탕에 들어가서는 "어, 시원하다!"라고 말하는 것을 들어본 적이 있을 것이다. 어떻게 뜨거운 것을 시원하다고 할까? 진짜 시원하다고 느끼기 때문이다. 아기에게 맥주를 주면, 소주를 한 잔 따라주면 맛있다고 하나? 뱉어버린다. 주당들은 없어서 못 마신다. 차를 마시는 경우도 마찬가지다. 차를 갓 우려내면 소녀의 맛이라고 한다. 왜 여성으로 맛을 비유하는지는 모르겠지만 그렇게들 말한다. 조금 지나 맛이 덜 맑으면 처녀 맛, 그리고 조금 후에는 아줌마 맛, 그리고 한참 우려내서 거의 쓰디쓴 맛이 되면 할머니 맛이라 한다. 그런데 차를 많이 마실수록 쓴맛을 선호하게 된다. 와인도 마찬가지다. 처음에는 'delicious'를 주로 마시지만 경력이 쌓일수록 'half dry', 그리고 'dry'로 넘어간다. 나중에는 시큼털털하지 않으면 마실 수가 없다. 왜? 그게 맛있다. 뜨거운 찌개를 먹으며 시원하다 하고, 독한 술을 마시며 달다 하고, 채찍질을 당하며 행복하다 한다. 정말 요상하고 변태적인 인간이다.

좋은 것을 좋다고 하는데 무엇이 문제인가? 그냥 감각이 흘러가는 대로 살면 되지 않나? 혹시 당신도 그렇게 생각하는가? 그렇다면 이제 조금만 깊이 생각해보자. 매운 떡볶이가 맛있고 독한 술이 달다는 것은 단순히 입맛이 바뀌었음을 의미하지 않는다. 어느 순간인가 맵다는 고통, 쓴 것에서 오는 고통이 맛있다와 동의어가 되었다는 것을 뜻한다. '고통'과 '쾌락'의 경계가 사라진 것이다. 이해가 되나? 쾌락에 깊이 탐닉하게 되면 어느 순간 그것이 고통으로 바뀌어도 고통인 줄 모르고 "좋다!"고 하며 따라가게 된다. 어느 것이 쾌락이고 어느 것이 고통인지 분간할 수 없는 지경에 이르게 된다는 말이다. 쾌락의 노예가 된 것이다. 그런데 황당하게도 인간은 노예가 될수록 자신은 주인이라는 자부심으로 가득하게 된다. 그래서 『소돔 120일』의 어리석은 인간들은 자신들이 지배자이고 나머지 모든 인간들은 도구라고 생각했다. 하지만 자신들이 성욕의 노예가 된 돼지들이라는 사실은 전혀 깨닫지 못한다. 처음에는 자신이 게임을 하다 결국 게임이 자기를 가지고 게임하는 줄 모르는 가련한 존재와 마찬가지다. "디아블로 새 버전이야!" "피가 튀는 게 달라!" "안 하면 예의가 아니지!" 쇼핑하는 누나도 "유명 디자이너 작품인데 한정 물량입니다! 지금 주문하지 않으면 후회하십니다!"라는 말에 속아 정작 쇼핑이 자신을 쇼핑하는 줄 모른다. 그뿐인가! 드라마가 자신을 보는 줄 모르고 자신들이 본다고 믿는 아줌마들이 있다. 그러니 술이 자신을 마시는 줄 뻔히 알면서도 위 보호제를 삽으로 부어가며 술을 퍼대는 가련한 인간들은 도대체 뭐란 말인가!

사드가 포스트모던 시대에 각광을 받는 이유는 문학적 천재성 때문이 아니다. 그의 천재성은 방탕과 엽기, 변태의 솔직함 이외에 다름이 아니다. 사드의 진정한 의미는 그가 의도하지 않았음에도 불구하고 인간의 쾌락주의가 자리한 위치를 정확히 보여준다는 데 있다. 몸적 자아로서의 정체성을 당당히 뽐내며 행복감을 목적으로 살아가는 인간의 궁극적 종점이 어디인지를 적나라하게 보여주는 데 있다. 그러한 인간에게 달콤한, 아름다운, 따뜻한, 화목한, 그리고 평화로운 향유는 지겨움 자체다. 이른바 지적 존재임을 자부하는 머리만 좋은 돼지들에게 고전적 가치는 진부하고, 시대에 뒤떨어지고 촌스러운 것에 불과하다. 세련되고 지적인, 이른바 예술 감각이 있는 돼지들은 잔인함·추함·더러움·징그러움·어두움의 세계에서 고통을, 그리고 죽음을 찾는다. 예술성을 가장한 선정성이나 폭력성은 온갖 교활한 방법을 동원해 자신의 영역을 넓히고 있다. 영화·음악·연극·드라마·게임 등 미디어를 통해, 또는 공공성의 양식으로 전해질 수 있는 모든 곳에는 향유의 죽음이 있다. 향유가 쾌락으로 극대화되는 곳, 그곳에 진정 나로서의 자기(Self)가 원하는 영적 향유는 없다. 마음의 가치마저 고전이 되어버린 몸에게 남은 길은 그저 새롭게 등장하는 쾌락의 아이템을 따라 몽유병에 걸린 환자처럼 밤길을 헤매는 일뿐이다. 몸의 쾌락이 영의 향유를 죽이고 마음의 기쁨을 무시하는 순간 몸적 자아의 운명은 정상에서 비정상, 비정상에서 엽기로 전이되도록 선고받는다. 쾌락이 고통으로, 고통이 중독으로, 그리고 중독이 삶의 파괴로, 결국 극단적인 경우 허무로 인한 자살이나 살인에 이르기까지 고통을 고통인 줄 모르고 쾌락으로 착각한 채 나아가게 만드는 그림자의 길은 그렇게 인간을 확실히 살아 있는 시체로의 길로 인도한다. 마치 도살장에 끌려가는 소나 돼지들과 같다. 먹이로 유혹하면 그 끝에 무엇이 기다리고 있는지 모르고 뒤를 따라오는 짐승들처럼 지금도 상상도 할 수 없이 많은 사람들이 "쾌락이 언제나 행복을 주려니?" 하며 그 뒤를 쫓아가고 있다. 하지만 그 길은 떠나는 순간 이미 죽은 것이다.

귀스타브 쿠르베(G. Courbet), **〈잠〉**(1866)

왜?

몰라!

그냥 좋아!

« 3 »

금지된 장난 – 동성애

왕성욕은 이성애자이며 쾌락 지향적이다. 그는 다양한 성적 쾌락에 탐닉했다. 섹스는 그의 삶이다. 하지만 어느 순간부터 싫증이 나기 시작했다. 이성 간에 즐길 수 있는 대부분의 섹스를 경험했기 때문이다. 그러다 우연히 게이 바에서 만난 친구와 잠자리를 가지게 되었다. 새로운 쾌락의 출구였다. 그래서 그의 삶은 동성연애 중심으로 재구성되었다. 자신을 동성애자로 여기게 되었다. 그런 그의 삶을 친구 박이성은 받아들일 수 없었다.

"뭐야! 동성연애? 그런 변태적인 것을 어떻게 한다는 거야?"

"왜? 누구에게나 행복 추구의 자율성과 다양성이 있는 것 몰라?"

"그래도 좀 심하지 않아?"

"심하기는! 다양성을 받아들여. 알았지?"

얼마의 시간이 흐르자 왕성욕은 동성연애도 지루해졌다. 그래서 남자와 여자와 번갈아가며 즐겨봤다. 더 흥분되고 좋은 것 같았다. 그래서 박이성에게 말했다.

"사실 나 순수한 동성애자는 아닌가 봐. 양성애자가 되기로 했어."

"야! 그건 진짜 너무한 거 아냐?"

"너무하기는! 벌써 잊었어? 다양성과 자율성?"

"그래, 그렇지!"

그렇게 살던 어느 날 왕성욕은 친구를 다시 만났다.

"나 있지, 양성애도 재미없어져서 S/M으로 넘어갔어!"

"아니, 그걸 말이라고 해? 그거 진짜 변태 아냐?"

"무슨 소리야! 너 왜 이렇게 촌스럽냐? 좀 세련돼져라! 다양성과 자율성!"

그렇게 박이성은 S/M을 넘어 그룹섹스로, 그룹섹스를 넘어 수간(獸姦)을 하고, 그 다음은 몰래 『광염 소나타』의 백성수처럼 시간(屍姦)을 즐기게 되었다. 결국 그는 스너프 필름(snuff film)[30]을 찍다 구속되었다.

동성애[31]는 이성애만을 정상으로 간주할 경우 이해할 수 없는 현상이다. 적어도 근대까지는 동성애공포증(Homophobia)이 현실이었다. 에이즈, 자연에 역행하는 변태, 항문성교, 마약, 문란, 추잡, 그리고 혐오 등의 용어는 동성애와 연관되어서 생각된 것들이다. 하지만 정보화사

30 ; 사람을 살해하는 장면이나 학대, 성적 강간 등의 내용을 담은 동영상.

31 ; 동성애에 관련된 용어로는 'Homosexual'의 약칭으로 동성애에 대한 비하의 의미가 있는 'homo'와 원래 동성애자들을 통칭하는 말로 시작해 남성 동성애자를 지칭하는 말로 쓰이고 있는 'gay', 그리고 사포라는 시인이 살았던 레스보스 섬의 이름에서 기원해 여성 동성애자들을 지칭하는 말로 쓰이고 있는 'lesbian'이 있다. 동성애자 중 약 40퍼센트는 양성애자(bisexual)다.

회인 탈근대에 접어들며 커밍아웃(coming out)[32]이 늘고, 동성애에 대한 일반의 시각이 다양성의 측면에서 관용으로 전환되기 시작했다. 현재 스페인이나 독일에서는 동성애자의 법적 결혼도 허용되고 있다.

킨제이(A. Kinsey)는 보고서에서 "동성애란 자신과 동성인 사람을 대상으로 성적 욕망을 갖거나 성행위를 하고 싶어 하는 성적 방향성(sexual orientation)"[33]이라고 말한다. 그러나 이 규정은 부족하다. 객관적 의미로 상황만을 강조한 단순한 성적 지향성보다는 동성에 대한 성적 정체성(sexual identity)[34]이 확립된 상태를 엄밀한 의미에서 동성애, 그리고 그러한 정체성을 소유한 사람을 동성애자라고 불러야 할 것이다. 따라서 동성애와 동성연애(same-sex acts)는 동일한 것이 아니다. 우리가 동성애자 하면 떠올리는 것은 일반적으로 동성애가 아닌 동성연애다. 그리고 그 동성연애에 대한 표상은 항문성교나 동성 간의 성애 등이다. 물론 동성애가 성적 행위와 관계되는 것은 사실이나 반드시 성행위로 귀결되는 것은 아니다. 이성 간의 플라토닉러브처럼 연애가 없는 동성애도 있다. 무엇보다 동성연애는 행위를 의미할 뿐 동성애를 완전히 설명하지 못한다. 동성애는 단순한 행위가 아닌 존재 양식이다. 동성애는 동성연애를 포괄하는 넓은 개념이다. 이성애가 이성적 성행위만을 의

32 : 'come out of closet'에서 유래한 말인 커밍아웃은 말 그대로 동성애자들이 숨어 살던 벽장(closet)에서 나와 자신의 성 지향성을 공개적으로 드러내는 것을 의미한다. 그러나 단순히 드러낸다는 의미 외에도 플러머(K. Plummer)의 주장처럼 동성애자들에 의해 집단적으로 구성된 게이 커뮤니티 자체의 정체성에 자신의 이미지를 부합시키며 구축하는 것을 의미할 수 있다. 이런 의미에서 커밍아웃은 사회적 실천의 의미를 지니고 있다. 그러나 저항과 타협이 포함되는 정치적 실천의 의미도 내포되어 있다. 그리고 그때 커밍아웃은 정체성의 정치학으로 불릴 수 있을 것이다.

33 : 킨제이는 1만8000명의 미국인 남녀를 성행위와 관련해 인터뷰한 뒤 1948년에 『남성의 성행동(Sexual Behavior in Human Male)』, 1953년에 『여성의 성행동(Sexual Behavion in Human Female)』이라는 보고서를 발표했는데, 이 보고서에 따르면 조사 대상자 중 남성의 4퍼센트와 여성의 1~3퍼센트가 동성애적 성향을 지니고 있다고 한다. 이 두 번의 보고서는 많은 반향을 일으켰으며 동성애자들의 커밍아웃에 도움이 되었다.

34 : 성적 정체성은 자신을 '무엇'과 동일시함을 의미한다. 동성애적 정체성은 자신을 동성애자로서 온전히 인식함을 의미하며, 그 인식에 근거한 삶을 살아간다는 것을 의미한다.

미하지 않듯이 동성애도 그러하다.

원인

1970년대까지 이어지는 동성애에 대한 억압과 그럼에도 여전히 존재해온 그들의 성적 표현의 방식은 동성애의 원인에 대한 관심을 초래했다. 그것은 동성애가 생물학적으로 결정되어지는 것인지, 아니면 환경적·사회적 원인이 있는지, 나아가 자유의지에 의해 선택되는 것인지에 대한 것이다.

동성애가 유전적 성향을 띄고 있다는 점에서 과학자들은 일반적으로 일치를 보이고 있다. 그러나 유전자를 밝히는 작업이나 후천적 환경의 영향에 대한 객관적 연구는 아직 미흡하다. '게이 유전자'나 '게이 염색체'를 발견했다거나[35] 뇌의 시상하부가 이성애자와 다르다는,[36] 또는 게이들에 있어서 테스토스테론의 수치가 적은 반면 여성호르몬인 에스트로겐의 수치가 높다든가 하는 등의 호르몬의 불균형적 분비

35 ; 성애의 유전적 요인에 관한 연구로는 1952년 칼만(F. Kallman)이 일란성쌍둥이의 가계에 모계유전으로 동성애자가 나타날 확률이 100퍼센트라는 유전적 근거를 제시한 바 있다. 그러나 후속 연구가들 중에 그와 동일한 결과를 얻어낸 사람은 없다. 1991년 심리학자인 마이클 베일리(M. Bailey)와 정신병리학자인 리처드 필라드(R. Pillard)도 일란성쌍둥이의 경우 한쪽이 게이일 때 다른 쪽도 게이일 확률이 57퍼센트이나 이란성쌍둥이의 경우 24퍼센트에 불과함을 밝혀냈다. 그러나 그 확률이 아무리 높다고 해도—실제로 한쪽이 동성애자인 일란성쌍둥이의 다른 쪽이 모두 동성애자가 아닌 사실에서 볼 수 있듯이—그것이 동성애의 전적인 선천성을 의미하는 근거가 될 수는 없다. 1993년 분자생물학자이며 게이인 헤머(D. Hamer)는 성염색체에서 게이 형제들이 공유한 유전자의 위치를 발견하고 게이 1호(Gay-1)라고 명명했다. 이 발견은 처음에는 충격적으로 받아들여졌으나 그의 방법론에 문제가 있음이 밝혀져 곧 관심의 중심에서 사라졌다. 그 자신이 자신의 연구를 완벽하게 반복하지 못했기 때문이다.

36 ; 1991년 8월 신경과학자이며 동성애자인 리베이(S. Levay) 박사는 인간의 뇌 안에서 성욕을 관장하는 영역인 시상하부의 간핵(INAH) 네 개 중 세 번째 것의 경우 이성애자의 것이 게이보다 두 배 가량 큰 것을 발견하여 저널리즘의 주목을 받은 적이 있다. 그러나 그가 조사한 게이 19명, 이성애 남자 16명, 여자 6명 등 41명의 대상자들이 에이즈로 죽은 환자들이었던 점을 감안하면 또한 제3의 요인이 개입할 수 있는 가능성을 전적으로 배제할 수는 없다. HIV는 뇌세포를 파괴시킬 가능성이 높기 때문이다. 또한 남성 이성애자와 시상하부의 크기가 같은 동성애자들도 있는 것이 확인된 바 있고, 리베이 박사 자신도 이 결과로 동성애의 원인을 밝힐 수 있는 것은 아니라고 고백한 바 있다.

와 같은 주장들이 있지만[37] 학술적으로 확증되어 공인된 것은 없다.

동성애의 기원에 관한 심리학적 이론도 생물학적 이론과 마찬가지 상태다. 프로이트가 주장하듯이 오이디푸스 콤플렉스에서 비롯된 아버지와의 경쟁 관계를 어머니와 자신의 동일화를 통해 해소하려 한다는, 그 동일시함에서 동성애가 싹튼다는 주장도 경험적으로 타당성을 입증받지 못했고, 비버(I. Bieber)의 모델[38]이나 성적 환경의 제약이나 처벌이 행위에 영향을 준다는 행동 이론, 동성애가 다분히 학습적인 데 기인할 것이라는 성적 지향설이나 가정에서 부모의 교육을 통해 발생한다는 가정환경설 등 그 이후의 정신분석적 연구나 사회학적 연구도 그럴듯한 이유만을 보여줄 뿐 정확한 근거를 제시하는 데는 모두 실패했다.

의심할 수 없는 분명한 사실은 이성애자가 존재하고 동성애자가 존재한다는 것이다. 즉 한 인간이 이성애적 성적 지향성을 가지고 태어나듯 또 다른 어떤 인간은 동성애적 성적 지향성을 가지고 태어난다는 점이다. 사실 동성애의 원인을 규명한다는 것이 과연 얼마나 의미가 있는지 자문해볼 필요가 있다. 성서를 제외하고 이성애의 원인을 규명한 일반 서적은 없다. 그것은 이성애가 자연스럽게 우리의 삶 가운데에 존재하기 때문일 것이다. 그렇기 때문에 동성애의 원인도 반드시 알아야 할 당위성은 본래 없다. 동성애는 이성애와 함께 존재해왔기 때문이다.

37 : 최근의 연구에 따르면, 호르몬의 수준 차이는 동성애자로서 사회적 긴장하에서 살아온 결과임이 밝혀졌다. 수컷 쥐를 일정한 장치에 넣고 지속적인 신체적 압박을 가할 경우 뇌에 심한 손상이 오며 테스토스테론의 수치는 떨어진다. 그리고 분명한 사실은 남성 동성애자들에게 남성호르몬을 주입한다고 이성애자가 되지는 않으며, 이성애자에게 여성호르몬을 주입한다고 동성애자가 되는 것은 아니라는 점이다.

38 : 비버는 동성애의 원인을 가족에서 찾는다. 자식을 과보호하고 아버지에 대한 적대감을 높임으로써 아들을 자신만의 것으로 만드는 어머니와 무관심 또는 적대감으로만 일관하는 아버지, 그 사이에서 자라난 아이는 성을 터부시하게 되고 수음이 금지되어 아이의 건전한 이성애적 관심은 방해받고 동성애적 경향은 늘게 된다. 그러나 이 연구는 다분히 프로이트적이며 객관성을 확인할 길이 없다. 병적인 동성애자를 대상으로 했다는 점, 또한 어린아이에 대한 문답은 유도될 수 있다는 점 때문이다.

어쩌면 동성애의 원인에 대한 연구의 배후에는 동성애를 변태로 보는, 나아가 하나의 병으로 취급하는 의식이 내재되어 있는지도 모른다.

동성애가 질병이라면 치유될 수 있을 것이다. 그러나 아직 동성애 바이러스나 그에 대한 항체를 발견한 사람은 없다. 그래서 1974년 12월에 미국 정신병학회에서는 동성애를 '정신 질환 통계 지침서'라는 정신 질환 목록에서 삭제했다. 어떤 이들은 교도소나 군대와 같은 곳에서 행해지는 억압적 성 경험의 결과로 동성애자가 될 수 있다고 말하기도 하지만 동성애는 전염병이 아니다. 미국 학자 하이트(S. Hite)의 보고서에 따르면, 사춘기 시절 남성의 43퍼센트가 동성애적 관계를 지니나 이들 대부분은 이성애자가 된다. 특히 교도소나 군대 같은 특수한 상황 속에서 성적 분출의 문제에 따라 동성연애를 해본 사람도 그 상황에서 나오면 이성애로 돌아간다. 따라서 동성애의 원인을 연구하기보다는 동성애에 대한 비난의 근거가 무엇인지, 그리고 비난의 정당성에 대해 살펴보는 것이 더 생산적인 일일 것 같다.

비판의 근거

동성애가 에이즈의 원인이 된다고 말하는 사람이 있다. 동성연애가, 그리고 그 중에서도 항문성교가 에이즈에 감염될 확률을 높이는 것은 사실이다. 그러나 동성연애를 통해서만 에이즈나 성병이 감염된다는 믿음은 무지의 소산이다. 에이즈는 인간보다도 공평하다. 바이러스는 도덕적 판단에 관심이 없으며 동성애자와 이성애자를 가리지 않는다. 에이즈 균의 생존 원리는 간단하다. 에이즈 균을 보유한 사람의 혈액, 질 분비액, 정액 등의 체액이 비감염자의 혈액과 접촉했을 때 발생한다. 물론 양과도 관계가 있다. 동성연애가 감염 확률이 높은 이유는 인간의 항문 내 피부가 약해 가장 상처받기 쉬운 곳 중 하나이기 때문이고, 상처가 난다는 것은 출혈의 위험이 그만큼 크다는 것을 의미하기 때문이다.

어떤 이들은 동성애를 죄악으로 본다. 이 논의에 대해서는 플라톤의 초기 대화편 『에우튀프론』을 근거로 칸트가 말한 종교 윤리와 일반 윤리의 차이점을 드는 것이 타당할 것이다.

> 하나의 행위가 선한 것은 신이 그것을 원하기 때문인가? 아니면 신은 하나의 행위가 선하기 때문에 그 행위를 원하는가?

동성애가 죄라는 논거가 모든 종교의 보편적 주장은 아니다. 동성애에 대한 종교적 해석의 문제가 남아 있기 때문이다. 하지만 종교의 일반적 관점에서 동성애를 죄로 보는 것은 맞다. 이 경우 종교인과 비종교인의 관점이 다르다는 점에서 동성애가 죄인지 여부는 보편적 논의의 대상에서 벗어난다. 종교적 관점을 일반적 관점에 적용하는 것도 무리다. 물론 예수조차도 인간의 윤리 기준에 부합해야 한다는 칸트의 주장 역시 인간 이성의 독단에 불과하다.

혹자는 동성애가 자연에 역행한다고 말한다. 종족 번식이라는 자연의 순리에 역행한다는 의미다. 하지만 '자연적'이란 개념이 그렇게 분명한 것은 아니다. 문명 자체가 자연에 개입하여 새로운 것을 만들어내고 그것을 다시 자연적인 것으로 수용하는 과정의 반복이기 때문이다. 인류는 자연의 순리에 개입하고 그것에 역행하는 방향으로 역사를 만들어왔고 문명을 창출하고 있다. 인간의 종족 번식이 남녀의 성행위에만 의존하던 시대는 이미 지나갔다. 인공수정, 인간 복제, 그리고 인공태반의 존재가 지니는 중요한 의미는 그러한 일련의 변화가 성과 종족 번식의 필연성이라는 고리를 끊는다는 사실이며 그것이 참일진대 동성애를 들어 그것이 자연적 순리에 역행한다는 주장은 과학의 변화에 대한 입장과 모순된다. 그리스인들은 오히려 동성애를 자연스럽게 여겼다. 그래서 플라톤은 에로스의 시작을 동성애에 두었다.[39]

사실 동성애에 대한 편견의 일반적 근거는 동성연애, 특히 게이의 경우 항문성교 등을 즐기기 때문일 것이다. 항문성교에 대한 상상은 이성애자에게는 징그럽고 혐오스러운 감정을 초래할 수 있다. 문제는 이 감정이 익숙지 않음의 결과인지, 아니면 분명히 어떤 문제가 내재되어 있는 것인지 쉽게 규명하기가 어렵다는 점이다. 수간이나 S/M 같은 경우 우리는 그러한 행위를 정상으로 보지는 않는다. 그렇다면 동성연애를 그와 같은 종류로 볼 수 있을까?

변태

프로이트는 동성애를 성도착증, 즉 정상이 아닌 성적 일탈로 규정했다. 프로이트 자신은 성욕도착과 변태를 구분했지만,[40] 오늘날 일반적 관점에서 볼 때 양자는 유사한 의미로 이해될 수 있다. 현대사회에서 변태는 양태론적으로 해석된다. 위에

39 ; 플라톤은 아리스토텔레스와 달리 에로스, 아가페, 필리아를 구분하지 않는다. 그는 사랑을 여러 종류로 보는 것이 아니라 여러 단계로 본다. 에로스, 이른바 플라토닉러브는 다섯 단계로 구분된다. 감각적, 미적, 윤리적, 과학적, 그리고 신적 에로스가 그것이다. 에로스는 감각에서 시작하여 신적 에로스에서 완성된다. 그 각각의 단계는 차이가 있지만 모든 단계는 각각 에로스의 완성에 대한 필수조건(conditio sine qua non)이다. 따라서 인간은 처음 단계에서 시작해 환희와 절망이라는 에로스의 변증법적 단계를 겪으며 성숙해간다. 그런데 최초의 감각적 에로스는 바로 남성과 남성 간의 동성애를 의미한다. 성차별적 의식이 에로스에도 그대로 투영된 것이다.

40 ; 프로이트, 성욕에 관한 세 편의 에세이, 236쪽 이하. 프로이트에 따르면 여러 가지 심각한 일탈 현상이 동시다발적으로 나타나고, 효율적 기능과 생존 능력의 심각한 훼손이 발견될 때에만 변태로 규정된다. 반면 동성애는 비정상이지만 다른 심각한 일탈이 없으며 지적 능력과 윤리적 교양을 겸비한 사람들에게서도 나타나므로 변태와 구분된다고 했다.

언급한 것처럼 성적 지향성이나 성적 쾌락의 방식에 있어서 심각한 일탈 현상을 보이는 것은 모두 변태로 인정된다. 그러한 것에는 수간, 시간, 페티시즘 등 다양한 성의 양태들이 속한다. 하지만 변태의 개념을 완성하기 위해서는 성이 관계의 개념임을 기억할 필요가 있다. 성은 홀로 할 수 없는 쾌락이기에 상대방과의 합의를 전제해야 한다는 것이다. 따라서 이 관점을 적용하면 합의를 거치지 않은 모든 일방적 성 충동이나 성행위는 변태로 봐야 할 것이다. 다시 말하면 아무리 단순한 것처럼 보여도, 즉 음주 후 거부하는 아내를 고려하지 않는 경우나 단순한 키스라도 상대방이 원하지 않는데도 하는 경우는 모두 변태로 봐야 한다. 일방적 폭력이기 때문이다. 반면 합의가 전제된다면, 그리고 둘만의 공간에서 이루어진다면 대부분의 행위는 정상으로 볼 수도 있을 것이다. 그런데 여기에서 새로운 문제가 발생한다. 합의만을 유일한 기준으로 정한다면 심각한 일탈 행위도 용납해야 할 것이기 때문이다. 따라서 성 정체성의 정상 여부는 일차적으로 합의를 기준으로 하되 일탈 현상에 대한 합리적 기준이 별도로 책정되어야 할 것이다. 결국 핵심은 동성연애를 심각한 일탈 현상으로 규정할 수 있는가 하는 것이다. 이 질문에 대해 반대론자들은 '그렇다'라고 대답한다. 반면 동성애 친성론자들은 '그렇지 않다'고 말한다.

또 다른 접근

'동성애를 변태로 볼 수 있는가?'하는 질문은 문제의 본질을 정확히 바라볼 수 없도록 만든다. 왜냐하면 결정되어진 동성애와 습득되어진 동성애, 즉 선천적인가 후천적인가의 문제가 고려되어야 하기 때문이다. 선천적 동성애의 경우 변태로 규정하며 비판하는 것은 다수의 폭력임이 분명하다. 무엇보다 스스로의 의지에 의한 성 지향성이 아닌 결정된 성 지향성이므로 비판의 대상으로 인정할 수 없다. 선천적 동성애를 규정할 수 있는 가능성은 그 사랑 행위가 정상이 아닌 일탈 행위이며 병이자 치료의 대상임을 증명할 수 있을 때다. 하지만 이미 언급했듯 그러한 객관적 증거는 없다. 따라서 선천적 동성애의 경우 도덕적 판단의 영역에서 벗어나 있다.

하지만 후천적 동성애의 경우는 다르다. 이 경우 동성애는 결정된 것이 아니라 습득되는 것이다. 그런데 성 정체성의 경우 누군가에 의해 교육받거나 주입받을 수 있는 것이 아니다. 따라서 다양한 성적 경험을 거친 후 동성연애의 경험을 통해 스스로 동성애에 이르는 경우로 봐야 한다. 여기에서 또 다른 어려움이 발생한다. 우리는 동성애적 성 지향성과 동성애라는 성적 정체성을 구분했다. 전자는 동성애적 성향을 지니고 있다거나 동성연애를 즐기는 경우를 의미한다면, 후자는 자신이 동성애자라는 정체성이 고착된 경우를 뜻한다. 따라서 엄밀한 의미에서의 동성애자는 성적 정체성이 확립된 경우에만 해당한다고 봐야 한다. 따라서 동성연애자와 동성애자를 분명히 구분해야 한다. 동성애자는 당연히 동성연애자다. 하지만 동성연애자는 반드시 동성애자가 아니다. 이론적으로 보면 후천적으로 동성애자가 될 가능성은 존재한다. 하지만 대부분의 학자들은 엄밀한 의미의 동성애는 선천적이라는 의견에 공감하고 있다. 따라서 후천적 동성애자는 성 정체성 때문이 아니라 동성연애가 주는 새로운 쾌락 향유의 가능성이라는 점에서 동성애에 관심을 보이는 것일 가능성이 높다. 특히 동성애자들의 40퍼센트를 차지하는 양성애자들의 경우가 그렇다. 양성애자는 원칙적인 의미에서 동성애자로 보기 힘들다. 성 지향성이 확고하게 성립되어 있지 않다는 것은 그만큼 진지한 성적 자기정체성의 확립이라기보다는 단순히 성적 쾌락의 또 다른 형태일 가능성이 높기 때문이다. 따라서 동성연애자로 보는 것이 타당하다.

동성애와 동성연애를 구분하는 것이 왜 중요할까? 인간 문화의 기본 영역인 의·식·주·성은 모두 문화화를 거치며 생존 중심에서 쾌락 중심으로 변화되어왔다. 문화는 디자인이다. 생존과 쾌락을 추구하기 때문인데, 분명한 것은 문화화될수록 생존에서 쾌락으로 중심 이동이 이루어진다는 사실이다. 현대인은 몸을 가리기 위해 옷을 입지 않는다. 살기 위해 먹거나 추위를 막기 위해 집을 짓기보다 즐기기 위해 먹고 향유하기 위해 집을 꾸민다. 성도 마찬가지다. 이미 앞에서 설명했지만 쾌락 지향성이 강화될수록 성적 쾌락은 생식과 출산으로부터 분리된다. 이는 사회의 상류층에서 S/M이나 양성애가 많이 발견되는 이유를 설명해준다. 엄밀히 말해 동성연애는 자손 번식과 완전히 분리된 순수한 쾌락 중심적 성이다. 이 사실을 강조하는 것이 중요한 이유는 선천적 동성애자의 경우 그것은 정체성의 문제이지 쾌락적 성향을 의미하는 것이 아니므로 쾌락 지향성과 무관한 개념인 반면 동성연애는 쾌락 지향성과 직결되어 있기 때문이다. 이 말은 동성애자의 동성연애와 동성연애자의 동성연애는 외견상 동일하지만 그들의 성에 대한 인식과 태도는 근본적으로 다를 수 있다는 것을 의미한다. 따라서 동성연애 자체보다는 그것이 누구에 의해 어떤 동기에서 이루어지는지가 논의의 핵심이라 하겠다. 만약 동성연애가 선천적 동성애자에 의해 이루어지는 것이라면 그것은 비정상이 아니다. 하지만 그것이 단순한 쾌락주의자의 성 지향성을 의미하고 그런 의미에서 커밍아웃을 한 것이라면 그는 동성애자가 아니라 중독성 쾌락주의자로 봐야 한다. 바로 이런 관점에서 현대사회에서 동성연애가 급속도로 퍼지고 있는 현상은 우려의 대상이 된다.

성을 즐기는 것은 개인의 행복추구권에 속한다. 파트너와의 개별적 공간에서 합의하에 이루어지는 것이라면, 그것이 특별히 반사회적인 형태를 보이지 않는 경우 사회로부터 비난이나 제재의 대상이 될 수는 없다. 문란하거나 음란한 성행위의 경우에도 '문란'과 '음란'의 객관적 규정이 쉽지 않으며 일부 도덕주의자의 시각으로 그렇게 판단되는 것을 일반화하는 것은 문제가 있다. 하지만 간과할 수 없는 사항이 있다. 그것은 본래적 범주 안에서 다양성과 자율성이 인정되어야 한다는 것이다. 본래적 범주란 무엇일까? 첫째, 이성애든 동성애든 성 정체성은 선천적으로 결정된 경우에 한해서 인정되어야 한다. 둘째, 동성애는 그 자체가 출산과 직접적 관련이 없는 것이지만 이성애의 경우 본질적으로 출산과 직결되어 있다. 따라서 출산과 완전히 분리된 형태의 이성애는 정상의 범주로부터 배제되어야 한다. 여기서 '출산과 완전히 분리된'의 의미는 그 행위가 성행위로 이어질 수 있는 가능성이 없다는 것이다. 일례로 구강성교나 상호수음은 그 자체만을 즐긴다 하더라도 원칙적으로 언제든지 성행위와 연결될 수 있다. 하지만 S/M이나 절편음란증, 복장 도착증, 항문성교, 수간, 시간 등 우리가 일반적으로 변태로 규정하는 행위들은 생식과 완전히 분리된 것들이다. 이 행위들은 오직 비정상적 쾌락 추구를 위해 존재하며, 따라서 도덕적으로 정당화될 수 없다. 바로 이 범주에 선천적 동성애자가 아닌 쾌락지향적 동성애자의 동성연애도 포함된다. 그는 양성애자일 수 있고, 또 이성애자이면서 동성연애를 즐기는 것일 수 있다. 결국 문제는 동성연애나 동성애가 아니다. 성 자체가 문제이고, 그것은 구체적으로 개인 자신이 성적 쾌락의 주인인가 아니면 종속된 존재인가의 문제인 것이다. 그런데 여기에서 이런 질문이 나올 수 있다. "그렇게 정상의 범주를 규정해야 하는 이유는 무엇인가? 개인의 성적 취향의 다양성과 자율성을 인정해야 하는 것 아닌가?"

다시 한 번 강조하자. 동성애에 관한 대부분의 논의가 초점을 잃는 것은 그 논의 안에 성적 정체성과 쾌락 지향성의 문제가 섞여 있기 때문이다. 따라서 동성애에 관한 논의에서 둘을 분리시켜야 한다. 그리고 쾌락 지향성의 문제는 동성애만의 문제가 아니라 이성애에도 내재되어 있는 영역이라는, 아니 어쩌면 더 심각할 가능성이 높다는 사실도 지적하고 싶다. 이제 왜 반드시 범주가 지켜져야 하는지 조금 더 깊이 생각해보자.

사람들은 동성애를 반대하는 것이 성적 정체성에 대한 억압이라고 믿는다. 하지만 그것은 사실이 아니다. 동성애가 문제가 아니라 무절제한 동성연애가 문제다. 동성연애, 정확하게 쾌락 지향적 동성연애는 그렇다면 왜 문제인가? 앞에서 우리는 왕성욕이 쾌락 추구의 자율성과 다양성을 추구한 종말을 봤다. 극단적인 상황을 상정한 것이지만 다양성과 자율성의 뒷모습을 잘 보여주고 있다.

성적 쾌락과 관련하여 자율성과 다양성을 한 번 인정하면 그것을 제어할 수 있는 가능성은 사라진다. 사람들은 현상의 양면성을 늘 간과한다. 칸트는 이성이 없는 감성은 맹목적이고 감성이 없는 이성은 공허하다고 말했다. 자율성과 다양성은 긍정적 개념이지만 그것도 합리적 자율성과 생산적 다양성일 경우에 한해서 그러하다. 맹목적 자율성과 다양성은 그 자체로 파국이다. 틀이 존재하지 않으면 혼란과 무질서만이 양산될 뿐이다. 컵을 깨버리면 그 안에 있는 물은 어디로 가겠는가? 양면성을 간과한 채 특정 현상을 무조건 인정하면 반드시 미끄러운 경사면 효과를 초래하게 된다. 한번 둑이 무너지면 그 쏟아진 물을 다시 막을 방법은 없다는 뜻이다.

다인의 성 지향성이나 정체성을 비난할 수 있는 권리를 가진 인간은 없다. 행복추구권 역시 개인의 고유 권한이다. 인간은 원하는 것을 즐길 권리가 있다. 하지만 공동체 내의 그 어떤 것도 무조건적이고 무제한적으로 허용될 수 있는 것은 없다. 더욱이 그것이 어떤 종류의 쾌락이든 인간의 삶을 파괴하고 향유의 죽음을 불러온다면 제한되어야 하는 것은 당연하다. 쾌락을 향유하는 것은 옳지만, 진정한 의미의 주체적 향유가 이루어져야 한다. 자율성과 다양성의 환상에 갇혀 긍정적인 신기루만을 보고 달려가서는 안 된다. 성의 쾌락 지향적 탐닉은 성을 즐기는 것이 아니라 성에 종속된 것이며, 그것은 스스로 성적 쾌락의 노예가 되기로 결정한 것이다. 노예는 상품이고 사물이니 당연히 그런 존재는 인간으로서 살아 있는 것이 아니다.

이성애도 있고 동성애도 있다. 그것은 사실이다. 당연히 그렇게 태어났다면, 태어난 그 본질에 부합되게 살 권리가 누구에게나 있다. 하지만 이성애든 동성애든 삶을 살리는 것처럼 다가와서 삶을 파괴하는 존재에게 절대적 가치의 자신을 맡기는 것은 스스로 자살하는 것과 마찬가지다. 쾌락은 너무나 매혹적이고 아름다워 보이며 또 달콤해 보인다. 유혹은 치명적이고 파괴적이다. 몸을 가진 인간이 맹목적 쾌락주의에 저항하는 일은 쉽지 않다. 하지만 진실은 변하지 않는다. 지금 내 삶이 진정 쾌락으로 가득 차 있다고 느낄 때 인간은 죽어 있을 수 있다. 중요한 것은 어떤 성을 즐기느냐가 아니다. 어떻게 성을 이해하고, 또 어떻게 성을 즐기고 있는가 하는 것이다.

미켈란젤로, 〈천지창조〉(1508-1512)

누군가 이름을 불러주어도
이름 부름이 이름 말함이라면
그에게 나아갈 수도
의미가 될 수도 없다.
이름 부름은 존재의 부름이다.

존재는 그러나 닫혀 있다.
서로의 이름을 부르지만
함께 있어도 늘 그립고,
원하는 곳에서는 기다릴 수 없다.
응시하면 바라볼 수 없다.

알기의 모르기
이해할 수 없음을 이해하기
생명이 죽음을 타고 온다면
이해할 수 없음의 인정이
이해할 수 있음의 시작이듯,
이름을 부르기 위해
이제 이름을 잊자.

06

관계의 죽음

« I »

불안한 기호 – 언어

그가 그녀에게 말했다. "지금 당신을 사랑하고 있습니다!" 하지만 거짓말이다. 그는 그녀를 '지금' 사랑할 수 없다. '지금'은 단어 자체로만 존재할 뿐 의미는 부여받을 수 없다. '지금'은 발화되는 순간 '과거'로 떠나버린다. 시간은 흐르기 때문이다. 그런 의미에서 '지금'은 결코 '지금'안에 존재하지 않는다. 만약 누군가 정말 경험하고 싶다면 그는 침묵해야 할 것이다. 하지만 문제가 있다. 단어가 침묵하면 대화도 침묵한다. "자기야, 지금 뭐해?", "어, 나 지금 자기랑 전화하고 있지!"처럼 일상에서 자연스럽게 나누는 표현조차 존재할 수 없게 된다. 무슨 말인가? '지금'은 우리로 하여금 일종의 미궁(Aporia)에 빠지게 한다. 사용하자니 의미가 없고, 사용하지 않자니 대화가 없다.

> 내가 지금이라고 말하는 순간
>
> 그 지금의 첫 음절은 과거를 향해 떠난다.
>
> 내가 고요라고 말하는 순간
>
> 난 그 고요를 깬다.

> 내가 무(無)라고 말하는 순간
>
> 난 무언가를 창조한다. 그 무안에 들어갈 수 없는 그 무엇을.
>
> _쉼보르스카

포스트모던 사상은 이를 '언어의 불안'이라고 부른다. 하이데거는 그런 단어들을 '말소하에' 두었다. 그는 존재, 영원, 진리 등의 단어에 X 표를 해놓았다. X 표는 대응하는 의미가 없다는 뜻이다. 동시에 그럼에도 지워버리지 않는 이유는 일상 대화에서 그 단어가 필요하기 때문이다. 데리다(J. Derrida)는 이러한 현상을 차연(différance)이라는 개념을 통해 설명한다. 우리가 일상적으로 무심코 받아들이는 단어와 의미 사이에 '차이'가 존재하며 그렇게 볼 때 의미는 계속 '지연'된다고 볼 수 있기 때문이다.

화장실에서 두 친구가 나누는 재미있는 대화가 있다.

> A: 똥 눠?
>
> B: 똥 눠!
>
> A: 똥 눠!

문장부호나 뉘앙스가 결합되지 않으면 이 대화는 이해할 수 없다. 그래서 중년 이상의 아저씨들이 핸드폰으로 문자를 보내는 것을 보면 전부 '화난 것처럼' 보인다. 이모티콘을 전혀 사용하지 않기 때문이다. 역으로 젊은이들은 과도하게 이모티콘을 사용한다. 이 역시 정확하게 전달하고 싶은 몸부림이지만, 대부분은 지나치게 비약이고 과장인 것들뿐이다. 그래서 언어의 불안이 곧 의미의 불안이다.

> 아이 짱 나!
>
> 와 저 여자 짱인데!
>
> 쟤 우리 반 짱이야!

'짜증', '이쁘다', 그리고 '싸움 제일 잘해!'라는 의미는 그냥 '짱'이라는 동일한 기호로부터 도출되지 않는다. 의미는 기표들의 관계에 의해 만들어진다. "아이 짱 나!"라는 문장에서 '짜증'이라는 의미가 발생하는 이유는 '아이'와 '짱', 그리고 '나'라는 기표들이 특정한 순서로 배열되어 있기 때문이다. 만약 배열이 뒤섞이면 의미는 사라져버린다. "아이 나 짱!"이라든지 "짱 아이 나!"의 순서로 배열되었다면 중국어처럼 들릴 것이다. 그러므로 의미는 기호들의 관계를 통해 생산되고 또 소멸된다. "프로이트로 돌아가라!"는 말을 남긴 라캉(J. Lacan)은 이러한 언어의 문제점을 주체에 반영했는데 그의 사상을 한 문장으로 요약하면 다음과 같다.

> 주체는 타자다.[41]

이 문장을 이해하기 위해서는 먼저 라캉이 말하는 주체를 이해해야 한다. 라캉은 기본적으로 인격 발달 과정을 3단계로 나눈다. 실재계(The Real), 상상계(The Imaginary), 그리고 상징계(The Symbolic)다. 태어난 후 약 3세까지 진행되는 실재계는 자아 형성 이전의 단계다. 그 안에서 '나'는 '너'를 제대로 구분하지 못한다. 나는 세상과 분리되어 세상을 경험하는 것이 아니라 세상과 하나 되어 세상을 있는 그대로 체험한다.

41 ; J. Lacan, Ecrits, London 1977, 23. A. 이스트호프, 무의식, 한나래 2000, 103쪽 이하, 148쪽 이하 참고.

물론 생물학적으로는 이미 생후 6개월이면 자아의식이 발생한다. 사실 태교를 고려하면 훨씬 이전으로 잡아야 할 것이다. 다만 타자와의 구체적인 분리는 일어나지 않은 상태다. 신생아실의 아기들은 하나가 울면 다 따라 운다. 자아와 타자의 구분이 없는 것이다. 한 아기가 사탕을 먹고 있는데 옆의 아기가 그 사탕을 덥석 집으면 처음에 아기는 일단 멍하니 쳐다보기만 한다. 그러다 조금 지나면 자신의 사탕을 빼앗았다는 사실을 깨닫고 상대방 아이를 할퀸다. 자아와 타자의 분리가 일어난 것이다. 그런데 상대 아이가 울면 쳐다보다 자기도 같이 울어버린다. 다시 헷갈리는 것이다.

아기가 3~6세 사이가 되면 라캉이 상상계라 부르는 거울 단계에 진입한다.[42] 이전에 자신을 파편화된 상태, 즉 부분적으로 인식하던 시기에서 이제 아기는 총체적으로 자신을 인지하게 된다. 다만 그것은 거울을 통한 자신의 모습과 같다. 물론 거울은 일반적 의미가 아니라 엄마 아빠를 비롯한 타인을 뜻한다. 아기는 어른들을 보고 처음으로 자신도 저렇게 생겼겠거니 하면서 자신의 모습을 추측함으로써 이상적 자아를 형성한다. 이 이상적 자아는 겉으로 볼 때 안정되고 통합되어 보이지만 불안하다. 자신이 상상으로 만들어낸 일종의 환상이며 허구이기 때문이다.[43]

종국적이고 완전한 자아의식은 상징계, 즉 언어의 단계에서 일어난다. '나'는 이제 언어를 통해 자신을 소개할 수 있다. 그리고 언어의 세계로 진입했다는 것은 이제 내가 사회적 존재가 되었다는 것을 뜻한다. 사회에는 내가 존재하기도 전에 이미 언어들로 구조화된 법과 규칙, 그

42 : 라캉, 욕망이론, 문예출판사 1994, 38쪽 이하

43 : A. 미스트호프, 무의식, 한나래 2000, 107쪽 이하.

리고 문화 일반이 존재한다. 주체는 자신에게 낯선 이 구조를 내면화시킴으로써 발생한다. 사회에서 볼 때는 정상적인 사회인이 되기 위한 필수 조건인 셈이다. 그래서 라캉은 상징계 내에서의 '나'를 주체(Subject)로, 아직 미완성인 상상계 내에서의 '나'를 자아(Ego)로 구분한다. 따라서 주체는 언어를 통해 표현된, 그리고 언어를 통해 사회적 관계 안으로 진입한 '나'다. 이 '나'는 자신의 상상이 아니라 사회가 원하는 자아 이상형으로 스스로를 동일시하고 고착시키게 된다. 이제 주체가 왜 타자인지 조금씩 감이 잡힌다.

다시 언어의 불안으로 돌아가 보자. '짱'의 사례에서 본 것처럼 엄밀한 관점에서 의미는 기표[44]들의 관계에 의해 생기고 없어진다. 그래서 '고정된 기의는 없다.' 특정 단어에 일정한 의미가 없다는 생각을 좀 더 진행하다 보면 아예 의미가 없는 것 아닌가 하는 생각으로 나아가게 된다. 실제 포스트모던의 언어학은 '존재하는 것은 기표뿐이다'라고 단정 짓는다. 기표들의 변화만 있고, 의미는 결합 관계에 따라 만들어지기 때문이다.

> 의미는 어떤 특별한 기표에 의해 만들어지는 것이 아니라 기표들의 연쇄 속에서 비로소 가능해진다. (……) 이제 우리는 기의가 끊임없이 기표 아래로 미끄러져 갈 뿐이라는 사실을 받아들이지 않을 수 밖에 없다.[45]

원칙적으로 상징계에 진입하는 순간부터 주체는 자신을 언어에

44 ; 기호는 기표와 기의의 합이다. 언어가 단어와 의미의 결합인 것과 같다. 다만 기호학에서 기호는 언어를 포함한 세상 전체를 뜻한다. 모든 것이 기호다. 언어보다 포괄적 개념이라는 뜻이다.

45 ; 라캉, 욕망이론 문예출판사 1994, 62쪽.

의해서밖에 표현할 수 없다. 그리고 사회생활도 언어를 매개로 이루어진다. 언어를 떠나서 주체는 존재할 수 없다.

> 주체 역시 언어에 의존함으로써만 스스로를 드러낼 수 있다면 그에게 부여되는 위치는 그가 태어나기도 전에 이미 보편적 운동으로서의 담론 속에 주어져 있는 셈이다. 주체는 자신의 고유한 이름으로 인해 사회가 아닌 언어 구조에 종속되어 있는 것이다.[46]

그런데 '존재하는 것은 기표뿐'이고 고정된 기의는 존재하지 않는다면 그 언어를 통해 표현되는 '나'는 도대체 누구일까? 그냥 자기소개서처럼 기표들의 집합으로서의 '나'가 아니라 실제 의미로 존재하는 '나'는 누구일까? 알 수 없다. 언어가 단지 기표뿐이기에 의미를 찾는 나에게 껍질뿐인 기표는 낯선 타자로 다가올 수밖에 없다. 바로 그런 이유로 주체는 타자다. 그리고 주체가 타자라는 사실로부터 좀 더 심각한 문제가 발생한다. 그것은 나와 너 사이의 관계의 문제다. 만약 내가 타사로밖에 남을 수 없다면 너는 누구이고, 또 나와 너 사이의 만남은 도대체 무엇이란 말인가?

라캉이 구분한 실재계, 상상계, 그리고 상징계는 단계적인 과정이지만 동시에 상징계 내에서도 뫼비우스의 띠처럼 서로 얽혀서 함께 존재한다. '나'는 스스로가 어떤 존재라고, 일례로 꽃미남 또는 공주라고 상상할 수 있다. 동시에 나는 언어로 구성된 사회적 관계망의 집합이다. 이처럼 상상과 사회의 요구에 의해 구성된 내가 동일하게 만들어진 그녀를 만난다. 만남이 진행됨에 따라 나는 그녀를 자의적으로 상상하고

46 ; 라캉, 같은 책, 53쪽.

그녀 또한 상상 속에서 나를 파악한다. 결국 상상 속의 내가 상상 속의 그녀를 만나 상상 속에서 서로를 이해하되, 불안한 언어를 통해 대화하고 또 각자가 속한 사회적 관계망만을 서로 자기 자신인 것처럼 소개한다. 당연히 궁극적인 질문이 제기된다. "지금 누가 누구를 만나고 있는 것일까?"

일단 언어의 세계에 들어오면 주체는 존재하나 타자로 남고, 관계는 많지만 만남은 찾기 힘들다. 나도 너도 모르는 두 존재가 만나 서로 이해하지 못하는 무언가를 하는 꼴이다. 라캉은 그래서 "남녀의 섹스는 없다"고 단언한다. 성관계가 없다는 말이 아니다. 언어의 불안, 그리고 주체가 타자인 상황에서 진정한 인간관계는 없다는 뜻이다. 그런데 가만히 생각해보면 남성성과 여성성의 독특성에도 불구하고 관계 부재의 문제가 비단 남녀의 경우에만 국한되는 것 같지는 않다. 사실 우리는 서로 의미를 전달하고 또 확인하고 싶지만 그렇지 못한 현실을 느끼며 살아간다. "왜 넌 내가 바라봐주기를 바라는 그곳에서 나를 바라봐주지 않는 거니?" "왜 나는 너랑 함께 있는데, 늘 네가 그리운 걸까?" 그런데 이 의미에 대한 그리움은 남녀로 하여금 정반대의 선택을 하도록 만든다. 남자에게 진정한 친구는 언어로부터 자유로울 수 있는 놈이다. 같은 공간에서 한 시간 가까이 아무 말도 없이 있는데 전혀 어색하지 않다면 그는 친구임에 틀림없다. 언어를 포기해도 의미가 존재한다는 것이다. 반면 여성은 기표 안에 존재하는 의미의 부재를 무수하게 많은 새로운 기표들로 채우려 한다. 친구라고 느끼면 새벽까지 몇 시간이고 수다를 떤다. 차가운 기표들이지만 수많은 단어들을 나누며 둘의 정은 깊어간다. 그러고는 전화를 끊으며 말한다. "그래 못다 한 이야기는 만나서 하자, 얘. 응!" 데카르트는 언어야말로 인간과 다른 동물을 구분 짓는 이성의 존재 근거로 봤다. 언어는 관계를 가능케 하고 만남을 주

선한다. '나'는 언어 없이 존재할 수 없다. 하지만 바로 그 언어가 나를 낯설게 함은 물론 너와의 만남을 차단한다. 그리고 이러한 언어의 폭력은 인간 사이에만 머무르지 않는다. 언어는 주체로 하여금 사물을 경험하게 하면서 동시에 사물과의 관계를 끊는다.

차가운 사물

다가서지 마라
눈과 코는 벌써 돌아가고
마지막 흔적만 남은 석불 한 분
지금 막 완성을 꾀하고 있다
부처를 버리고
다시 돌이 되고 있다
어느 인연의 시간이
눈과 코를 새긴 후
여기는 천년 익각사 뜨락
부처의 감옥은 성스러웠다
다시 한 송이 돌로 돌아가는
자연 앞에
시간은 아무 데도 없다
부질없이 두 손 모으지 마라
완성이라는 말도
다만 저 멀리 비켜서거라

_문정희, 「돌아가는 길」

기호는 사물을 비껴간다. 삶과 세계를 표현하는 수없는 단어들, 그 기표들은 의미를 놓치고 있다. 기표하에서 기의는 끊임없이 미끄러진다.

> "2002년 월드컵 신화를 잊지 맙시다!"
>
> "진정 정의로운 사회? 그것은 하나의 신화일 뿐이야!"
>
> "그리스 신화는 사실 인간의 이야기라고 볼 수 있지!"

'신화'라는 기표는 자신의 위치에 따라 다른 의미를 지니며, 새로운 위치로 이동할 때면 기존의 의미는 머무르지 못하고 미끄러져버린다. 그런 의미에서 기표에 붙어 있어보려는 기의의 간절함은 마치 대지를 향해 짝사랑에 빠진 바다와 같다. 만남에 대한 그리움으로 파도를 보내 자신의 마음을 표시해봐도 대지를 품지 못한다. 땅은 차갑고 싸늘한 무뚝뚝함으로 바다를 향해 등을 돌릴 뿐이다. 그래서 바다는 쉬지 않고 구애하며 손을 내밀어보지만, 끝없이 미끄러질 뿐이다. "나는 너를 사랑해!" "나도 너를 사랑해!" 언젠가 두 연인은 서로에게 고백했다. 그러나 오늘 의심에 찬 눈초리로 자문한다. "우리가 왜 이렇게 된 걸까?" 이유는 간단하다. 사랑은 단어일 뿐이다. 중요한 건 그 안에 어떤 의미를 부여하는가다. 기표에 머무를 수 없는 기의, 그것이 문제다.

언어는 언제나 이중적이다. 장난꾸러기다. 사물을 경험하게 해주지만 사물과 만나지는 못하게 한다.

장미가 장미로 존재하기 위해서는 태양이 있어야 하고, 비와 토양이 있어야 한다. 하지만 무엇보다 그에게 다가가 "장미야!"라고 불러주는 누군가가 필요하다. 김춘수의 시처럼, 이름을 불러줄 때 하나의 몸짓은 비로소 하나의 의미로 태어날 수 있다. 감미롭고 낭만적인 이야기다. 그런데 한 번 입장을 바꿔놓고 생각해보면 어떨까? 만약 장미가 말을 할 수 있다면 "장미야!"라는 부름에 뭐라고 답을 할까? "죄송하지만 저는 당신의 의미에 관심이 없답니다! 그리고 전 사실 장미가 아니예요. 당신이 그렇게 부를 뿐이지요. 전 그냥 이렇게 있는 그대로의 존재입니다!"

시인 문정희도 비슷하게 느낀 것 같다. 경북 군위의 인각사에 가면 절 마당에 돌부처가 하나 있다. 신라 시대 때 조각된 것으로 알려져 있는데 거의 천 년이란 세월 동안 비바람에 깎여 지금은 처음 부처의 모습이 거의 사라진 상태다. 그런데 시인은 그것을 아쉬워하기는커녕 "완성을 꾀하고 있다"라고 말한다. 무슨 말일까? 이 말의 의미는 '성스러운 하지만 감옥으로서의 부처'라는 글귀를 보면 이해가 된다. 인각사 뜰에 있는 것은 돌일 뿐이다. 부처는 인간이 언어를 통해 그 존재에게 뒤집어씌운 관념의 감옥이었다. 사람들은 그 앞에서 두 손 모으고 합장하며 부처로서 대했지만, 돌은 처음부터 사실 아무 관심이 없었다. 돌에게 부처로서의 의미는 감옥에 불과하다. 이제 다시 돌로 변하고 있으니 감옥에서 벗어나는 것이요, 진정 자기 자신으로 돌아가는 그 일이 완성되는 것이다.

하이데거의 말처럼 '언어는 존재의 집'이지만 존재는 언어를 통해 자신을 잃어버린다. 그러니 우리는 언어를 통해 존재를 있는 그대로 체험할 수 없다. 존재 자체에 대한 체험을 차단하기 때문이다. 부처라고 부를 때 나는 그 존재를 만나는 것이 아니라 기표에 의해 의식 안에 표상된 상상의 존재를 만날 뿐이다.

쉼보르스카는 문정희보다 더 급진적이다. 그녀는 질문한다. '그것이 부처가 아닌 것은 확실한데, 그렇다면 돌인 것은 사실일까?'

우리는 그것을 모래 알갱이라 부르지만
그에게는 알갱이도 모래도 아니다.
그는 이름이 없어 만족스럽다.
(중략)

우리가 보건 손대건 그에게는 아무 상관도 없다.
만져지든, 보여지든 느끼지 않는다.
창턱에 떨어졌다는 것은
우리의 일일 뿐 그의 고난은 아니다.
(중략)

창으로는 아름다운 호수의 풍경,
그러나 그 풍경은 자기를 못 본다.
(중략)

호수 바닥한테는 바닥이 없고
기슭에게는 기슭이 없다.
호수 물은 젖지도 마르지도 않았고,
작지도 크지도 않은 돌 둘레에
스스로의 물결치는 소리에
귀먹은 파도는 낱개도 여러 개도 아니다.

태양이 지지 않으면서 지고
알아채지 못하는 구름 너무 숨지 않은 채 숨어 있는,
본래 하늘 없는 하늘 아래 모든 것,

분다는 이유 외에는 아무런 다른 이유 없이,

바람이 구름을 몰고 다닌다.

일 초가 지나가고

두 번째 초

세 번째 초

(중략)

하지만 그건 우리만의 비유,

서두름이 불러일으킨, 상상의 인물,

그리고 비인간적인 소식.

_쉼보르스카, 「모래 알갱이가 있는 풍경」

쉼보르스카는 우리가 경험하는 모든 것들이 사실은 인간의 의미에 대한 욕망으로 인해 사물에게 주입된 주관적 환상이라고 말한다. 언어는 의미를 부여하지만 그것은 대상에서 나온 것이 아니라 내가 대상에게 부여한 것이다. 언어를 통해 완성된 인식은 주체의 인식이다. 그리고 그 인식 안에 대상은 그 자체로서가 아니라 표상으로 감금된다. 그래서 의미화는 사물에게는 감옥을 의미한다. 더욱이 동일한 장미들이라고 하더라도 내가 오늘 본 그 꽃은 그만의 고유한 존재 양태를 지니고 있다. 하지만 내가 그를 부를 때 그는 지금, 이곳, 절대적으로 유일한 상황 속에서의 존재가 아닌, 장미라는 보편화된 개념으로만 나의 의식 안에 들어온다. 이름을 불러준다고 해도, 그 존재의 고유성을 유지시켜줄 수 없는 것이다. 결국 개념은 실재가 지니는 타자성을 무시한다. 그런데 사물을 향한 이성의 이러한 주체적 횡포는 거꾸로 스스로를 고독하게 한다. 사물을 나의 표상으로 의식 속에 가두어둘 때 실제 그 존재가 아니라 내가 만들어낸 표상체를 만날 뿐이기 때문이다.

쉼보르스카가 볼 때 부처든 돌이든 의미가 강요된 존재는 진정한 자아, "있음"으로의 자신을 찾으려는 저항을 하게 되고, 그것은 이미 성스러운 감옥에 들어간 시점부터 시작된다. 비바람과 시간의 흔적 속에 존재는 본질화를 거부하고 스스로 물화되어왔다. 그것은 처음부터 부처도 돌도 아니었기 때문이다. 우리가 그를 그렇게 불렀지만 그는 원래 이름 없는, 차가운, 사물이었다. 의미로 환원되어 "있음"을 박탈당하고 인간의 의식 속에 본질로 갇혀 있었을 뿐이다. 나는 그와 만난 것이 아니라 그를 소유한 것이다. 그래서 만나려 한다면, 나만의 마스터베이션을 멈추고 사물을 사물로 돌려주어야 한다. 돌부처를 떠나 한 송이 돌로, 아니 돌을 떠나 그저 "있음"의 존재로 돌아갈 수 있도록 놓아주어야 한다. 만나기 위해 이별해야 한다. 친숙한 인사도 낯선 서먹함으로, 이해나 파악도 거부한 수줍음으로 멀리 떨어져야 한다. 그렇기에 창틀에 떨어진 모래 알갱이는 나의 것일 뿐, 떨어진 그 존재의 이름은 아니다. 주관에 의해서 이입된 색과 형태, 소리와 향기 그 모든 것으로부터 호수의 풍경은 무관하다. 바닥이 아닌 호수 바닥, 기슭이 없는 기슭, 지지 않으면서 지는 태양, 그렇게 하늘 없는 하늘 아래 모든 것의 단순한 "있음"을 나는 인정하고 받아들여야 한다. 흘러감과 변화를 우리의 초, 분, 시간이란 개념으로부터 놓아주어야 한다. 그리고 그것이 우리의 감각에서 온 허구적 비유임을 깨달아야 한다. 이러한 사실을 깨닫는 것이 주는 의미는 무엇인가? 모든 것이 그저 '있음'이라면 어느 시인의 즐거움이었던 만남을 통한 의미화는 포기할 수밖에 없다.

언어는 상상 속의 자아에게 주체를 선물하고, 아름다운 세상을 경험하게 하고, 사랑하는 연인들의 만남을 가능하게 해준다. 언어는 서로를 확인하고 서로를 이해하며 서로의 마음을 나누도록 해준다. 언어는 꽃들의 노래를 부르고, 별들의 마음을 드러내며 빛의 속삭임을 느끼게 해준다. 슬픈 자의 눈물을, 기쁨의 환희를, 그리고 아픔을 통한 감동을 전해준다. 하지만 그 모든 것들이 언어의 기만이라면, 상상력의 산물보다 더 허구적인 것이라면, 사실 언어는 주체를 삭제하고 만남을 이간질하며 세상을 차단하고 있는 것이라면, 그런데 그 사실을 우리가 전혀 이해하지 못한 것이라면! 라캉이 말한 '언어의 감옥'은 우리가 관계 속의 의미에서 죽어 있음을 뜻한다.

반 고흐, 〈별이 빛나는 밤에〉(1889)

철창이 쳐진 정신병원 창 너머, 상 레미의 시가와 별이 깔린 하늘. 하지만 우리는 그가 보는 것을 보고 있지 않다. 사실은 그도 그곳을 바라보는 것이 아니다. 이성의 문법을 거부하는 광기의 기호는 의미의 휘몰아치는 물결이며, 중간계로 흐르는 사이의 별들이다. 멈추지 않은 삶이고, 도착하지 않은 길이다. 마그리트의 '파이프'처럼 하나의 이미지는 자신을 드러냄으로 스스로를 배반한다. 바라보는 자도 이율배반의 고리에 걸려 있다. 그래서 이미지는 늘 게임이고, 그렇게 기호는 언제나 신화다.

« 2 »

말하는 말, 의미하는 말 – 신화

> 저녁 식사 후 설거지를 하던 아내의 입에서 심상치 않은 말이 들린다. "아이, 짜증나! 도대체 이놈의 세제는 왜 이렇게 안 듣는 거야!" 온 힘을 다해 그릇을 벅벅 문지르며 아내는 씩씩거리고 있다. 그러고는 잠시 뒤 "쿠당탕!" 그릇 나뒹구는 소리가 난다. 이때 만약 당신이 "세제가 별로야? 그럼 내일 새 걸로 바꿔 써!"라고 말한다면 당신의 미래는 참으로 걱정된다. 아무리 머리가 안 돌아가도 그 정도는 알아들어야 할 것이기 때문이다. 이번 달에는 가뜩이나 지출할 계산서가 산더미같이 쌓여 있는데 오늘 통장으로 입금된 남편의 월급을 보고 스트레스가 급상승한 것이다. "나 미쳐버릴 것 같거든!" 그러니 말 안 듣는 '이놈'이 누구를 의미하는지도 뻔한 것이고, 그런 경우에는 빨리 텔레비전을 끄고 들어가 자는 편이 낫다.

살다 보면 말과 의미가 다른 것을 경험할 때가 있다. 좋은 방향일 경우에는 'white lie'라고 불러준다. 그 옛날 자식들 살코기를 먹이겠다고 "난 머리가 맛있단다!"라고 한 우리네 엄마들의 이야기나, 장발장을 향해 "그 은촛대는 내가 선물한 겁니다!"라고 거짓말해준 신부님의 마음을 생각하면 '연탄같이' 따뜻하다. '하얀색'이 잘 어울린다.

철학자 칸트(I. Kant)는 선의의 거짓말이 하얀색이 아니라 '새빨간' 색이라고 비판했다. 어떤 종류의 거짓말이건 사람들이 다 자기중심적으로 거짓말을 해대면 사회에 진실이 존재하기는 어렵다는 것이다. 그뿐 아니다. 사실 선의의 거짓말이라고 해도 그 결과가 실제 의도한 선이 될지는 아무도 모른다. 3개월 시한부 암 환자의 신경쇠약을 걱정해서 그냥 위경련이라고 한 의사의 거짓말이 어떤 결과를 가져올지 누가 알겠는가! 그러니 책임질 능력이 없으면 그냥 진실만 말하라는 것이다. 사실 일단 공약만 하고 보자는 정치가들이나 상품을 팔기만 하면 된다는 식의 광고들을 보면 칸트의 충고가 의미 있어 보이기도 한다.

그런데 신부님의 마음과 정치가의 마음에 대해 동일한 가치평가를 내리는 게 좀 찜찜하다. 둘 다 거짓말인 것은 사실이지만 분명히 다른 느낌으로 와 닿는 것 또한 부인할 수 없기 때문이다. 그렇다면 둘은 본질적으로 다른 것일까, 아니면 본질은 같고 색깔만 다른 것일까? 바르트(R. Barth)의 신화론[47]은 바로 이 문제에 대해 명확한 답을 제시해준다. 일반적으로 신화는 '그리스 신화'나 '2002년 월드컵 신화' 등의 표현에서 접할 수 있는 용어다. 이 경우 '신들의 이야기'나 '위대한 업적'을 의미한다. 그런데 바르트는 신화에 대해 좀 난해한 표현을 사용한다.

> 신화는 파롤이다. (……) 신화는 하나의 의사소통 체계, 곧 하나의 메시지다. 그러므로…… 신화는 의미작용의 한 양식이고 하나의 형

47 ; 롤랑 바르트, 현대의 신화, 동문선 1997.

식이다.[48]

파롤(parole)은 한 언어의 문법 체계를 의미하는 랑그(langue)와 대비되어 구체적인 발화언어 또는 음성언어를 나타낸다. 예를 들어 당신이 누군가에게서 "오늘 박지성이 오랜만에 골을 넣었대!"라는 말을 들었다고 하자. 이때 말 자체는 파롤이 된다. 그리고 당신이 그 파롤을 알아들을 수 있는 이유는 한국어의 랑그, 즉 문법을 알기 때문이다. 그런 의미에서 바르트가 신화가 파롤이라고 한 것은 간단하게 신화가 의미작용이라는, 즉 무언가 메시지를 전달한다는 뜻이다. 그런데 여기까지 들으면 당연히 "싱겁다". 그렇다면 별것도 아닌 말을 굳이 어렵게 설명하는 이유는 무엇인가?

바르트의 생각을 정확히 파악하기 위해 우리는 두 가지 표현을 좀 더 살펴봐야 한다. 하나는 '신화가 하나의 형식'이라는 것이고, 다른 하나는 '신화가 기호학적 체계'라는 것이다. 바르트의 말을 들어보자.

> 모든 기호학은 하나의 기표(시니피앙[signifiant])와 하나의 기의(시니피에[signifié])라는 두 항 사이에 하나의 관계를 상정한다. (중략) 신화 안에도…… 기표, 기의, 그리고 기호라는 3차원의 도식이 발견된다. 그러나 신화는…… 제2의 기호학적 체계다. 제1체계에서 기호(즉 개념과 이미지의 결합체)는 제2체계에서 단순한 기표가 된다. 여기에서 신화적 파롤의 질료들(이른바 언어, 사진, 회화, 광고, 의식, 대상 등)이 처음에는 아무리 다르다고 해도, 그 질료들이 신화에 의해 포착되는 순간 순수하게 의미하는 기능으로 환원된다는 사실을 상기해야 한

48 : 같은 책, 264쪽.

다. 신화는 그 질료들 속에서 하나의 동일한 원료만을 본다. 그들의 동일성은 바로 그 질료들이 언어활동이라는 단순한 지위로 모두 환원된다는 것이다. 문자 표기를 다루든, 혹은 그림 표기를 다루든지 간에 신화는 거기에서 기호학적인 첫 번째 연쇄의 마지막 항인 전체적 기호, 기호의 총체만을 본다. 그리고 바로 그 최종 항이 그것이 만들어내는 확대된 체계의 첫 번째 항 혹은 부분 항이 된다. 모든 것은 마치 신화가 첫 번째 의미작용의 형식적 체계를 한 단계 옮긴 것처럼 진행된다.[49]

바르트의 말을 도식으로 표시하면 다음과 같다.

현대 프랑스 사상가들은 쉬운 말을 어렵게 하는 재주가 있다. 바르트, 라캉, 데리다, 들뢰즈 등의 글을 보면 경탄스러울 정도로 언어의 벽을 자신과 독자 사이에 쌓아놓는다. 무엇이 두려운 것일까? 아니면 그냥 습관일까? 아마도 언어의 유희를 즐기는 것이리라. 어쨌든 그들의 유희는 이해하려는 독자에게는 높은 산이다. 그래도 어렵게 넘어가보

49 ; 같은 책, 271쪽 이하.

면 그 다음은 쉽다.

기호학은 그냥 간단히 세상의 모든 것을 기호라고 보는 것이다. 글이든 사진이든 아니면 동영상이든, 또는 누군가의 행위나 표정이든, 그것이 무엇이든 상관없다. 존재하는 모든 것은 기호로 불린다. 그런데 기호는 기표(기호가 표시하는 것)와 기의(기호가 의미하는 것)로 분류된다. 언어로 치면 단어와 의미가 될 것이다. 일례로 당신이 '와인 잔'이라는 말을 들으면 와인 잔을 떠올릴 것이다. 누군가가 "난 네가 싫어!"라는 말을 당신에게 했다면 당신은 그 말이 무엇을 의미하는지 안다. 기호학은 세상의 모든 것이 이렇게 무엇인가 메시지를 전할 수 있다는 것이다. 그렇게 보면 사실 우리는 기호에 둘러싸여 산다. 집 안이나 밖이나 어디나 마찬가지다. 차를 몰고 나가면 수많은 교통신호들이 우리에게 무엇인가를 의미한다. 미디어를 봐도 마찬가지이고, 누군가를 만나도 마찬가지다. 인간은 말 그대로 기호 안에 묻혀 산다.

그런데 바르트가 신화라는 말을 꺼낸 이유는 기호가 단순한 의미 전달에 그치지 않기 때문이다. 물론 와인 잔은 그냥 와인 잔이고, "싫어!" 그러면 그냥 "싫은 것"이다. 하지만 기호는 또 다른 의미를 담고 있다. 그래서 의미는 일차적이지 않고 이차적이다. 바르트는 이 이차적인 메시지를 신화라 부른다. 그러므로 신화는 이차적인 의미작용이다.

남편의 월급에 스트레스 받은 아내가 부엌에서 내는 소리는 기표 1이다. 기의 1은 그 말의 직접적인 의미다. 국어문법을 아는 사람은 모를 수가 없다. 이제 둘을 합치면 기호 1이 되고 그 전체가 제1의 기호학적 체계다. 신화는 이 기호 1이 다시 기표 2가 되어 그 기표 2의 기의 2, 즉 "생활비와 월급 때문에 짜증 난다"라는 두 번째 의미를 양산한다. 이 둘을 합치면 기호 2가 된다. 이렇게 제2의 기호학적 체계가 이루어진다. 그것이 바로 신화다. 부인의 말은 그러므로 2차적 의미작용을 통해 남편에게 간접적인 메시지를 전달한다. 그것은 세제와 무관한 것이다. 이 사례를 바르트식으로 도식화하면 다음과 같다.

바르트에게 경탄을 보내는 것은 그가 이처럼 쉬운 것을 그토록 어렵게 설명했다는 것 때문이다. 사실 지금까지 설명한 것은 "좀 잘 새겨들어!" 하면 끝날 일일 수 있다. "괜찮아유……!" "됐슈……!" 등의 충청도 사투리가 대면 상태인가 아니면 외면한 상태인가에 따라 반대의 의미를 가질 수 있다는 사실을 아는 사람이라면 신화론의 본질은 이미 파악한 것이나 다름없다. 그렇다면 굳이 신화론이 필요한 이유는 무엇인가?

길을 가다 보면 옷 가게나 신발 가게 앞에 "폐업 정리"라는 간판이 보인다. 이 기호는 신화를 유포한다. 1차적 의미는 분명하다. 가게를 닫게 되어서 물건을 정리한다는 것이다. 하지만 실제로는 "엄청 싸다!"는 뜻이다.

"다이아몬드는 영원하다"라는 감미로운 음성과 함께 빛나는 다이아몬드 목걸이를 한 여성이 등장한다. 그윽한 미소는 만족한다는 뜻이다. 당연히 이 광고는 다이아몬드에 대한 것이 아니다. 그것은 "다이아몬드만 걸치면 당신도 아주 특별한 존재가 됩니다!"라는 이데올로기로서의 신화다. 사실 모든 광고는 신화다. 선거 때마다 나오는 정치가의 이미지나 공약도 마찬가지다. '서민 대통령', '국민이 원하는 대통령', '진정 복지를 실천할 수 있는 대통령' 등 원하는 이미지를 위해 수많은 신화들이 제작되고 유포된다.

물론 특정한 영역에만 국한되지 않는다. 사회의 전 영역에서 신화는 생산되고 유포되며 소비된다. 그래서 "당신이 나와 결혼한다면 죽을 때까지 절대 손에 물 묻히는 일은 없도록 하겠소!"라는 신화를 믿은 여성들은 대부분 주부습진을 훈장으로 받는다. 신화는 그것이 어떤 종류든 이데올로기, 즉 진실을 가장한 허구다. 그것은 유포된 이미지를 곧이곧대로 받아들이도록 만듦으로써 개인을 종속시킨다. 그리고 그렇게 개인의 자율성이 침해되면 비판적 사고가 마비되는 탈정치화, 동시에 신화를 맹목적으로 받아들이는 자연화가 일어난다. 인간의 사물화, 곧 소외가 그 종국적 결과다.

신화론이 중요한 이유는 근본적으로 언어와 의미의 관계를 다시 생각해보도록 만들기 때문이다. 누군가의 입으로부터 나온 말의 의미는 그냥 '수동적으로 들리는 대로'가 아니라 '능동적으로 재해석해야 하는 것'이다. 따라서 신화 그 자체로 보면 긍정적인 측면도 있다. "난 머리가 맛있어"라는 어머니의 기호는 '머리가 맛있다'라는 의미를 나타내는 것이 아니다. 2차적 기의의 측면에서 신화는 "얘들아! 난 너희들을 사랑한단다!"라는 엄마만의 의미작용이다. 따라서 진실을 말하고 있다. 신부도 스스로 은촛대를 줬다고 거짓말하는 것이 아니다. 그것은 "장발장, 나는 당신 모습 그대로 당신을 사랑합니다!"라는 말이다. 다행히 아이들도 장발장도 진실을 이해한 것 같다. 지금껏 다 큰 자녀들이 엄마에게 생선 머리만 사서 박스로 선물했다는 이야기는 들어본 적이 없다. 그리고 장발장은 실제로 변했다. 그래서 때로는 사랑이 정의보다 더 정의롭다.

신화가 감동적인 측면만 지니고 있다면 얼마나 좋겠는가! 하지만 신화를 통해 유포되는 대부분의 의미작용은 이데올로기를 통해 존재론적 폭력을 행사한다. 더욱이 신화는 더 이상 권력 집단에 의해 수직적으로 강요되는 예외적 현상이 아니다. 신화는 삶 가운데 수평적으로 넘쳐흐른다. 누구나 신화를 유포하는 주체가 될 수 있다. 사람들은 그것이 문제임을 자각하지 못하지만 아무리 사소한 신화라도 이데올로기로 변질되면 개인의 자율성이 침해되고 인격체로서의 존엄성이 훼손된다. 따라서 존엄성이 정말 가치라면 바이러스처럼 퍼지는 신화를 그냥 웃고 지나갈 수는 없는 일이다. 모든 사람이 아니라고 해도 그런 것은 그런 것이기 때문이다.

언어의 문제

언어의 불안과 신화로서 언어의 다의적 의미작용은 언어 선택과 의미화, 그리고 무엇보다 의미작용의 이해에 신중해야 한다는 사실을 보여준다. 당연히 의미의 불가능을 말하고자 함이 아니다. 불안을 말하는 이유는 하나의 기호가 사물의 의미를 정확하게 드러낼 수 없으니 한계를 알라는 말이지, 의미 자체가 불가능하니 아예 포기하라는 뜻이 아니다.

우리는 장미를 앞으로도 계속 장미라고 부를 수 있고, 또 사실 불러야 한다. 아니면 마하리시(R. Maharishi) 같은 일련의 인도 철학자들처럼 아예 언어를 포기하고 침묵으로 들어가거나 후기의 데리다나 바르트처럼 어차피 의미가 불가능하니 아예 의미 없는 글들을 써야 할 것이다. 하지만 극단은 언제나 어리석고 무의미하다. 멋있어 보이기도 하고 있어 보이기도 하지만 언어의 불안과 언어의 부정을 동일시하는 행위, 그것이 바로 개념의 권력에 굴복한 언어의 자살이다.

칸트가 말한 대로 현상이 실재가 아니라고 해서 현상을 거부하거나 포기할 수는 없다. 인간, 아줌마, 아저씨, 또는 학생이나 미성년자라는 보편개념이 '나'라는 개인의 고유성을 파괴한다고 해서 그런 기호들을 사용하지 않을 수는 없는 일이다. 그러므로 핵심은 문제의 본질에 대한 인식이다. 언어가 지니는 의미를 정확히 분별해야 한다. 단순히 게임이론이 말하듯 맥락을 봐야 한다는 말이 아니다. 언어가 아니라 의미가 어디로부터 나오는가를 봐야 한다.

인간의 언어는 생각을 담고 있는 그릇이다. 그런데 생각은 세 뿌리에서 나올 수 있다. 이미 우리가 확인한 것처럼 '나'는 영과 마음과 몸의 존재이기 때문이다. 따라서 내가 이 세 가지 가운데 어느 것을 소중히 여기느냐에 따라 동일한 말이라도 의미는 달라진다. 하나의 말에는 원칙적으로 세 가지 종류의 의미가 존재한다.

"사랑한다!"라는 말로 몸은 "소유하고 싶다!"를 의미한다. 반면 정신은 "존경하고 아낀다!"를, 그리고 나(Self)는 "있는 그대로 받아들인다"를 의미한다. "이해한다!"라고 말하며 몸은 자신의 방식대로 규정하고, 마음은 이해하지 못해도 존중한다. 반면 영인 나는 이해할 수 없는 것도 덮어준다. 누군가 평화를 말한다고 해보자. 정신적 자아의 정체성을 가진 자에게 평화는 '마음의 평화' 또는 '진심에서 우러나오는 상호 평안의 마음'이다. 영적 자아의 정체성을 가진 사람이라면 '사랑 안에서 이루어지는 갈등의 극복'이나 '진리와의 하나 됨' 또는 '진정 살아 있음'일 것이다. 하지만 몸적 자아로 자신의 정체성을 삼은 사람에게 평화는 늘 '나만의 평안'을 의미한다. 타인과 평화를 논하고 또 특정한 원칙에 합의하지만 그 합의도 자신의 이기적 평안에 근거한다. 국가 간 평화협약도 철저하게 이 의미에 따라 움직인다. 그래서 굳이 평화의 문제가 아니더라도 모든 국제 협약은 국가 이기주의의 산물이다. 미디어를 통해 전달되는 각종 선전이나 선동은 정의로운 이미지로 가득하다. 사실 좋은 것들은 다 들어 있다. 하지만 그들의 언어는 영이나 마음에서 나오는 경우는 드물고 대부분 몸에서 나온다. 본능적이고 이기적이다. 따라서 마음과 나(Self)는 몸의 시녀로 전락한다. 결국 행복감의 극대화를 위한 권력에의 의지가 실질적 욕망으로 채택되고, 지정의의 정신이 그 종으로 봉사하게 된다. 그러므로 의미는 이미 출발에서 이기심의 길을 선택하고 있다. 정의는 '나의 이익에 부합하는 것'이고, 선은 '내가 좋다고 여기는 것'이며, 평등은 '나의 입장에서의 평등'이다. 이렇게 몸을 뿌리로 하고 행복감을 목적으로 하는 모든 언어는 죽어 있다. 본질상 '나'의 말이 아니라 몸의 말이기 때문이다.

이름을 불러주고 의미로 다가오는 타자를 만나는 것은 반가운 일이다. 서로가 서로에게 의미가 되어주는 것은 언제나 환상적인 사건으로 남는다. 누군가의 의미가 되고, 누군가가 의미로 다가올 때 삶은 환희의 바다에서 춤추듯 아름답다. 다만 그러한 만남을 위한다면 의미는 최소한 마음으로부터 시작되어야 한다. 영적 자아는 아니더라도 최소한 정신적 자아는 되어야 겸손·신중·배려가 있고, 타인을 함부로 판단하거나 재단하지 않으며 그 존재의 고유성을 인정해줄 수 있다.

> 사하라 사막에서 비행기 사고가 난 생텍쥐페리는 환상처럼 어린 왕자를 만난다. 왕자는 그에게 양을 그려달라고 한다. 황당한 상황이었지만 그는 그림을 그려준다. 처음 그린 양을 보더니 왕자는 병이 들었다고 했다. 둘째 양은 암양이 아니고 숫양이라고 했다. 뿔을 없애달라는 것이다. 셋째 양은 너무 늙었다고 핀잔이었다. 짜증이 난

생텍쥐페리는 그냥 나무 상자를 그려주고 그 안에 왕자가 원하는 양이 있다고 말해버렸다. 그런데 그 순간 왕자의 얼굴이 환히 빛나기 시작했다.

윌리엄 블레이크(W. Blake), **〈거대한 붉은 용과 태양을 두른 여인〉**(1805-1810)

만남은 찢어진 우주
미래는 시간을 떠난 신비다
엉겨 붙고, 갈라지고, 터진 숨결 사이로,
하혈처럼 터져 나올
기적의 은총
기다림,
의미를 낳으려는
마리아의 구로는
혼돈의 소용돌이로 휘감으며
무의미의 날개로 덮으려는
어두움을
카이로스의 날개로,
영원의 태양으로 마주한다
그렇게 처음
빛이 된다.

« 3 »

시간과 여자 – 타자성

자녀들 다 보내고 막내도 공항에서 신혼여행을 떠난 후 돌아서서 이혼하는 것을 일본인들은 '나리타의 이별'이라 부른다. '황혼 이혼'은 나이 먹어 헤어지는 것이라 한다. 하지만 사실 그들은 처음부터 만난 적이 없을 가능성이 크다. 어쩌면 만남에서 결혼 사이의 시간이 존재하지 않은 것일 수 있기 때문이다.

> 1849년 12월 22일 살이 에일 듯이 추운 날 한 남자가 두 사람의 사형수와 함께 세묘노프스키 연내의 연병상에 서 있다. 세 사람씩 집행될 사형 집행의 행렬에서 그는 두 번째 열이다. 흰 가운을 입고 말뚝 옆에 세워진 채 처형을 기다리고 있다. 그에게 남은 목숨은 이제 한 1분 정도. 그는 어떤 생각을 할까? 그때 갑자기 북이 울리고 황제의 특사가 내려진다. 남자는 사형 대신 유배형을 받았다.

비록 황제의 장난이었지만 도스토예프스키는 다시 태어난 것과 같다. 이전과는 다른 시각에서 세상을 보게 되었기 때문이다. 그는 이제 전혀 다른 시간을 마주하고 있다.

> 시간의 걸음걸이에는 세 가지가 있다.
>
> 미래는 주저하면서 다가오고,
>
> 현재는 화살처럼 날아가고,
>
> 과거는 영원히 정지하고 있다.
>
> _F. 실러

시간이란 무엇일까? 실러의 시는 아인슈타인을 생각나게 한다. 시간은 맞이하는 사람에 따라 다르게 느껴진다. 물론 시간의 존재를 의심하는 사람은 없다. 누구나 시간 속에 태어나, 살고, 죽는다. 시간은 분명 현실이다.

일반적인 시간인 크로노스(kronos)는 시계를 통해 표시된다. 어제, 오늘, 내일. 항상 동일하게 흘러가는, 수평적이고 양적인 시간이다. 그런데 사실 크로노스는 없다. 크로노스는 눈으로 볼 수도, 손으로 만질 수도, 그리고 냄새 맡을 수도 없다. 물론 경험할 수 없다고 반드시 없는 것은 아니다. 산소의 화학 분자나 오장육부는 보이지 않지만 존재한다. 하지만 시간은 그런 방식으로 검증할 수 없다. 그냥 없기 때문이다. 시계는 있지만 크로노스는 없다.

시간이 아니라면 우리는 무엇을 경험하고 사는가? 변화다. 사랑하는 연인의 아름답고 매끈한 피부에 주름이 늘어난다. 배탈이 났다고 "네 배는 똥배, 내 손은 약손" 하시며 따뜻하게 배를 어루만져주던 할머니의 손길이 더 이상 존재하지 않는다. 가난하던 어린 시절, 시골에서 가져온 고구마로 겨울을 나면서 날것으로도 먹고 구워도 먹고 맛있게 먹었던 내가 지금은 쳐다보지도 않는다. 그리고 그러다 보니 이제 당신과 나도 늙었다. 시간의 본질은 변화다.

옛날 철수와 순이는 헤어지며 "저 산등성이에 노을이 질 때 여기서 다시 보자!"라고 했다. 어릴 적 선생님은 "아침 7시 30분까지 등교해야 해!" 하셨다. 지금은 올림픽 100미터 결선에서 100분의 1초를 구분하는 시대가 되었다. 시간은 존재하는 것이 아니라 인간이 만든 것이다. 세슘(Cs)이라는 물질의 원자는 온도로 자극을 주면 규칙적으로 진동한다. 91억9263만1770번의 진동. 그것이 1초로 결정되었다. 1967년 이후 세슘원자시계는 국제 표준시계로 쓰이고 있다. 이처럼 시간이 인위적으로 만들어진 허구이기 때문에 시간에는 늘 주관적 차이가 있다.

그렇다면 '진짜' 시간도 있을까? 수평적 흐름의 크로노스와 달리 질적 구분이 있는 시간을 헬라인들은 카이로스(kairos)라고 불렀다. 카이로스는 어둠을 가르는 빛이나 폭포의 물줄기를 가르는 검객의 칼처럼 크로노스의 흐름을 단절시킨다. 따라서 카이로스는 수직적이며 질적이다. 그것은 의미의 시간이다. 크로노스 안에 의미가 창조되는 순간이 바로 무의미를 가르는 카이로스의 시간이다. 따라서 두 종류의 시간, 두 종류의 삶이 있다. 사형선고를 받기 전의 도스토예프스키와 그 후 『죄와 벌』이라는 명작을 쓴 도스토예프스키가 있다. 레비나스는 이처럼 의미를 만드는 카이로스의 시간을 타자와의 관계에서 찾았다. 『시간과 타자』[50]의 제1강 서두에 기술된 시간의 정의를 보자.

> 시간은 주체가 홀로 외롭게 경험하는 사실이 아니라 타자와의 관계 자체다.[51]

50 : 레비나스, 시간과 타자, 문예출판사 1996

51 : 같은 책 29쪽.

내가 홀로 경험하는 시간은 크로노스를 뜻한다. 그런데 레비나스는 크로노스가 시간이 아닌 이유를 다른 관점에서 접근한다. 그에 따르면 시간이 존재하려면 과거·현재·미래라는 전혀 다른 세 시점이 필요하다. 그런데 크로노스에는 현재밖에 없다. 과거와 미래가 없다. 따라서 시간이 될 수 없다.

크로노스의 본질은 변화다. "그 사람은 떠났고, 새로운 사람이 지금 내 옆에 있다. 하지만 언젠가 이 사람도 나를 떠날 것이다." 여기서 변화란 시점 A와 시점 B, 그리고 시점 C의 경험을 비교한 산물이다. 그런데 모든 시점을 나는 '지금'으로 경험한다. 그 현재에 난 누군가를 만나고 있었고, 그 현재에 난 다른 사람을 만나고 있으며, 또 다른 현재에 난 헤어지고 있을 것이다. 그러므로 엄밀히 말해 모든 것을 늘 현재의 시점에서 경험한다. 그렇다면 과거라 부르던 시점 A는 '지나간 현재'이고, 미래라는 시점 C는 '다가올 현재'가 된다. 따라서 '과거-현재-미래'라 알던 것은 결국 '지나간 현재'-현재-'다가올 현재'다. 오직 현재밖에 없다. 당연히 시간은 없다.

> 현재는 자기로부터 출발한다. 더 정확히 말하자면 자기로부터의 출발이 곧 현재다.[52] 미래에 대한 기대, 미래의 투사는…… 미래의 현재에 지나지 않을 뿐 진정한 미래라고 할 수 없다. (……) 오로지 홀로 있는 주체에서 시간을 이야기한다는 것은…… 우리에게 불가능한 것으로 보인다.[53]

52 ; 같은 책, 47쪽.

53 ; 같은 책, 86쪽 이하.

그런데 모든 것을 현재로 경험하는 주체는 바로 나다. 그렇다면 현재는 '나 중심적'이라는 말과 같다. 다시 말해 내가 나 중심으로 세상을 대하면 난 현재만을 살게 되고, 과거와 미래는 경험하지 못한다는 말이다. 과거와 미래가 없으면 시간이 될 수 없다. 따라서 그 말은 내게 시간이 없다는 말이다. 그리고 시간이 없으니 결국 난 살아 있어도 살아 있는 것이 아니다.

이제 내가 시간 속에 존재하려면 현재 이외에 과거와 미래가 필요하다. 여기서 레비나스는 시간을 존재론적 차원으로 이전한다. 그리고 타자와의 관계 자체라고 정의한다. 과거와 현재는 각각 타자와의 관계로 해석된다는 말이다.

일단 과거를 가능하게 하는 타자는 누구일까? 이 문제는 별로 어렵지 않다. 자아의식이 현재이니 자아를 제거하면 의식만 남는다. 따라서 과거는 자아가 아직 발생하기 전 단순한 의식의 단계가 된다. 실질적으로 단순한 의식은 자아의 입장에서 타자다. 그리고 의식의 단계에서는 내가 없으니 현재가 아니고, 따라서 과거라 할 수 있다.

그렇다면 미래를 선물해줄 타자는 누구인가? 여기서 타자가 된다는 것은 나의 현재에서 이해될 수 없는 존재를 말한다. 다시 말해 나 중심적으로 경험할 수 없는 존재라는 뜻이다. 하지만 미래가 되기 위해서는 죽음처럼 분리된 존재여서는 안 된다. 현재와 미래는 연결되어야 하기 때문이다. 따라서 내가 경험하되 나 중심적으로 경험할 수 없는 존재를 만나야 한다. 그런데 그런 존재가 과연 있을까? 나는 마음먹으면 누구나 내 중심으로 이해하고 해석하고 또 경험할 수 있다. 사실 대부분의 사람들도 그렇지 않은가? 그들은 자의적으로 남을 평가하고 해석한다. 하지만 가만히 생각해보면 타인에 대한 판단은 언제나 월권임을 알 수 있다. 사실 우리는 어느 누구에 대해서도 완벽히 이해하는 것은 불가능하다. 그럼에도 늘 자기 입장에서 판단한다. 그러니까 자기중심적으로 남을 규정하는 사람은 할 수 없는 것을 할 수 있는 것처럼 여기고 있는 셈이다. 나아가 이해될 수 없는 존재를 이해할 수 있는 것처럼 말하고 있으니 그 존재를 존중하지 않고 독단에 빠져 있다. 그렇다면 누군가와의 관계가 바르게 정립되기는 어려울 것이다.

이제 레비나스가 왜 시간을 적극적으로 인간관계에서 찾는지 이해가 된다. 세상에는 널린 게 인간관계다. 그런데 그 가운데 진정 '나'와 '너'가 서로를 인정하고 존중하는 관계가 얼마나 있을까? 겉으로 드러나는 예의와 배려는 있을 것이고 당연히 있다. 하지만 정말 중요한 문제는 내가 그를 정말 그로서, 또는 내가 그녀를 정말 그녀로서 존중하고 있는가 하는 것이다.

대부분의 사람들은 이기적이다. 그래서 이기적으로 이해한다(understand). 내가 너의 밑에(under) 서서(stand) 있는 그대로 받아주는 것이 아니라, 네가 나의 밑에(under) 서도록(stand) 만든다. 그러고는 마음대로 판단하고 규정하고 결론짓는다. "난 널 잘 알아. 너의 그런 행동은 바로 네가 내숭임을 드러내지! 그래서 충고하는데, 좀 솔직한 사람이 되는 게 좋을 거야!"

이해를 위해 이해를 포기할 필요가 있다. 자살한 사람을 두고 이런저런 말들로 난도질하지만, 과연 당사자가 아닌데도 그를 정말 이해할 수 있을까? 동일한 아픔을 느끼지 못한 존재가 그 아픔의 결과를 평가할 자격이 있을까? "겨우 성적 때문에 죽다니 어리석은 놈!", "문제를 극복할 생각을 안 하고 회피하다니 비겁하다", "그 불쌍한 아이들을 놔두고 죽다니 무책임하군!" 등의 비판은 이미 죽은 이에게 다시 한 번 칼을 내리치는 격이다. 레비나스는 바로 이 자기중심적이고 독단적인 관점을 내려놓아야만 내가 관계하는 그 사람이 진정 타자가 되고, 그때

난 미래를 만날 수 있다고 말한다.

> 미래, 그것은 타자다. 미래와의 관계, 그것은 타자와의 진정한 관계다.[54]

레비나스는 독단으로 침해될 수 없는 타자성을 상징하는 표현들로 '여성성', '신비', '영원', '거리', 또는 '수줍음' 등을 사용한다.

> 여성적인 것이 존재하는 방식은 스스로 자신을 감추는 것이고, 이렇게 스스로 자신을 감춘다는 것이 바로 수줍음이다.[55]

> 타인의 타자성을 신비로, 그리고 이 신비를 수줍음으로 정의할 때, 나는 나의 자유와 동일한 자유로서, 그리고 나의 자유에 대항할 수 있는 자유로서 타인을 내세우지 않는다. 나는 타인을 나와 맞서 있는 존재로 내세우지 않는다. 나는 타자성을 내세운다.[56]

그래서 홍상수 감독의 말처럼, "여자는 남자의 미래"다.

> 군대 간다는 선배는 후배인 선화에게 성적 봉사를 강요한다. 애인인 감독 지망생 헌준은 더럽혀진 그녀를 정결하게 하는 의식을 끝으로 유학을 떠나버린다. 그리고 지질한 강사 문호는 남겨진 그녀를

54 : 같은 책, 87쪽.

55 : 같은 책, 106쪽

56 : 같은 책, 107쪽.

> 건드리고는 떠난다. 세 남자가 선화를 만났고, 세 남자가 그녀를 알았고, 세 남자가 그녀와 관계했다. 하지만 그들은 현재에 머무른다. 그녀를 미래로 이해하지 못하고 이해하려 하지 않으니, 단 한 번도 그녀를 만난 적이 없다. 주관의 감옥에 갇혀 미래로 나아갈 수 없다. 그래서 시간 속에 없다. 그들은 존재하나 존재하지 않는다.

여성성은 물론 생물학적 개념만이 아니다. 하지만 실제 남녀의 관계는 타자성을 설명하기에 적합하다. 일반적으로 남성은 결혼 후 몇 년이 지나면 아내에게서 볼 것 못 볼 것 다 봤으니 이제 새로울 것이 없다고 생각한다. 다양한 생리적 현상들을 목격하며 신비가 다 깨졌다고 말한다. 하지만 레비나스는 바로 그 순간 여성은 수줍음으로 뒷걸음치며 영원이란 거리로 멀어지는 신비한 존재임을 깨달아야 한다고 말한다. 실제 서양 문학에서 여성은 남성과 가장 멀리 있을 때 신비하다. 그 거리는 죽음이다. 슈베르트의 「죽음과 소녀」처럼, 막스 뮐러의 『독일인의 사랑』에서 죽음을 맞이하는 마리아처럼, 그리고 로미오 앞에 눈을 감고 누워 있는 줄리엣처럼 여성의 신비와 권위는 그녀가 모든 것을 포기한 내어줌의 상태, 무저항의 자리에 있을 때 가장 확실하게 드러난다. 무엇이든 마음대로 할 수 있지만 아무것도 할 수 없는 신비, 이 신비를 지닌 존재의 고유한 속성이 바로 타자성이다.

유태인이었던 레비나스는 제2차 세계대전 당시 자신의 가족 모두를 가스실에서 잃고 질문한다. "어떻게 인간이 인간을 개와 돼지처럼 다룰 수 있는 것일까?" 수용소의 고통 속에서 결국 그가 찾은 답은 나치가 유대인을 미래로 인정하지 않았다는 것이다. 그들은 유대인을 자신들의 밑에(under) 서도록(stand) 만들어놓고 마음대로 규정했다. 자신들이 이해하는 방식대로 유대인을 개와 돼지와 같은 비인간적 존재로 결론 내렸다. 바로 이 존재론적 폭력의 토대 위에서 학살이라는 물리적 폭력이 정당화되었다. 프롬(E. Fromm)식으로 말하면 나치는 유대인을 존경하지(respect)하지 않았다. 그들을 멋대로 판단해놓고는 혹시 잘못 봤을지도 모른다는 생각에 다시(re) 보지(spect) 않았다. 그들은 유대인을 소유했고, 유대인은 나치에게 소유되었다.

관계의 죽음

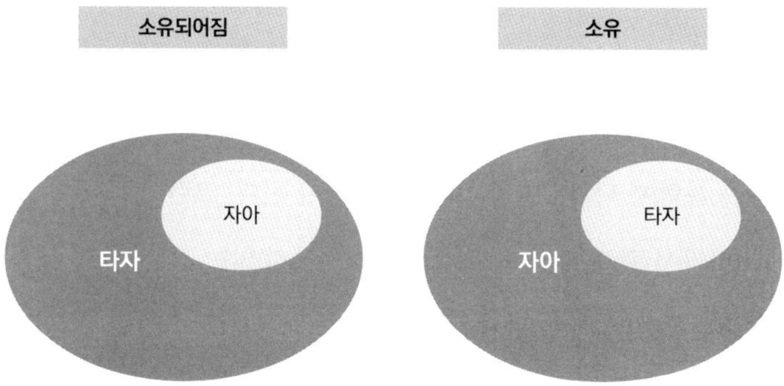

타자성은 모든 주관적 이해를 거부한다. 타자성은 내 앞에 있는 저 존재가 단순히 나와 다른, 차이만을 지닌 존재가 아니라 더 나아가 내가 함부로 판단하거나 규정할 수 없는 그만의 존재임을 의미한다. 단순한 차이나 다양성은 엄밀히 말해 사실의 개념이다. 그러나 타자성은 가치의 개념이다. '내 마음대로 할 수 없는'을 의미하기 때문이다. 따라서 당위가 내재되어 있는 윤리적 개념이다. 이렇게 내가 타자성을 인정하고 상대방을 내 마음대로의 영역에서 자유롭게 놓아줄 때 비로소 나는 현재에서 내가 경험할 수 없는 영역을 인정한 셈이 된다. 모든 것을 나만을 기초로 이해하던 나에게 전혀 다른 존재가 타자로서 나타난 것이다. 그 타자가 바로 나의 미래다.

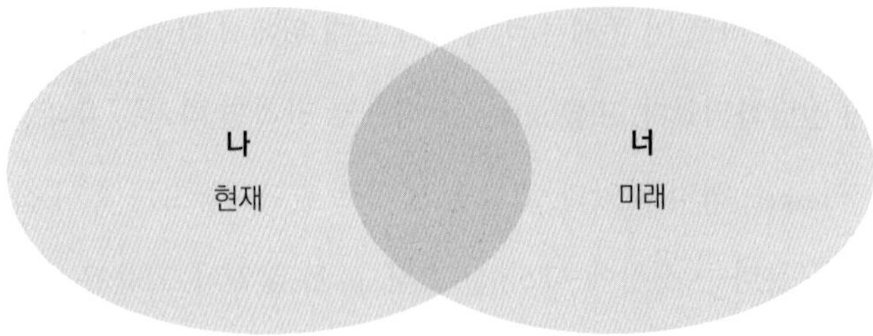

미래가 나에게 올 때, 더 정확히 말하면 내가 너의 타자성을 인정함으로 너의 미래 됨을 인정할 때 나의 시간은 완성된다. 이제 난 시간 안에 있다. 그리고 시간 안에 있으니 진정 살아 있다.

안타깝게도 대부분의 인간관계는 소유나 소유되어짐이다. 나의 현재가 폭력이 되거나 너의 현재가 권력이 된다. 그런데 이 경우 둘이 없다. 따라서 관계도 없다. 타자성을 인정하지 않는 사람, 모든 것을 자기중심적으로 바라보고 타인을 자기 의식 내에 가두어두려는 사람! 그에게는 미래가 없으니 시간이 없고 곧 죽은 것이요, 또 홀로 있으니 진정 인간이 되지 못한다. 살아 있고 관계 속에 있지만 살아 있지 못하고 관계도 경험하지 못한다. 남녀로 따지면 섹스는 하지만 그 섹스가 없다. 육체의 결합으로 인한 흥분만 있을 뿐 나와 너의 결합으로 인한 하나 됨을 느끼지 못한다.

그러므로 레비나스는 이런 말을 나치에게 하고 싶었을 것이다. 너희는 우리 유대인을 마음대로 규정할 수 있다. 우리를 소나 돼지 취급하고 마음대로 도살할 수 있다. 하지만 바로 그 순간 너희는 미래를 포기한 것이고 현재의 감옥에 갇힌 것이다. 따라서 너희는 시간 속에 존재하지 못하고 진정 살아 있다고도 할 수 없다. 우리를 마음대로 해라. 하지만 우리는 안다. 너희는 죽은 존재들이라는 것을. 나치가 이 절규를 이해했다면 뭐라고 했을까? 아마 그랬을 것이다. "그래, 우리는 죽은 시체들이다. 이제 화난 시체들 맛 좀 봐라!" 그렇다. 진짜 개와 돼지들은 사람 말을 못 알아듣는다. 아무리 다른 사람들이 타자라고 말해줘도 다 자기 소유로 생각하고, 너희 땅이 아니라고 말해줘도 또 뻔히 아닌 줄 알면서도 마음먹으면 다 자기 땅 되는 줄 안다. 못 알아듣는 것이 아니라 알아듣고 싶어 하지 않는다.

이해할 수 없음의 인정이 진정 이해할 수 있음의 시작이다. 그것이 관계의 시작이고 미래와의 만남이다. 그것이 시간 안에서 당신이 존재할 수 있는 유일한 방법이다. 슬픈 일은 대부분의 사람들이 이해할 수 있음을 통해 스스로를 시간 속에서 삭제하고 있다는 사실이다.

윌리엄 블레이크, 〈태초의 창조주〉(1794)

죽음은 가장 살아 있을 때 온다.
이카로스의 날개
신이 인간을 창조한 것인가,
인간이 신을 창조한 것인가.
태초의 창조주가 되어
오를 수 없는 그 자리로 오를 때,
소멸은 빛보다 빨리 온다.
생명은 냄새 없이,
불길 없이 타들어가고
바벨탑은 가장 굳건하게 무너진다.
인간은 죽음보다 죽는다.

07

인격의 죽음

« I »

만들어진 가치 – 존엄

선생님이 칠판에 문제를 냈다.

> 다음 중 맞는 것에 O표 하시오.
>
> 1) 인간은 존엄하다　　2) 인간은 존엄하지 않다
>
> 3) 인간은 존엄함과 무관하다　　4) 인간은 존엄함에 관심 없다

당연히 1번이 답인 것으로 보인다. 하지만 2, 3, 4번이 자꾸 걸린다. 왜 그럴까?

당연한 것이 다 당연한 것은 아니다. 존엄은 민주주의 헌법의 기본 정신이다. 인간은 성별이나 국적, 민족 등 그 어떤 조건과 상관없이 모두 평등하고 존엄한 가치를 부여받는다. 이론적으로만 그렇다.

지구상에는 지금 이 순간에도 수많은 범죄가 발생하고 있다. 두 차례의 세계대전은 인류 역사상 초유의 대량 살상을 초래했고, 유태인 학살이나 점령군에 의해 자행된 생체 실험, 히로시마와 나가사키에 떨어진 원자폭탄, 그리고 급속하게 진행된 환경 파괴는 인간이 진정 존엄

한 존재인지 의문이 들게 만들었다. 그런데 존엄성의 침해는 늘 현재 진행형이다. 각종 테러나 전쟁을 접할 때마다 우리는 늘 "어떻게 인간이 저럴 수가!" 하고 놀라고 "두 번 다시 저런 끔찍한 일이 일어나서는 안 될 텐데!" 하며 안타까워한다. 하지만 바로 인간이기 때문에 그렇다. 그리고 끔찍한 일은 반드시 다시 일어난다.

만들어진 도덕

도덕성의 실천적 한계는 그것의 발생 구조에서 온다. 도덕적 의미의 선과 악은 본래부터 존재하는 것이 아니고, 만들어진 것이다. 그래서 보편적이고 절대적인 선악의 기준은 존재하지 않는다. 그것은 항상 상대적이며 유동적이다. 사랑만 움직이는 것이 아니라 도덕도 움직인다.

백설공주는 착하다. 그러나 착한 것이 아니라 백치미와 공주병의 신경성 칵테일 증후군 환자일 가능성도 있다. 어쩌면 아름다움과 성공을 동의어로 착각했을지도 모른다. 반면 왕비는, 비록 악을 일삼는 존재로 묘사되어왔지만, 삶의 태도만을 보면 고리타분한 공주에 비해 오히려 목적의식이 있고 또 솔직해 보인다. '이긴 자가 모두 갖는다(The Winner takes all!).' 그래서 목적이 수단을 정당화할 수 있다고 믿고 있다. 그리고 그렇게 보면 결말은 당연히 달라진다. 왕비는 독 사과를 먹고 잠이 든 공주를 본다. 그리고 절망한다. 역시 미모는 백설공주구나! 왕자가 와서 키스하면 둘은 영원히 행복하게 살 것이다. 하지만 왕비는 좌절하지 않고 운명을 바꾸기로 결심한다. 그래서 자신의 성(城)과 아끼던 명품을 팔아 롤스로이스에 싣고 강남으로 간다. 그리고는 머리끝에서 발끝까지 완벽하게 수리한다. 뼈를 깎는 고통을 감수해야 하는 양악

수술부터 허벅지 지방 흡입까지 최고의 의사들로부터 완벽하게 재창조된다. 얼마 뒤 아무것도 모르는 왕자가 원본대로 백설공주에게 키스하려 하는 순간, 아름다운 여인이 옆에 있는 것을 발견한다. 누구에게 키스했을까? 왕비와 왕자는 떠나고, 백설공주는 아직도 자고 있다.

성선설(性善說)이냐, 성악설(性惡說)이냐, 아니면 성무선악설(性無善惡說)이냐는 논쟁 자체가 무의미하다. 인간 본성의 선악을 판단하려면 절대적이고 보편적인 기준이 먼저 필요하다. 그때 비로소 우리는 본성의 도덕성 여부를 판단할 수 있다. 사실 판단하려 해도 귀납의 오류가 될 것이지만, 적어도 시도해볼 수는 있을 것이다. 하지만 그런 보편적 기준은 존재할 수 없다.

사자가 인간에게 덤볐을 때 "존엄한 인간을 공격하다니. 나쁜 놈!" 하고 외친다면 사자가 미안해하며 돌아갈까? 사자가 양을 잡아먹으면 양이 불쌍해 보인다. 하지만 양 역시 풀을 '무참하게' 뜯어 먹는다. 양은 풀의 고통에 관심이 없다. 핵심은 간단하다. 인간이 공동체를 이루는 과정에서 합의를 통해 도덕을 만들기 전에 선악은 존재하지 않는다. 그렇기 때문에 각각의 문화는 자신들의 공동체를 유지하기 위해 선악을 창조한다. 이 사실은 신의 존재를 부인하는 한 벗어날 수 없는 필연적 결론이다. 자연법을 근거로 인간이 자율적으로 선악 개념을 정립했다고 전제할 때 거부할 수 없는 진리다. 결국 모든 문화는 자신들만의 선악 개념을 발달시켜왔다. 그렇기 때문에 선악은 문화 상대적이다. 그리고 바로 그렇기 때문에 인간 보편의 성선설이나 성악설에 대한 논쟁 자체가 무의미하다. 우리에게는 그것을 판단할 근거가 없다.

투석형 논쟁

이슬람과 아프가니스탄에는 투석형이 있다. 간음이나 간통한 사람을 돌을 던져 죽이는 사형 제도로, 남성은 허리까지, 여성은 가슴까지 땅에 묻힌 채 선별된 사람들에 의해 죽임을 당한다. 이때 돌의 크기는 너무 크거나 작아서는 안 된다. 너무 금방 죽어도, 아니면 너무 천천히 죽어도 안 되기 때문이다. 엠네스티(Amnesty International, 국제사면위원회) 같은 서구 인권 단체들은 이러한 관습을 인간 존엄성의 훼손이라며 비판하고 당장 폐지할 것을 촉구하고 있다. 반면 아직 이 제도를 시행하고 있는 이란 등의 나라에서는 자문화의 고유권임을 강조하며 서구의 비판에 맞서고 있다.

서구의 관점에서 보면 인간 존엄성은 문화를 초월한 보편적 가치다. 이를 인정하지 않는다면 도덕적 판단은 상대적이 될 수밖에 없고, 결국 도덕 상대주의와 허무주의를 인정할 수밖에 없게 된다. 그리고 그 결과는 치명적이다. 히틀러의 유태인 학살도 문화 상대적으로 인정할 수밖에 없다는 결론이 도출되기 때문이다. 따라서 투석형은 존엄성을 침해하므로 비도덕적이며 동시에 민주주의의 헌법 정신에도 위배된다.

그런데 이슬람의 관점에서 보면 인간 존엄성의 가치는 서구적이며 독단적이다. 이슬람은 오랫동안 정교일치적인 문화를 이어왔고, 따라서 그들의 법은 곧 종교다. 그 법을 통해 그 문화권의 안정을 유지해 왔다. 투석형이 선고된 이들은 자신들의 행위가 어떤 형벌을 초래할지 알고 있었음에도 비도덕적이고 동시에 위법한 행위를 저질렀다. 따라서 규정된 처벌은 정당하다. 당신 생각은 어떤가?

우리의 정서는 분명 이슬람 전통에 반한다. 사형 방식이 지나치게 비인간적으로 느껴지기 때문이다. 나아가 존엄성이 문화 초월적 가치라는 주장도 쉽게 공감이 간다. 하지만 문제는 그렇게 간단하지 않다.

윤리적 판단은 감정이 아니다. 인간 존엄성은 사실 서구에서도 18세기 계몽주의 시대에 와서야 확립된 개념이다. 그 중심에는 물론 칸트(I. Kant)가 있다. 그는 인간 존엄성을 구체적으로 '수단이 아닌 목적, 즉 궁극적 목적으로서의 가치'라고 명시함으로써 절대적 가치를 지니는 인간 존엄성의 개념을 확정했다. 이 사실이 우리에게 시사하는 바는 분명하다. 서구에서도 인간 존엄성은 본래적 가치가 아니었다. 더구나 가난한 계층은 19세기까지, 여성은 20세기 초까지 참정권이 거부됨으로써 실질적 존엄의 존재가 아니었다. 따라서 인간 존엄성은 문화 초월적 가치가 아니다. 다만 지금 그 가치가 문화 초월적 가치로 확장되고 있는 상황인 것은 맞다.

다양한 문화는 서로 충돌과 융합을 거치며 새로운 가치에 합의하거나 한쪽의 가치로 동화되어왔다. 한국의 경우 유교와 불교 문화권 영역에서 살아왔지만 이제는 대부분 서구의 기독교 문화권과 동화되었다. 반면 이슬람은 이제 세계화의 결과로 서구 문화권과 가치의 충돌을 겪고 있으며, 아마도 오래지 않아 존엄의 가치에 합의할 가능성이 높다. 존엄의 가치를 인정하는 것이 거부하는 것보다 다수의 지지를 받고 있기 때문이다. 하지만 현재까지의 상황만을 고려할 때 서구의 이슬람 비판은 독단이 맞다. 서구에서도 18세기에 와서야 확립된 존엄성을 문화 초월적 가치라고 주장하는 것은 오만이다. 결국 윤리적 차원에서 투석형의 논쟁은 기본적으로 이슬람의 주장이 정당하다.

그렇다면 근본적으로 도덕 허무주의나 도덕 상대주의가 옳다는 말이 아닌가? 또 그 논리대로라면 히틀러도 인정해야 하지 않을까? 어쩌면 당신도 그런 염려를 할지 모르겠다. 하지만 걱정할 필요는 없다. 그 논리는 상상일 뿐이다. 문화 초월적 가치를 부정하는 것은 문화 상대주의를 인정하는 것이지만, 그것이 도덕 허무주의나 도덕의 보편성을 아예 부정하는 극단적 상대주의를 허용하는 것은 아니다. 문화 상대주의는 모든 문화를 초월한 보편적 가치만을 거부하는 것이다. 개별 문화가 합의한 도덕이나 그 도덕의 개별 문화권 내에서의 보편적 가치는 거부하지 않는다. 따라서 서구 문화는 서구 문화내의 보편적 가치를 지니고, 이슬람은 이슬람 내의 보편적 가치를 지닌다. 문화의 다양성을 인정해도 도덕은 굳건하게 살아남는다. 한편 히틀러의 독일은 제2차 세계대전 당시 이미 서구 문화권에 포함되어 있었다. 따라서 서구 문화권 내의 보편적 가치인 인간 존엄성은 분명히 독일에도 해당된다. 그러므로 히틀러는 수백만의 존엄한 유태인을 살해한 살인마에 불과하다.

인류 보편적인 도덕의 확립은 실패할 수밖에 없다. 우리는 모든 인간의 행위를 관찰할 수 없으며 문화가 가지는 다양한 삶의 양태를 완벽하게 이해할 수 없다. 따라서 칸트가 주장하는 '보편'이나 '절대'라는 말은 독단이고 오만이다. 인간은 자신의 문화권 내에서 합의된 가치에 기준하여 판단할 뿐이다. 당연히 타 문화의 가치를 일방적으로 규정하는 무례를 범하지 말아야 하며, 가치 충돌이 발생할 때는 결국 새로운 합의가 이루어져야 한다. 하지만 이는 힘들고도 어려운 작업이다. 투석형의 사례에서처럼 인내와 이해, 그리고 다양한 논의가 요구되기 때문이다. 나아가 실제 합의가 이루어졌다 해도 그 변화가 진정 발전일지는 알 수 없다. 왜냐하면 대부분의 사람들이 원하는 것은 '도덕적인 사회'가 아니라 '나를 위한 도덕적 사회'일 가능성이 높기 때문이다. 인간은 누구나 타인들로부터 인정받고 귀하게 대우받기를 원한다. 자신의 권리를 포기하기보다는 자신의 권리가 소중하게 다루어지기를 원한다. 이렇게 모든 사람들의 보편적 관심과 욕망을 고려하고, 그 입맛에 정확히 맞춘 것이 칸트의 의무주의다. 하지만 모든 인간이 소중하게 대우받는 유토피아는 존재할 수 없다. 그것은 이상일 뿐이다. 오히려 더욱 분명해진 것은 윤리적 담론 안에 전혀 윤리적일 수 없는 무언가가 숨어 있다는 사실이다. 바로 이기심이다. 윤리도 사실은 이기적이다.

'인간은 도덕적이기를 원한다'와 '인간은 도덕적이기를 원하지 않는다'는 명제는 모두 참이다. 인간은 그 도덕이 나의 이익과 부합할 때 원한다. 그리고 나의 이익에 반할 때 원하지 않는다. 이러한 사실은 왜 도덕이 합의의 산물이며, 왜 법이 최소 도덕으로서 개인의 행위를 규제해야 하는지 설명해준다. 모든 사람들이 좋다고 판단되면 합의되고, 그렇게 합의된 규칙을 범하면 모든 사람들이 싫어할 것이기 때문이다. 그러므로 우리가 일반적으로 생각하는 것처럼 살인을 비롯한 모든 범죄는 단순히 그 행위 때문에 처벌받는 것이 아니다. 이유는 단 하나, 합의를 깼기 때문이다. 오원춘과 경찰 조사관 사이의 대화를 상상해보자.

> "당신! 도대체 어떻게 그런 흉악한 범죄를 저지를 수 있는 거야?"
>
> "흉악한 범죄라뇨?"
>
> "아니, 이 사람이? 젊은 여성을 죽인 것도 모자라 그렇게 잔인하게 시체를 훼손해놨잖아!
>
> "맞아요! 제가 그랬어요. 그런데 전 그런 짓을 할 때면 행복해지던데! 제가 행복해지면 안 되는 건가요?"
>
> "자네가 행복해진다고 사람을 맘대로 죽이면 안 되지!"
>
> "왜요? 왜 안 되는 거죠?"
>
> "그걸 질문이라고 해? 당연한 거지. 사람이니까!"
>
> "그러니까요! 저는 잘 모르겠어요! 왜 사람을 죽이면 안 되는 건데요?"
>
> "그건 누구나 다 아는 일이야. 인간은 귀한 존재니까."
>
> "왜 인간이 귀한 겁니까?"

"이유가 어디 있어? 아니, 이 사람이 정말 왜 이렇게 질문이 많아? 인간은 원래 존엄한 거야!"

"그래도 존엄한 이유가 있을 것 아닙니까? 세상에 이유가 없는 게 어디 있어요?"

"이유 없어! 인간은 그냥 존엄한 거야!"

"정말인가요? 이상하네! 그것이 사실이라면 저는 왜 이런 거지같은 인생을 살아온 거죠? 부모는 저를 버렸고, 어른들은 저를 속이고, 선생님은 저를 문제아로만 보고, 애들은 저를 따돌리고, 경찰은 범죄자로만 보고, 사람들은 전과자라고만 부르고! 전 한 번도 존엄한 느낌을 받아본 적이 없었는데요?"

"그래도 넌 법적으로는 존엄해!"

"제가요? 존엄요? 으하하! 그러니까 조사관님 말은 인간은 서류상으로는 모두 존엄하다는 말인가요? 실제와는 무관하게?"

"그래, 바로 법이 인간의 존엄성을 규정하고 있기 때문이지."

"그럼 법이 없으면 존엄성도 없는 거군요?"

"뭐?"

"그러니까 인간이 원래 존엄한 게 아니라 법이 인간을 존엄하다고 한 거군요? 그러니까 법을 벗어난 현실은 그렇게 냉혹했던 거군요?"

"?"

칸트(I. Kant)는 인간의 내면에 있는 본성적 도덕성, 즉 선의지를 믿었다. 그가 보기에 인간은 도덕적으로 행위할 수 있는 이성적 존재다. '이성적'은 곧 '도덕적일 수 있는'을 의미한다. 그러니 아무리 나쁜 사람이라도 근본에 있어서는 도덕적이기를 원하지 않는 사람은 없다고 본다. 자연의 여타 존재보다 인간이 우월한 이유도 바로 이 도덕적 이성 때문이다. 물론 인간에게는 인류 문명의 원동력이 된 합리적 이성도 있다. 특정 목적을 위해 수단을 찾아주는 이성의 능력도 동물에 비하면 월등한 것이다. 하지만 칸트가 보기에 질적으로 인간을 동물과 구별해주는 것은 바로 인간의 도덕성과 자율적 이성, 그리고 그것을 통해 발현되는 인간 존엄의 가치다.

칸트에 따르면, 이렇게 근본적으로 도덕적 지향성을 지닌 인간이 비도덕적이 되는 이유는 인간 내부에 존재하는 '경향성(inclination)' 때문이다. 칸트가 의미하는 경향성에 대해 학자들은 다양한 해석을 내리지만 사실 그것은 이기적 욕망을 의미한다. 그래서 그는 어떻게 사람들을 도덕성으로 이끌어줄 수 있을까 고민했다. 결국 칸트는 정언명령, 즉 무조건적인 도덕의 명령을 따르라고 말했다. 핵심은 보편적 수용 가능성이다. 누군가 어떤 행위를 한다면 그 행위의 배후에는 반드시 그 행위의 바탕이 되는 개인 규칙이 있다. 예를 들어 지하철에서 소매치기를 하는 사람의 개인 규칙은 자신의 이익을 위해 언제든지 타인의 금품을 갈취한다는 정도가 될 것이다. 칸트는 그 개인 원칙이 보편적으로 수용 가능한지 생각해보라고 한다. 그래서 모든 사람이 받아들일 만하면 선이고, 그렇지 않으면 포기하라고 한다. 그런데 궁금한 점은 과연 보편적 수용 가능성을 고려할 수 있는가 하는 점이다. 모든 사람이 수용할지 아닐지 도대체 어떻게 알 수 있다는 말인가? 칸트의 도덕론이 이상적인 이유다.

칸트는 인간을 믿었다. 그래서 그의 도덕 기준은 인간 존엄성의 가치를 바탕으로 한다. 모든 사람이 수용할 수 있는 행위라면 최소한 모든 사람을 가치 있는 존재로 대우해주는 행위일 것이기 때문이다. 여기서 존엄은 수단이 아닌 목적으로 대우해야 한다는 것을 의미한다. 따라서 인간이 비도덕적이 된다는 말은 자신의 내부에 존재하는 이기적 욕망으로 인해 타인이나 스스로의 존엄성을 포기하는 것과 같다. "하늘에는 별이, 내 마음에는 도덕률이"라는 그의 말처럼 도덕적 행위의 구체적 실현 가능성이야말로 자연과 인간을 구분해주고 인간의 절대적 가치를 드러내는 표시다.

그러나 인류의 역사는 칸트의 희망을 반증하고 있다. 세상은 칸트 당시보다 더 선해지지 않았다. 이미 언급한 것처럼 도덕성은 차치하고라도 법조차도 다양한 방식으로 무시되며 무용화되고 있다. 무엇보다 인륜과 반인륜의 경계조차 더 이상 존재하지 않는 세상이 되어가고 있다. 재산을 노리고 부모를 죽이는 자식이 있고, 게임을 한다며 아기를 굶겨 죽이는 엄마도 있다. 극단적 자본주의에 쾌락주의가 맞물린 상태에서 인간의 욕망은 끝없이 표출되며 사회를 변질시켜왔다. 살인·강도·강간·폭력·사기 등 범죄나 거짓·시기·질투·분노·무절제 등 비인격적 가치가 난무하며, 우울과 허무와 자살이 늘 우리 옆에 있다.

도덕적인 말을 하는 사람은 많다. 도덕적으로 보이는 사람도 많다. 누구나 타인의 시선 앞에서는 바르고 도덕적이며 예절 바른 척한다. 가식은 얼마든지 창조되고 적절하게 유지된다. 문제는 도덕적이기를 원하는 사람이 얼마 없다는 사실이다. 당신은 어떤가? 정말 분리수거를 제대로 하나? 경찰이 없어도 군건히 차선을 지키는가? 지금까지 거짓말은 대충 몇 번 정도 한 것 같나? 함께 하는 이성 몰래 양다리를 걸쳐본 적은 없는지? 세금을 정확히 납부했다고 자부할 수 있는가? 누군가를 신나게 두들겨 팼거나, 또는 힘이 없어 그러지는 못했지만 속으로만 잔인하게 죽인 적은 없는가?

사람들은 연쇄살인마를 보며 비난하며 은근히 자신들의 양심을 씻어낸다. 나는 그 정도는 아니라며, 이 정도면 되었다며, 그래서 도덕적이라고 생각한다. 하지만 그렇게 자신을 타인에게 투사하며 스스로를 정당화하면 다일까? 행동으로 옮기지 않았으니 깨끗한 것일까? 그것은 기회가 주어진다면 한다는 말 아닌가? 과거 타이거 우즈의 여성 편력을 비난한 많은 이들 가운데는 속으로 부러워한 자들이 적지 않았을 것이다. 포털 사이트의 댓글이 달리는 모습을 보면 가관이 아니다. 기회만 주어진다면, 즉 공권력이 사라지거나 타인의 시선이 권력으로 다가오지 않는다면 반사회성은 언제나 등장한다. 그래서 카프카의 『학술원에 드리는 보고』에 등장하는 빨간 피터는 이미 인간이 되었음에도 불구하고 밤만 되면 '암컷 침팬지'를 원하고, 『눈먼 자들의 도시』는 무법천지가 된다.

이런 현실을 보며 우리가 내릴 수 있는 결론은 분명하다. 칸트가 그토록 믿고 싶었던 인간 존엄성의 가치, 그리고 그것을 바탕으로 세워진 도덕적 이상은 본질상 허구다. 원래 인간이 존엄한 것이 아니라 존엄하다고 합의한 것이기 때문에 누구나 그 합의를 파기할 수 있고, 또 실제 그 합의를 진심으로 지키려는 자도 찾아보기 힘들다. 그것이 서구의 역사를 통해 일반적으로 수용된 이유도 아이러니하지만 인간의 이기심을 충족시켜주기 때문이다. 이기심? 그렇다! 다른 사람들로부터 존중받고 사랑받고 싶은 욕망. 적어도 나 자신을 가장 존엄한 존재로 대우해주기를 바라는 은폐된 왕자병과 공주병이 칸트의 인간 존엄성 개념에 그림자로 숨어 있다. 바로 그런 이유로 모든 인간은 자신이 누군가에게 종속되거나 도구가 되는 것을 싫어한다. 물론 칸트는 그런 마음으로 자신의 윤리 사상을 정립하지 않았을 것이다. 하지만 인간의 보편적 이기주의는 그렇게 가장 도덕적으로 보이는 곳에 은밀히, 하지만 깊숙이 뿌리박혀 있다.

존엄의 허구

인간은 결코 도덕적인 사회를 만들 수 없다. 지나치게 비관적인 생각일까? 그렇지 않다. 쇼펜하우어(A. Schopenhauer)도 자신은 허무주의자나 염세주의자가 아니라 현실주의자라고 주장했다. 당신은 언젠가 한 아파트의 주민들이 행복한 얼굴로 웃으며 서로를 배려하고 이해하는 사회가 올 것이라고 생각하는가? 미국과 중국이, 일본과 한국이 인간 존엄성의 가치를 깨닫고 서로의 대량살상 무기를 포기할 날이 올 것이라고 믿는가? 아마 그렇게 생각한다면 당신은 인생의 대부분을 무인도에서 보내고 방금 문명사회로 돌아온 경우일 것이다. 존엄성에 빛나는 인류 문명이 왜 자신의 고유한 가치인 존엄성을 실현하지 못하는 것일까? 왜 우리는 끊임없이 상호 규제해야 하고 공존을 위한 조약이나 계약을 체결해야 할까?

얼핏 보면 어려운 질문들 같지만 답은 의외로 간단하다. 전제가 잘못되었기 때문이다. 우리가 도덕적인 사회를 원한다는 그 전제 말이다. 인간은 도덕적인 사회를 원하지 않는다. 믿을 수 없겠지만 사실이다. 아니, 이미 설명한 것처럼 도덕적인 사회를 원하기는 한다. 하지만 나의 이기심에 도움이 되어야 한다. 적어도 자신에게 어떤 상위의 이익이 보장되지 않는 이상 인간은 이기심의 자리에서 움직이지 않는다. 기성세대는 젊은이들 사이에 팽배하는 극단적 이기주의를 보며 도덕의식의 부재를 한탄한다. 그러나 뚜렷한 변화는 보이지 않고, 대신 담론만 넘쳐나고 있다. '도덕적이어야 한다'라는 명제처럼 자명한 것은 없다. 그러나 우리는 사회가 '도덕적이지 않다'는 것, 사실은 도덕을 원하지 않는다는 것을 안다.

내가 지금 홉스의 이기주의를 대변하고 있다고 생각하는가? 그렇지 않다. 홉스가 생각한 이기주의는 동물의 이기주의와 동일한 것이다.

그래서 그는 자연 상태에서의 이기주의가 선악과 무관하다고 말한 것이다. 그의 말은 맞다. '이기적'이라는 말과 '악하다'라는 말은 근본적으로 다른 것이다. 이기적인 행위는 자연 상태에서는 가치중립적이지만 사회가 형성되고 도덕적 합의가 이루어지면 악으로 규정된다. 인간과 동물은 언제나 이기적이지만 선악은 문화의 산물이기 때문이다.

인간의 이기심은 동물의 이기적 본능과 동일한 속성을 지니고 있다. 하지만 인간의 이기심에는 동물을 넘어서는 질적으로 다른 무엇이 있다. 그것은 악이다. 인간의 이기심은 생존 본능에 머물러 있지 않다. 자연계 내에서 생존이라는 문제와 완전히 분리된 이기심을 가진 존재는 인간뿐이다. 인간은 생존을 위해서가 아니라 재미로 죽인다. 그냥 보기 싫다고 때리고, 재수 없다고 고문하며, 피부색이 싫다고 살해한다. 인간의 이기심은 가능하다면 모든 존재를 자신의 노예로 만들고 싶어 한다. 철저하게 모든 영역에서 지배하고 싶어 한다. 폭력을 가하거나 죽여도 그냥 죽이지 않는다. 전율을 느낄 정도로 잔인하고 참혹하게 그리고 교활하게 고문하며 죽인다. 일례로 중국의 능지처사는 산 사람의 살을 조금씩 발라내 죽이는 형벌이었다. 몇백 번의 칼질을 통해 사람을 난도질하면서도 고통을 극대화하기 위해 죽지 않을 만큼 조금씩 살을 도려내는 것이다. 나치는 유태인을 그냥 학살하기 아까워 머리카락을 잘라 이불속을 만들었고, 기름을 짜 군용 비누를 만들었으며, 총알을 아끼고 시간과 노동을 절약하기 위해 가스실을 개발했다. 북한 사회나 여러 독재국가의 수용소에서 시행되는 고문의 종류를 나열하면 인간 자체가 증오스러워질 정도다. 그렇다. 인간의 이기심은 단순한 미움에 그치지 않고 증오, 즉 그 존재 전체에 대한 미움이 될 수 있다. 그리고 테러단처럼 자신의 목숨까지 버리며 상대방을 철저하게 파괴하는 데 가치를 느낀다.

인간은 단순히 동물이 아니다. 인간은 영적 존재다. 그래서 인간은 동물이 할 수 없는 사랑도 하지만 동물이 할 수 없는 증오도 한다. 인간의 진정한 자아인 영이 몸을 자신의 정체성으로 선택하면 단순히 몸의 욕망만이 작동하는 것이 아니다. 마음, 즉 정신인 지정의의 모든 수단을 동원해 그 이기적 욕망을 충족하기 위해 움직인다. 그 결과가 바로 문명사회다. 그리고 '나'인 영적 자아는 스스로를 증오의 주파수에 맞추어놓는다. 그리고 몸의 욕망을 실현하는 과정에서 온갖 종류의 증오의 열매들을 쏟아놓는다. 자신에 대한 염려·걱정·불안·절망·교만·거만, 타인에 대해서는 시기·질투·미움·업신여김·조롱·멸시 등 배설물보다도 더럽고 역겨운 영적 쓰레기들을 뱉어낸다.

솔직히 말해보자. 인간은 정말 도덕적이기를 원할까? 혹시 당신은 아직도 인류의 도덕 실현을 믿는가? 아쉽지만 믿고 싶은 것과 믿을 수 있는 것은 다른 것이다. 물론 그런 사람들이 있다. 소수이지만 자신의 정체성을 바로 알고 마음의 방향을 몸이 아닌 영적 사랑의 주파수에 맞춘 사람들이 분명 있다. 하지만 대부분의 사람들은 아니다. 그들은 몸의 이기적 본능을 영적 이기심으로 떠받들며 행복감만을 따라 산다. 그런 몸적 자아에게 도덕이나 심지어 이타주의는 포장된 이기주의의 가면일 뿐이다. 왜 어린아이들은 가르쳐주지 않아도 거짓말과 도둑질을 잘할까? 시기심에 형제를 때리고 '내 거!'라는 소유욕으로 가득 차 울고불고 난리일까? 예절과 착한 언행은 아무리 가르쳐주어도 체화되기 어렵다. 변명만 늘어놓으며 꼭 시키지 않은 짓만 하지 않나? 그래서 사회학자들은 사회화를 늑대가 인간이 되는 과정으로 나타내고 있다. 그리고 합의를 통해 도덕이라는 것을 현실화시켰지만 도덕성의 부재는 결국 자연을 넘을 수 없는 인간의 한계를 보여준다고 말한다. 사실이다. 공존이나 합의 그리고 그 합의에 대한 준수도 사실은 모두 이기주의로 인해 발생한다. 경제인, 정치가, 언론인, 공무원, 법조인, 심지어 종교인들도 자신의 이익을 위해 도덕과 경제성장, 정의와 공정 사회, 그리고 선과 희생을 외친다.

하지만 이제 우리는 안다. 사회화는 늑대가 인간이 되는 것이 아니다. 아기 돼지들을 온갖 감언이설과 거짓으로 속여 결국 잡아먹고 마는 사악한 늑대가 인간이 되는 것이다. 문제는 그 사악한 늑대는 이기심을 절대 포기하지 않는다는 사실이다. 존엄을 비롯한 인간의 모든 숭고한 가치나 도덕성도 그에게는 자신의 욕망을 이루기 위한 수단에 불과하다. 결국 그렇게 도덕과 예절, 법치의 회를 칠해놓은 이기심의 무덤인 인간에게 진정한 의미의 존엄이 살아 있을 수는 없는 일이다. 죽어버린 존엄! 하지만 사실은 그가 스스로 죽인 존엄이다.

카지미르 말레비치(Kazimir Severinovich Malevich), **〈나무꾼〉**(1912)

해탈을 위한 특별한 길은 없다. 자본은 언제나 무념무상의 경지로 인도한다. 돈으로 뇌를 가득 채우면 생각이 들어갈 자리가 없다. 그래서 『세일즈맨의 죽음』의 윌리 로먼은 일한다는 의식 없이 일한다. 로봇처럼 우직하게 판옵티콘의 구조 안 어느 곳, 자신의 자리를 묵묵히 지키고 있다. 위대한 개츠비를 꿈꾸며, 오늘도 가난한 노동자는 자본이란 신을 위해 각자의 직장에서 인격을 제물로 바친다. 대량생산되고 대량소비되는 상품들 사이에서 껍질만 남은 존엄으로 거룩하게 박제되어 진열된다. 한때 창조의 궁극적 목적으로 숭배되던 인격은 이제 저울 위 돼지고기 옆에 놓여 있다. 가격은 적정하다. 더 무거운 놈이 더 비싸다. 경건한 몸값 상승으로 노동의 땀이 향으로 피어오르면 우상에 대한 찬양과 경배가 전 세계에 울려 퍼진다. 세상은 평안하고, 사람들은 안식한다. 오늘도 몇 푼 벌었다.

« 2 »

황금 송아지 – 매매춘

강도덕은 금욕주의자다. 왕성욕은 자유주의자다. 어느 날 왕성욕을 만난 강도덕이 그를 나무랐다. "도대체 왜 그렇게 사냐? 맨날 사창가에 가지를 않나, 안마 시술소 같은 업소를 드나들지 않나. 네가 사는 게 개랑 어디가 다르냐!" 그런데 우연히 옆을 지나가던 개 한 마리가 그 말을 들었다. 화가 났다. "이것 보세요! 우리 견들은 당신들처럼 음란하고 난잡하지 않아. 우리가 얼마나 정숙한지 몰라요? 발정기 때를 제외하고는 관계를 하지 않아! 그런데 인간들은 시도 때도 없이, 장소나 대상도 안 가리고, 또 온갖 잡나한 변태적인 방법으로 붙어먹잖아! 또 돈만 주면 다 한다며! 그러니 방금 한 말 당장 취소하세요!" 강도덕이 가만히 생각해보니 개의 말이 맞았다. 그래서 왕성욕에게 말했다. "이 개만도 못한 놈아!" 그러자 견공은 만족한 표정으로 가던 길을 갔다.

러셀(B. Russell)은 『결혼과 도덕에 관한 10가지 철학적 성찰』에서 성에 대한 억압이 강화될수록 오히려 음성적 매매춘[57]이 성행한다고 지적하며 자유연애만이 매매춘을 없앨 수 있다고 주장했다. 제멋대로의 삶을 자유와 동일시하고 싶어 하는 인간의 청개구리 본능을 고려하면 분명 타당한 진단이다. 그런데 자유연애가 가능해지면 정말 러셀의 기대처럼 매매춘이 사라질까?

매매춘은 성을 억압하면 활성화되고 억압하지 않으면 사라지는 것이 아니라 '완전히' 활성화된다. 왜? 그것이 몸적 자아를 자신의 정체성으로 삼고 쾌락을 행복으로 규정한 인간 고유의 특성이며, 동시에 쾌락 자체의 특성이기 때문이다. 행복감에 중독된 인간의 쾌락 욕구를 막을 방법은 없다. 억압하면 자유의 이름으로, 허용하면 역시 자유의 이름으로 모든 상상력을 동원한 무한 쾌락의 세계로 뻗어나간다. 몇몇 인류학자나 사회학자들이 생각하듯 인간의 성욕이 처음에는 생식만을 위해 존재했을 가능성은 희박하다. 논리적으로 그럴 수 없다. 인간은 본질상 문화 이전의 자연 상태라는 것이 존재할 가능성이 없다. 문화의 정의 자체가 자연에 인위적으로 개입해 무엇인가 변화를 이끌어낸 것이라고 볼 때, 두 손을 가진 인간이 생존을 위해 움직이는 순간 문화는 시작되는 것을 의미하기 때문이다. 나아가 문화 자체가 생존에서 쾌락으로의 중심 이동을 의미하는 것이기에 문화가 발달할수록 매매춘 역

57 ; 매춘이 아니라 매매춘이 정확한 표현이다. 수요자가 없으면 공급자도 없기 때문이다. 다만 편의상 매춘이라는 용어를 사용한다. 매춘을 최초로 정의한 것으로 알려진 유스티니아누스 황제의 로마법대전에는 "매춘부란 상대방을 가리지 않고 금전을 위해 공공연히 신체를 제공하는 부녀"로 정의되어 있다. 망시니(J. G. Mancini)는 매춘을 "여자가 금전을 대가로 한 자유의사에 따라 구속됨 없이 상습적이고 반복적으로 부단히 성 교섭을 하는 것이며, 이 행위 이외에는 생활의 수단을 일체 갖지 못한 상황에서 성적 교섭을 요구당할 경우 어떤 상대이건 선택해 즐거움이 아닌 금전 획득을 목적으로 하는 행위"로 규정했다. 블로흐(I. Bloch)는 "다소 음탕한 것을 특징으로 하는 혼외 성관계의 특이한 형태"라고 말했으며, 한국의 윤락행위등방지법 제2조에서는 매춘을 "불특정인으로부터 금전 및 기타 재산상의 이익을 수수하는 약속을 하거나 기타 영리의 목적으로 성행위를 하는 것"이라고 명시하고 있다. 그러나 이러한 정의는 오늘날 타당성이 없다. 매춘업에 종사하는 자들이 여성에만 국한된 것도 아니고 타 업종에 동시에 종사하거나 아르바이트로 하는 것이 이미 일반화된 상태다. 단지 우리가 동의할 수 있는 것은 매춘의 동기와 목적이 금전 획득이라는 것이고, 성적 교섭을 통해 이루어진다는 사실이다. 그러므로 일단 매춘을 '금전 획득을 그 동기와 목적으로 육체적 성을 파는 행위'라고 규정한다.

시 다양해질 수밖에 없다. 역사 역시 그 사실을 증명하고 있다.

매춘하는 여성을 비하하는 용어 '화냥년'은 병자호란 당시 몽고로 끌려갔다 고향으로 돌아온 '환향녀(還鄕女)'에서 유래된 것이다. '환향녀'라는 기호는 매춘이 타율적이고 특정 권력에 의해 강제되어지는 것이며 생계 의존적이라는 사실을 암시한다. 하지만 영화 '창'에서 보여지는 것처럼 현대사회의 매춘은 생계 의존적이지만은 않다. 지금은 자발적이고 쾌락 지향적인 매춘이 공존하고 있다. 당연히 러셀의 기대와는 달리 매춘 사업도 다양해지고 또 확장되고 있다. 특히 성매매특별법으로 공창이 사라지고 변종 형태의 영업이 음성적으로 활성화된 지금, 매춘과 일상 사이의 경계는 사라져버렸다. 젊은 여성의 약 5분의 1이 어떤 형태로든 매춘 관련 업종에 종사하고 있다고 한다. 성인 남성의 70퍼센트, 대학생의 약 30퍼센트가 매춘부와의 성적 경험을 갖고 있으며, 향락 업소의 매출이 약 40조 원이 넘고 매춘의 경우는 4조 원 이상 된다. 골목길에는 안마 시술소와 단란주점과 룸살롱이 있고, 폰팅 광고지가 넘쳐흐른다. 요즘은 오프라인에서 온라인으로까지 확장되어 쉽고 빠르게 돈을 벌기를 원하는 미성년자들이나 자녀의 과외비를 마련하려는 부녀자들까지 매춘업에 뛰어들고 있다. 그리고 호스트바의 많은 미소년들의 경우처럼 이제는 더 이상 여성만의 직업도 아니나.

세태가 이러니 요즘은 매춘을 시장경제의 원리에 따른 공급과 수요의 관계로만 보는 이들이 많다. 그들은 술집에서 2차를 가거나 변종 영업소 등을 다니며 마트에서 상품을 구입하듯 성을 구입한다. 자유주의자와 보수주의자로 나뉘어 논쟁하던 시기도 옛날이 된 것 같고, 매춘이 일상화된 요즘은 논의 자체가 현실과 별 연관성이 없어 보일 정도다. 하지만 그래도 매춘의 문제점에 대한 이야기를 조금은 할 필요가 있다.

성매매의 비도덕성

> B 학생의 대학 후배는 생활고 때문에 성매매에 뛰어들었다. 그는 설득해보려 했지만 실패했다. 그녀는 동생의 학비를 벌기 위해서는 어쩔 수 없으며, 잠깐뿐이니 걱정하지 말라고 했다. 그런데 그 학생을 놀라게 한 것은 후배의 당당함이었다. 그녀는 솔직히 매춘이 뭐가 문제되는 것인지 알 수 없다고 했다.

매춘은 비도덕적인 것일까? 원칙적으로 부정적인 시각은 다음의 두 가지다.

> 1. 성은 상품화될 수 없다.
> 2. 성은 사랑과 연계되어야 한다.

사람들은 성만은 상품화될 수 없다고 말한다. 하지만 텔레비전에 등장하는 광고를 보면 성의 상품화는 일상이다. 성과 전혀 관계가 없는 컴퓨터나 타이어 등 수많은 상품광고의 주된 소재는 성이다. 현대사회는 성을 장려하는 사회이며, 이미 성은 다양한 방식으로 상품화되고 있다. 물론 성매매는 단순한 성이 아니라 몸을 상품화하는 것이라고 주장할 수 있을 것이다. 하지만 누드모델이나 영화에서의 베드신도 상품화 아닌가? 모델이나 배우들은 예술이라고 변론하기도 한다. 하지만 출연료 없이 예술만을 위해 옷을 벗는 연예인들이 얼마나 될까?

아마도 성 상품화에 반대하는 주장의 본질은 성행위에 있을 것이다. 핵심은 성적 이미지나 누드의 상품화가 아니고 실제 돈을 받고 성행위를 한다는 것이다. 하지만 이 주장도 역시 설득력은 없다. "충격! 실제

정사!"와 같은 영화 광고에서 볼 수 있는 것처럼 자본은 모든 것을 상품화한다. 상품이 되어 수요가 있을 법한 것은 모두 상품으로 전환된다. "실제 정사라 해도 베드신은 연기일 뿐이다"라고 배우들은 말한다. 그렇다. 베드신은 연기다. 매춘은 실제다. 그러나 성매매 여성도 자신들의 행위를 연기라고 한다.

어떤 사람들은 사랑하는 존재와의 성만이 성의 진정한 가치를 보장해준다고 한다. 그럴듯하지만 말 그대로 그럴듯하기만 하다. 성과 사랑의 비분리는 낭만주의자들이 한번 정도는 꿈꾸어보는 이성관이다. 하지만 성과 사랑이 일치해야 한다는 말이 정확히 무엇인가? 사랑이 무엇인지를 모르니 그 의미도 알 수 없다.

매춘 자체보다는 매춘이 사회에 끼치는 폐해를 지적하는 사람들이 있다.

1. 매춘은 범죄율의 증가를 초래한다.
2. 에이즈와 성병이 무방비로 번질 가능성이 있다.
3. 성 의식이 문란해져 건전한 성 의식에 위협이 된다.
4. 매춘은 가정을 파괴할 수 있다.

성매매가 범죄율의 증가를 초래할 수 있다는 주장은 객관적 통계는 없지만 심리적 개연성이 있다. 러시아 젊은이들의 희망은 남성의 경우 마피아, 여성의 경우 매춘부라고 한다. 사창가 근처는 다른 지역에 비해 범죄와 마약이 빈번한 것도 사실이다. 특히 구 소련 붕괴 직후 러시아의 경우처럼 사회 자체가 불안하고 법치국가의 구조가 성숙되지 못한 상태에서 성과 관련된 범죄의 증가는 자연스러운 현상일 것이다.

성병의 증가 문제는 성에 대한 지식이나 계몽의 문제가 크다. 선진국에서는 성매매 시 반드시 콘돔을 사용하도록 법으로 정해져 있다. 성이 출산이나 성병과 연결된다는 사실을 분명히 인식하고 있기 때문이다. 일례로 한국에서 과거 에이즈는 동성애자들의 전유물로 인식되었다. 그러나 에이즈는 성 지향성이나 방식 때문에 전염되는 것이 아니라 혈액과 혈액의 결합이 이루어질 때만 전염된다. 콘돔을 사용하지 않을 때 동성애의 항문성교와 같은 결합 방식이 이성애의 일반적 방식보다 전염 가능성을 높이는 것은 사실이지만, 일반인의 가능성도 절대 낮지 않다. 누구나 언제든지 에이즈에 감염될 수 있다.

성매매가 건전한 성 의식을 변질시킨다는 주장은 그럴듯해 보이지 않는다. 건전한 성 의식이 있는 사람이 성매매를 원할까 하는 질문이 가능하고, 또 역으로 건전하다는 말이 무슨 뜻인지 불분명하다. 마지막으로 가정의 문제는 어떨까? 배우자의 성 매수가 가정 파탄으로 이어지는 경우는 드물다. 현재 거의 두 쌍 중 한 쌍이 이혼하는 것이 현실이지만, 이혼 사유가 매춘인 경우는 거의 없으며 성과 관계된 것이라고는 간통의 경우뿐이다. 왜 그럴까? 그러한 현상의 배후에는 성매매 여성에 대한 의식이 내재되어 있다. 일반적으로 매춘부들은 가정주부의 자리를 빼앗을 경쟁 상대가 되지 못한다. 정상적인 주부의 입장에서 성매매 여성은 다른 세계의 존재들이다. 그리고 그 세계는 정숙하지 못한, 비도덕적 세계다. 따라서 그 여성들은 정상으로 인지되지 않는다. 성매매 여성들은 질적으로 다른 종이다.

본질에의 접근

성매매는 자본을 대가로 성을, 다시 말해 구체적 성행위나 유사 성행위를 위해 자신의 몸, 즉 성적 노동을 제공하는 행위다. 그렇게 보면 모든 것이 자본화될 수 있는 자본주의 사회에서 성매매는 또 하나의 노동일 뿐이다. 그런데 정말 그럴까?

문제는 성매매의 순간에 있다. 개인이 자신의 성을 노동으로 제공하는 순간 그는 자신의 성만을 팔지 않는다. 거래되고 있는 좀 더 본질적인 것은 인격이다. 존엄성은 도구화될 수 없다. 그런데 성 매수자는 인간을 도구화하고 있다. 다시 말해 자신의 성욕을 위해 자본을 미끼로 도구화될 수 없는 인간을 도구화하고 있다. 성 매도자 역시 자신의 인격을 도구화하고 있다. 성은 분명 상품화될 수 있다. 하지만 성매매의 경우 성만 단독으로 상품화되지 않는다. 성과 인격은 분리될 수 없기 때문이다. 성 제공자는 매수자의 요구대로 움직인다. 수단화된다는 것은 곧 자율성을 상실하는 것이다. 자율성을 상실한 존재는 노예나 마찬가지다. 노예는 상품이며, 상품은 곧 사물이다. 따라서 성매매 상황에서 발생하는 근본적인 사건은 노동이 아닌 인격 매매다. 인간과 사물을 동일시하거나 착각하는 범주의 오류가 본질이다. 인격은 매매의 대상이 될 수 없다. 본인이 팔고 싶다고 팔고, 사고 싶다고 살 수 있는 성질의 것이 아니다. 적어도 우리는 그렇게 합의했다. 그리고 합의한 것은 준수해야 한다. 따라서 자본을 통한 성매매의 합의는 도덕적으로 용납될 수 없는 합의다. 인격이 거래될 때 두 사람은 수평적인 평등한 관계로 존재할 수 없다. 파는 자는 사는 자의 노예처럼 그가 원하는 대로 해야 한다. 그는 물건이 된다. 그리고 물건을 사용해서 성욕을 채우는 사람은 누군가와 성행위를 하는 것이 아니라 자위를 하고 있는 것이다.

사실 성매매의 문제는 누구나 내적으로 인지하고 있다. 1970년대 그저 생존을 위해 어쩔 수 없이 몸을 팔던 여성들은 그래서 "씹은 줘도 키스는 안 돼"라는 말을 하고는 했다. 손님과 성행위를 하면서도 키스를 거절하는 행위는 존엄성의 보전을 위한 몸부림이라고 할 수 있다.

자신의 몸이 비록 상품화됐지만 키스를 배제함으로써 상품화되지 않은 키스를 존엄성의 상징으로 간직하고 싶은 것이다. 그리고 그 마지막 남은 존엄성을 후에 만날지 모르는 사랑하는 사람에게 주고 싶다는 것이다. 이러한 의도는 성행위 때 무슨 일이 벌어지는지를 당사자가 느끼고 있다는 방증이다. 그럼에도 그 행위는 '눈 가리고 아웅'이다. 입술과 몸도 분리될 수 없다. 따라서 이제 성매매의 정의를 새롭게 구성할 때가 되었다.

> 매춘은 자본을 목적으로 자신의 인격, 즉 존엄성을 파는 행위다.

보이는 성매매와 보이지 않는 성매매가 있다. 인지되어지는 것과 그렇지 않은 것이 있기에 비가시적인 매춘을 드러낼 필요가 있다.

전통적으로 매매춘은 여성을 지배하는 남성의 권력과 여성에 대한 남성의 이분법적 시각, 그리고 그에 따른 이중적 욕망에 기인한다. 지배자인 남성은 여성을 현모양처와 기생, 레이디와 창녀를 구분하여 선과 악으로 나누고 장려하며 비난했다. 여기서 중요한 것은 선과 악의 이분법적 분리를 통해 남성이 원한 것은 여성으로 하여금 현모양처가 되도록 유도하기 위함이 아니었다는 사실이다. 얼핏 보면 그렇게 보이지만 사실은 그렇지 않다. 여성의 이원적 분리는 오히려 남성이 여성에게 바라는 역할이나 기능을 분리하여 적용한 것이다. 자신의 집에 보관하며 때로는 과시하고 싶은 여성은 현모양처로 분류하고, 맹목적인 성욕 방출을 위해서는 기생이나 창녀를 별도로 특정화하여 결국은 어떤 형태든 일방적으로 소유하고 싶은 것이다. 매춘을 필요악이라 규정해 온 배경에는 남성의 이 같은 소유욕이 있다. 그럼에도 간음이나 매춘을 악으로 규정함으로써 남성은 도덕적 선의 지위를 즐김과 동시에 여성으로 하여금 남성 문화의 이데올로기에 동화되도록 유도한 것이다. 그 결과 매춘을 객관적·공식적으로는 비판하고 주관적이고 은밀한 공간에서는 즐기는 문화가 고착되었다. 인류 역사가 존재한 이래 성매매가 없었던 적은 없으며 동시에 성매매에 대한 도덕적 비난의 소리 역시 끊어진 적이 없다는, 그러나 성매매는 결코 근절된 적도 없고 사실 근절시키기를 원한 적도 없다는 바로 그 사실만으로도 지배 계층인 남성의 의식이 얼마나 이기적이고 가식적인지 알 수 있다. 원하지 않는다고 말하며 원하고, 비난하면서도 욕망하고, 근절해야 한다고 말하면서도 실제로는 장려하는 태도는 음흉한 남성 문화의 고전적 모습이다. 그리고 매매춘에 대한 이러한 이중적 태도는 기본적으로 변한 것이 없다. 물론 그런 남성 문화의 모순을 여성은 자신의 생존 전략에 사용할 수밖에 없었을 것이다.

그런데 자본주의가 심화되면서 일반적인 성매매와 달리 더욱 근원적인, 그리고 훨씬 더 심각한 성매매가 등장하기 시작했다. 마르크스는 그 사실을 정확히 직시했다.

> 자본은 보편적 창녀다.
>
> 자본주의 사회에서 노동과 인격의 분리는 허구다.

마르크스에 따르면 자본주의 사회는 인간을 이중적으로 소외시킨다. 먼저 개인이 노동을 하여 만드는 상품은 타인을 위한 것이다. 노동자가 자신의 상품을 향유하지 못하므로 이때 노동은 강제 노동이 된다. 또한 상품을 사는 자 또는 노동의 대가를 치루는 자에게 그는 종속된다. 종속은 곧 노예화다. 혁명주의 이론의 실패에도 불구하고 마르크스가 옳게 지적한 것은 자본주의가 지니고 있는 허구다. 그 허구는 곧 노동과 인격이 분리될 수 있다는 믿음이다.

민주주의가 국민을 주인으로 보는 반면에 자본주의는 말 그대로 '자본이 주인인 사회'다. 그런데 자본이 주인이라면 인간은 무엇일까? 자본에 끌려다니는 실질적 종이다. 사람들은 우리 사회가 민주주의와 자본주의를 동시에 표방하고 있기에 양자가 공존한다고 생각하지만 그것은 오산이다. 민주주의와 자본주의는 갈등한다. 민주주의는 인간이면 무조건 가치가 있다고 말한다. 자본주의는 인간의 가치가 교환가치라고 말한다. 당연히 원칙적으로는 민주주의가 맞다. 하지만 실질적으로는 자본주의가 이겼다. 두 사람이 걸어갈 때 주인과 종을 구분하는 방법은 간단하다. 앞에 가는 놈이 주인이고, 뒤에서 졸졸 따라가는 놈이 종이다. 현실은 인간이 돈을 따라다닌다. 그래서 자본주의는 말한다. "인간 존엄성이 실질적 가치로 인정받기를 원한다고? 그렇다면 교환가치가 얼마나 되는지 보여봐!"

숙자 씨의 성은 '노'다. 일용직 일거리가 있을 때는 공원에 풀이라도 뽑을 수 있었다. 보증금이 없으니 월세는 힘들었지만 그래도 만화방에서 잠은 때울 수 있었다. 그런데 얼마 전부턴 몸이 아파 일을 나갈 수가 없다. 결국 만화방에서 퇴출당해 서울역으로 갈 수밖에 없었다. 돈은 필요했고, 그래서 궁리궁리하던 그녀는 결국 그녀의 가장 가치 있는 것을 팔기로 결심했다. 최후의 보루로 남겨둔 것이라 망설였지만 현재 상태로는 어쩔 수가 없었다. 그래서 그녀는 남대문시장 한복판으로 나갔다. 그러고는 커다랗게 팻말을 붙인 다음 자신의 보물을 사 갈 손님을 기다렸다. 그런데 아무리 기다려도 손님은 오지 않았다. 지나가던 행인들은 그녀의 팻말에 적힌 광고를 물끄러미 보다가는 그녀를 보고, 그러고는 다시 팻말을 보고, 그

> 러다 피식 웃거나 불쌍한 표정을 지으며 지나가버릴 뿐이었다. 그녀에게는 이상한 일이었다. 정부가 공인한 보물이었다. 자신이 세상에서 가장 소중하게 여기던 물건이었다. 그런데 거들떠보는 사람조차 없다. 며칠이 지났지만 손님은 없었다. 그녀는 배고픔과 추위에 떨며 점점 희망을 잃어가고 있었다. 한 달 뒤 어느 새벽, 미화원이 그녀의 차디찬 시신을 발견했다. 꽁꽁 얼어붙은 그녀의 손은 광고 팻말을 꽉 쥐고 있었다. "특별 세일. 나의 보물, 존엄성을 팝니다. 원가: 상상 초월, 세일가: 사정상 10만 원!"

자본주의는 냉혹하다. 민주주의가 예찬하는 인간 존엄성이란 것, 현실은 쓰레기나 마찬가지다. 휴지 조각보다 못하다. 그래도 휴지는 모아서 팔 수 있고, 그러면 어쨌든 돈이 생긴다. 사람들은 존엄성이라는 가치가 돈으로 환산할 수없는 절대 가치라고 자위하지만 자본주의는 웃기지 말라고 한다. 돈으로 환산될 수 없다면 'Nothing'이다. 인간은 자신의 몸값만큼만 존엄하다. '몸값 = 인격'이라는 등식대로 간다.

사람을 몸값으로 표시하는 것만큼 비인간적이고 비도덕적인 일이 있을까? 쇠고기나 돼지고기도 아니고 인간의 '몸값'이라니. 사람들은 단어에 별 신경을 쓰지 않는 눈치다. 몸값 상승은 곧 성공을 의미하고, 그것은 다시 얼추 행복이란 어떤 것에 도달한 것이라 믿기 때문이다. 실제 몸값이란 단순한 용어 안에 인간의 도덕성이나 인격, 성품 등을 포함한 전인격적 가치가 들어 있다. 용어의 비도덕성은 아무래도 상관없을 만큼 현대인은 자본에 종속되어 있다. 멀쩡한 인간을 노예처럼 부려먹는 악덕 업주, 배우자 명의로 생명보험을 들어놓고 사고로 위장해 죽이는 파렴치한, 심지어 사람을 납치해 멀쩡하게 살아 있는 이의 장기를 적출해 팔아넘기는 흉악범들처럼 예외적인 범죄자들만이 그런 것이 아니다. 정도의 차이가 있을 뿐이지 사실은 누구나 그렇다. 누구나 자본을 주인으로 섬긴다. 그래서 요즘은 자본에 의한 인격 상실이 문제가 아니다. 자본을 위한 인격의 자발적 포기가 더 문제다.

애덤 스미스와 헤겔은 노동이 인간의 본질이라고 봤다. 마르크스는 헤겔이 편향성을 띈다고 비판했지만 인간이 노동을 향유해야 하며 노동이 가치를 부여한다는 생각은 일치한다. 그러나 자본주의 사회는 애덤 스미스의 희망처럼 노동과 인격이 분리될 수 있는 곳이 아니며, 그런 사고 자체가 허구다. 신입 사원은 회사에서 곧 상사의 반말과 비인격적인 대우를 체험한다. "야, 커피 좀 가져와. 이것 좀 우체국에 가서 부치고 와"라는 상사의 말에 "저는 단지 노동만을 제공하기 위해서 이 회사에 입사한 것이니 인격을 훼손하는 말과 행동을 삼가주십시오!"라고 대꾸한다면 아마 이런 소리를 들을 것이다. "그래? 그럼 네 인격을 보장해주는 회사로 가!" 사람들이 왜 더러워서 사표를 쓰고, 또 더러워도 사표를 쓰지 못하겠는가! 식당에서 손님들이 종업원을 반말로 부르는 것도 그렇다. "야, 물수건 가져와! 왜 이리 음식이 늦어!" 이때 종업원이 손님한테 "저는 단지 노동만을……" 하고 말해봤자 돌아오는 것은 뻔할 뻔 자다. "야, 주인 불러와!" 그러면 조금 뒤 주인은 "너, 아직 세상을 모르는구나!"라고 충고해줄 것이다. 실제 자본주의 사회에서 노동과 인격의 분리는 없다. 연봉 3000만 원은 3000만 원의 인격이고, 1억 원은 1억 원의 인격이다. 군대 계급에 따라 사모님들의 위치가 결정되듯 '타워팰리스'의 인격이 있고 임대 아파트의 인격이 있다. 직업에는 귀천이 없고 직업은 모두 자아실현과 관계된다는 말은 허구다. 자본주의 사회에서는 직업에 귀천이 있다.

63빌딩에서 유리창을 닦는 사람에게 어떤 자아실현을 하는지 물어보라! 파출부에게, 환경미화원에게, 그리고 '보따리장수'들에게. 물론 소수는 보람을 느끼면서 산다고 말할 것이다. 그렇게 보편화시켜서 말하지 말라고 충고도 할 것이다. 보람을 느끼고 안 느끼고는 마음의 문제라고 심오한 말도 할지 모른다. 그러나 현실은 현실이라는 것을 누구나 다 안다. 하루 세끼 밥만 먹으면 되지만 세끼 밥도 종류가 있다. 어차피 입으로 들어가면 뒤로 나오는 것은 똑같다고 해도 입은 언제나 간사하다.

노동과 인격의 동일화

자본주의는 노동과 인격의 분리라는 환상을 창조했지만 사회에는 몇 십만 원짜리부터 몇 억 짜리까지 다양하게 가격화된 인간들이 존재한다. '인간다운 삶'은 '높은 몸값의 삶'이다. 사람들은 자신을 잘 포장해야 몸값이 올라가고, 성공해서 행복할 것이라고 말한다. 사실 싸구려 소주 한 잔만 걸치려 해도, 버스로 한 정거장만 가려 해도 돈이 있어야 한다.

자아실현이 몸값 상승으로 자연스럽게 이어지는 것과 몸값 상승이 자아실현의 주 동기인 것은 근본적으로 다르다. 자아실현을 추구하는 과정에서 돈이 결과적으로 보충되는 사람은 행복한 사람이다. 그러나 자본주의는 언제나 역방향의 논리를 제시한다. 돈이 채워져야 인격도 채워진다. 따라서 누구든 돈을 위해 자신의 인격을 팔수 있다.

매춘이 '자본을 위해 인격을 상품화하는 것'으로 새롭게 정의되는 순간 자본주의 사회의 구성원은 누구나 잠재적 매춘부가 된다. 인격의 상품화는 어디에서나 발생할 수 있다. 승진이나 구직 또는 무엇을 위해서든 자본주의는 끊임없이 인격을 포기하라고 요구한다. 돈만 있으면 모든 것이 가능하다고 유혹한다. 따라서 사람들의 비판적 사고는 마비되고 자본의 이데올로기에 맹목적으로 순종하게 된다. 그리고 그것이 정상이 된다.

> A는 기뻤다. '사' 자가 들어가는 직업인이 되었기 때문이다. 신부가 될 사람도 만났다. 그는 당연한 마음으로 5억 원을 요구했다. 그런데 상대방이 4억5000만 원밖에 없다고 했다. 그래서 A는 단호히 거절하고 다른 대상을 물색했다. 그 돈을 지불할 여성은 많았다. 얼마 뒤 그는 행복한 결혼식을 올렸다.

지금은 '사' 자 들어가는 직업이 반드시 성공하는 시대가 아니다. 사법 고시도 합격 여부보다 연수원 성적이 중요하다. 하지만 과거에는 A 같은 사례가 적지 않았다. 그런데 A와 매춘부를 비교할 수 있을까? 사람들은 하늘과 땅 차이라고 생각할 것이다. 물론 그렇다. 사회적으로 보면 매춘부와 '사' 자 되시는 분이 어디 감히 비교가 되겠는가! 하지만 본질적으로 보면 둘 다 똑같은 매춘부다. 게다가 A와 같은 사람은 훨씬 심각하다.

매춘부는 한 번 거래에 정해진 시간 동안만 자신의 인격을 상품화한다. 하지만 A는 5억 원에 자신의 일생을 상품화한 것이나 다름없다. 이론적으로는 그가 배우자와 관계를 하며 받은 화대도 계산해낼 수 있다. 그가 받은 5억 원을 평생 아내와 가진 잠자리 횟수로 나누면 된다. 매춘부는 정해진 시간 동안만 사물이지만 그는 평생 인간이 아니다. 아마 그는 자신에 대한 자부심이 대단할 것이다. 그리고 그런 곳을 찾아 즐기면서도 그런 직업에 종사하는 사람들을 깔볼 것이 틀림없다. 인간 이하로 취급할 것이다. 하지만 사실은 그 인간 이하인 사람보다도 그는 한참 더 이하다.

자본주의는 매춘을 장려한다. 자본주의는 자본을 위해 인격을 포기하는 것을 장려하고 때로는 그것이 진실인 것처럼 현실을 포장한다. 그러므로 매춘은 결국 자본주의 사회의 다른 직업이 지니는 도덕성만큼 도덕적이며 그 비도덕성만큼 비도덕적이다.

매춘의 본질

매춘화된 직업이든 매춘이든 매춘은 매춘이다. 그렇다면 왜 우리들은 유독 매춘만을 비난하는 것일까?

매춘은 자본주의 사회가 지니는 문제점, 즉 인격의 상품화를 가장 원색적으로 드러낸다. 자본주의의 은폐된 진실을 감각적이고 직접적으로 보여준다. 매춘을 바라보며 사람들은 노동과 인격의 매도를 목격한다. 그리고 비난한다. 심리적으로 그것은 투사다. 투사는 상대방을 비난함으로써 자신의 깨끗함을 만들어내는 심리 작용이다. 강하게 비난할수록 자신은 더 깨끗해진다. 하지만 그들은 누워서 침을 뱉고 있다. 매춘은 우리들의 자화상이기 때문이다.

성서에는 간음한 여사와 예수의 반남이 나온다. 유태인들은 모세율법을 들이대며 현장에서 잡혀온 그녀를 돌로 쳐 죽여야 한다고 예수를 다그친다. 그런데 "너희 중에 죄 없는 자가 먼저 돌을 들어 쳐라!"라는 말을 듣자 하나둘씩 떠나갔다. 이상한 점은 군중심리로 분노와 폭력의 본능을 드러내는 무리가 말 한마디에 고분고분해졌다는 사실이다. 성서에서는 예수가 바닥에 무엇인가를 썼다고 했다. 나와 있지는 않지만 아마도 추측해볼 수 있을 것이다. 사악한 인간들은 증거를 들이대야 죄를 자백한다. 따라서 예수는 신이니 그들을 다 알고 있었을 것이고, 당연히 가까이 있는 개똥이부터 썼을 것이다. "개똥이가 일주일 전 룸

싸롱에서 그렇고 그런 짓거리를 하다!" 그리고 옆에 선 자들의 순서대로 하나하나의 성적 탐욕과 관련된 죄들을 열거했을 것이다. 그들이 꼬리를 내린 것은 바로 그 때문이 아니었을까?

군중은 간음한 여성에게 자신들의 내적인 죄성을 투사한다. 그리고 그녀를 간음이라는 주홍 글씨로 정죄함으로써 순간적인 정결함을 느낀다. 자본주의 사회의 대중이 성매매를 비난하는 것도 마찬가지다. 매춘부는 희생양이다. 성매매는 자본주의의 실상을 직접적이고 원색적으로 보여준다. 인간이 돈에 의해 어떻게 변질될 수 있는지, 얼마나 비굴하고 비참하게 될 수 있는지, 그리고 그것이 사실 우리의 모습임을 바라보게 만든다. 그래서 싫은 것이다.

> 아프리카의 한 부족 족장의 아내가 선교사로부터 거울을 선물로 받았다. 그래서 태어나 처음으로 거울을 봤다. 그녀는 소스라치게 놀라 선교사에게 달려왔다. 그러고는 거울을 던지며 말했다. "방금 당신이 준 이 거울 안에 웬 괴물이 있다!" 선교사가 진정시키며 말했다. "그렇지 않다. 그것은 바로 당신의 얼굴이다!" 그러자 족장 부인은 거울을 다시 달라고 했다. 그러고는 발로 짓밟아 완전히 부숴 버렸다.

인간은 자신의 실상이 원색적으로 적나라하게 드러나는 것을 싫어한다. 그래서 드러나도록 만드는 존재를 증오한다. 결국 그 존재를 파괴하고 자신의 손을 씻는다. 매춘은 자본주의 사회를 살고 있는 우리가 얼마나 실질적 의미의 매춘을 하고 있는지를 보여주기에 우리는 돌을 던진다. 가장 감각적이고 자극적인 방식으로 우리의 자화상을 보여주기 때문이며, 그래서 우리는 스스로를 '정상'의 포장지로 은폐하고 싶기 때문이다.

병신이 병신을 보고 놀리면 우리는 그에게 '꼴값하네' 라고 할 것이다. 그렇다면 "죄 없는 자가 먼저 돌을 들어 쳐라!"라고 한 예수의 말을 넉 자로 줄이면 뭘까? 역시 '꼴값하네!'일 것이다. 다행히 유태인들은 우리보다는 좀 양심적이었던 것 같다. 돌을 내려놓고 슬그머니 가버린 것을 보면 자신들의 '꼬락서니'를 안 모양이다. 아니, 아마도 예수가 안 보이는 곳으로 가서 마음껏 돌을 던져댔을 가능성이 더 높겠다.

일반적 의미의 매춘은 돈을 받고 성을 파는 행위다. 하지만 현상적 매춘 외에 본질적 매춘이 있다. 돈을 받고, 돈 때문에, 그리고 돈을 위하여 자신의 인격을 파는 행위다. 그렇기 때문에 자본주의 사회의 누구나 본질적 의미에서의 매춘을 할 가능성이 있다. 당연히 매춘을 매춘으로 인식하지는 못한다. 중매를 통해 열쇠 몇 개에 자신의 인생 전체를 파는 매춘부들이 있다. 정치, 법, 교육의 영역에서도 뇌물을 주고받고 성공을 위해 인격을 파는 매춘부들이 있다. 심지어 사회의 마지막 양심인 종교에도 영성을 자처하는 매춘부들이 존재한다. 돈이 '보편적 창녀'이고 그 창녀들이 모여 사는 곳이 공창이라면, 인간 사회도 공창일 가능성이 높다. 밤에 남산에서 보면 십자가가 많이 보인다. 그런데 서울을 뒤덮은 십자가들을 보면 허스트(D. Hirst)의 나이아몬드 해골이 떠오른다.

> 2007년에 데미안 허스트는 인간 존재의 무상함을 형상화하기 위해 다이아몬드로 가득한 해골을 만들었다. 제목은 당연히 〈신의 사랑을 위하여〉였다. 그는 작품을 만든 후 말했다. "해골은 죽었다. 그럼에도 웃고 있다." 백금으로 주형을 뜬 실물 크기의 두개골은 1720년에서 1810년 사이에 살았던 35세의 유럽인을 모델로 한 것

이다. 52.5캐럿짜리를 포함해 다이아몬드 8601개가 사용되어 모두 1106.18캐럿에 달한다. 얼마나 되는지 사실 상상도 안 되지만, 제작비로 약 220억 원이 들었고, 판매된 가격은 920억 원쯤 되었다고 한다. 신의 사랑이 최고가로 내렸다. 정말 해골은 행복하겠다. 신의 축복으로 가득한 얼굴일 것이다. 전능한 자본은 죽음도 웃게 하는 재주가 있다. 그것은 신도 이루지 못한 기적이다. 윌리 로먼이나 위대한 개츠비처럼 인간은 죽음도 팔 준비가 되어 있다. 무한한 신의 은총에 바치지 못할 것은 없다. 인격 정도는 언제나 덤이다.

페르디낭 들라크루아(F. V. E. Delacroix),
〈민중을 이끄는 자유의 여신〉(1830)

'예술은 진실을 말할 때 진정한 예술이 된다!' 하이데거의 말처럼 들라크루아는 1830년에 '7월 혁명'을 그렸다. 자유, 평등, 박애를 상징하는 삼색기의 여신은 그 진실된 가치가 사라질 때 받을 인간의 고통을, 아니 그 가치를 위해서라면 무엇이든 희생할 수 있다는 결의를 젖가슴의 기호로 상징한다. 혁명은 성공했다. 하지만 성공한 혁명이 그 혁명의 가치를 보장해주지는 못했다.
유토피아(Utopia)의 어원은 '부재(U-topos)'다. 이념은 그것이 이상으로 설정되는 순간 이데올로기로 변질된다. 혁명적인 것이 늘 쉽게 타락하는 이유는 이상이 허구와 동의어이고 거짓은 늘 진실로 포장되기 때문이다. 인간이 자유로울 수 없는 이유는 자유를 원하기 때문이다. 반면 평등할 수 없는 이유는 평등을 원하지 않기 때문이다. 한 사회가 '정의란 무엇인가' 질문할 때는 정의를 실천할 의지가 없을 가능성이 높다.

08

이데올로기의 죽음

« I »

부재의 유토피아 – 정의

2012년 4월 1일 경기도 수원시 팔달구 지동에서 조선계 중국인인 오원춘은 휴대전화 부품 공장의 회사원인 당시 28세 곽 모 양을 퇴근길에 납치해 목 졸라 살해한 뒤 시신을 엽기적으로 훼손했다. 그는 화장실에서 시신을 358점으로 토막 내 여행용 가방과 비닐봉지 등에 나눠 담은 후 도망가려다 붙잡혔다. 당시 1심은 사형을 선고했지만 서울고등법원과 대법원은 무기징역을 확정했다. 오원춘은 현재 초호화 호텔식의 천안외국인교도소에서 융숭한 대접을 받으며 복역 중이다.

사형 제도를 반대하는 주장 가운데 가장 설득력이 있는 논거는 어떠한 이유에서건 제도가 인간의 생명을 박탈하도록 요구할 수 없다는 것이다. 사형을 집행하려면 반드시 인간의 손을 거쳐야 한다. 누군가 올가미를 씌워야 하고, 전기 스위치를 켜야 한다. 여기서 직업이라는 이유로 한 개인에게 타인의 생명을 빼앗는 행위를 법이 요구할 수 있는가 하는 문제가 발생한다. 나아가 법은 죽은 자보다 산

자를 우선시한다. 살아 있는 사람은 그래도 살아야 하지 않겠는가 하는 것이다.

인간은 단순히 생명을 가진 존재가 아니다. 삶도 있다. 그렇기 때문에 인간 존엄성은 인간 생명의 존엄성과 인간 삶의 존엄성으로 구분된다. 헌법상 기본권이 생존권과 행복추구권인 것도 동일한 이유에서다. 따라서 살인자가 타인을 살해할 때 그는 단순히 생명만 파괴하는 것이 아니다. 생명을 잃는 순간 피해자는 자신의 미래에 대한 모든 자아실현 가능성, 그리고 그로 인한 행복추구 가능성을 불가역적으로 박탈당한다. 말 그대로 미래가 순식간에 사라져버린다. 따라서 정의의 본질이 등가성의 원리에 있다면 살인은 분명하게 동일한 형벌로 처벌되어야 한다. 그런 의미에서 오원춘의 무기징역은 법 정의와는 일치할지 모르지만 정의 자체에는 분명 반한다. 사형이 사회적 사형으로 대체되었기에 그는 감옥에서 공부할 수도 있고 글을 쓸 수도 있으며 텔레비전을 시청할 수도 있다. 진실은 분명하다. 한 사람은 인간 목록에서 사라졌고, 한 사람은 아직 인간이다. 죽은 자의 정의마저도 살아 있는 사들의 이기주의에 의해 무시된 것이다.

그래서 진리는 늘 평범한 사람들의 입술에 있다. "죽은 사람만 손해지, 뭐!"

아리스토텔레스의 『니코마코스 윤리학』(1332b)에 보면 '정의(justice)'의 헬라어 어원인 '디카이오시네(dikaiosyne)'는 디카(dika, 두 부분)와 디카이온(dikaion, 옳음)을 내재하고 있다. 따라서 정의란 어떤 것을 옳은 두 부분으로 나누는 것이다. 생일 케이크를 참가자 수에 따라 균등하게 분배하는 모습을 상상하면 쉽게 이해될 수 있다. 원리적으로 정의는 이처럼 케이크를 잘 배분하는 것, 즉 '각자에게 합당한 것을 부여하는 것'이다.

정의란 말은 그리스 신화에 나오는 정의의 여신 디케(Dike)에게서 온 것이다. 디케는 로마 시대에는 형평성의 개념이 가미된 유스티티아(Justitia)로 바뀌었고, 여기서 정의(justice)란 단어가 나왔다.

그림에서 보는 것처럼 정의의 여신 유스티티아는 오른쪽에 칼을, 왼쪽에는 저울을 들고 있는 맹인으로 묘사된다. 저울은 모든 사람에게 평등하게 적용되는 엄정한 정의의 기준을 상징하고, 칼은 정의를 실현하기 위해 필요한 힘을 의미한다. 맹인으로 설정한 이유는 개인의 사적 감정이나 판단을 초월하여 공평성을 유지해야 한다고 봤기 때문이다.[58]

정의의 개념을 이해하고 나면 사실 정의의 실현이 그렇게 어려워 보이지 않는다. 실제로 상식적 차원에서 정의를 모르는 사람은 별로 없다. 가난한 자를 멸시하거나 약

58 : 아리스토텔레스에 따르면 사회정의는 분배적(distributive) 정의와 시정적(corrective) 정의로 구분된다. 전자는 권리·의무·소유·부담 등에 해당하는 것으로, 다시 인권이나 헌법의 기본권처럼 모든 인간에게 절대적으로 부여되는 산술적 정의와 비례적으로 임금·성적·상 등 공적에 따라 또는 사회보장이나 빈민연금 등 필요에 따라 부여되는 기하학적 정의로 나뉜다. 일례로 세금의 경우, 직접세는 기하학적이며 간접세는 산술적이다. 반면 후자인 시정의 정의는 다시 물건 매입·계약 매도·세 등에 적용되는 균등의 정의와 형법상 처벌에 해당하는 보상의 정의로 나뉜다. 이처럼 아리스토텔레스는 다양하게 정의를 구분하지만 사실 의미상으로는 전혀 복잡하지 않다. 사회의 어떤 분야이건 그 영역에 속한 개인에게 당연히 부여될 것을 부여하는 것이라고 간단히 생각하면 된다.

한 자를 괴롭히는 행위, 다른 나라를 침공하고 죄 없는 민간인을 학살하는 일이 불의(不義)하다는 사실을 모르는 사람은 없다. 하지만 현실은 정의의 이념대로 자동화되어 있지 않다. 정의의 여신은 항상 공정하지 않으며 실제로 언제나 공정할 수도 없다. 정의의 여신이 맹인이라는 사실에 주목하자. 일차적으로 맹인은 공명정대함을 나타낸다. 그것은 마치 롤스(J. Rawls)가 말한 '무지의 베일(Veil of ignorance)'과 같다. 롤스는 모든 사람이 각자 처한 환경적 조건을 모른다면 보편적으로 공평한 도덕 원칙을 선택할 것이라 믿었다. 하지만 아무것도 보이지 않는다는 것은 '맹목성'을 의미할 수도 있다. 보이지 않으니, 또는 보고 싶지도 않은 상태에서 제멋대로 칼을 휘두를 수 있다. 또한 볼 수 없다는 것은 분별력인 지혜의 결핍을 의미할 수도 있다. 정의의 여신은 의도하지 않은 상태에서, 또는 은밀한 의도에 따라 불의한 칼을 휘두를 수 있다.

5.18 광주민주화운동 당시 군사정권은 시민들의 저항을 민주주의 법질서를 흔드는 폭동으로 규정짓고 진압했다. 정의 사회를 구현한다는 종교 집단들 역시 그들만의 정의를 위해 정부를 비판하고 민주주의의 근간인 법치주의를 마음대로 흔들기도 한다. 또 종북 좌파 집단이 정의의 이름하에 북한 독재 정권을 옹호하는 교육이나 정치를 하기도 한다. 그렇다고 정부나 검찰, 국회가 늘 정의로운 것도 아니다. 비리와 부패 등 각종 권력형 범죄는 오히려 안 일어나면 이상하게 보일 정도다. 모두가 정의를 알고, 모두가 정의를 외치며, 모두가 정의를 위해 움직이는데 정작 정의는 남의 이야기 같다. '각자에게 합당한 것을 부여한다는' 정의의 정의(definition)를 자의적으로 해석하거나, 사실은 불의를 정의로 은폐하는 일이 비일비재하기 때문이다.

정의의 적용 자체도 쉬운 일은 아니다. 부유세를 걷는다면 얼마나 걷어야 할지, 고위 공직자 임용 시의 도덕적·법적 기준은 쉽게 결정하기 어렵다. 부실 경영으로 파산에 직면한 기업이나 금융기관들을 정부가 공적 자금으로 도와주어야 할까? 국가 경제 전체의 측면에서 도와주어야 하겠지만 기업 윤리나 시장에서의 신뢰 문제는 어떻게 회복할 수 있을까? 사형 제도는 폐지해야 할지, 성범죄자의 신상 공개는 이중 처벌인지, 양심적 자유는 어디까지 허용되어야 하는지 등 정의를 이해하는 것에서 정의의 실질적 실현까지는 길이 멀다.

정의 실현의 가능성

정의에 대한 다양한 이론은 '어떻게' 정의를 실현할 것인가의 문제에서 갈라진다.

자유주의(liberalism)를 대표하는 밀(J. S. Mill) 로크(J. Locke), 노직(R. Nozick), 하이에크(F. A. v. Hayek) 등은 정의롭다는 것이 개인에게 당연히 부여해야 할 권리와 자율성의 보장이라고 본다. 가치관이나 삶의 방향에 대한 선택은 개인의 자율적 판단에 맡겨야 하고, 타인에게 피해를 주지 않는 한 간섭해서는 안 된다는 것이다. 반면 샌델(M. Sandel)이나 매킨타이어(A. MacIntyre) 등이 대변하는 공동체주의(communitarianism)는 공동체적 가치와 전통, 연대성을 강조한다. 샌델은 이미 『자유주의와 정의의 한계(Liberalism and the Limits of Justice)』(1982)에서 자유주의적 행복관에 근거한 정의론이 권리만을 강조하고 공동체 내에서의 연대감을 통한 바른 삶의 모습을 간과하고 있음을 비판했다. 그에 따르면 자유주의적 인간은 고립된 단자들로서 공동체 의식이 결여되어 있고, 따라서 근본적 의미에서 행복할 수 없다. 따라서 공동선에 입각한 사회 공동체 의식을 치료의 수단으로 본다. 마찬가지로 매킨타이어도 『덕의 상실(Der Verlust der Tugend)』에서 자유주의는 결국 주관주의(Subjectivism)로 빠질 수밖에 없으며 초개인적인 규범을 만드는 것에 실패할 수밖에 없다고 지적한다. 그는 아리스토텔레스의 덕론으로의 회귀를 주장하며 정의에는 공동체의 선이 함께 고려되어야 한다고 강조한다. 하지만 자유주의와 공동체주의 모두 진리는 아니다.

아도르노(T. Adorno)와 겔렌(A. Gehlen)의 논쟁에서 목격할 수 있는 것처럼 '사회가 개인을 위해 존재하는가, 아니면 개인이 사회를 위해 존재하는가?'의 문제는 간단하지 않다. 원칙적으로는 사회가 개인을 위해 존재하는 것이 옳다. 하지만 일단 사회가 형성되면 사회는 최대한 많은 구성원들의 행복을 보장하기 위해 일차적으로 질서와 안정을 추구해야 한다. 이 경우 일부 구성원들의 자유와 행복추구권은 제한될 수밖에 없으므로 마치 개인이 사회를 위해 존재하는 듯한 현상이 발생할 수밖에 없다. 그런데 사회가 없는 개인은 맹목적이 될 수밖에 없고, 개인이 없는 사회는 공허할 수밖에 없다. 따라서 '적절성'의 문제가 대두되고, 그것이 곧 정의의 문제이기도 하다. 그런 의미에서 자유주의와 공동체주의는 각각 개인과 사회의 한 극단에 치우치는 부작용을 견제한다는 측면에서 의의가 있지만, 역으로 자기 자신이 극단에 치우칠 부작용을 내재하고 있다. 양자의 입장 모두 양면성이 있다는 뜻이다. 자유주의는 자아 중심적이니 공동체에 무관심할 수 있고, 따라서 사회적 연대성에 부정적이다. 반면 공동체주의는 보수주의적이고 폐쇄적인 성향으로 흐를 수 있으며, 그 결과 개인의 다양성을 억압할 수 있다. 따라서 아리스토텔레스의 말처럼 중용의 길을 가면 좋겠지만 이것 역시 지극히 이론적인 답일 뿐 현실성은 없다. 좋은 말이기는 하지만 아쉽게도

좋은 말이기만 하다.[59]

그나마 사회적으로 유의미한 이론은 공리주의와 의무주의에 기초한 정의론이다. 실제로 전자는 자본주의의 기초가 되었고, 후자는 민주주의의 토대가 되었다.

벤담(J. Bentham)과 밀의 전통에 서 있는 공리주의적 정의론은 '최대 다수의 최대 행복'이라는 목적을 위해 효율성과 결과주의의 정의론을 주장한다. 정의는 결국 그것이 무엇이든, 사회 전체의 최대 행복에 기여하는 방식으로 구성원들 개개인에게 부여될 때 이루어진다. 따라서 표면상으로 보면 국가의 정책 결정에서 자연스럽게 적용될 수 있는 효과적인 이론처럼 보인다. 하지만 주의 깊게 들여다보면 심각한 문제점을 확인할 수 있다.

먼저 공리주의가 의미하는 최대 다수는 '최대한 다수'가 아니라 공동체 전체의 이익을 의미한다. 경제로 치면 국가 전체의 성장이 분배의 문제보다 선행한다는 뜻이다. 실제 공리주의는 소수에게 이익이 집중되더라도 사회 전체의 이익이 큰 사회를, 대부분의 사람이 평등하지만 적은 이익을 얻는 사회보다 우선한다. 미국의 경제 위기 때 부실 경영을 한 금융기관들을 부시 정부가 공적 자금으로 도와준 것은, 소수의 이익을 위해 국민 전체가 희생한 것이자 부실 경영의 책임을 당사자에게 묻지 않는 불의를 행한 것임에도 불구하고 그것이 국가 경제의 몰

59 ; 독특한 입장으로는 플라톤(Platon)의 전체주의적 정의론이 있다. 그는 『국가』에서 사회를 지혜의 덕을 지닌 통치자와 용기를 지닌 수호자, 그리고 절제의 덕을 지닌 시민계급으로 나눈다. 그리고 이 세 계급이 상호 각자의 신분과 차이를 인정한 상태에서 조화를 이룰 때 국가는 정의롭다고 주장한다. 여기서 절제는 '자신의 위치를 아는'을 의미한다. 그러므로 절제는 세 계급이 모두 소유한 덕이다. 따라서 정의란 사회의 각 계층이 자신의 위치를 알고 최선을 다해 직분을 수행하는 조화로운 상태를 의미한다. 이 이론은 포퍼(K. R. Popper)로부터 전체주의적 닫힌 사회라는 비판을 받았는데, 플라톤에 대한 포퍼의 이해는 단편적인 측면이 있어 보인다. 플라톤은 차이를 고착시키기 위한 차별이 아니라 차이를 바탕으로 한 평등을 추구한 사람이다. 그래서 교육을 중시했다. 오리와 학에 관한 장자의 입장은 플라톤의 의중을 잘 보여준다. 그 외에 계약주의적 정의론에 따르면 '정의는 계약'이다. 홉스는 『리바이어던』에서 자연 상태, 즉 '만인의 만인에 대한 투쟁' 상태에서 인간은 죽음의 공포를 느낄 수밖에 없으며 이로부터 벗어나기 위해 계약을 통한 국가 건립에 이르게 된 것이라고 본다.

락을 막을 수 있다고 판단했기 때문이다.

다음으로 공리주의는 항상 행위 자체보다 결과를 중시한다. 그래서 사람들은 공리주의의 강점을 현실성에 두고 있으며 또 실제 그렇게 보이는 것도 사실이다. 마이클 샌델이 『정의란 무엇인가』에서 든 고장 난 기차의 사례를 보자. '당신'이 기관사인데 브레이크가 고장 난 상황에서 선로 위에 있는 인부 다섯 명을 발견했다. 피할 수는 없다. 그런데 비상 선로에 다른 한 명이 있음을 목격했다. 어떤 결정을 내릴 것인가? 공리주의의 입장에서 이 케이스는 단순하다. 다섯 명의 생명을 구하는 것이 하나의 생명을 살리는 것보다 낫다. 또 조난당한 네 명의 사례를 보면 살아남기 위해 부상당한 한 명을 살해하고 인육으로 생명을 유지해 결국 구조를 받는다. 이 경우도 공리주의 입장에서 보면 현실적이다. 그런데 정말 현실적일까?

고장 난 기차의 사례에서 이런 상상을 한번 해보자. 다섯 명의 인부를 살리기 위해 한 명을 포기하려 했는데 알고 봤더니 그 사람이 마침 현장 시찰을 나온 대통령이라면 어떨까? 단순히 한 명이라고 했을 때는 기관사의 행위와 관련된 사람들이 지극히 제한적이다. 하지만 그 한 명이 대통령이 되는 순간 행위 당사자의 범위가 국가 전체로 확대된다. 그렇다면 국가 전체의 이익이라는 측면에서 다섯 명의 단순 노무자들이 희생되어야 하지 않을까?

이제 상상의 나래를 조금만 더 펼쳐보자. 대통령임을 확인한 기관사가 열차를 다시 다섯 명의 인부들 쪽으로 향하게 했다. 그런데 그 중 한 명이 한국을 은밀히 방문한 유엔 사무총장이라면? 이제 기관사의 행위가 미치는 범위는 전 세계로 확대되었다. 그렇다면 기관사는 다시 방향을 틀어야 할까? 이기적 입장이라면 자국의 대통령을 보호하는 것이 우선일 것이지만 공리주의적 입장에서는 그렇다. 이제 한번 생각해보자. 결정적 순간, 즉 방향을 선택해야 하는 순간에 기관사는 그 앞에 있는 사람들이 누구인지 어떻게 알 수 있을까?

공리주의의 결정적 약점은 아이러니하게도 공리주의의 강점 안에 내재되어 있다. 결과만을 고려하기 때문에 현실적일 수 있다는 것이 공리주의의 강점인데, 엄밀히 말해 공리주의는 결과를 정확히 알 수 없다. 2008년 경제 위기 때 리먼브라더스 같은 부실 금융기관을 돕는 것이 미국 전체의 이익에 부합되었다고 믿는 사람들이 있을 것이다. 하지만 과연 그럴까? 부실기업이나 금융기관들이 자신들이 거대 조직이기 때문에 잘못해도 파산하도록 국가가 방치하지 않을 것이라는 믿음을 갖게 되면 어떻게 될까? 그들은 아마도 이렇게 속으로 생각하지 않을까? "어차피 국가는 우리를 외면할 수 없어!" 장기적으로 시장에 대한 신뢰가 사라질 가능성이 높음에도 불구하고 경제 전망이 긍정적이라고 말할 수는 없다. 물론 종국적인 결과는 알 수 없다. 바로 그렇다. 알 수 없다. 그런데 어떻게 공리주의자들은 그것을 안다고 말하는 것일까? 그리고 '결과'라고 말하는데 도대체 그 결과는 내일의 결과인가, 한 달 뒤의 결과인가, 아니면 10년 혹은 20년 뒤의 결과인가?

원칙적으로 공리주의는 아무런 대답도 할 수 없다. 행위의 결과도, 그 결과가 미칠 범위나 영향도 공리주의는 결코 정확히 계산해낼 수 없기 때문이다. 인간의 이성은 경제의 모든 변화와 메커니즘의 역동적 흐름을 읽어낼 수 없다. 따라서 공리주의는 현실성과도 무관하다. 결과를 모르면서 결과를 알듯이 행동하는 것처럼 이상적이고 무모한 짓은 없을 것이기 때문이다. 장님이 지팡이도 없이 대충 자신의 감각을 믿고 간다면 마지막은 뻔하다. 자본주의의 역사는 그 사실을 분명히 입증하고 있다.

그렇다면 사실이 아님에도 왜 공리주의는 결과 지향적이며 현실적인 것처럼 알려져 있는 것일까? 그 이유는 두 가지다. 첫째, 공리주의가 말하는 결과는 대부분 바로 지금 행위에 직결되는 결과이기 때문이다. 대처리즘과 레이거노믹스의 신자유주의는 노동시장의 유연화를 비롯한 기업 친화적 정책을 통해 스태그플레이션을 극복했다. 하지만 2008년 서브프라임 모기지론 사태로 인한 세계경제 위기는 바로 그 정책의 결과였다. 그뿐인가? 점점 더 심각해지는 고실업과 양극화 역시 마찬가지다. 공리주의는 사회 전체의 이익이 아니라 눈앞의 이익만을 위해 움직이는 근시안적인 이론일 뿐이다. 둘째, 공리주의가 인기 있는 것은 그것이 실상은 항상 다수의 이익을 대변해주기 때문이다. 이때의 '다수'는 물론 단순한 숫자로서의 의미가 아니다. 권력의 상층부는 소수이지만 실질적으로는 다수가 된다. 다시 말해 공리적 사고를 통해 내리는 모든 결정은 다수의 이익만을 향한다. 그것도 실제 그렇게 유지될지도 모르는 상태에서 당장 이익처럼 보이는 방향으로 모든 행위를 결정한다. 그러므로 가장 현실적으로 보이는 공리주의야말로 가장 비현실적이다. 자본주의가 항상 이익집단만을 대변하는 이유가 여기에 있고, 민주주의가 형식으로만 인권을 보호하는 이유가 여기에 있다. 결국 공리주의는 정의를 내세우지만 실상은 권력을 쥔 다수의 이익을 위해 모든 것을 분배하는 불의한 이론이다. 사회 전체라는 이데올로기를 명분으로 다수의 이익만을 대변하는, 은폐된 집단 이기주의일 뿐이다.

의무주의는 어떨까? 의무주의는 공리주의의 결과론에 반대하며 정의로운 행위 자체의 가치에 주목한다. 칸트에 따르면 정의는 모든 도덕적 행위와 마찬가지로 보편성, 다시 말해 해당 당사자들의 보편적 수용 가능성을 지녀야 한다. 그러기 위해서 정의는 모든 개인과 국가의 존엄성을 보전해야 한다. 고장 난 기차의 사례에서 의무주의는 한 명의 생명이 지닌 존엄성이 숫자의 차이에 의해 변할 수 없는 것임을 명백히

한다. 칸트에 따르면 인간은 항상 궁극적 목적으로, 즉 절대적 가치로 인정받아야 하기 때문이다. 따라서 분배의 정의에도 긍정적 토대를 제시한다. 소수의 이익을 위해 다수를 희생할 수는 없다. 역으로 다수의 이익을 위해 소수를 희생해서도 안 된다. 모든 인간은 자율성을 지닌 개인으로 존엄한 존재이기 때문이며 그렇게 대우받아야 할 권리가 있다. 따라서 리먼브라더스의 경우처럼 부실 경영에 책임이 있는 회사를 국민 전체의 세금으로 구제하는 것은 정의에 위배된다. 노동시장의 유연성이라는 이름으로 기업이 노동자들을 마음대로 고용하고 마음대로 해고하는 따위의 수단화는 용납될 수 없다. 그리고 아무리 굶어 죽기 직전이라 하더라도, 그리고 부상당해 곧 죽을 목숨이라 하더라도 잡아먹는 행위는 수용될 수 없다. 의무주의는 결과와 무관한 주장을 하기 때문에 도덕적으로는 신뢰도가 높은 이론이다.

그러나 역시 근본적인 문제가 있다. 정의로운 행위의 조건인 '보편적 수용 가능성'을 보자. 모든 사람이 예외 없이 수용할 수 있는 행위란 결국 모두가 동의 또는 합의한다는 말이다. 그런데 합의적 가치는 파기될 수 있음을 뜻한다. 즉 자신의 이익을 위해서, 또는 이익에 반할 때 언제든지 그 합의를 파기할 수 있다는 것이다. 왜 사람들이 법이나 도덕이 영향을 미칠 수 없는 한계상황이 되면 무법자들로 돌변할까? 결국 존엄의 가치도 '배부르고 등 따뜻할 때'나 가능한 말이 된다. 자신의 이익이 담보될 때에만 존중될 가능성이 높은 것이다. 그래서 의무주의는 이상적이다.

더 나아가 모든 사람이 수용한다는 말은 무슨 말일까? 그것은 모든 사람들의 이익에 부합한다는 말이다. 그렇다면 모든 사람들은 무엇을 원할까? 모든 인간이 공통적으로 지니는 최소 욕망은 하나다. "날 제발 함부로 대하지 마! 날 귀하게 대해 줘!" 그리고 바로 그렇기 때문에 의무주의적 정의론 역시 인간의 내면에 잔존하는 보편적 이기주의를 대변한 것이나 다름없다.

공정으로서의 정의를 주장한 롤스는 양자의 문제를 잘 파악하고 있었던 것 같다. 『정의론』에서 그는 공리주의와 의무주의를 변증법적으로 발전시킨 자신의 정의론을 제시하는데, 그것은 정의로운 사회를 위한 평등의 원칙과 차등의 원칙으로 요약된다. 그에 따르면 이상적 사회, 완전한 사회, 또는 정의로운 사회의 일차 덕목은 모든 사람에게 평등한 기본 자유가 포괄적 체제를 통해 동등하게 권리적으로 보장되는 것이다. 즉 언론, 집회, 양심, 사유, 사유재산, 임의적 체포로부터의 자유, 그리고 고문으로부터의 보호 등이 그것이다. 이러한 자유권은 어떠한 사회적·경제적 정의보다 우선한다. 잘살기 위해 개인의 자유를 침해해서는 안 된다는 것이다. 이는 결국 존엄성이라는 이름으로 포장된 칸트의 자유주의적 이기주의를 대변한 것이다. 반면 사회에 존재하는 경제적 불평등을 사실로 인정하는 차등의 원칙은 현실적 공리주의를 수용하고 있다. 집단 이기주의를 대놓고 인정한다는 말이다. 물론 롤스는 집단 이기주의와 보편적 이기주의라는 진실을 적나라하게 드러내지는 않는다. 그래서 불평등을 인정하지만 그 안에 정의의 조건을 삽입한다. 즉 차등의 원칙인 사회적·경제적 불평등은 두 가지 조건하에서만 허용한다.

> 첫째, 그 불평등이 합리적 의미에서 모든 사람의 이익에 도움이 되어야 한다. 즉 가장 불리한 위치에 있는 사람들에게도 가능한 가장 큰 이익을 줄 수 있어야 한다.
> 둘째, 불평등은 모든 사람에게 개방되어 있는 지위나 직위에 연결된 것이어야 한다.

결국 롤스는 공리주의의 집단이기주의를 인정하면서 보편적 이기주의를 함께 고려한 모양새를 내고 있다. 모든 사람이 재화의 동등한 분배를 통해 이득을 봐야 한다는 것이다. 특히 가장 비참한 사람들을 기준으로 해야 한다는 부분은 꽤 인간적이고 도덕적인 냄새가 난다. 하지만 그의 정의론은 사회적·경제적 재화의 분배에 있어서 불평등한 분배가 평등한 분배보다 더 정의로울 수 있다는 것을 의미하고 있다. 그는 불평등한 분배에게 면죄부를 주었다. 미끄러운 경사면을 출발한 것이다. 이미 확인한 것처럼 공리주의 자체가 본질상 집단 이기주의다. 그런데 그 집단 이기주의를 솔직하게 인정하며, 인정하되 사회적 약자를 배려하라고 하면 그들이 과연 기꺼이 배려할까? 형평성 있는 분배의 정의 실현이 당연한 것이라고 말해도 듣지 않던 이들이다.

롤스의 평등의 원칙은 의무주의의 한계와 직결된다. 사회에 불평등이 발생하는 것은 평등의 원칙이 없기 때문이 아니다. 원칙이 존재한다는 것과 원칙대로 사회가 움직이는 것은 다른 것이다. 사람들에게는 항상 원칙과 이기주의가 대립할 때 후자를 선택하는 본성이 내재되어 있다. 차등의 원칙 역시 마찬가지다. 모든 경제적 정책 결정 상황에서 모두에게 이익이 되는 결정을 하는 것은 가능하지 않다. 설사 가능하다 해도 다수는 그러한 결정을 하지 않을 가능성이 높다. 물론 자신들의 이익에 부합되는 경우에는 그렇게 할 것이다. 더 나아가 설사 결정이 이루어진다고 해서 실제 그렇게 진행된다는 보장도 없다. 사회에는 약자들을 위한 정책들로 넘쳐난다. 사실 그 정책들만 제대로 시행되었어도 이미 정의로운 사회가 되었을 것이다.

우리는 우리의 이성을 통해 민주주의 사회를 더욱 정의롭게 만들어가고 있다고 확신하고 있다. 그런데 아이러니하게도 불만인 사람들은 더 늘어나고 있다. 제도는 다양화·세분화되며 인간의 존엄을 수호하고 사회 이익을 대변하며 상호 공생을 위한 정책들이 쏟아져 나오는데도 인간은 상호 신뢰를 잃어가고 있으며 사회는 보이지 않는 신분 사회가 되어가고 있고 갈등과 반목, 시기와 분쟁은 사라지지 않고 있다. 왜일까? 근본적으로 패러다임이 전환되지 않고 있기 때문이다. 이기심이 모든 것을 자기중심적으로만 바라보라고 하기 때문이다. 인간 존엄성도 사실은 '나'의 존엄성의 다른 말일 뿐이고, 사회 전체의 이익도 사실은 '나'의 이익을 대변하는 집단의 이익이며, 공생도 '나'에게 이익이 될 때까지만이다. 인간의 진정한 '나(Self)'가 죽고, 그 자리를 이기적인 몸적 자아가 대체한 상태에서 그러한 자아들이 모여 정의를 논할 때 필연적으로 도출될 수밖에 없는 결론이다.

민주주의라는 이데올로기

플라톤의 『국가』에서 일반적 덕으로서의 정의를 외치는 소크라테스에게 트라시마코스는 정의가 단순히 '강자의 이익'일 뿐이라고 주장한다. 강자에게만 이익이 돌아간다면 그것은 분명 불의다. 따라서 그는 정의는 곧 불의라고 정의(define)한 셈이다. 그런데 정의는 불의와 동의어가 될 수 없다. 따라서 트라시마코스의 주장은 현실 사회에서 정의는 없다는 것, 약육강식의 이기적 투쟁만이 있음을 의미한다.

민주주의는 삼권분립에 의해 권력 견제가 이루어진다. 입법, 사법, 행정은 각각 상호 견제를 통해 권력의 과잉 집중을 경계한다. 하지만 각 부처를 이끄는 주체는 정의의 여신이 아니라 인간이다. 따라서 각 부처의 조직 배타주의는 언제나 상존할 수 있다. 간접민주주의 체제에서 입법·사법·행성의 삼부는 국민을 대표하는 기관이므로 국민에게 주권이 있다는 사실은 분명하다. 그러나 형식적 주권과 실질적 주권은 다르다. 우리가 매일 목격하는 것처럼 개인의 이기심을 바탕으로 한 조직 이기주의는 언제나 국민을 위한 정책 결정, 집행, 판단보다는 부처의 구성원들을 위한 방향으로 행할 가능성이 있다. 정의라는 명분으로 자신의 이기주의를 마음껏 펼칠 수 있는 자리, 그 자리가 권력이 될 수 있다는 사실은 정의 사회의 현주소를 알 수 있는 기호가 된다.

한나 아렌트는 『예루살렘의 아이히만』에서 유태인 집단 학살의 실질적인 최고 책임자였던 아이히만이 "살아 있는 악마가 아니라 지극히 평범한 사람"이라고 지적한다. 아이히만은 자신은 직무에 충실했을 뿐이며 유태인들도 자신과 같은 처지라면 동일하게 행동했을 것이라고 주장했다. 이에 대해 아렌트는 아이히만이 '무사유(無思惟)'의 죄를 범했다고 규정한다. 그녀에 따르면 인간은 자신의 의무 이행만이 책임의 전부가 아니다. 타인의 입장에서 타인이 받을 고통에 대해 생각할 수 있어야 한다. 더 나아가 유태인 학살은 아이히만만의 문제가 아니다. 무사유의 죄를 범하지는 않았지만 침묵의 죄를 범한, 그리고 그런 의미에서 무사유의 죄를 범한 시민들도 존재하기 때문이다. 엄밀한 의미에서 아이히만은 독일인 누구나 될 수 있는 존재였다. 자신에게 주어진 현실적 이익만을 생각하고 타인에 대해 무관심한 존재라면 그 무관심의 구체적 표현이 의식적 외면이든 아니면 의도적 폭력이든 상관없을 것이기 때문이다. 그렇다면 아이히만이나 침묵한 독일인들이 우리에게 타인일까? 그렇지는 않다. 바로 그런 이유로 또한 사회 지도층만을 비판할 수 없다. 경찰이 없을 때 끼어들기를 하는 사람은 언제나 형식적 법 치하에 실질적 범죄를 저지를 수 있는 가능성의 존재다. 단순히 벌점과 벌금을 내는 교통법규 위반과 탈세, 뇌물 수수 등의 문제는 다르다고 생각하는 사람도 있다. 그러나 범죄의 형태는 상대적인 것이며 본질적인 것이 아니다. 본질은 삶의 기본적 태도다. 자신의 이익만을 위해 지향점을 정한 사람은 누구나 자신의 상황에서, 그리고 정확히 자신의 주어진 환경에서만 반사회적 불의를 저지른다. 위장전입은 단순히 이사를 하지 않고 주소지만 변경하는 것이니 그렇게 심각한 문제가 아닐지 모른다. 하지만 그 행위를 초래한 동일한 내면의 동기가 자신의 자녀를 고위공직에 앉히기 위해서라면 이야기가 달라진다. 바늘 도둑은 분명 소도둑이 된다. 그가 아직 소도둑이 안 된 이유는 아직 소가 없고 바늘밖에 없기 때문이다.

어차피 민주주의는 열린 사회다. 포퍼의 말처럼 열린 사회는 수직적 규제나 억압에 의해 사회가 움직이지 않으며 모든 구성원들이 수평적 관계에서 정책을 결정하고 실행한다. 그렇기 때문에 혁명적 속도로 발전하지는 못하나 분명히 발전의 방향을 향해간다. 적어도 포퍼는 그렇게 믿었다. 그리고 우리도 그렇게 믿어왔다. 그렇기 때문에 합의된 법이나 도덕적 규범을 준수하고자 노력했다. 하지만 포퍼가 한 가지 잊은 사실이 있다. 민주주의의 점진적 발전, 공존 중심적 합의, 그리고 공동선을 향한 추구와 같은 노력들의 동기는 이기주의다. 그것이 홉스의 자기만을 아는 폐쇄적 이기주의이건, 애덤 스미스의 바람처럼 법과 도덕의 틀 안에서만 자신의 이익을 추구하는 건전한 이기주의이건 인간의 모든 행위의 동기는 자기 이익이다. 상생 경영이나 공존과 평화, 그리고 정의에 이르기까지 그 근본적 동기는 그러한 가치를 추구해야만 자신에게 이익이 된다는 것을 인간이 깨닫기 시작했기 때문이다. 하지만 형태는 변해도 본질은 변하지 않는다. 합리적 이기주의라는 공존의 기호를 사용해도 이기주의의 본질은 사라지지 않는다.

정의로운 사회는 절대 오지 않을 것이다. 그 이유는 사실 누구나 알고 있다. 인간은 정의를 원하지 않는다. 이미 언급한 것처럼 자신에게 이익이 되는 정의를 원할 뿐이다. 인간이 사회화되는 것이 늑대가 인간이 되는 것이라고 비유한 홉스의 말은 그런 의미에서 수정되어야 한다. 사실 문명은 늑대를 인간으로 만든 것이 아니라 단지 교활하며 사악한 늑대로 만들었을 가능성이 높다.

마이클 샌델은 "정의란 무엇인가?"라고 질문했다. 마치 현대사회의 불의한 현실이 정의에 대한 인식 부재에서 온 것 같다. 하지만 정의가 무엇인지 모르기 때문에 불의가 판을 치는 것이 아니다. 이미 알고 있는 정의마저도 실천할 의지가 없기 때문이다. 모르는 것이 아니라 알고만 있기 때문에 안다고 말만 하다 마는 것이다.

귀스타브 쿠르베(Gustave Courbet), **〈오르낭의 장례식〉**(1849-1850)

평범한 시골 노인의 장례식은 특별한 그림이다. 당시 캔버스는 자칭 특별한 상류 계층의 전유물이었기 때문이다. 캔버스에 평등이 선포된 것이다. 하지만 상류층이건 하류층이건 인간의 본성은 언제나 평등했다. 평등은 늘 밑에서 위로의 외침이다. 노예, 여성, 흑인, 그리고 프롤레타리아가 그 주체였다. 하지만 평등이 오면 다시 구별 짓기가 온다. 개념의 독재는 언제나 이상을 타고 온다. '모든 동물은 평등하다. 그러나 어떤 동물은 다른 동물보다 더욱 평등하다.' 동물 농장의 신화는 역사 그 자체다. 평등은 언제나 트랜싯(Transit)이다. 인간은 누구나 평등을 원하지 않는다.

« 2 »

바라지 않는 소원 – 평등과 자유

1989년 베를린장벽이 무너지고, 또 얼마 후 소련이 붕괴되었을 때, 사람들은 드디어 인간적인 체제가 비인간적인 체제를 극복한 것이라 믿었다. 하지만 그것은 착각이었고, 진실은 정반대다. 이념으로만 보면 차별 없는 세상, 함께 벌어 함께 나누고 동일하게 행복을 누리는 세상을 꿈꾼 공산주의는 자본주의에 비해 훨씬 인간적이었다. 그럼에도 공산주의가 실패한 이유는 마르크스(K. Marx)가 순진했기 때문이다. 착해 보이고 평등만을 원할 것 같은 노동자와 농민 등 사회적 약자들에게 속아 넘어간 것이다. 마르크스는 무산계급이 원하는 평등 사회를 만들면 모두 다 행복해할 것이라 믿었다. 비슷한 월급, 비슷한 집, 비슷한 차 등 차별이 없는 세상에 대만족할 것이라 확신했다. 그래서 혁명으로 유산계급을 때려 부수고 평등한 사회를 만들어줬다. 하지만 공산주의는 자멸했다. 체제의 문제가 아니었다. 순진한 마르크스가 노동자와 농민의 선한 가면에 속았고, 노동자와 농민은 스스로에게 속은 것이다. 가난한 사람은 선하지 않다. 정확히 말하면 돈이 없고 권력이 없으니 악할 수가 없는 것이다. 마르크스는 이기적인 인간 본성을 간과했다. 가난하고 못사는 사람들이 타락하지 않는 이유가 선해서가 아니라 능력이 없어서라는 것을 몰랐다. 착각한 것이다. 실제 차별받고 냉대받던 사람들이 권력을 잡은 공산주의는 지금까지 1억 이상의 인간 생명을 학살했다. 사람들은 공산당의 소수 권력자들이 문제라고 생각한다. 동물 농장의 사악한 지배자인 나폴레옹 같은 놈들이 문제라고 생각한다. 하지만 진실을 잊고 있다. 나폴레옹은 동물들 각자의 무의식에 잠재된 욕망을 대표하는 상징일 뿐이다. 돼지들은 누구나 다른 동물의 평등보다 더 평등하고 싶어 한다. 그들 모두는 사실 나폴레옹 자신이기 때문이다.

평등(equality, egalite)은 정의의 기본 원리이며 민주주의 사회의 근본가치다. 1776년 미국 독립선언문과 1789년 프랑스혁명의 전통에 서 있는 민주주의 헌법에 따르면 모든 인간은 출생 성분, 종족, 언어, 성, 그리고 종교적 또는 정치적 이념에 관계없이 법 앞에 평등하다. 이러한 평등은 민주 시민으로서 지니는 기본권 중 하나로 모든 인간에게 동일하게 부여되는 절대적 평등 개념이다. 대한민국의 경우도 헌법 제11조 제1항에 "모든 국민은 법 앞에 평등하다. 누구든지 성별·종교 또는 사회적 신분에 의하여 정치적·경제적·사회적·문화적 생활의 모든 영역에 있어서 차별을 받지 아니한다"고 명시되어 있다. 동시에 제2항에는 "사회적 특수 계급의 제도는 인정되지 아니하며, 어떠한 형태로도 이를 창설할 수 없다"고 적시되어 있다.

법 앞에서의 인격적 평등은 근대 이후 발생한 자연적 평등관, 즉 모든 인간은 태어날 때부터 평등하다는 시각에 기초하고 있다. 또한 절대적 평등 개념은 이미 아리스토텔레스가 그의 『정치학(Politika)』 제5장에서 산술적 평등이라고 명명한 것과 동일하다.[60] 어쨌든 이 외에 다른 모든 영역에서는 아리스토텔레스가 기하학적 평등 또는 비례적 평등으로 명시한 상대적 평등에 속한다. 개인의 공적이나 자격에 따라 임금, 성적 또는 상을 부여하는 것이라든지 필요에 따라 사회보장 비용을 배분하고 직접세를 걷는 경우 등은 모두 약간의 차이가 있지만 상대적 평등에 해당한다. 역사적으로 평등 이론은 다양한 형태를 이루어왔다. 플라톤의 경우는 덕을 기초로 평등을 이야기했고, 스토아학파는 언어와 이성 능력을 전제한 평등을, 중세 기독교에서는 신의 형상(Imago Dei)을 이야기했으며, 근대의 자연적 평등을 넘어 18세기 계몽주의의 칸트에 이르러 인격적 존재로서 존엄한 인간의 평등 개념이 확립되었다.

개념의 독재

하지만 평등의 개념은 일의적이지 않다. 하나의 단어에 두 개의 의미, 양극단의 길이 있다. 평등이라 불리지만 평등이 아닌 것이 있다. 누군가를 누군가보다 더 평등하게 만드는 것, 그것은 맹목적 평등이며 본래 비례적이어야 할 것을 절대화할 때 발생한다. 일례로 공산주의는 비례적으로 분배해야 할 대부분의 것을 중앙당이 절대적으로 분배하는 형식을 취한다. 따라서 평등처럼 보이는, 하지만 평등의 원칙에 위배되는 불평등한 제도다. 그러므로 맹목적 평등은 실질적 불평등, 즉 차별을 초래한다.

60 ; 아리스토텔레스가 인간의 절대적 평등 개념을 주장하면서도 동시에 노예제도를 옹호했다는 점은 흥미로운 사실이다. 절대를 말했지만 실질적으로는 상대를 의미한 것이나 다름없기 때문이다. 인간의 이성은 늘 그렇다. 자신이 처한 환경, 사회적 구조, 세계관에 종속될 수밖에 없다. 따라서 한계를 인식하지 못하는 이성은 동굴의 우상을 결코 벗어날 수 없다.

조세제도의 간접세도 마찬가지다. 세 징수가 용이하다고 차별적 제도를 국가가 용인해서는 안 된다. 국가 재정을 위해 어쩔 수 없는 부분이 있지만, 간접세는 인상의 결정에 있어 보수적이어야 하며 인상률도 제한적이어야 한다. 평준화 제도 역시 그렇다. 상위권과 중위권 그리고 하위권의 학생들은 각자 수준에 맞는 교육을 받아야 하며, 그들에게는 그러한 권리가 있다. 그렇기 때문에 중위권을 기준으로 하는 평준화 교육은 상위권에게는 무용한 교육이 되고 하위권에게는 벅찬 교육이 된다. 동시에 사교육을 조장한다. 따라서 국가 이익의 측면에서 미래 지향적이지 않고, 교육적 측면에서도 생산적이지도 않은 차별적 교육 시스템이다. 그럼에도 특히 학부모들이 비평준화를 거부하는 이유는 그들의 의식 안에 비평준화가 사회적 불평등으로 이어질 것이라는 모호한 확신이 있기 때문이다. 즉 '높은 성적→좋은 대학→좋은 직장 취직→높은 급여→상위 계층'의 공식이 성적 낮은 학생들의 입장에서는 이미 중·고등학교에서부터 낙오자의 길에 빠질 것 같은 느낌을 주기 때문이다. 하지만 그러한 논리적 도식은 환상에 불과하다. 스펙이 성공을 결정하던 제2물결의 사회는 이미 지나갔다. 설사 그것이 어느 정도 개연성이 있다 하더라도 수준별 학습을 우열반으로 보는 시각 자체가 오류다. 차이는 차이일 뿐 그로부터 차별은 도출되지 않으며, 그렇게 해서도 안 된다. 몸값이 인격과 동일시되는 자본주의의 오류가 존재한다고 해서 오류가 진리가 되지는 않는다. 모두가 그렇다고 해도 아닌 것은 아닌 것이기 때문이다. 평준화 제도는 자본주의 사회의 일반적 오류로부터 기인한 또 하나의 차별적 오류일 뿐이다.

평등을 가장한 불평등은 이른바 민주주의 사회에 존재하는 또 하나의 독버섯이다. 그런데 이상한 것은 불평등에 대한 인식이 존재함에도 그것이 수정되지 않는다는 사실이다.

평등의 거부

상대적 차이만 있을 뿐 역사적으로 인간이 평등한 시기는 없었다. 다수와 소수, 그리고 차별은 언제나 존재해왔다. 한국 사회도 마찬가지다. 우리는 조선 시대를 차별 사회로 규정하고 현재를 평등 사회로 본다. 하지만 내면은 그렇지 않다. 가시적 계층이 사라진 사이 비가시적 계층은 폭발적으로 증가했다. VVIP, VIP, 상위층, 중산층, 서민, 차상위층,[61] 빈민, 노숙자 등 현대의 차별적 계층은 조선 시대와 비교할 수 없다. 몸값과 인격이 비례하는 사회이기 때문이다. 따라서 현실적으로 평등은 이상으로만 남아 있다. 왜 인간은 이토록 구별 짓기를 사랑하는 것일까?

우리는 늘 이렇게 생각한다. "인간은 누구나 평등을 원한다. 인류는 갖은 역경에도 차별을 극복해왔다. 따라서 평등 사회는 언젠가 이루어질 것이다!" 하지만 그것은 우리의 희망일 뿐 실제는 다르다. 평등한 사회는 절대 오지 않는다. 왜? 사실은 우리가 평등을 원하지 않는다.

분명 평등에 대한 욕망은 있다. 하지만 그것은 항상 조건적이고 잠정적일 뿐 근본적이지 않다. 역사를 한번 보라! 평등에 대한 외침은 늘 밑에서 위로 향하여 나왔다. 평등을 밀하는 사람들은 늘 소수(minority)의 소외된 자들, 사회적 약자들이었다. 노예가 평등을 외쳤지 주인은 아니었다. 흑인이 평등을 외쳤지 백인은 아니었다. 그리고 여성이 외쳤지 남성은 아니었다. 무산계급인 프롤레타리아가 외쳤지 부르주아는 관심이 없었다. 사회 내에도 평등에 대한 욕망은 상존한다. 아니면 부르디외의 지적대로 상류 계층의 생활 습관인 아비투스를 모방

61 : 우리 사회에서 기초생활 수급권자, 즉 사회의 최하위층에 대한 4인 가족 최저생계비는 약 130만 원 가량이 된다. 수입이 최저생계비의 120퍼센트 미만인 최하위층의 바로 위 계층을 차상위층이라 한다.

해 짝퉁이라도 하나 구입하는 일은 일어나지 않을 것이다. 지라르가 생리적 욕구를 제외한 인간의 모든 욕망을 모방 욕망으로 규정하지 않았을 것이다. 그리고 과시 소비를 뜻하는 베블렌 효과란 말도 생기지 않았을 것이다. 그런데 문제는 실제로 평등해진 다음에 발생한다. 그토록 원하던 평등이 이루어졌으니 이제 만족해야 하지 않을까? 일시적으로는 그렇다. 하지만 인간은 결코 그곳에 머무르지 않는다.

평등은 소외된 인간의 욕망이다. 소외와 이질감에서 벗어나 무리 안에 소속되기를, 그래서 왕따가 되지 않고 퇴출된 폐물이 되지 않으려는 것이다. 그런데 흥미로운 점은 일단 소속되면 그 다음은 튀려 한다는 사실이다. 정의와 평등을 외치며 자칭 인간성의 수호자를 표방하는, 이른바 진보 좌파 사람들의 이중적인 모습을 보면 인간의 이기심이 작동하는 메커니즘을 잘 이해할 수 있다. 자본주의는 인간의 이러한 이기심을 잘 이용했다. 그래서 겉으로는 평등을 말하며 속으로 인간의 차별을 향한 욕망을 부추킨다.

자본주의가 승리한 이유는 체제나 이념의 우월성 때문이 아니다. 더 비도덕적이었기 때문이다. 지배자 '나폴레옹'이 되고 싶은 동물들의 이기심에 정확히 부합했기 때문이다. 애덤 스미스는 영리했다. 그는 공정 경쟁에 바탕을 둔 기회균등의 원칙으로 사람들을 유혹했다. '균등'이라는 말은 '평등'의 느낌을 준다. 그래서 자본주의는 평등에 기초한 제도처럼 보인다. 하지만 기회균등의 원칙은 허구다. 자본주의는 모든 사람에게 동등한 기회를 부여하지 않는다. 일단 출발선부터 다 다르다. CEO의 아들로 태어난 사람과 일용직 잡부의 아들로 태어난 자가 어떻게 같은 선에서 출발할 수 있다는 말인가!

| 밀러(A. Miller)의 『세일즈맨의 죽음』에서 하워드는 CEO의 아들로 |

태어나 고액 과외를 받는 등 최고의 조건에서 공부했다. 당연히 명문 대학을 나와 아버지의 회사를 물려받고 막대한 돈을 벌고 있다. 반면 윌리 로먼은 평범한 소시민의 아들로 자라며 혼자 공부할 수밖에 없었고 아르바이트도 해야 했다. 그는 최선을 다했지만 중위권 대학에 만족해야 했고, 하워드 아버지의 회사에서 평생 세일즈맨으로 근무했다. 꿈은 있었지만 이제 나이가 들어 간신히 먹고 살 만큼의 월급만 받고 있다. 자본주의는 이 둘이 동등한 기회를 부여받았다고 말하며, 각자의 노력에 맞게 대우받는 것이라고 본다.

자본주의는 평등과 아무 관계가 없다. 실제 평등하게 대우하고자 한다면 계산 방식이 달라야 한다. 하워드 정도의 환경에서 자란 사람이 사회에 기여할 평균적 생산성이 300이라고 해보자. 그런데 그는 편한 조건 속에서 쉬엄쉬엄해도 남보다 잘살 수 있었다. 그래서 그가 매년 내는 생산성이 200이라고 하자. 한편 윌리 정도의 환경에서 나올 평균적 생산성은 100이다. 그런데 윌리는 최선을 다해 밤잠 안 자고 노력했고, 실제로는 120의 생산성을 내고 있다. 이 경우 결과적 평등에 기초하면 하워드가 200, 윌리가 120이니 하워드가 우대를 받아야 한다. 하지만 과정을 포함한 전체를 보면 하워드는 내야 할 300 대신 200을 냈으니 -100이고 윌리는 내야 할 100 대신 120을 냈으니 +20이다. 평등의 원칙대로라면 사회는 하워드보다 윌리에게 +120의 대우를 해주어야 한다. 하지만 이럴 일은 없다. 자본주의는 결과만을 보고 평등을 말한다. 왜 그럴까? 계산하는 것도 귀찮고, 사실은 계산할 마음도 없다.

자본주의는 불평등의 원리에 기초한다. 기회균등이란 누구에게나 남보다 더 잘날 수 있는 이기적 기회가 주어져 있으니 잘해보라는 뜻이다. 마음껏 스스로를 차별화시키라는 것이지 평등해지라는 것이 아니다. 이처럼 평등이 아닌 차별을 조장하면서 자본주의는 그것을 멋있는 단어로 또 포장한다. 바로 자유다. 그러므로 자본주의의 자유는 낭만적이지 않다. 그것은 순수한 생존경쟁이고 약육강식의 자연법칙일 뿐이다. 미국은 스스로를 말할 때 평등의 나라라고 말하지 않는다, 자유의 나라라고 말한다. 이때 자유는 프랑스혁명이 추구한, 인간성의 보존을 위한 억압으로부터의 자유를 뜻하는 것이 아니다. 자유롭게 불평등해지라는 것이다. 마음껏 남을 누르고 무슨 수단을 써서라도 돈을 벌어 네 마음대로 한번 살아보라는 것이다. 몸의 욕망으로 가득한 행복감의 삶, 당신을 다람쥐 쳇바퀴와 같은 무의미한 인생으로 전락시킬 바로 그 삶을 살라는 것이다. 그리고 만약 실패하면 그냥 도태되라는 것이다.

자본주의의 승리는 인간 내면의 '나폴레옹' 때문이다. 자유 경쟁의 이름하에 불평등의 권리를 기본 이념으로 삼을 수 있었던 배경도 불평등을 먹고 사는 이기주의 때문이다. 인간은 다른 사람보다 더 잘나기를 원한다. 남보다 잘살고 잘 입고 더 잘 타고 다니고 싶어 한다. 공주병과 왕자병은 정도의 차이는 있지만 사실 모든 인간의 고질병이다. 그런 이기적인 욕망을 감추기 위해 자유라는 이데올로기가 존재하는 것이다.

사람들은 착한 사람과 나쁜 사람을 나누지만, 인간 내면을 보면 그런 구분은 존재할 수 없다. 인간은 조금 더 이기적이거나 덜 이기적이다. 하지만 모두 이기적이다. 환경과 기회와 능력이 차이를 만들 뿐이다. 내 자신을 봐도 그렇다. 정말 무의식에 내재된 욕망만 살펴보면 김정은 같은 독재자와 내가 무슨 차이가 있을까? 이기심의 뿌리를 근본적으로 뽑아버리지 않는 한 인간은 사실 누구나 악할 수 있다.

양성평등

사회적 소외로부터 평등으로, 그리고 평등에서 차별적 존재로 나아가기를 원하는 욕망에는 공통점이 있다. 일반적으로 차이를 통해 차별로 이어지고 있다는 것이다. 몸값을 인격으로 보는 자본주의의 가치관이나 피부색으로 인간의 질을 나누는 차별은 항상 차이를 내재하고 있다. 다르다고 네 편과 내 편을 나눈다. 가르기와 분류하기 등을 통해 나를 확인하고 너를 확인한다. 그리고 자유나 조국애 등 고상한 단어들로 은폐한다. 당연히 소속과 이탈에 대한 욕망은 자연스러움조차도 부자연스러움으로 느끼게 한다. 마이클 잭슨을 본받아 피부를 하얗게 이식하거나 검은 눈에 푸른색 렌즈를 끼고 검은 머리를 노랗게 물들이며 국적을 바꿔본다. 평등과 자유의 이중적 욕망 사이에 존재하는 사실은 분명하다. 인간은 근거가 있기 때문에 불평등으로 나아가는 것이 아니라 불평등을 원하기 때문에 근거를 찾는다.

인간사는 항상 그의(his) 이야기(story)였다. 남녀 차별의 원인을 사냥군 가설에서 찾을 수 있다느니, 유목 사회에서 농경 사회로의 전환에 있다느니, 자본주의의 형성과 함께 심화되었다느니 하는 것은 모두 부분에 불과하다. 근본적으로 남성에게는 우월주의적인 시각이 있다. 플라톤은 여성을 남성과 동물의 중간 존재로 봤고, 남성이 죄를 많이 지면 다음 생에 여자로 태어나게 된다고 경고했다. 이른바 'platonic love'라고 불리는 에로스의 첫 단계, 즉 감각적 에로스도 미소년과 성인 간의 동성애뿐이었다. 유대인들은 여성을 인구수에 포함시키지 않았으며, 인도에는 결혼 지참금이 적은 여성을 남편의 가족들이 살해하거나 남편과 함께 장사 지내는 풍습이 있었다. 조선의 남존여비나 부부유별, 그리고 여필종부 등은 이미 널리 알려진 이야기다. 쇼펜하우어는 여성을 발육 부진으로 좁은 어깨, 평퍼짐한 엉덩이와 짧은 다리를 지닌 존재로 봤다. 그리고 여성에게 느끼는 아름다움은 성욕의 결과일 뿐으로 생각했다.

인간적인 것은 늘 남성적인 것이었다. 여성은 음악과 시 등 예술에 대한 감각이 없다고 여겨졌고, 단지 모방 능력만 인정되었다. 남성의 마음에 들고자 하는 욕망의 존재로 이해되었을 뿐이다. 나아가 여성은 사치와 낭비벽이 심하고, 본능적으로 교활하며, 거짓말을 본성적으로 하는 존재로 규정되었다. 프루동(P. J. Proudhon)은 여성이 부도덕한 존재이며 지적인 힘과 근력과 양식에서 남성보다 열등하다고 봤고, 프로이트는 여성의 클리토리스를 불완전한 페니스로 이해했으며, 리비도를 항상 남성적이라 했다. 여성이 소녀 시절 페니스 선망을 통해 남성에 대한 부족감에서 아버지의 권위에 굴복한다고 본 남근 중심적 사고는 남성 중심주의 표본이었다. 결론적으로 인간 문화는 항상 팰러스-로고스 중심주의(Phallogocentrism)였다.[62]

성차별의 현실

전통과 관습은 늘 여성 차별적이었다. 혼전 성행위나 과거 문제에서 남성에게는 관용을 보이는 반면 여성에게는 문제 삼는 것이 일반적이었다. 또한 가정 폭력을 가정 내의 문제로 치부하고 소홀히 여긴 것도 사실이다. 러셀이 지적한 대로 여성에게

62 ; 자크 데리다의 개념. 이성 중심주의 (Logocentrism)와 남근 중심주의 (Phallocentrism)의 합성어다. 데리다는 대표자로 프로이트를 지적하는데, '남성=원천=종속/여성=종속=열등'이라는 이분법을 본질론적 성차 구분을 통해 보여준 예로 본다. 하지만 남성과 여성의 이분법은 어느 곳에서나, 그리고 언제나 존재해왔다. 프로이트의 '프' 자도 모르는 사람이 차별의 표본적 행위를 하는 것을 우리는 주위에서, 아니 우리 자신에게서 쉽게 발견하고는 한다.

만 순결을 요구하는 남성들의 이데올로기와 이중 잣대는 아직 존재한다. 동시에 여성의 성이라는 허구적 구성물은 사회 곳곳에 남아 있다. 성매매 특별법이 확인한 것은 여성을 성적 도구로 바라보는 남성의 욕망은 사라지기 어렵다는 점이었다. 성범죄에 대한 편파적 시각도 마찬가지다. 성폭행을 당한 여성에게 "정말 충분히 저항했을까?", "옷을 그렇게 입고 다니니!" 등의 왜곡된 시선이 던져진다. 미니스커트를 입은 여성이 성폭행의 원인인 것으로 해석되기도 한다. 비싼 보석으로 장식한 여성이 강도를 만나도 여성에게 죄를 물을 판이다. 나아가 법적·제도적 차별이나 사회적 역할과 기회의 차별도 있다. 법적 차별의 사례로는 민법 제781조 부성 강제 조항과 제830·831조의 부부 별산제 조항을 들 수 있다. 부성 강제 조항의 경우 부부의 합의에 따른 자녀 성의 결정이 가능하지만 여전히 자녀가 아버지의 성과 본을 따르는 것을 원칙으로 하는 것으로 부계 혈통주의를 고착시킬 수 있다. 또한 부부 별산제는 혼인 중에 형성한 재산이라도 중요 재산을 남편의 명의로 하는 현실로 인해 아내가 남편의 일방적 재산 처분을 막을 수 없다는 문제가 있다. 그외 고용이나 기회의 차별을 상징하는 단어로는 '유리 천장'이 있다. 이 말은 여성의 승진을 가로막는, 조직 내의 보이지 않는 장벽을 의미한다. 암묵적이고 비공식적인 차별은 상존하고 있다. 일반적으로 남성 중심적인 공무원이나 기업 문화에서 여성이 관리직에 오르는 것은 쉽지 않다. 그것은 남성이 리더십과 책임감이 강하며 여성은 의존적이라는 편견으로 인한 것이다. 경제 위기시 구조조정의 일차 대상도 남편이 있는 직장 여성이다. 그래서 실업률이 늘면 '취집'하는 여성도 늘어난다.

성차별을 정당화할 수 있는 근거는 존재하지 않는다. 남성과 여성의 사실적 차이에서 가치론적 차별을 추론하는 것은 자연주의적 오류

(naturalistic fallacy)[63] 다. 일반적으로 남성의 근력이 여성보다 센 것은 사실이지만, 여성에게 맞고 이혼하는 남성도 있다. 남성만의 점유물인 운동도 없다. 주차를 못 하거나 서툴게 차를 몰아 흐름을 방해하는 운전자를 '김 여사'로 통칭하는 배후에는 "여자는 원래 운전을 못 해"라는 남성의 통념이 숨어 있다. 하지만 카 레이서 중에는 여성도 있다. 남성의 경우에는 수학, 여성의 경우에는 어학 능력이 상대적으로 발달할 것이 사실이지만 수학을 빵점 맞는 남학생이나 외국어 시간에 화장하고 조는 여성도 부지기수다. 여성과 남성의 차이는 단지 차이일 뿐 그 이상도 이하도 아니다. 더욱이 차이도 절대적인 것이 아니다. 아프리카의 일부 국가 여성들은 서서 소변을 본다고 한다. 남성호르몬인 테스토스테론이 공격성을 자극한다고 하나, 이는 질투에 눈이 먼 여성을 보지 못한 사람의 얘기다. 또 여성이 요리를 잘하고 즐겨 하는 것이 사실이지만 호텔 주방장은 대부분 남성이다. 유명한 철학자 중에 여성이 없는 것은 사실이지만, 일상의 남성들을 보면 그 이유가 사고의 깊이나 고상함에 있는 것은 아닌 것 같다.

출산이나 생식기 구조 등 몇 가지의 생물학적 차이를 제외하고 남성과 여성의 절대적 차이는 없다. 그리고 상대적 차이는 개연성만이 있을 뿐 보편타당성은 없다. 한마디로 남성이 여성보다 우월한 근거는 없다. 하지만 차별의 실제 원인은 어떤 차이 때문이 아니다. 진실은 남성이 차별을 원한 것이다. 그리고 차이는 단지 차별하기 위해 부각시킨 것에 불과하다.

63 : 자연은 '있는 것'이고, '있는 것'은 사실이다. 자연주의적 오류는 사실에서 가치, 특히 차이에서 차별을 직접 도출해서는 안 된다는 것을 의미한다. 예를 들어 인간 수명 200세가 현실이 되었다면 그 자체는 좋아 보이지만, 정년퇴직이 40~50세인 우리의 현실에 수명이 200세이면 대부분의 사람은 무직으로 나머지 150년 가량을 살아야 한다. 사실은 가치중립적이고 가치는 우리가 부여하는 것이다.

모호한 변화

여성들이 차별의 탑을 인식하기 시작한 것은 17세기 말부터다.[64] 물론 그 이전의 여성이 무지했던 것은 아니지만 공식적인 시작은 그때부터였다. 그리고 20세기 초부터 바벨탑은 허물어지기 시작했으며 1970~80년 정보화시대 이후 오히려 권력 이동이 일어나고 있다. 여성에게 투표권이 부여되고, 정치 참여도가 높아지며, 경제·사회·교육·행정 등 모든 분야에 여성의 입김이 닿지 않는 곳이 없다. 가사의 분담, 생활비의 분담, 적극적인 성생활의 참여 등 가정에서의 주도권이 여성에게로 넘어갔고, 공처가와 애처가의 경계가 허물어졌다. 고전적인 남녀의 상도 변해가고 있다. 어깨를 감싸주는 여성의 품에 안긴 남성, 리드하는 여성에게 순종하는 남성, 때리는 여성과 맞는 남성, 똑똑하고 당찬 여성과 착하고 귀여운 남성. 스마트한 정장에 멋진 자가용을 몰며 바쁘게 움직이는 성공한 사회의 여성 옆에 애기를 등에 업고 청소를 하며 저녁 식사를 준비하는 남성이 있다. 여자 우주 비행사, 여자 해병, 여자 경찰, 여자 축구 선수, 여자 트럭 운전수 등등. 요즘 누가 "그러니까 여자와 개는 사흘에 한 번씩 패야 해!" 또는 니체처럼 "여자에게는 역시 회초리가 어울려!" 같은 말을 감히 하겠는가! 이제 평등의 시대가 온 것처럼 보인다. 그런데 정말 그럴까?

현상을 모두, 그리고 분명히 파악한다는 것은 쉽지 않다. 일상생활을 조금만 들여다보자. 길을 갈 때 여자 애인을 길 안쪽에 두고 걷거나 층계를 올라갈 때 먼저 오르고, 또는 여성에게 차 문을 열어주거나 추워하는 여성에게 코트를 벗어주고 떠는 남성의 마음은 평등 의식일

64 ; 문학에서 페미니즘이란 용어가 사용된 것은 19세기부터이나 내용적으로는 이미 17세기부터 페미니즘 운동이 있어왔다.

까, 아니면 은폐된 차별일까? 가족에 대해 책임감을 지닌 남성이나 남성 의존적인 여성은 문제가 있는 것인지, 성희롱의 객관적 기준은 정확히 무엇인지, 또는 요즘 가정주부로서의 삶을 선택하는 여성은 계몽되지 못한 존재인지 등 까다로운 질문은 적지 않다. 여자대학은 성차별인가, 아니면 남성을 위한 'lady' 양성소인가? 직장에서 남녀의 비율을 정확히 반씩 맞추어야 하나? 남자에게도 치마나 하이힐을 허용해야 할까? 어떤 여성은 평등을 외치면서도 필요하면 "남자가 시시하게!"라는 말을 하고는 한다. 분명한 것은 우리가 은연중에 차별적인 것과 그렇지 않은 것을 구분하고 산다는 것, 그런데 그 기준이 분명하지 않다는 것이다.

무슨 말인가? 차별 현상의 사라짐과 차별의 사라짐은 동의어가 아니다. 성폭력이 드문 사회, 남녀의 평등한 취업 기회와 대우가 보장된 사회, 국회의 남녀 의석수가 균등하게 확보되고 출산휴가를 안심하고 신청할 수 있고 모든 역할의 동등한 분배가 이루어지며 여성 문화를 창조할 수 있는 사회, 그 사회는 분명 발전한 사회일 것이다.

하지만 차별 현상이 사라져도 차별은 있을 수 있다. 양성평등의 실현을 위해서는 현상 뒤의 그 무엇 또한 바뀌어야 한다. 성차별의 문제가 사라지기 위해서는 근본적으로 의식이 변해야 한다. 의식의 차별이 존재하는 한 현상적 변화는 조건적 순응에 불과하다.

성차별의 뒷모습

이제 좀 깊이 들어가보자. 도대체 차별은 언제 시작된 것일까? 아마 당신은 "인류 역사 처음부터!" 또는 "고대사회부터?" 등을 생각할 것이다. 하지만 차별의 시작은 시간적 개념이 아니다. 역사를 보면 차별 현상은 상존해왔다. 그러나 차별에 대한 의식은 오랜 기간 없었다. 정확히 말하면 여성이 그 현상을 차별로 문제 삼지 않았다. 그러므로 차별은 여성이 차별을 의식한 순간부터 존재한 것이다. 의식과 함께 시작한 것은 의식이 끝나야만 사라질 수 있다. 남녀평등의 실현은 평등을 향한 의식이 사라질 때 이루어질 수 있다. 욕구가 있는 한 차별은 있다. 문제는 의식이 강제로 전환될 수 없다는 사실이다. 더욱이 인간은 평등을 원하지 않는다. 그렇다면 어쩔 수 없는 한계가 있는 것 아닐까?

원하는 것을 모르면 얻을 수도 없다. 문제를 모르면 답도 알 수 없다. "인간은 평등하다. 차별 문화를 만든 것은 남성이다. 여성은 남성에 의해서 만들어진 것이다. 이제 남성은 반성하고 평등 사회를 이루어야 한다." 이것이 우리가 이해하는 문제의 기본 도식이다. 하지만 이 도식은 옳지 않다.

여성이 남녀차별을 본격적으로 문제 삼기 시작한 것은 17세기 이후다. 그렇다면 이런 질문이 가능하다. 17세기 이전의 여성들은 성차별에 대해 둔감하거나 무지했던 것일까? 자신들의 차별을 느끼지 못할 정도로? 그것은 분명 아닐 것이다. 차별에 대한 의식은 분명 존재했을 것이다. 하지만 그것을 문제 삼지는 않았다. 왜일까? 이 질문은 차별을 수용할 수밖에 없는 이유가 여성에게 있었음을 짐작케 한다. 물론 여성은 그것을 남성의 억압이라고 말해왔다. 그러나 단순히 억압만은 아니었다. 여성의 입장에서도 그것을 용인할 이유는 있었다.

남성 문화는 여성의 세계와 분리된, 남성들이 멋대로 쌓아놓은 성이 아니다. 남성 문화는 남성만의 문화가 아니라 여성이 함께 참여한 인간 문화였다. 이미 지적한 것처럼 차별 현상은 자연주의적 오류에 대한 무지에서가 아니라 남성의 욕망에 기인한다고 말했다. 그러나 인간이 원한다고 모든 것을 할 수 있는 것은 아니다. 여성이 수용하지 않았다면 사실 불가능했을 것이다. 남성이 자신의 욕망을 실현할 수 있었던 것은 근력의 힘 자체 때문이 아니라 그 힘이 생존을 결정하는 직접적인 원인이었기 때문이다. 근력의 힘이 곧 생존을 의미한다는 의식은 남성만의 것이 아니었다. 둔한 남성도 아는데 똑똑한 여성이 모를 리 없다. 당연히 여성은 생존을 위해 남성에 의존해야 할 필요성을 느끼게 되었을 것이다. 따라서 남녀차별의 배후에는 남성과 여성의 암묵적인 계약이 있었음이 틀림없다. 여성에게 일방적으로 강요된 것이 아니라 여성이 함께 원했던, 아니 어떤 의미에서 여성에 의해 간접적으로 장려되었던 것이 바로 남성 문화인 것이다. 결국 생존 전략이 문제다.

인간은 기본적으로 생명이며 생명은 환경에 적응하여 생존한다. 그것이 자연계의 법칙이다. 문명의 성립을 통해 인간은 자신의 과거를 많은 부분 벗어버렸다. 그러나 문화적 진화를 통해 외도를 한 인간과 달리 자연계에는 아직도 이 법칙이 남아 있다.

> 사자는 몇 마리의 수컷이 다수의 암컷을 거느리고 왕국을 통치한다. 수컷은 멋진 갈기와 덩치, 힘의 우위를 통해 암컷을 지배한다. 암컷들은 무리를 지어 먹이를 사냥하는데 사냥이 끝나면 먼저 수컷에게 먹이를 양보한다. 수컷에게 대드는 암컷은 없으며 동등한 권리를 주장하는 암컷도 없다. 사자의 세계는 남성 중심주의의 전형적인 표본이다.
>
> 그런데 재미있는 현상이 있다. 때때로 왕국을 넘보는 침입자들이 나타난다. 이때 침입자들이 이기는 경우가 있는데, 영토와 함께 무리의 암컷들을 새롭게 장악한 수컷들이 가장 먼저 하는 일은 인간과 유사하다. 전 국왕의 혈족인 새끼 사자들을 남기지 않고 모두 죽

이는 것이다. 암컷들은 처음에는 반항하지만 곧 받아들이고 순종하며 새 지도자들로부터 씨앗을 받는다. 그리고 그렇게 사자 왕국은 이어진다.

사자 왕국의 포커스는 수컷이 아닌 암컷이다. 암사자는 생존을 위해 수컷에 복종한다. 수컷 대신 무리를 통치하려는 암컷은 없다. 그러나 그 복종은 사실 복종이 아니라 일종의 이용이다. 수컷은 자신이 암컷보다 우월하다는 자신감을 가지고 있지만 그의 권리는 자신의 힘이 존재하는 동안에만 유지된다. 그리고 그 기간은 그렇게 길지 않다. 그것을 유지할 수 없는 순간 그는 영토에서 추방된다. 암컷이 새로운 통치자의 씨를 받는 것은 더 우성인 종자를 낳기 위한 본능이다. 그래서 목숨 걸고 새끼를 지키지도 않지만, 전 국왕을 못 잊어 패배하고 도망가는 수컷을 따라가는 암컷도 없다. 그렇게 통치자들은 계속 바뀌지만 왕국은 이어진다. 그리고 왕국에서 끝까지 살아남는 존재는 수컷이 아닌 암컷들이다. 그들이 바로 영원한 승자이며 주인이다. 수컷은 자신이 주인이라 믿고 살 뿐이다.

남성 중심주의 문화는 남성이 아니라 남녀가 공동으로 창조한 것이다. 스스로 자신을 보호하기 힘든, 그리고 임신이라는 10개월의 치명적 약점을 지닌 여성으로서 존재 유지를 위한 유일한 해결책은 강한 남성에로의 의존뿐이었다. 남성에게 받는 차별의 일정 부분은 여성이 얻는 생존의 대가였음이 틀림없다. 그렇기에 그것은 암묵적 계약이었던 것이고, 여성이 이를 문제 삼기 전에는 문제로 존재하지 않았던 것이다.

그렇다면 왜 여성은 차별을 문제 삼기 시작한 것일까? 왜 암사자는 수사자의 권한에 대항하려고 마음먹은 것일까? 답은 간단하다. 수사자의 보호 없이도 살아남을 수 있는 가능성을 본 것이고, 그로 인해 계약을 파기하고자 하는 용기를 얻게 된 것이다. 자연계는 변하지 않는다. 그래서 자연의 암사자는 지금도 계약을 유지하고 있다. 그러나 인간 세계는, 즉 인간이란 동물의 왕국은 변해왔다. 그리고 조건의 변화는 전략의 변화를 가져온다.

남녀차별의 문제는 이기적인 생존 전략의 변화 속에 탄생된 산물이다. 국가의 성립, 구체적으로 법치국가의 성립은 점차로 여성에게 자신에 대한 보호의 주체가 남성이 아닌 국가라는 인식을 가져다주었다. 지금 우리는 가정폭력이 공적 범죄인 시대에 살고 있다. 공권력의 보호가 보장된다면 여성에게 남성은 더 이상 반드시 필요한 존재가 아니다.

정보화와 세계화 시대 이후 감성 시대인 제3물결로 접어들며 남녀의 역학 구조는 근본적으로 변화된다. 여성이 생존과 안전을 보장해줄 남성을 찾는 대신 스스로 그러한 존재가 되기 시작한 것이다. 지금까지 '강한'은 항상 남성과 관련하여 의미의 수정을 이루어왔다. 그러나 지금은 '강한' '여성'이 등장했다. 더욱이 '정보'는 무겁지 않다. 감성이나 직관은 일반적으로 여성이 더 발달되어 있다. 아직 지배적이지는 않지만 힐러리 클린턴이나 오프라 윈프리 같은 능력 있는 여성들이 증가하고 있는 것은 분명한 사실이다. 정계만이 아니다. 법조계와 재계, 스포츠 등 모든 영역에서 능력 있는 신여성들이 등장하고 있다. 여성이 권력의 중심이 되어가고 있는 상황에서 계약을 유지할 필요는 없다. 물론 남성들도 변화를 인지하고 있다. 그래서 '여성적인 힘'을 위해 스스로를 여성화하고 있다. 이른바 '꽃미남'의 인기는 우연이 아니다. 남성 화장, 남성 성형, 남성 주부는 이제 남성 스스로 선택하고 있다. '누나는 내 여자니까!'인 이유는 누나가 억대 연봉을 받기 때문일 가능성이 높다. 남성 주부의 등장이 평등 의식의 성숙 때문만은 아닌 것이다.

남녀차별은 여성이 계약 파기를 원하는 시기에 시작되었다. 이제 계약은 수정되었고, 새로운 계약이 맺어지고 있다. 성 역할은 원래 고정되어 있는 것이 아니라 필요에 의해 고정된 것이라는 의식이 확산되고 있다. 바로 그런 이유로 남녀평등은 일부 페미니스트들의 각성에 의해 이루어진 것이 아니다. 인간 문화는 존재라는 기본 목적과 그것이 안정될 때 부차적 목적으로 요구되는 향유를 위해 만들어진 것이다. 그리고 동일한 목적하에서 차별의 문제의식이 성립된 것이다. 모든 것의 배후에 있는 근본적인 이슈는 존재와 향유를 둘러싼 권력 구조였다. 그렇기에 그 구조가 차별의 폐지를 요구한다면 여성해방을 외치지 않아도 변화는 자연스럽게 온다.

보부아르(S. d. Beauvoir)는 『제2의 성』을 통해 여성은 제1의 성인 남성이라는 동일자에 부차적으로 정의되는 제2의 성이라고 봤다. 여성이 주체로서의 위치가 아닌 타자의 위치에 존재하고 있다는 것이다. 그렇기에 그녀는 주체와 타자가 아닌 주체와 주체의 관계인 간주체성(Intersubjectivity)을 회복하는 것을 남녀평등의 핵심으로 봤다.

그러나 주체와 타자의 한계는 그렇게 분명한 것이 아니다. 여성이 만들어지는 부분이 있듯 남성도 만들어지는 부분이 있다. 그리고 남성처럼 여성도 태어난다. 모든 여성이 타자로 존재했는가? 모든 남성이 주체로 존재하는가? 인간 문화가 과연 남성 중심주의에서 여성 중심주의로 바뀌어가고 있는 것일까? '세계는 남성이 지배하지만 남성은 여성이 지배한다'라는 말은 우연히 생긴 것이 아니다. 소크라테스에게는 크산티페가 있었고, 카이사르에게는 클레오파트라가 있었다. 아우구스티누스에게는 모니카, 단테에게는 베아트리체, 키르케고르에게는 올젠, 니체에게는 살로메, 그리고 맹자에게는 어머니가 있었다. 부인들의 치맛바람, 고개 숙인 남편들, 평균수명에서 항상 뒤지는 남성. 괴테는 '영원한 여성적인 것'을 말했다. 어쩌면 남성이 타자였는지도 모른다. 그리고 어쩌면 지금 권력의 중심으로 향하는 여성들이 타자일지도 모른다.

인간 문화 속의 남녀관계는 주체와 타자로, 제1의 성과 제2의 성으로 간단히 도식화할 수 없다. 남성과 여성 양자는 이기적인 생존의 전략적 제휴 속에 공존해온 것이기에 앞으로도 그러할 것이다.

생존의 욕망 속에 평등은 부차적인 문제로만 존재한다. 존재는 본성이다. 그리고 평등은 존재와 모순된다. 존재는 평등과 불평등의 너머에 있다. 그렇기에 인간은 평등을 원하는 것도 아니고, 그렇다고 불평등을 원하는 것도 아니다. 인간이 원하는 것은 오직 존재하는 것이다. 존재란 무엇인가? 역사 안에서 그것은 먹고사는 일차적인 차원에서 다차원적인 모습으로 변해왔다. 현대인에게 존재는 단순히 의식주의 해결만을 의미하지 않는다. 존재는 만남과 헤어짐, 고통과 쾌락, 사랑과 증오, 존경과 인정받음, 그리고 문화적 향유와 비향유의—의식주와 성의 문제에서—상대적 얼굴을 지니고 있다. 존재는 천의 얼굴을 지니고 있다. 그렇기에 존재의 욕망은 평등과 불평등의 사이를 오가는 게임이다. 평등을 위한 몸부림처럼 불평등으로 향한 인간의 욕망은 언제든지 자연스럽게 고개를 들고 굶주린 배를 채울 수 있다. 남녀평등에 대한 욕구는 이 게임 안에서 그 의미를 지닌다. 그것은 정의와 도덕의 요청에 의해서 인간의 존엄이란 명목하에 발생된 것이 아니라 생존 환경의 변화와 그에 대한 전략적 대응, 그리고 존재의 다양성에 따른 또 다른 존재에의 욕구에서 발생한 것이다.

미래 사회의 존재 전략적 요청은 남성 문화의 종식을 의미할 수 있다. 성공 시대의 인간은 지금보다 더 여성적인 것을 원한다. 그러나 그것은 미래의 인간상이 여성적인 것으로 대치될 것이라는 점을 의미하지 않는다. 미래는 남녀 어느 한쪽만을 원하지 않을 것이며, 아마도 여성성인 아니마와 남성성인 아니무스를 동시에 보유한 전체적 인간형을 요구할 것이다. 그리고 그런 인간만이 생존할 수 있을 것이다. 바로 그렇기 때문에 남녀차별은 사라질 것이며, 남녀평등은 이루어질 것이다. 사실 양성평등과 관련한 남녀의 사고는 그렇게 고상하거나 심오한 것이 아니었다. 남자는 악하고 여성은 선한 것도 아니었다. 인간은 누구나 이기적이며, 이기심이 충족될 수 있는 환경에 따라 전략이 변할 뿐이다.

카지미르 말레비치, 〈눈폭풍 후의 시골 아침〉(1912)

한 젊은 여인이 꿈을 꾸었다. 쇼핑 거리인 5번가에서 모자를 구입한, 단순한 꿈이었다. 현실에서 남편은 오랜 기간 아파 누워 있었고, 그래서 염려하고 있었다. 그러던 중 친구가 전화를 했고, 남편 약도 살 겸 잠시 쇼핑을 나갔다. 거기서 우연히 결혼 전에 알던 사람을 만났다. 당시에는 별 볼일 없었는데 이제 그는 경제적으로나 사회적으로 상류층이 되어 있었다. 그 순간 문득 꿈에서 산 모자가 떠올랐다. "검은 모자였어요!" 그녀는 주저하며 덧붙였다. "장례식용 모자요!"

인류는 믿는다. 언젠가 폭력과 전쟁의 폭풍우가 지나면 빛처럼 햇살처럼 평화로운 아침이 올 것이라고. 하지만 평화가 오지 않는 진정한 이유는 인류의 무의식이 폭풍을 즐기기 때문이다. 평화를 원하지 않기에 전쟁이 있는 것이다. 이기적 욕망은 원래 그렇다. 아무것도 일어나지 않는, 눈 덮인 시골 마을은 지루할 뿐이다.

« 3 »

상처뿐인 영광 – 평화

중학교 때 황당한 연극을 본 적이 있다. 작고한 한국 연극계의 대부 추송웅 씨가 공연한 '빨간 피터의 고백'이라는 모노드라마였는데, 당시는 이해할 수 없다는 것만 이해할 수 있었다. 침팬지 한 마리가 나와 혼자 긴 시간을 떠들다 들어가는 것이 전부였다. 잊고 있던 그 작품을 다시 만난 것은 유학 시절에 카프카를 접하면서였다. 원작이 카프카의 단편 「학술원에 드리는 보고」였다. 실제 스토리 역시 황당했지만 진의를 알고 나니 역시 카프카임을 고백할 수밖에 없었다. 빨간 피터는 사회성 뒤에 감추어진 이기심과 폭력에의 욕망을 상징하고 있었기 때문이다.

> 밀림을 자유롭게 누비던 침팬지 빨간 피터는 인간 세계로 끌려가 인간처럼 교육받고 학술원의 일원이 될 정도로 인간적인 존재가 된다. 하지만 밤이면 암컷 침팬지와 함께 잠을 자야 한다. 그러고는 아침이면 혐오스러움에 다시 쫓아버린다. 빨간 피터는 그런 자신의 삶을 학술원에 보고하고 있다.

카프카는 도대체 무슨 말을 하려는 것이었을까? 피상적으로 보면 좀 황당하게 보이지만 사실 카프카는 당대의 프로이트 심리학, 특히 인간의 사회화 과정과 욕망의 상관관계를 은유적으로 탁월하게 묘사하고 있다. 그리고 어떤 의미에서는 이미 프로이트를 넘어서고 있다.

알려진 것처럼 프로이트는 인간의 인격을 세 영역으로 구분한다. 초자아, 자아, 그리고 이드다. 초자아는 양심을 나타내며 이상 원칙에 따라 움직인다. 자아는 이성적인 의식으로 현실 원칙을 따른다. 그리고 이드는 본능이나 욕망을 뜻하는 것으로 유일하게 선천적이며 쾌락 원칙에 의해 움직인다. 라틴어 이드(id)는, 거창해 보이지만, 번역하면 그냥 'it'이다. 즉 '뭔지 정확히 모르지만 있다'는 것이다.

프로이트에 따르면 인격의 세 영역이 서로 조화를 이룰 때 건전한 인격이 된다. 그리고 건전한 인격이 되기 위해서는 인격의 발달 과정을 겪어야 한다. 그는 이 과정을 다섯 단계로 설명했다.

구순기(Oral stage 0~1세) → 항문기(Anal st. 1~2세) → 남근기(Phallic st. 3~6세) → 잠복기 (latent st. 7~12세) → 성기기(Genital st. 13세 이상)

사회화 과정에서 발생하는 중요한 사건은 무한 자유에서 제한된 자유로, 동시에 무조건적 욕망 추구에서 조건적 욕망 추구에로의 배움이다. 핵심은 길들여짐이다. 프로이트가 보기에 사회화는 늑대가 인간이 되는 것과 마찬가지다. 카프카는 이 사회화 과정을 빨간 피터의 인간화 과정을 통해 정확히 재현하고 있다.

빨간 피터는 황금 해안이라는 원시 자연에서 무제한의 자유를 누리며 산다. 이것은 어린 아기가 배변 훈련 이전까지 부모로부터 완벽한 사랑을 받는 시기를 암시한다. 아기는 무엇을 하든지 '오케이'다. 그에게는 절대 자유가 보장되어 있다. 프로이트의 구순기다.

어느 날 피터는 인간에게 총을 맞고 사로잡힌다. 마음대로 살던 피터에게는 충격이다. 이제 아기는 항문기로 넘어간 것이다. 엄마가 처음으로 "때찌!" 하면서 금지의 언어를 내뱉을 때 충격을 경험하지만, 배변 훈련은 자기 마음대로 하면 안 된다는 사회의 사인(sign)이다.

배에 실린 피터는 우리에 갇힌 채 육지로 향한다. 이제 아기는 남근기로 넘어간다. 그리고 오이디푸스 콤플렉스를 거치게 된다. 카프카는 이를 세 가지 방향으로 진행되는 피터의 고민으로 설명한다. 탈출이냐, 지금 그대로의 적응이냐, 아니면 '출구 찾기', 즉 제한적 자유라도 얻을 것인가?

이 시기에 남자아이의 무의식 안에는 엄마에 대한 욕망이 싹튼다. 그것은 다분히 성적인 것이고, 사실 소유욕이다. 단순히 먹고 사는 생리적 욕망을 넘어 누군가로부터 완전히 사랑받으려는 욕망을 알게 된 것이다. 완전한 포근함, 완전한 편안함! 아이는 그것을 엄마에게 느끼고, 그래서 홀로 독차지하려 한다. 그런데 아이에게는 아빠라는 경쟁자가 있다. 본능적으로 아이는 경쟁자를 제거하고 싶어진다. 그래서 '부친 살해 욕구'를 느낀다. 그런데 죽이려고 보니 너무 크다! 까딱 잘못했다가는 오히려 저 거대한 적에 의해 내 것을 거세당할지도 모르겠다는 '거세 공포증'이 밀려온다. 결국 죽느냐 죽이느냐 사이에서 갈등하던 아이는 일단 엄마에 대한 욕망을 억제한다. 지금 대들다가는 뼈도 못 추릴 것 같다는 생각에 때를 기다리기로 결정한다. "아빠처럼 어른이 되면 다시 아빠에게 대들어야지!" 그래서 일정 기간 동안 '적과의 동침'을 시작한다. "일단 저놈을 모방하되 빨리 크고 나면 제거해야지." 아이는 아빠를 졸졸 따라다니며 하는 그대로 따라한다. 빨리 배워야 하기 때문이다. 칫솔질을 흉내 내고, 밥 먹는 것도 똑같이 따라한다. 아빠는 행복해한다. "아이고, 내 새끼! 아빠 하는 그대로 따라하네!" "역시 내 붕어빵이야!" 아이의 마음을 모르고 하는 소리다. "조금만 기다려라! 때가 되면 넌 내 손에 그냥……."

물론 이 의미 역시 상징이다. 핵심은 이렇다. 인간이 사회에 정상적으로 진입하기 위해서는 자신의 반사회적인 욕망을 억제할 수 있어야 하며, 법과 제도에 순응할 수 있어야 한다. 개인에게는 어려운 일이지만 반드시 이 과정을 거쳐야 인간은 사회적 존재가 될 수 있다.

빨간 피터가 '탈출할까?' 생각하는 것이 바로 엄마에 대한 욕망, 즉 반사회적 욕망이다. 그것을 포기하지 않고 그대로 유지하면 피터는 아빠로부터 거세된다. 즉 사회로부터 소외되고 결국 제거된다. 그냥 포기하고 우리에 있을까 하는 것은 어른이 되기를 거부하는 것이다. 나이가 들었는데도 피터팬신드롬처럼 나잇값을 못하고 어린애처럼 굴면 역시 사회로부터 소외된다. 결국 피터는 절충적 답안을 스스로에게 제시한다. "그래, 밀림으로 못 돌아간다면 우리에서라도 나가야겠다!" 그런데 우리에서 나가는 유일한 방법은 우리 밖에 있는 인간이 되는 것이다. 인간은 법과 제도를 상징한다. 그래서 피터는 실제 인간을 모방한다. 피터가 침팬지로서의 정체성을 포기하고 인간을 모방하는 단계도 흥미롭다. 카프카가 의미 있게 기술한 것이 느껴지기 때문이다. 피터는 침 뱉고(습관), 악수하고(예절), 담배를 피우고 술을 마시고(문화), 마지막으로 '헬로'(언어)를 내뱉음으로써 인간 사회에 진입하는 데 성공한다.

피터가 말을 하는 것을 본 사람들은 그를 우리에서 꺼내고 전문과외 선생을 붙여준다. 가정으로부터 벗어나 교육을 받는 것, 즉 잠복기에 접어든 것이다. 학교에서 친구들과 사귀고 또래 문화에 적응하다가 엄마에 대한 욕망을 잊는 아이처럼, 피터 역시 공부하느라 밀림에 대한 생각은 다 잊는다. 결국 피터는 당당히 유럽의 평균 지성에 도달

인격 발달 과정	1	2	3	오이디푸스 극복	4	5
프로이트	구순기	항문기	남근기 반사회적 욕망 억압 / 제한된 자유 수용	**모방**	잠복기	성기기
카프카	황금 해안의 절대적 자유	총을 맞고 잡힘	고민과 인간 모방	**언어**	교육	자기 발달

한다. 그리고 계속 공부해 유명 강사가 된다. 돈도 벌고 집도 산다. 정말 정상적인 사회인이 된 것이다.

빨간 피터는 결국 사회화되고 행복한 삶을 영위한다. 그러나 그것은 진정 행복은 아니다. 왜냐하면 그에게는 무의식에 내재된 그리움이 있기 때문이다. 무한 자유에 대한, 반사회적 욕망에 대한 그리움. 그것은 억압된 것이지 사라진 것이 아니기 때문이다.

> 저로서는, 그때나 오늘날도 자유를 요구하지 않았습니다. 말이 나왔으니 말이지, 자유로써 사람들은 너무도 자주 기만당합니다. 그리고 자유가 가장 숭고한 감정의 하나로 헤아려지는 것과 같이, 착각 역시 가장 숭고한 감정의 하나입니다. 저는 쇼에서 곡예사 한 쌍이 저 위 천장에서 그네식 철봉을 타는 것을 자주 봤습니다. 그들은 서로 훌쩍 뛰어넘고, 그네를 타고, 도약을 하고, 서로가 둥실 떠 서로의 품 안으로 떨어지고, 하나가 이빨로 상대방의 머리카락을 물어 나릅니다. '이것도 인간 자유로구나' 하고 저는 생각했습니다.

> '자기를 돋보이려는 이 안하무인의 율동!' 신성한 자연을 이따위로 경멸하다니! 그 어떤 건축물도 이 광경을 보고 원숭이다움이 터뜨린 웃음 앞에서는 지탱을 못할 것입니다.

프로이트는 꿈을 억압된 욕망의 실현으로 봤다. 꿈에 등장하는 무의식의 내용들은 당연히 억압된 욕망의 총체다. 마찬가지로 피터에게도 절대 자유에 대한 그리움이 있다. 그것은 그의 이상한 습관에서 나타난다.

> 밤늦어 연회에서, 학술 모임에서, 유쾌한 회합에서 집으로 돌아오면 반쯤 조련된 조그마한 암컷 침팬지가 저를 기다리고 있어 저는 원숭이식대로 그녀 곁에서 편안함을 취합니다. 낮에는 그녀를 보고 싶지 않습니다. 그녀는 조련된 동물의 어리둥절해진 미혹(迷惑)을 눈길에 담고 있어서요. 그 점은 오직 저만이 알아보는데 저는 그것을 견딜 수가 없습니다.

암컷 침팬지는 반사회적 욕망을 의미한다. 그 욕망의 실현은 낮에는 불가능하다. 법이 감시하기 때문이다. 따라서 밤이 되어야 한다. 밤은 제도의 부재를 의미한다. 밤이 되면, 즉 어떤 이유에서든 제도가 영향을 미치지 못하는 상황이 되면 피터는 암컷 침팬지를 부른다. 카트리나가 왔을 때의 뉴올리언스에서, 이라크 전쟁과 같은 한계상황에서 평화롭던 도시가 순식간에 무법천지로 변하고 평범한 가장일 수 있는 청년이 소녀를 강간하고 가족을 불태워 죽이는 사건이 발생한다. 제도의 부재는 자연으로의 회귀다. 그리고 그 회귀는 반드시 폭력을 동반한다.

암컷 침팬지는 법의 부재만을 의미하는 것이 아니다. 그것은 정체성의 은폐, 즉 익명성도 상징한다. 사이버불링(cyber bullying)이나 인터넷을 통해 이루어지는 마녀사냥 등의 언어폭력은 모두 밤이 있기 때문에 가능한 일이다. 따라서 인권을 강조하고 표현의 자유를 인정하며 실효성이 의심된다는 핑계로 인터넷 실명제를 부정하는 사람은 빨간 피터에게서 지혜를 배울 필요가 있다.

한참 미디어에서 '늑대 인간' 문제로 시끄러운 적이 있었다. 비행기 추락 사고로 부모를 잃은 아이가 늑대 무리에 의해 키워졌는데 다 성장한 뒤에 발견되어 문명사회로 데려왔으나 결국 적응하지 못하고 죽었다. 그런데 이 기사를 접하며 한 가지 질문이 떠올랐다. 늑대 인간은 늑대일까, 인간일까? 답은 의외로 간단하다. 생물학적 관점에서 보면 인간이다. 하지만 사회적 관점에서 그는 늑대다. 인간으로 '있는 것'과 인간으로 '존재하는 것'은 다르다. 그리고 '타인과 함께함'은 타인과 함께 하는 방법에 대한 교육 또는 훈련을 필요로 한다. 이 과정이 사회화다. 따라서 사회화는 인간의 '늑대적인 것'을 '인간적인 것'으로 '길들이는 것'을 의미한다. 늑대가 인간이 되는 것이다. 문제는 이 과정에서 포기와 억제가 수반된다는 것이다. 그래서 사회적 질서는 정립된다. 하지만 질서의 붕괴 가능성은 항상 상존하고 있다. 억압된 것은 반드시 되돌아온다.

『눈먼 자들의 도시』에서는 한 남자가 대도시 한복판에서 장님이 된다. 원인은 모른다. 그냥 갑자기 앞이 하얗게 변해버린다. 그렇게 시작된 백색 장님의 공포는 도시 전체를 사로잡는다. 사람들이 전염되고, 결국 정부는 격리시키기로 결정한다. 그런데 전염이 되지 않는 한 여성이 있었다. 남편이 걱정되어 따라간 그녀는 모든 사실의 증인이 된다. 음식만이 외부에서 제공되고 탈출을 시도할 경우 사

> 살되는 곳에서 장님들은 생존을 위해 투쟁한다. 한 악한이 총으로 사람들을 위협한다. 음식을 압수하고 자신의 막사에 돈이나 귀금속을 가져오면 먹을 것을 준다. 그러다 아무것도 줄 것이 없는 사람들에게 여성들의 성 상납을 요구한다. 결국 생존을 위해 여성들은 욕망의 노리개로 변하게 되는데 그 중 한 여성이 잔혹하게 죽임을 당하고, 분노에 치를 떤 여성은 몰래 악한의 목을 따버리고 사람들과 함께 탈출한다. 그런데 도시는 이미 전염된 상태였다. 무법천지로 변한 사회에서 생존을 위해 싸우던 중 갑자기 처음 남자가 눈을 뜬다. 그리고 그렇게 사람들이 다시 보게 된다.

영화가 노리는 것은 분명하다. 일반적인 경우 '밤'은 오래가지 않는다. 따라서 사람들은 아침이 오면 다시 사회화된 인간, 즉 길들여진 늑대로 살아간다. 자! 이제 중요한 질문이다. 만약 그 밤이 끝나지 않는다면 어떻게 될까? 그리고 만약 내가 강자의 위치에 있어 모든 욕망을 무한정 발휘할 수 있다면 욕망 추구는 어디까지 나아갈까? 도덕이나 법, 체면이나 시선, 그리고 자존심을 모두 버린 상태에서 인간은 어떻게 될까? 『눈먼 자들의 도시』는 모두 이 질문에 답을 찾고 있다. 영화는 그러한 상황을 '백색 장님' 상태로 설정한다. 그리고 결론은 죽음이다. 제도가 모두 사라지면 인간은 생존을 위한 폭력적 존재로 전락한다. 밤은 죽음을 부른다.

이처럼 폭력성은 인간의 자연스러운 본능이다. 프로이트가 정신분석학에서 성을 포함한 생존 욕구(Eros)와 폭력성을 내재한 죽음 욕구(Thanatos)를 인간의 본능적 욕망으로 규정한 것은 우연이 아니다. 비록 사회가 만들어지고 존엄이라는 가치를 확립함으로써 폭력을 비인간적인 행위로 규정했지만 인간은 폭력과 분리될 수 없다. 폭력은 인간의 현실이다. 단순한 신체상의 고통이든 살인이나 대량 학살이든 폭력은 항상 상존한다. 평화를 위한 노력 역시 계속되고 있고, 폭력의 부재 상태를 유지하는 소극적 평화를 넘어 상호 발전과 조화를 추구하는 적극적 평화가 모색되고 있지만 사실 사람들은 평화를 원하지 않는다.

폭력 없는 세상

역사 이래로 폭력 없는 세상은 인류의 꿈이다. 종교 지도자들은 매년 세계 평화를 위한 집회를 정기적으로 거행하고 있다. 국제사회는 끊임없이 평화 회의를 열고 있다. 하지만 인류가 아무리 노력해도 근본적 의미에서 평화는 오지 않을 것이다. 평화를 그토록 간절히 염원하는 바로 그 인간이 평화를 원하지 않기 때문이다.

인간은 항상 스스로 평화를 원하지만 뭔가 제3의 요인들에 의해 갈등이 발생한다고 여겨왔다. 그래서 인류가 성숙하면 결국 평화로운 이상 세계가 오겠지 하고 막연히 믿어왔다. 하지만 갈등의 원인은 외부의 환경이 아닌 우리 안에 있다. 인간은 평화를 원하지 않는다. 물론 이 말은 인간이 평화를 선적으로 거부한다는 것이 아니다. 평화를 원하기는 하지만 그것보다 더 우선시하는 것이 있다는 뜻이다. 그것이 무엇일까? 바로 자기 이익이다. 누구나 평화라는 기호를 사용하고 있지만, 그 의미는 모두의 평화로운 세계가 아니라 '자기 평안'이다. 다시 말해 자신의 욕망이 이루어지는 세상으로서의 평화다. 그래서 갈등은 필연이고 모두는 각자의 평화를 위해 서로 싸운다. 미국은 미국의 평화를 위해, 이슬람 테러 단체는 이슬람의 평화를 위해 전쟁한다. 중국도 평화를 명분으로 아시아에서의 세력을 넓혀가고 있고, 일본도 자국의 평화를 위해 군국주의의 길로 다시 접어들고 있다. 평화라는 단어는 하나인데 평화의 의미는 왜 이리도 많은 것일까? 그리고 그 의미들은 왜 항상 서로 충돌만 하는 것일까? 이해할 수 없는 질문일까? 아니다! 사실은 누구나 다 알고 있다.

세계는 근대 이후 국제연합을 중심으로 국제법과 제도 등을 통해 갈등을 조절했고 폭력이 발생하지 않도록 제어해왔다. 이렇게 보면 분명히 인간은 평화에 가까워진 것 같다. 하지만 폭력을 억제해왔다는 사실은 그만큼 그 폭력에의 욕망이 인간 내면에 내재하고 있다는 것을 의미한다. 폭력은 사라질 수 없으며 언제든지 다시 재발할 수 있다는 것이다. 스프링을 눌러놓고 튀지 않도록 해도 스프링의 탄성이 사라지지는 않는 것과 마찬가지다. 아이러니한 일은 세상의 모든 전쟁들이 대부분 평화를 위해 일어난다는 사실이다. 인권을 위한 인도적 개입도 그렇고, 종교적 신념을 위한 투쟁도 그렇고, 영토 수호를 위한 전쟁도 그렇다. 생각해보라! 세상 어느 국가가 핵전쟁을 원하는가? 그런데 이상한 일 아닌가? 모두가 핵을 원하지 않는다면 동시에 모든 핵을 폐기하면 될 텐데 그런 일은 일어나지 않는다. 아니, 사실 절대 일어나지 않을 것이다. 이기적인 인간은 타인을 신뢰하지 않는다. 그 이기심은 가족과 지역을 넘어 국가로 확장된다. 따라서 국가 이기주의는 자국의 이익을 바탕으로 한 평안을 평화로 규정한다. 따라서 타 국가와 신뢰를 바탕으로 한 평화를 지속적으로 유지할 수 없다. 한미 동맹이 그렇고, 한중 관계가 그렇고, 한일 관계도 그렇다. 이어도와 독도를 중심으로 한 영토 분쟁, 팽창하는 중국 세력과 미국의 긴장, 그리고 중국을 견제하기 위해 일본의 재무장을 지지하는 미국 등 평화를 위협하는 요인들이 오히려 증가하고 있다.

핵은 결국 터질 것이다. 역사가 증명하고 있는 명백한 진리가 하나 있다면, 그것은 무엇이든 인간이 할 수 있는 것을 안 하고 지나간 적은 단 한 번도 없다는 사실이다. 프로이트는 사회화를 늑대를 인간으로 길들이는 것이라 말했다. 그 말은 어느 정도 타당하다. 하지만 사실이 아니다. 인간은 늑대와 근본적으로 다르다. 인간에게는 늑대에게 없는 독특한 양극단의 본성이 있다. 바로 사랑과 증오다. 이상하게도 인간은 때로 자신의 이익과 아무 관계도 없는 존재를 위해 목숨을 버린다. 위험한 줄 알면서도 선로에 떨어진 행인을 구하겠다고 뛰어들어 함께 죽는 경우도 있고, 편안하고 안락한 삶을 포기하고 문둥병 환자의 고름을 빨아가며 평생을 살다 자신도 그 병에 걸려 죽는 경우도 있다. 아니 특정한 신념에 도취되면 자신을 불태워 신봉하는 이념의 현실화를 위해 희생하는 사람도 있다. 사랑이란 이름으로 인간이 하는 많은 행위들은 분명 동물의 본능적 이타 행위와 구분된다. 그런데 인간에게 또 있는 것이 증오다. 이미 언급했지만 인간은 아무 이유 없이도 누군가를 고문하고 죽일 수 있다. 아니, 이유는 늘 있다. 기분 나쁘게 쳐다봤다고, 아니면 그냥 심심해서 사람을 때리고 칼로 찌르고 집단으로 때려죽이기도 한다. 때로는 사람 머리가 깨지는 걸 보고 싶다고 돌로 내리치기도 하고, 인간의 몸을 마구 훼손해보고 싶다고 죽여 시신을 토막내거나 포를 뜨기도 한다. 불 질러 죽여보기도 하고, 얼려보기도 하고, 병균을 주사한 후 관찰해보기도 한다. 심지어 과거 일본군은 누가 머리를 많이 자르나 내기도 했다.

늑대는 배고플 때만 다른 동물을 잡는다. 하지만 인간은 배가 불러도 잡는다. 그렇다. 인간 본성은 단순히 평화를 원하는 것을 넘어 평화를 원하지 않으며, 심지어 평화를 깨는 데서 오는 희열을 원한다. 사디스트적인 욕구는 변태성욕자에게만이 아니라 사실은 모든 인간의 내면에 도사리고 있는 그림자다. 그래서 인간은 평화를 원하지만 평화

페르디낭 들라크루아, 〈키오스 섬의 학살〉(1824)

를 원하지 않으며, 전쟁을 원하지 않지만 또 전쟁을 원하는 존재다. 이처럼 양극단의 욕망을 지니고 있는 것이 인간만의 독특성이다. 그런데 안타깝게도 사랑과 증오를 비교해보면 사랑보다 증오의 본성이 훨씬 더 센 것을 알 수 있다. 어린아이들에게 폭력성 게임과 착한 일을 동시에 가르쳐보라. 한참 뒤 게임에 중독되어 있을 가능성은 크지만 착한 일에는 결코 중독되는 법이 없다. 인간은 프로이트가 말한 타나토스, 즉 공격과 파괴 본능에서 더 희열을 느낄 뿐 아니라 더 오래 느낀다. 착한 일을 하면서도 게임 생각을 한다. 그래서 가능하면 빨리 게임기로 이동하고 싶어 한다. 평화는 인간에게 지루함의 대상일 뿐이다. 따라서 그 기간이 길어지면 무료함을 느끼고, 결국 평화라는 명분으로 또 전쟁을 시작한다. 인간은 늑대보다 악하다. 끊임없이 설득하고 대화하고, 그것 외에 힘의 균형을 맞추고 평화로운 공존을 유지한다 하더라도 힘의 균형은 깨어지게 되어 있다. 결국 하이드는 지킬 박사를 뚫고 나와 그를 죽이고 만다.

2013년 12월 어느 날, 남아프리카공화국 요하네스버그 호튼 12번가 저택 주변에는 수천 송이의 꽃이 넘쳐흘렀다. 버락 오바마 대통령, 찰스 황태자와 캐머런 총리, 반기문 유엔 사무총장 등 91개국의 정상들이 한자리에 모였다. 5만 명이 넘는 조문객들이 월드컵 경기장을 가득 채웠고, 몰려든 외신 기자만도 2000명이 넘었다. 인종과 국가, 종교와 이념의 장벽을 넘어 평화를 위해 자신의 모든 것을 바친 마디바('존경받는 어른'이라는 뜻으로 만델라의 호칭)의 마지막을 보기 위해서였다. 그의 운구 행렬이 가는 도로에는 7킬로미터의 인간 띠가 만들어졌다.

만델라는 27년 동안 한 평 남짓한 독방에 갇혀 갖은 고문을 당했다. 하지만 용서와 화해를 통해 수백 년간 이어진 아파르트헤이트(인종차별 정책)를 극복했다. 그는 예외적인 존재였으며, 그곳에 참석한 세계 정상들과 달랐다. 그래서 만델라를 칭송하는 정상들의 외침도 사실 의심스럽다. 혹시 자신들을 만델라에 투사하여 평화주의자로서의 이미지를 부각시키고 싶어 한 것은 아닐까? 그들이 모여서 과연 무슨 생각을 했는지는 알 수 없지만 정말 만델라의 유지를 받들기로 다짐한 것인지는 확신하기 어렵다. 왜냐하면 미국, 영국, 이스라엘, 대만 등은 과거 남아공의 인종차별 정책을 오랫동안 지지했기 때문이다. 넬슨 만델라로 인해 세계가 조금 덜 싸우는 것은 사실이다. 하지만 늘 그랬듯이 그렇게 오래가지는 않을 것이다. 눈 덮인 평화로운 산골 마을은 곧 지겨워진다.

페테르 파울 루벤스,
〈아들을 잡아먹는 사투르누스〉(1637)

우라노스의 저주를 피하기 위해
자식을 잡아먹고 있는 사투르누스.
탐욕으로 가득 차
다음 세대를 잡아먹는 인류.
행복감도 즐겁지만
자식의 부드러운 가슴살,
향긋하고 따뜻한 피는
거부할 수 없는 유혹이다.
마음은 아프지만
제우스에 의해 죽임을 당하는 고통까지
사도마조의 쾌락은

중독이다.

09

존재의 죽음 – 자연과 동물

엔트로피의 길 - 자연

'매트릭스'의 기계 요원 스미스가 모피어스를 심문하며 말한다. "너희 종족을 조사하다가 알았는데 너희 인간은 포유류가 아니더군. 지구상의 포유류는 본능적으로 자연과 조화를 이루는데 인간은 한곳에 머물러서 자연계의 자원을 모두 소모해버리고는 이동하지. 지구상에는 너희 인간과 같은 방식으로 생존해가는 것이 또 한 가지 있어. 바로 바이러스야!" 스미스는 인간을 이기적이고 맹목적인 바이러스와 같은 존재로 인식한다. 인간은 지구의 질병, 암, 그리고 역병이다. 따라서 지구를 인간으로부터 치유되어야 할 공간으로 봤다.

미국 국방부의 보고서에 따르면 앞으로 20년 내에 전 지구적 재난이 발생하게 될 가능성이 높다. 전 세계가 대가뭄, 기근, 물 부족에 시달리게 되고, 식량·식수·에너지 확보를 위한 전쟁이 벌어져 세계는 무정부 상태와 같아질 것이다. 보고서는 핵전쟁도 현실로 다가올 가능성이 높다고 봤다. 영국이 낳은 세계적 우주물리학자 스티븐 호킹 박사는 인간이 유한한 지구상의 자원을 기하급수적으로 소비하고 있다고 지적하며, 100년 안에 전 지구적 위기가 올 것을 예언함과 동시에 지구의 남은 수명을 200년 정도로 규정했다. 인류가 살 유일한 길은 100년 안에 외계 우주로 나가 식민지를 만드는 것이라고 조언도 했다.

다행히 2013년 초 미국 하버드-스미소니언 천문학 센터는 우주에서 인류가 거주할 만한 조건을 갖춘 '제2의 지구' 또는 '수퍼 지구'를 발견했다. 호킹 박사의 조언대로 우주 식민지를 개척할 길은 열렸다. 그런데 문제는 거리다. 두 개의 달을 가진 이 적색 왜성은 지구에서 13광년 떨어져 있다. 빛의 속도로 13년을 가야 하는 것이다. 그래도 그 전의 수퍼 지구는 20광년 거리에 있었다니 위로는 된다.

인간과 자연의 공존이 더불어 삶이 아닌 지배와 피지배, 착취와 파괴의 관계로 갈라지게 된 것은 근대 이후다. 베이컨(F. Bacon)은 늦잠꾸러기 데카르트와 함께 '스스로 창조한 낙원'을 원했다. 그리고 그것이 "신이 원하는 낙원"이라고 믿었다. 인간은 그렇게 시장과 동굴, 극장 등에서 많은 우상을 청소했지만 동시에 과학이라는 거대한 우상을 새롭게 만들어가고 있었다. 자연을 관찰하는 삶은 관찰되는 자연, 즉 대상을 분석하게 하고, 분석은 지식을 가져다주었으며, '자연에 대한 지식은 힘이다(Scientia est potentia de natura)'라는 진리를 통해 과학기술이란 능력이 현실화되었다. 그리고 그로부터 존재하는 것들은 새로운 본질과 존재 양식을 부여받게 된다. 그것은 낙원의 장식품, 낙원의 도구, 그리고 낙원의 부속품이라는 본질이다.

그러나 베이컨이 잊고 있던 사실이 하나 있다. 자연의 본질이 바뀌면 자연의 존재성도 바뀐다는 것이다. 그는 도구, 장식품, 부속품들이 영원하고 무한하리라 믿었다. 거대하고 무한한 자연. 아무리 파먹어도 속이 드러나지 않는 케이크처럼 아무리 먹어도 다시 생기는 생명의 떡, 만나(manna)와 같은 자연! 그러나 그것은 착각이었다. 존재할 수밖에 없는 존재, 비존재가 불가능한 존재. 그렇기에 존재가 그 본질인 존재는 절대적 존재, 즉 신밖에 없다. 그를 제외한 모든 존재는 이미 비존재를 자신의 존재 안에 내재하고 있다. 그것이 변화의 본질이기 때문이다. 우주 안의 어느 구석에 있는 자그마한 별, 지구는 파도가 일으키는 포말 중 하나처럼 그렇게 간단히 바스러질 수 있다. 그러나 적어도 지구는 생태계의 인과가 유지되는 한 그 자체로 오랜 기간 유지될 수 있었다. 있는 그대로 존재하는 한, 한 개체가 사멸되어도 다음 개체가 그 뒤를 잇고 그렇게 자연은 살아 있을 수 있었다. 그러나 도구로 전락한 자연에게는 그 시간마저도 단축된다. 엔트로피 법칙이 말하는 것처럼 본질상 필연적인 소모성을 지니기 때문이다. 그렇게 낙원은 저주의 땅으로 변해가기 시작했다. 자연의 한 개체가 아닌 자연 전체가 무화할 수 있는 가능성이 나타났다. 그리고 그것은 부메랑으로 인간에게 돌아왔다. 인간이라는 종이 인류 역사상 처음으로 지구에서 사라질 수 있는 가능성이 인간 스스로에 의해 만들어졌다. 이제 인간은 자신의 오류를 깨달았다. 문제는 아직 시간이 있는가 하는 것이다.

세계 곳곳에서 일어나는 자동차의 매연, 공장 폐수 등의 산업 쓰레기, 핵 찌꺼기 같은 환경 공해로 인한 성층권 오존층의 파괴, 대기권의 오존 과다, 그로 인한 온실효과, 엘니뇨와 라니냐 현상 등의 이상 기후, 사계절의 이상 변화, 예고 없이 들이닥치는 지진이나 폭풍, 미세 먼지, 그리고 환경호르몬.[65] 이것은 현실이다. 지구 생태계의 수용 능력, 즉 지탱 가능한 스트레스 양의 최대 한도는 분명한 한계를 드러내고 있다. 요나스(H. Jonas)는 『책임의 원칙』에서 환경문제가 가지는 심각성을 환경과 관련된 인간 행위의 비회귀성과 취소 불가능성에서 봤다. 한번 파괴된 자연은 좀처럼 회복이 되지 않는다. 동시에 환경에 가한 행위는 일회적으로 한 번에 하나의 결과만을 가져오는 것이 아니라 점층성을 지니고 축척된다. 1986년에 원자로 폭발로 파괴된 체르노빌은 지금 흡사 유령의 도시를 연상시키며 인간이 살 수 없는 침묵의 도시로 변해 있다. 그리고 그것은 앞으로 100년 이상 지속될 것이다. 후쿠시마 원전은 더 심각하다. 2011년 3월 11일 일어난 대지진 때부터 매일 300톤의 엄청난 양의 고농도 오염수가 바다로 유출되고 있고, 이로 인해 주변 국가의 식탁에서 해산물이 사라지고 있다. 체르노빌 사고의 경우 피해 규모는 대략 피폭자 800만 명, 사망 9300여 명, 심각한 후유증 70여만 명으로 산출되고 있다. 하지만 후쿠시마 원자로는 체르노빌 원자로보다 열 배 이상 크다. 실제로 후쿠시마 원전 사고 후 방출된 방사선 세슘 양은 히로시마 원폭의 160배가 넘는다고 한다. 그리고 무엇보다 인류는 체르노빌 원전 사고는 경험했지만 아직 고농도 방사성물질에 의한 바다 오염은 경험해본 적이 없다. 몇 년 지나지 않아 해류를 통해 태평양

65 ; 인간의 몸에서는 호르몬이 분비된다. 그것은 성적인 특징을 결정지으며 생식기관을 형성한다. 이 정상적인 호르몬을 방해하고 파괴하는 인공적인 각종 화학물질이 있는데, 이를 이른바 가짜 호르몬이라고 하며 환경호르몬이라 부른다. 우리는 환경호르몬에 둘러싸여 산다. 인도에서는 머리 둘 달린 기형아가 출산했는데 장기에 쌓인 물질을 검토한 결과 환경호르몬이 다량 검출되었다. 많은 야생동물들의 경우 수컷이 암컷화되어가고 있다. 거북이와 악어의 암컷 수가 증가하고 기형 생물체가 탄생하고 있다. 국내에서는 최근 20~30대의 불임이 증가하고 있는데 그 원인의 60퍼센트가 남성에게 있다고 하며 병명이 원인 불명의 정자 감소증이라 불린다. 명확하지는 않지만 전문가들은 환경호르몬이 그 원인이라고 추측하고 있다. 또한 산모의 모유에서도 다이옥신이 검출되고 있다. 쓰레기 소각 시 가장 많이 발생하는 다이옥신은 독성이 청산가리의 1000배에 달하며 인간이 만든 최악의 독극물로 알려져 있다. 우유병 안에 물을 넣고 전자레인지로 가열하거나 캔에 물을 넣고 끓이면 비스페놀 A가 검출된다. 병마개나 물 파이프도 마찬가지인데 비스페놀 A는 정자수를 감소시키며 불임을 일으킬 수 있는 물질이다. 또한 유아용 장난감이나 어묵 용기 등 거의 모든 플라스틱에서 탈레이트라고도 불리는 발암물질 DOP, DBP 등이 검출된다. 현재 알려진 환경호르몬의 수는 약 100여 종에 이르고 있다.

전체를 오염시킬 가능성이 높은 후쿠시마 원전 사태가 인류에게 줄 재앙의 범위는 사실상 측정 불가능하다.

사기당한 동반자 - 동물

> 식탁에 네 명의 손님이 앉아 음식을 기다리고 있다. 식탁 가운데에는 한국의 삼겹살집에서 흔히 볼 수 있는 구멍이 나 있다. 잠시 후 웨이터가 창살 우리를 들고 온다. 그 안에는 원숭이가 산 채로 묶여 있는데 머리는 우리 밖으로 노출된 채 고정되어 있다. 잠시 뒤 어떤 일이 벌어질지 모르는 원숭이는 주위를 두리번거리며 불안해한다. 이윽고 웨이터가 들고 온 우리를 식탁 밑에서 구멍에 맞추어 끼운다. 이제 손님들의 시각에서는 식탁 위로 원숭이의 머리만이 보인다. 원숭이는 두려움에 떨고 있다. 식탁 밑의 몸은 심하게 버둥거리고 있다. 이렇게 원숭이가 식탁에 장착이 되고 나면 웨이터는 끌과 망치로 원숭이의 머리를 한곳으로부터 둥그렇게 쪼개어 나간다. 원숭이는 고통에 몸부림치고 웨이터는 쪼갠 머리를 쩍 하고 벌린다. 그러자 김이 모락모락 나는 원숭이 골이 등장한다. 웨이터는 살아 있는 그 골을 칼로 베어내어 세련되게 장식된 손님의 접시 위에 먹음직하게 내려놓는다. 원숭이는 이 상태에서도 살아 있다. 원숭이는 주위의 사람들이 자신의 골을 먹고 있는 것을 보며 고통 속에 서서히 죽어간다.

당신도 아랍의 고급 음식인 원숭이 골 요리를 시식해보고 싶은가? 아니면 한국식 보신탕에 만족하는가? 북한의 김정일에게 진상되었던 낙타 발바닥 요리는 어떨까? 낙타 발바닥을 어떻게 먹거리로 바꾸는지는 모르겠지만 인간은 존재하는 것 가운데 유일하게 살아 움직이는 모든 것을 먹는 존재다. 그 중에는 엽기적인 것도 있다. 곰의 쓸개즙이나 야생동물의 생피 등 젊음과 정력에 좋다고 하면 닥치는 대로 먹어치운다. 물론 동물이 식용으로만 이용되는 것은 아니다. 가죽을 벗겨 모피와 지갑 등을 만들어 쓰거나 박제를 만들어 전시해놓고 감상하기도 한다. 또한 서커스 같은 오락거리를 위해 동물을 훈련시키기도 하고, 스페인의 투우나 투견처럼 동물들끼리 싸우게 하고 즐기기도 한다. 의학이나 미의 목적을 위해서도 동물은 아무 거리낌 없이 사용된다. 화장품이나 목욕 용품 또는 그 원료를 실험하기 위해 유럽공동체 내에서만도 매년 3만5000마리의 동물들이 실험에 사용되고 있다고 한다. 가장 공공연하게 행해지는 동물실험은 토끼의 눈에 화학물질을 주입하거나 토끼나 돼지의 등에 털을 제거하고 실험 물질을 주입하여 염증과 피해를 연구하는 것이다. 때로는 동물에게 실험 물질을 강제로 먹이거나 주입하기도 한다. 암세포의 진이를 실험하기 위해서 모르모트에게 암세포를 주입하기도 하고, 신약이 개발되면 임상 시험 전에 먼저 동물실험을 하고는 한다.

사실 대부분의 사람들은 특별한 경우를 제외하고는 동물 학대 문제에 그다지 관심이 없다. 약간의 연민은 있지만 필요하면 먹는다. "물론 동물도 고통을 느낄 겁니다. 그러니까 몸부림치겠죠. 그들이 도살되는 장면을 보면 얼마나 불쌍한지. 인간은 정말 잔인한 것 같아요! 제가 동물로 태어나지 않은 건 정말 다행이죠. 하지만 그렇다고 패밀리 레스토랑의 그 부드러운 스테이크를 끊을 수는 없어요. 고기를 매일 먹지는 않거든요. 더욱이 인간이 채식주의자가 될 수는 없잖아요? 다민 지나친 학대나 불필요한 고통을 주는 것은 자제해야 한다고 생각해요."

동물 학대 문제는 환경과 마찬가지로 사실 윤리적 담론을 초월한다. 한번 가정해보자. 전국의 모기들이 청와대 화장실에 집결했다. 그들이 장시간의 토의 끝에 기자들을 불러 성명서를 발표한다. 대충 이런 내용이다. "자! 오늘부터 모기가 가장 우월한 존재임을 선포한다. 모기가 가치를 부여한다. 모기가 목적이고 인간은 수단이다. 따라서 인간의 가치는 그 피의 순도에 따라 A에서 F까지 5등급으로 나누도록 한다." 이 모기의 주장에는 어떠한 논리적 오류도 존재하지 않는다. 단지 모기는 그것을 현실화할 수 없다. 우리에게는 '에프킬라'가 있기 때문이다. 이처럼 동물을 대하는 인간의 태도는 단순한 인간 우월주의일 뿐이지 복잡한 것이 아니다. 전문가들이 모여 동물 보호의 윤리적 당위성이나 인간 우월성에 대해 토론한다고 치자. 한쪽에서는 동물보호법 제6조를 거론하며 합리적인 이유 없이 동물을 죽이거나 잔인하게 죽이는 행위, 타인에게 혐오감을 주는 방법으로 죽이는 행위를 멈출 것을 주장하고 그러한 행위가 보여주는 반인륜적 혐오감을 제시한다. 그리고 다른 한쪽에서는 인간이 이성적 존재이고 문화적 존재이며 언어가 있으므로 동물보다 우월하고 따라서 인간이 원하는 대로 할 수 있다고 주장한다. 열띤 토론이 끝나고 어떤 식으로든 결론이 나면 인간과 동물의 현실적 관계가 정말 변할까? 사람들은 자연과 동물에 관한 한 윤리적 타당성 여부와 관계없이 행동한다. 따라서 동물 학대 역시 인간에게 부메랑으로 다가오고 있다. 광우병 의심 소의 수입 문제로 불거진 촛불 집회가 있었다. 모든 일이 그러하듯 촛불 집회도 양면성이 있었다. 인터넷과 미디어 영역에 있어서 윤리 의식의 중요성을 일깨워준 측면이 있었는가 하면 수평적 민주주의를 향한 국민들의 소망도 읽을 수 있는 집회였다. 그런데 문제의 발단이 된 광우병의 발생 원인은 동물에 대한 인간의 태도에 대해 시사해주는 바가 크다. 광우병은 '우해면양뇌증(BSE,

Bovine Spongiform Encephalopathy)'이라고 한다. 다른 병들처럼 바이러스에 의해 감염되는 것이 아니라 독특하게 프리온 단백질의 화학구조에 의해 발생하며, 증상은 소의 뇌에 구멍이 생겨 갑자기 미친 듯이 포악해지고 정신이상과 거동 불안, 그리고 난폭해지는 등의 행동을 보이는 것이 특징이다. 이미 식인종들이나 양들에게서 보였던 광우병 증상이 처음 발견된 것은 1985년 영국 켄트 주의 한 목장에서였다. 그 소는 마치 미친 듯이 심한 경련을 일으키며 제대로 서지도 못하고 주저앉고는 했다. 죽은 소의 뇌를 해부해본 결과, 뇌 조직이 녹아내려 스펀지처럼 구멍이 송송 뚫려 있었다. 원래 초식동물인 소에게 육식을 시킨 결과였다. 인간의 편의를 위해 동물의 본성에 부합하지 않는 육식을 강요한 것이 결국 광우병과 이른바 인간광우병이라 불리는 크로이츠펠트-야콥병(Creuzfeldt-Jacobs desease)을 유발했다. 애완동물은 인간의 동반자다. 우리는 그들을 아끼고 돌보며 함께 생활하고 한 가족처럼 지낸다. 하지만 여름 휴가철이 되면 언제 그랬냐는 식으로 길에 버리고 만다. 지금도 수많은 '사기당한 동반자'들이 유기견 센터에서 안락사를 기다리거나 아니면 보신탕을 위해 팔려 나가고 있다. 인간은 문화인이다. 문화인에게 야생적 행동은 어울리는 일이 아니다. 그래서 세련되게 구운 쇠고기를 고상한 와인과 함께 세련된 폼으로 먹지만 도살 장면은 외면한다. 개고기를 먹지만 개 잡는 것을 보면 혐오스러워 한다. 인간의 이기주의는 이렇게 늘 춤을 춘다. 일관성이 없다. 하지만 바로 그것이 일관성이다. 늘 제멋대로만 사는 일관성! 정말 문화적이다.

질문

'과연 우리는 다음 세대에게 지구를 물려줄 수 있을까?' 많은 사람들은 이 질문을 결코 가볍게 넘길 수 없다는 것을 잘 알고 있다. 리프킨(J. Rifkin)이 『엔트로피』에서 진단한 것처럼 지구상의 엔트로피는 그 영점을 향해 달려가고 있다. 에너지의 양이 아무리 변함없다 하더라도 더 이상 쓸모없는 에너지는 쓰레기에 불과하다. 따라서 이제는 영원한 지속이 아니라 종말을 어떻게 늦출 수 있는지가 문제다. 이러한 상황에서 인간은 지금 다음 세대에게 지구를 살 만한 자리로 넘겨주기 위해 고심하고 있다. 이제 인간과 자연의 문제, 즉 환경문제는 인류의 생존 문제가 되었다.

인간은 장수를 복이라 생각한다. 아름다운 환경에서 사는 것을 행복으로 여긴다. 그런데 그 근거인 자연은 신나게 파괴하고 있다. 그러고는 카트리나나 후쿠시마 같은 재해가 발생하면 살겠다고 아우성이다. 자연이 생각할 수 있다면 그것이 얼마나 이상하게 보일까? "아니, 그렇게 오래 살고 싶으면 우리를 아끼면 되지 않나! 그것이 그렇게 풀기 어려운 난제인가? 생필품을 쓰레기로 만들면 더 이상 못쓰는 법이다." 그리고 또한 말할 것이다. "많은 종들이 멸종해가고 환경이 쓸모없이 되는 상황에서 왜 모든 파괴의 주범인 인간은 계속 존재해야 하는 것인가? 그 당위성은 도대체 어디에서 오는 것이지?"

인간은 지구에서의 존재를 당연히 여겨왔다. 그러나 존재는 당위가 아니다. 비존재가 모순인 존재는 신밖에 없다. 모든 존재는 우연성을 띈다. 따라서 인간이 지구 위에 존재하지 않아도 모순은 아니다. 지구는 존재할 것이고, 아마 더 살기 좋은 곳으로 변할 것이다. 그렇다. 자연은 좋아질 것이다. 그리고 고요해질 것이다. 전쟁의 포화도, 디스코 음악과 헤비메탈의 소음도, 자동차나 텔레비전을 비롯한 인간의 장난감들이 내는 굉음도, 술 취한 인간들의 괴성도, 그리고 끊임없이 주절대는 수다나 논쟁도 더 이상 들리지 않는 깊은 고요 안에 진정 생명의 소리만이 지구를 다시 찾을 것이다. 사실 진정한 바이러스는 인간이 맞는 것 같다. 따라서 가장 효과적인 자연보호는 인류가 지구상에서 사라지는 일이다. 공리주의적인 측면에서도 바람직하다. 그러나 우리는 사라지기를 원하지 않는다. 이유는 없다. 무조건적 본능이기 때문이다.

본질의 문제

흥미로운 사실은 자연 파괴와 보호라는 대립적 의식과 행위가 사실은 하나의 원칙에 근거하고 있다는 점이다. 바로 인간 이기주의다. 자연을 보호하자는 이유는 그것이 인간보호로 이어질 것이라는 의식이 있기 때문이다. 베이컨에게는 자연의 이용과 착취가 인간 보호로 이어졌다. 그래서 그는 자연보호라는 단어를 몰랐다. 그러나 우리에게는 자연보호가 인간보호가 되었다. 동일한 인간보호가 동시에 정반대의 결과를 초래하는 것이다. 그것은 분명 모순이지만 사실은 지극히 당연한 현상이다.

원칙적으로 자연 안에는 도덕이 존재하지 않는다. 종 상호 간의 평등을 요구하거나 보장할 어떠한 도덕원칙도 존재하지 않는다. 자연은 가치를 무시하며 변화한다. 당위가 존재하지 않기에 엄밀히 말해 인간이 자연에 대해 지녀야 할 어떤 선험적(a priori) 의무도 있을 수 없다. 또한 어떤 경험적(a posteriori) 책임도 없다. 문제는 로크(J. Locke) 이후 자본주의의 당연한 권리로 확립한 사유재산이 잉여 재산으로의 탐욕을 불러왔다는 것이다. 근대 이후로 자연 파괴는 자산을 의미하게 되었다. 자연에 대한 소유권과 개발권, 그리고 그 안에서 배출되는 원료에 대한 이용권 등 자연은 탐욕에 가득한 인간들에게 이기주의의 실현을 가져올 수 있는 확실한 수단이었다. 그리고 자연의 그러한 자산 가치는 지금도 변한 것이 없다. 따라서 자유주의 시장에서 개인은 자신만의 이익을 위해 법망을 피해가며 환경을 계속 파괴할 것이다. 그 일이 돈이 되는 한 멈추지 않을 것이다. 따라서 원리는 공유지의 비극과 같다. 이기적인 인간들에게 자연은 공유지였다. 이제 공동체는 공유지의 운영 규칙에 합의하고 그것을 지키기 위해 노력하고 있다. 더 오래 더 효율적으로 그 토지를 사용하기 위해서다. 인간은 변하지 않는다. 인간은 자연을 사랑한 적이 없다. 그리고 앞으로도 그럴 것이다. 그러니 자연 중심주의로 이동하자는 생태론이나 자연과 공존을 해야 한다는 합리주의적 개발론자들의 주장이 얼마나 허황된 이상인지는 쉽게 이해할 수 있다. 인간은 늘 이성적 인간(Homo sapiens)을 자처하는 파괴적 인간(Homo demens)이다. 어떤 상황, 어떤 조건에서도 예외 없이 이기주의의 원리에 따라 행동하는, 일관되고 악한 늑대다.

동물에 대한 인간의 사고도 마찬가지로 이기적이다. 인간은 필요에 따라 동물이 멸종되지 않도록 개체 수를 조절해준다. 하지만 결국 인간의 현실적 이해관계가 모든 것을 결정한다. 그리고 사실 그것이 동물 학대의 유일한 근거이며 인간의 의식 안에 보편적으로 내재되어 있는 선입견이다. 단군신화를 보자. 신화에는 곰이 인간이 되는 이야기가 나온다. 그런데 왜 곰과 호랑이는 왜 굳이 맛없는 쑥과 마늘만을 먹고 깜깜한 동굴 생활을 감내하면서까지 인간이 되려 했을까? 곰이나 호랑이로 지내는 것도 그리 나쁘지는 않을 것 같은데, 도대체 인간이 동물보다 뭐가 대단한 것일까? '전설 따라 삼천리'의 이야기도 흥미롭기는 마찬가지다. 단골 고객인 천년 묵은 여우는 꼬리가 99개나 달려 있다. 여우는 99명의 인간을 잡아먹었고, 마지막 한 명만 더 먹으면 꼬리가 100개가 되어 인간이 된다. 그런데 항상 마지막 식사에서 실패한다. 그러면 또 천년을 더 기다려야 하기에 여우는 슬피 울부짖는다. 그런데 좀 이상하다. 천년 묵은 여우로 사는 것도 재미있을 법한데 굳이 왜 인간이 되어서 평범한 가정주부로 몇십 년 살고는 죽으려 할까? 텔레비전 광고에도 재미있는 것이 있다. 돼지 한 마리가 욕탕에 앉아 땀을 뻘뻘 흘리며 반신욕을 하고 있다가 창밖의 바다 위를 헤엄치는 참치를 보며 "참치가 되고 싶다!"라고 간절히 외친다. 인간이 그렇게도 맛있게 먹어주는 참치, 그런 참치처럼 자기도 인간이 많이 먹어주는 동물이 되고 싶다는 것이다. 실제로 돼지가 이 광고를 본다면 얼마나 황당해할까! 이런 이야기는 우리나라에만 있는 것이 아니다. 서양의 동화 『피노키오』는 나무 인형인 피노키오가 갖은 어려움을 겪고 인간이 되는 이야기를 그리고 있다. 그런데 왜 인형이 굳이 인간이 되려 하는 것일까? 인간이 되면 그렇게 좋은 것일까? 황당한 부분은 제페토 할아버지가 피노키오에게 다음과 같은 말을 하는 부분이다. "피노키오야, 인간이 되려면 착해야 하고 정직해야 해. 거짓말하면 코가 길게 늘어날 거야." 그런데 이 부분에서 왜 제페토 할아버지의 코는 늘어나지 않은 것일까? 이 인간 중심적 독단을 확립한 철학자 칸트는 다음과 같이 말했다.

> 인간을 동물보다 훨씬 우월하게 하는 이성의 마지막 진보는 인간이 본래 자연의 목적이고, 이 점에서 지상의 어떤 동물도 자신과 견줄 수 없다는 점을 인간 스스로 파악했다는 데 있다. 인간이 처음 양에게 "네가 입고 있는 가죽은 자연이 너를 위해 준 것이 아니라 나를 위해 준 것이다"라고 말했을 때, 그리고 양으로부터 가죽을 벗겨 내어 자신의 몸에 걸쳤을 때, 인간은 다른 모든 동물보다 우위를 점

한다는 천부의 특권을 깨닫게 되었다.[66]

양이 얼마나 황당했을까? 저명한 철학자의 의식이라고는 믿어지지 않는다. 하지만 칸트는 인간의 보편적 의식을 대변한 것뿐이다. 이미 언급했지만 인간의 종 차별주의를 정당화할 객관적 근거는 존재하지 않는다. 그럼에도 우리는 모든 동물이 인간을 동경할 것이라는 착각에 빠져 있다.

조금 다른 각도에서 이야기해보자. 왜 모두가 다 알고 있고 모두가 해결하기를 원하는 문제를 아무도 해결할 수 없는 것일까? 우리는 동물과 자연에 대한 환경문제가 "현실적"이라는 사실을 알고 있지만 어리석게도 환경문제를 "현실적"으로 느끼지 않고 있다. 실제 그렇다고 깨닫는 것과 그냥 아는 것은 근본적으로 다르다. '인간이면 누구나 죽는다'는 사실을 모르는 사람은 없다. 그러나 '자신도 반드시 죽는다'는 것을 느끼는 사람은 많지 않다. 대부분은 폐암에 걸려야 담배를 끊고, 간암 정도는 되어야 술을 멀리하며, 심장 발작으로 한 번은 실려 가야 체중을 줄이기 시작한다. 환경문제의 심각성은 기껏해야 자기 집 앞에 쌓인 쓰레기에서 악취를 맡을 때에나 생각한다. 그러나 내가 버린 쓰레기가 쓰레기 하적장으로 가고 그곳에서 빗물과 함께 독소들이 지하수로 내려가 하수도를 통해 수도관으로 다시 돌아온다는 것을 실감하는 사람은 많지 않다. 수돗물에서 악취가 나면 정부의 책임이라고 항의만 한다. 환경문제의 난점이 바로 여기에 있다. 환경 파괴의 영향은 먼 거리를 돌아온다. 이는 행위의 인과성 영역이 확대됨을 의미하고 나아가 결과를 직접적으로 인지할 수 없다는 것을 의미한다. 결과를 바로 알 수

66 : I. 칸트, 추측해본 인류 역사의 기원, in: 칸트의 역사철학, 서광사.

없다는 것은 동시에 그 행위의 책임 소재를 가리는 것이 힘들다는 것을 의미한다. 더욱이 환경의 경우는 행위 주체가 한 개인이 아니라 집합적 성격을 띤다. 환경 파괴는 이렇게 보면 모두의 책임이지만 저렇게 보면 아무의 책임도 아니다. 그렇기에 인간은 심각성을 알지만 느끼지 못하고, 느낌이 없기에 진정 해결하고자 하지 않는다. 현실적임을 알지만 느낄 수 없기에 이상적으로밖에 남지 않는다. 한 마디로 말하면 악한 늑대인데 게다가 머리까지 나쁘다는 것이다. 그래서 아리스토텔레스는 틀렸고, 소크라테스가 맞았다.

그러므로 '인간은 환경문제의 해결을 원하지만 동시에 원하지 않는다'는 말은 역설도 아니고 말장난도 아니다. 환경문제는 누구나 원하지만 동시에 아무도 원하지 않을 수 있다. 그렇다. 내 집 앞에만 냄새가 안 난다면 다른 집 앞에 쓰레기를 버리는 것은 양심 때문에 꺼릴지언정 못 할 일은 아니다. 쓰레기 처리장을 원하지만, 그것은 우리 지역이 아닌 다른 지역이 되어야 한다. 선진국은 원자로 가동으로 생기는 핵폐기물을 후진국에 팔기 원하지만 동시에 아마존의 후진국들이 생존을 위해 열대림을 벌목하는 것을 막고자 한다. 하지만 아마존 사람들에게 환경보호는 사치일 뿐이다. 모든 인간은 자연보호를 원하지만 인간의 이기심은 언제나 모든 자연보호에 우선한다. 예를 들어 2012년 카타르 도하에서 열린 제18차 유엔기후변화협약(UNFCCC) 당사국 총회에서는 1997년 채택되어 2012년 효력이 끝나는 교토의정서를 2020년까지 연장하기로 합의했다. 총회는 2015년에는 교토의정서보다 좀 더 광범위한 나라들을 대상으로 한 기후변화협약으로 의정서를 대체할 것으로 기대하고 있다. 하지만 미국을 비롯하여 캐나다, 일본, 뉴질랜드, 러시아 등이 빠진 상태다. 전 세계 온실가스 배출량의 15퍼센트만 규제한다는 뜻이다. 미국은 처음부터 자율적 조절을 천명했는데, 그냥 마음대로 한다는 말이다. 이처럼 종족 보존의 원칙은 자기 보전의 원칙을 넘어설 수 없다.

자연보호가 지니는 또 다른 문제는 설사 환경문제가 해결된다 하더라도 그것이 결코 궁극적일 수 없다는 사실에 있다. 왜냐하면 인간중심주의 입장에서 환경 착취와 보호는 동일한 목적의 서로 다른 수단일 뿐이기 때문이다. 자연을 보호해야 한다는 당위성이 없기에 인간의 이기주의를 위해 우리는 언제나 다시 자연을 파괴할 것이다. 사실 자연에 대한 가치를 생각하기에, 다음 세대의 안전한 미래를 생각하기에 우리의 현실은 너무 여유가 없다. 그리고 그 현실 속의 인간 대부분에게는 오늘 먹는 빵의 문제가 너무 시급하다. 다음 세대를 위하여 자연을 보호해야 한다고 말하지만 동시대의 사람들조차도 안중에 없는 우리들이 전혀 누군지도 모르는 다가올 세대의 누군가를 위해 자신의 이익을 포기하라는 말이 어떻게 들릴지는 뻔한 일이다.

결국 자연보호의 외침은 더 커지고 자연은 더 빠르게 파괴될 것이다. 지구라는 '설국열차'의 자체 파괴 시스템은 이미 가동되었다고 해도 결코 과언은 아니다. 남은 것은 시간과의 싸움뿐이다. 어쩌면 스티븐 호킹의 예언처럼 지구의 시간은 100여 년 정도밖에 남지 않았는지도 모른다. 그렇다면 인간이 이제 지니고 있는 선택은 모래시계를 뒤집기 전에 호킹의 지적처럼 또 다른 존재 가능한 행성을 발견해 이사하든지, 아니면 새로운 환경에 적응하기 위한 돌연변이를 하는 것이다. 암세포가 그 대안이 될 수 있을지도 모른다. 암세포를 통해 인간이 죽는 이유는 그 돌연변이가 부분적으로만 오기 때문이다. 웃기는 얘기이지만 우리 몸의 세포가 전체적으로 일시에 암세포로 돌연변이 한다면 우리가 죽을 이유는 없다. 어차피 지구의 입장에서 인간은 암세포와 같은 존재이니 실제 모습으로 변한다고 이상할 일은 아니지 않나? 산성비가

프란시스코 고야(Francisco Goya),
〈자식을 잡아먹는 사투르누스〉(1819-1823)

지금도 살육한다.
멈출 수 없는 것이 아니라
멈추기를 원하지 않는다.
존재의 환경을 남기지 않는 기생충들로,
거머리들로,
미래를 현재에 먹어치우는 사투르누스들.
이제 광기로 변해버린 얼굴,
무심으로 뜯는 고기.
하지만 자식의 살과 피를 제물 삼아
얻게 될 시간은
카이로스가 아닌 크로노스,
한없는 무지개, 시시포스의 바위,
헛되고 헛되며 헛되고 헛되니
모든 것이 헛되다.
크로노스에게
이미 생명은 없다.

보통 비보다 우리의 건강에 더 좋다면 우리의 미래는 밝을 것이다. 이 두 가지가 불가능하다면 인류는 분명 시한부 삶을 살고 있는 것이다. 만약 가능하다면? 그래도 생명은 없다.

오귀스트 로뎅(Auguste Rodin)**/카미유 클로델**(Camille Claudel), **〈다나이드〉**(1885)

오늘도 밑 빠진 욕조에 물을 채우다 지쳐 쓰러졌다. 오르페우스의 노래가 주는 잠깐의 휴식, 육체의 고통은 이제 습관이 된 듯하다. 하지만 언제부터인지, 언제까지일지 떠오르지 않는다. 생각할 수 없는 것은 아프다. 오늘 새어 나가는 물을 보며 입술 사이로 새어 나온 말. "왜?"

생각의 시작은 아픔 너머 고통을 준다. 무의미한 반복도 아니었다. 린케우스로부터 강요된 지옥의 얼굴은 무의미한 반복을 의미로 아는 그것이었다. 고통은 늘 의미의 얼굴로 다가온다.

로뎅에게 마음을 부었던 카미유. 집착은 망각이다. 이별은 생각을 낳고, 고통은 생각을 움직이고, 고독은 생각을 죽인다. 그녀는 정신병원에서도, 로뎅과 이별할 때도 죽지 않았다. 집착의 시작, 언덕을 향해 돌을 올리기 시작한 그 시점에 죽음은 비로소 시작되었다.

인간은 홀로 죽음을 맞는다. 관은 늘 일인용이다. 그 시간이 오면 삶 전체가 주마등처럼 다가올 것이다. 그때 말할 수 있을까? "그 정도면 됐다! 이제 그만 가라!"

10

의미의 죽음

« I »

박제의 날개 – 우울

> 횟집에 가면 수조에 이른바 '싱싱한' 횟감들이 있다. 그런데 광어 같은 것들을 보면 말 그대로 그냥 거기에 차곡차곡 쌓여 있다. 살아 있다고는 하는데 움직이지를 않는다. 꺼낼 때 조금 버둥거리다 이내 포기해버린다. 그런데 걔네들은 오래 놔두어도 잘 죽지 않는다. '약발'이다. 원래 싱싱한 생선들은 좁은 수족관을 오래 견디지 못한다. 어떤 것들은 스트레스로 하루 이틀 안에 죽어버리고 만다. 그래서 항생제를 쓴다. 심지어 양식할 때 항생제를 삽으로 퍼붓는다고 한다. 그러면 마취된 생선들은 입을 "헤~!" 벌리고 누워 잔다. 좁은 곳에 오래 놔두어도 별 관심이 없다. 오래 살아 있다. 사실은 살아 있는 듯 죽어 있다.

사회는 하나의 유기체다. 인간처럼 신진대사를 하고 자극에 반응하며 환경 변화에 적응한다. 살아 있고 성장하는 존재이니 에너지를 필요로 하고, 에너지를 얻기 위해서는 당연히 음식이 공급되어야 한다. 음식을 공급하는 협력 업체는 가정이다. 가정은 미래 사회의 성장 동력인 아이를 낳아 기본적인 교육을 시킨 뒤 사회에게 먹여준다. 음식을 먹은 사회는 일차적으로 입에서 씹고, 식도를 거쳐 위로 보내 기본적인 소화를 완료한다. 초·중·고등학교와 대학교를 마치면 소화가 되어 이제 에너지로 활용된다. 최첨단의 뇌나 최말단의 발로 사회에 진입해 에너지로 사용되는 인간은 소장과 대장을 거쳐 몸의 끝자락에 내려갈 때까지 에너지를 흡수당한다. 그리고 더 이상 사용할 에너지가 없어 생산성이 소멸되면 배출된다. 정년퇴직이다. 그러므로 건전한 사회는 앞으로 주입되는 에너지와 뒤로 배출되는 퇴물이 일정하게 순환된다. 산업사회는 이 순환이 규칙적으로 이루어진다. 특히 지속적인 성장이 이루어지면 출산 장려와 함께 정년이 보장되는 구조를 보인다. 하지만 무한경쟁의 정보화사회는 다르다. 고부가가치만을 추구하는 사회에서는 특별히 열량이 높은 소량의 에너지만을 선호하므로 다수의 에너지는 소화가 되어도 쓸 데가 없다. 그러면 사용할 수 있는 에너지도 바로 뒤로 배출해버린다. 구조조정이다. IMF처럼 배탈 설사의 경우에만 응급으로 배설하는 일이 일상이 된다. 따라서 규칙성이 상실된 사회는 그때그때 자신의 입맛에 따라 개인을 사용한다. 당연히 적응해야 하는 개인은 혼란스러울 수밖에 없다. 사회가 원하는 건 결국 '입 닥치고' 흐름에 순응함으로써 이른바 정상으로 남는 것이다. 살지 말고 살아지라는 것이다.

고흐, 베토벤, 슈만, 슈베르트, 버지니아 울프, 헤밍웨이, 뉴턴, 볼테르, 링컨, 루즈벨트의 공통점은 우울증이다.

> 오, 죽음을 맞이할 수밖에 없는 인간의 영혼이
> 어찌 그리 자랑스러운가?
> 눈 깜짝할 새 지나가는 유성처럼
> 재빨리 흘러가는 구름처럼

번쩍이는 번개처럼

부서지는 파도처럼

그는 삶을 마치고 무덤에서 편히 쉬고 있구나.[67]

링컨이 가장 좋아했다는 시 구절이다. 대통령이 되고 노예해방의 상징이 되었지만 그는 우울했다. 만약 세상이 자신의 느낌을 알게 된다면 지구상에 기쁜 얼굴은 단 하나도 없을 것이라 생각했을 정도였으니. 그러고 보면 우울증은 죽음과 같이 평등하다. 유명 인사에게만 가지 않는다. 모든 사람을 반긴다. 그리고 운이 좋으면 이른바 '편한 안식'으로 인도한다.

아무리 멀쩡해 보이는 사람도 사실은 우울할 수 있다. 극장에서 좋아하는 영화를 본 적이 있는가? 영화가 시작되면 너무 행복하다. 이제 다른 세계로 가기 때문이다. 그런데 영화가 끝나갈 무렵이면 왠지 마음이 불편해지고 우울해진다. 곧 현실이 다시 시작될 것이기 때문이다. 그래서 드라마 시리즈를 통째로 본다. 몇 날 며칠을 밤낮으로 쉬지 않고 본다. 한 편이 끝날 때쯤이면 남은 편 수를 본다. 아직 많이 남았으면 안심한다. 몇 회 안 남았으면 조금씩 초조해진다. 사람들은 영화를 보는 것도 드라마를 즐기는 것도 아니다. 그들은 현실의 불행이 잠깐 멈추기를 바랄 뿐이다.

우울감은 그래도 낭만이다. 견딜 만하다. 때로는 술 한 잔 즐기며 이문세의 '광화문 연가'를 듣는 사치도 부릴 수 있다. 하지만 실직과 같은 심각한 원인이 방아쇠 효과처럼 작용하면 심각해진다. 그러면 마음은 과거의 아픔, 상처, 회한 등 부정적인 기억을 낭만적인 허무로 포장

67 ; 데일 카네기, 나의 멘토 링컨, 리베르 2010, 118쪽.

하며, 동시에 미래에 대한 염려와 불안을, 극단적인 경우 절망을 포기의 당위로 이용하고, 또 그런 자신을 이해해주는 사람이 없다는 강박을 생산해낸다. 그러고는 점점 더 스스로의 캡슐 안으로 숨게 되고, 결국 우울증이 온다. 그런데 우울증은 멈추어 있지 않고 자란다. 처음에는 특정 사건이나 일에 관한 것이지만 점점 나무가 자라듯 존재 자체에 대한 부정적 인식으로 확장된다. 그러다 중증 우울증이 온다. 그것은 세상을 향한 "다 귀찮아!"의 외침이다. 귀찮다는 것은 단순히 어떤 일이나 대상에 대한 관심이 식었다는 것이 아니라 인생 자체에 대한, 부분이 아닌 전체에 대한 거부다. 그러면 존재하는 것 자체가 짜증 난다.

> "행복한 것도 싫다. 행복을 바라지도 않고 사실 관심도 없다. 의미? 의미 같은 것이 어디 있나! 의미를 생각하는 것도 귀찮다. 그러니 그냥 간섭하지 말고 놔둬라! 돈을 버는 것도 이제 지쳤다. 벌어야 한다는 사실도 짜증 나고, 돈이 넘쳐 어디에 쓸까 고민하는 것도 징그럽다. 누구를 만나나! 다 보기 싫다. 친구도, 애인도, 부모도, 그 누구도 만나기 싫다. 그냥 혼자 있고 싶을 뿐이다. 잠자든 안 자든, 마구 먹어대든, 거식증에 걸리든, 의미가 있든 없든 상관없다. 그냥 모든 것이 스트레스다. 그러니 사실 살아 꿈틀거리는 것도 지겹다. 그냥 잠이나 잤으면 좋겠다. 깨지 않았으면 좋겠다. 이 지구라는 땅덩어리에서 계속 존재해야 한다는 사실이 그냥 마구 열나 짜증 난다! 그리고 사실은 이렇게 말하는 것조차도 싫다."

우울함에서 벗어나기 위해 찾는 술과 마약은 일시적으로 고통을 잊게 해주지만 깰 때면 차원이 다른 고통으로 다가온다. 괴로워서 술을 마시고 술 마시면 잊을 수 있다고 말하는 사람은 진짜 고통을 모르는 사람이다. 정말 괴로우면 술 마시는 것도 무서워진다. 술이 깨기 시작하면 의식이 있을 때의 그 꺼져 들어가는 존재의 아픔이 지옥이 되어서 돌아오기 때문이다. 그럼에도 또 술병을 집어 드는 이유는 그 지옥의 고통을 잊을 수 있는 유일한 방법이기 때문이다. 인간의 영혼과 몸은 분리되어 존재할 수 없기에 중증 우울증은 결국 뇌에 손상을 가져오게 되고 신경 전달 시스템의 문제를 초래한다. 특히 그 시스템 조절에 관여하는 뇌 속 수강(habenula) 영역이 과활성화되어 이제 상담으로는 해결할 수 없는 상황에 이르게 된다.

의미

사람들은 우울증을 떠올리기만 해도 우울해진다. 기쁨과 즐거움이 넘쳐야 하는데 우울하다니! 그래서 가능하면 빨리 우울증으로부터 벗어나려고 노력한다. 당연한 일이다. 우울증은 언어학적으로 우울장애(depressive disorder)로 표현되며, '정신에 내재하는 일종의 무질서 내지 어긋난 질서'로 볼 수 있다. 그런데 무질서는 질서를 전제한다. 그런 의미에서 질서를 정상으로 본다면 우울증은 정상에서 일탈한 상태로 설명할 수 있다. 따라서 우울증을 부정적으로 보고 비정상 상태에 있는 환자를 다시 정상으로 돌림으로써 재사회화를 가능하게 해주는 것이 당연하다. 하지만 모든 사물과 현상에는 양면성이 있다. 따라서 우울증도 부정적인 것만은 아니다.

이상은 『날개』[68] 에서 사회를 유곽, 즉 사창가로 표현한다. 마르크스는 자본을 '보편적 창녀'라 했다. '창녀'는 돈을 받고 몸을 파는 사

68 ; 이상, 날개, 홍신문화사 2003.

람이다. 문제는 "팔리는 것이 과연 몸뿐일까?" 하는 것이다. 애덤 스미스는 그렇게 생각한 것 같다. 그에 따르면 기본적으로 자본주의 사회에서 노동과 인격은 분리 가능하다. 공장에서 일하는 노동자는 자신의 노동을 대여하고 그 대가로 임금을 받는다. 이때 그는 자신의 노동만을 제공할 뿐, 자신의 인격은 자신과 함께 노동과 분리된 상태로 남는다. 그의 인격은 노동으로 인해 훼손되지 않는다. 그는 계속 존엄한 존재로 남는다. 마르크스는 웃기지 말라고 한다. 그에 따르면 자본주의 사회에서 노동과 인격은 분리될 수 없다. 노동자가 사장에게 노동을 제공하는 순간 그의 인격은 노동과 함께 팔려 간다. 물론 형식적으로, 서류상으로는 마치 분리된 것으로 남는다. 그것은 민주주의가 만들어놓은 허구이지 실질적으로는 아니다. 앞에서 살펴봤듯, 매춘은 이러한 자본주의의 메커니즘을 감각적으로 적나라하게 보여준다. 한 인간의 몸값이 거래되고 몸이 상품화되는 순간, 본인은 '몸만 준다'고 말할지 모르지만 마르크스의 말처럼 몸과 인격은 분리되지 않는다. 정확히 몸값에 비례해서 인격이 팔린다. 그러므로 『날개』의 33번지 열여덟 가구로 된 유곽은 자본의 종이 되어 인격이 팔리는 것도 마다하지 않는 자본주의 사회를 상징한다.

하지만 유곽은 단순히 자본주의만을 상징하는 것이 아니다. 현대인이 추구하는 행복감이 무엇인지 다시 한 번 상기해보자. 행복감은 육체의 욕망, 자극의 욕망, 비교의 욕망이 충족될 때 발생한다. 좋은 직장과 쾌락, 성공으로 대표되는 행복감의 욕망을 단번에 해결해줄 수 있는 것이 자본이다. 돈이 곧 권력이며 행복이다. 따라서 유곽은 행복감의 주체인 몸적 자아들이 모여 삶의 절대적 가치를 행복감으로 결정하고 살아가는 사회를 상징한다. 바로 우리가 사는 세상이다. 그곳에는 공산주의와 자본주의의 구별이 없고, 독재와 민주주의의 구분이 없다. 이슬람과 기독교의 차이가 없고, 흑인과 백인과 황인의 나뉨이 없다. 행복감을 삶의 중심으로 놓고 산다는 점에서 인간은 하나다. 모두가 권력을 추구하고 모두가 나름대로 성공을 추구하며 자신이 원하는 바로 그 욕망의 삶을 살기 위해 피비린내 나는 무한 경쟁의 사회에서 몸부림친다. 권력을 쟁취하는 방식이 다르고, 경쟁에서 승리하는 형식에서 차이가 나며, 행복감의 대상과 종류에서 다름이 있지만 마음은 하나다. 세계는 사실 오래전에 하나로 통일되어 존재해왔다. 설국열차에서 벌어지는 천일야화의 삶은 어제나 오늘이나 앞으로도 지구가 존재하는 한 계속될 것이다. 따라서 유곽은 지금까지 우리가 살펴본 모든 죽음이 존재하는 곳이다. 매일 24시간 공장이 돌아가고, 회사에는 밤새 불이 꺼지지 않고, 고속도로에는 일순간도 쉬지 않고 차들의 행렬이 이어지고, 시장에서는 새벽부터 밤늦도록 장사꾼의 목청이 울리고, 새벽 첫 지하철부터 마지막 열차까지 파도처럼 인간의 무리가 몰려다니는 살아 움직이는 도시. 살아 있다고 믿어지는, 생동감 넘치는 활기찬 사회. 언제나 멈추지 않고 살아 숨 쉬는 이 사회는 사실 공동묘지와 같다. 몸이 진정 몸으로서의 가치를 얻지 못하고, 쾌락을 향유하는 것이 아니라 쾌락에 중독되어 살며, 넘쳐나는 관계 속에서 만남은 존재하지 않는, 소유하거나 소유되는 사회! 의미를 말하되 의미가 없으며, 인격은 몸값으로만 측정되고, 스스로 자신의 존재의 터전을 파괴하며 서서히 자살로 침잠하고 있는 사회! 그 속에서 '나'로 착각하고 사는 몸적 자아의 욕망만이 춤을 추고 있는 세상을 과연 살아 있다고 할 수 있을까? 진정 '나'라는 존재가 살아 있다면 어떻게 이 늑대보다도 악한 좀비들의 세상에서 그들의 논리대로, 그들의 행복대로, 그리고 그들의 구조에 따라 살 수 있다는 말인가? 진정 영적 자아로서 내가 살아 있다면 어떻게 이런 사회에서 우울하지 않을 수 있다는 말인가? 미치지 않고 자살에 대한 마음을 한 번도 갖지 않은 채 즐겁게, 행복하게, 그렇게 웃으며 살 수 있다는 말인가?

그래서 돈키호테는 혼자 미칠 수밖에 없다. 그레고르 잠자도 '변신'할 수밖에 없다. 진정 인간으로의 삶을 찾은 존재는 벌레들의 눈에 벌레로 보일 수밖에 없다. 만약 광기로의 길을 선택하지 않는다면 박제가 되는 수밖에 없다. 자신의 존재 가치를 잃어버리지 않으면, 나를 포기하고 행복감의 구조에 맞추지 않으면 살 수 없다. 그렇게 이상은 그래도 한번 살아보겠다고 '박제가 된 천재!'로의 존재를 받아들여봤다.

박제란 살아 있는 동물을 죽이고, 그렇게 죽인 동물을 다시 살아 있는 것처럼 재현하는 창조 행위다. 박제는 가장 살아 있는 듯 죽어 있어야 한다. 이를 위해 사람들은 배를 가르고 가죽을 벗긴 뒤 몸 안의 내장과 근육 등 내용물을 모두 제거한다. 그 후 방부·방충 처리를 하고, 심을 넣어 원하는 형태로 외형을 복원한 뒤 건조 상태에서 마무리한다. 마찬가지로 개인도 사회화되기 위해서는 먼저 죽어야 한다. 자신의 완전한 자유를 상실하고 사회가 원하는 모습으로 개조되어야 한다. 그리고 자유를 가진 듯하지만 사실은 상실한 상태로 살아가야 한다. 그것이 박제의 묘미다. 죽어 있지만 살아 있는 느낌을 주어야 한다.

일단 박제로 완성이 되면 그 동물을 사회가 원하는 자세로, 원하는 위치에 놓을 수 있다. 언제나 보고 싶을 때 볼 수 있고, 만지고 싶을 때 만질 수 있다. 마음대로 즐길 수 있으면서도 도망갈 염려는 없다. 배설물을 치울 필요도 없고, 병이 들면 치료를 해주어야 할 불편도 없다. 울지 않으니 시끄럽지도 않다. 사회는 그놈을 영원히 즐기며 소유할 수 있다. 이상은 그래서 "박제가 되어버린 천재를 아시오?"라고 물어본다. 그 질문은 우리를 향한 것이다. "지금 당신은 당신이 진정 누구로 살아가는지 알기는 아는 거요?"

당연히 인간은 박제가 되는 과정에서 의식적 또는 무의식적으로 고통을 겪을 수밖에 없다. 자신이 태어나기 전부터 존재해온 인생의 기본 사이클을 전제 없이 받아들여야 하니 스트레스가 없을 수 있겠는가! 대부분 교육받고, 취직하고, 일하고, 결혼하고, 애 낳아 키운 뒤 사회에 내보내고, 노후 좀 즐기다 죽는다. "다 그렇게 사는 거야!"라고 쉽게 말하지만 다 그런 것처럼 사는 것이 쉬운 일만은 아니다. 중·고등학생들에게는 월요병이 있다. 매주 월요일부터 금요일까지 내가 선택한 스케줄이 하나도 없다는 사실 때문이다. 원하지 않는 시간에 일어나 학교에 가서 원하지 않는 과목을 1교시부터 듣다, 정해진 시간에 점심 먹고 정해진 시간에 학교에 머물다 "끝!"이라는 소리를 들을 때까지 기계처럼 움직여야 한다. 그것도 문제지만 이리저리 던져진 지식 쪼가리들을 넙죽넙죽 받아먹으며 맹목적으로 외워야 한다. 주말의 자유와 5일간의 노예! 극단적인 표현이지만 사실이 그렇다. 가장 성실한 노예한테는 상이 주어지고, 게으른 놈들은 혼이 나거나 아예 인간이 아닌 취급을 받고 잊혀진다.

학교뿐이 아니다. 사회로 진입한 인간은 법과 도덕, 관습, 그리고 성공 여부를 결정하는 게임의 규칙에 순응해야 한다. 거짓 행복으로 도배된 행복지수를 높이겠다고 기를 쓰고 살아내야 한다. 소외되지 않고, 그래도 인간으로 대접받기 위해 몸부림쳐야 한다. 시몬 드 보부아르는 '여성은 태어나는 것이 아니라 만들어진다'고 했지만 사실 만들어지는 것은 여성만이 아니다. 인간은 누구나 선택하는 것이 아니라 강요당하고, 태어나는 것이 아니라 만들어진다. 『날개』의 '나'도 그랬다.

> 열여덟 가구가 죽 어깨를 맞대고 늘어서서 창호가 똑같고 아궁이 모양이 똑같다. 게다가 각 가구에 사는 사람들이 송이송이 꽃과 같

이 젊다. 해가 들지 않는다. 해가 드는 것을 그들이 모른 체하는 까닭이다. 턱살 밑에다 철 줄을 매고 얼룩진 이부자리를 널어 말린다는 핑계로 미닫이에 해가 드는 것을 막아버린다. 침침한 방 안에서 낮잠들을 잔다. 그들은 밤에는 잠을 자지 않나? 알 수 없다. 나는 밤이나 낮이나 잠만 자느라고 그런 것을 알 길이 없다. 33번지 열여덟 가구의 낮은 참 조용하다.

33번지의 사람들은 박제들이다. 그들은 정확히 사회가 원하는 메커니즘에 따라 산다. 그래서 정상이다. 물론 그 정상처럼 보이는 것이 사실은 비정상이다. 그래서 33번지에는 해가 들지 않는다. 사실은 스스로 해를 가린 것이다. 아내를 포함한 유곽 사람들은 성실하다. 성실하게, 살아 있어야 할 때 죽어 있고, 깨어 있어야 할 때 자는 존재들이다. 유일하게 깨어 있고 살아 있는 존재는 '나'다. '나'의 몸, 나의 마음이 아니라 나 자신인 영이 살아 있기에 느낄 수밖에 없고 비인간적 구조에 저항할 수밖에 없다. 수단은 무위도식이다. 행복감의 본질이 생산성이고 움직임이며 성실함이기에 무위도식은 비생산성이고 잠이며 게으름이다. 그것은 자신의 진정한 '나'를 소외시키고 행복을 빼앗아간 세상을 향한 투쟁이다. 카프카의 『단식 광대』도 그랬다. 광대는 돈을 벌되 굶음을 통해서 번다. 그것은 모든 생산성을 향한 저항이다. 자본이 모든 행복의 중심이 되는 구조에 대한 혁명이다. 그래서 그는 관객이 떠나도 굶는다. 멈추지 않는다. 왜? 그것이 살아 있음의 유일한 표시이기 때문이다. 굶음으로 모든 움직임의 멈춤, 게으름의 끝인 죽음까지 나아가는 것을 통해 광대는 자신의 살아 있음을 증명하고, 죽었으나 살아 있는 것처럼 스스로를 포장하고 살아가는 회칠한 무덤들을 파헤친다. 송장이 썩어 추한 해골들과 악취를 드러낸다. 바로 그 광대처럼 '나'도 정상으로 불리는 비정상으로부터 일탈한다. 그래서 그만이 우울하다.

> 나에게는 인간 사회가 스스러웠다. 생활이 스스러웠다. 모두가 서먹서먹할 뿐이었다.
> 아내는 하루에 두 번 세수를 한다. 나는 하루 한 번도 세수를 하지 않는다. 나는 밤중 세 시나 네 시쯤 해서 변소에 갔다. 달이 밝은 밤에는 한참씩 마당에 우두커니 섰다가 들어오고는 한다. 그러니까 나는 이 열여덟 가구의 아무와도 얼굴이 마주치는 일이 거의 없다.

그는 홀로 다른 시간을 산다. 아내가 없을 때 아내 방에 가고, 들어오면 자기 방에 와서 잔다. 그는 늘 아내에게 들키지 않게 움직인다. 그는 유곽 생활에 전혀 적응할 수가 없다. 광대처럼 유곽의 절대적 가치인 돈에도 관심이 없다.

> 아내에게 내객이 많은 날은 나는 온종일 내 방에서 이불을 쓰고 누워 있어야만 된다.
> 불장난도 못한다. 화장품 냄새도 못 맡는다. 그런 날은 나는 의식적으로 우울해했다. 그러면 아내는 나에게 돈을 준다. 오십 전짜리 은화다. 나는 그것이 좋았다.
> 그러나 그것을 무엇에 써야 옳을지 몰라서 늘 머리맡에 던져두고 두고 한 것이 어느 결에 모여서 꽤 많아졌다. 어느 날 이것을 본 아내는 금고처럼 생긴 벙어리를 사다 준다.

벙어리를 변소에 갖다 버린다. 벙어리도 돈도 사실은 아내에게만 필요한 것이지 그에게는 애초부터 의미가 없는 것이다. 그가 진정 원했던 것은 아내와의 만남이었다. 같은 공간에서 그냥 사는 것이 아니라, 서로 인격체로 만나는 것이다. 하지만 그것은 불가능하다. "부부는 숙명적으로 발이 맞지 않는 절름발이"였다. 그는 박제가 된 것을 깨닫고 있는 유일한 '천재'였다. 풍차를 괴물로 정확히 인지한 유일한 돈키호테였고, 자신을 둘러싼 벌레들의 세상을 정확히 깨달은 유일한 인간이었으며, 독이 든 음식은 먹지 않고 굶는 것이 생명의 길임을 깨우친 유일한 광대였다. 스스로의 사고를 할 수 있는, 자율적인, 그래서 노예와 같은 일반인들이 볼 때는 다른, 그런 의미에서 유일한 '천재'였다. 하지만 그도 박제의 삶을 근본적으로 벗어날 수 없었다. 그는 아내에게 기생하는 존재였다.

자신이 아닌 삶을 살수록 우울증의 '무기력함'은 가중된다. 아무것도 하기 싫어진다. 하지만 그것은 단순히 정상적인 사회에서의 이탈을 의미하지 않는다. '나'의 경우에 그것은 비정상인 사회에 대한 정상인의 유일한 저항 방식, 또는 존재 양식이다. 사회적 주체로서 개인이 원하는 것은, 표면적으로는 이른바 사회적 정상인으로서의 존재 또는 질서이지만, 심층적으로는 무질서(disorder)가 된다. 그런데 그 무질서가 불가능함을 깨닫게 되면 어떻게 될까? 이 질문은 자살에 대한 또 다른 설명을 가능케 한다. 즉 사회화로 강요되었던 주체에게 이제 더 이상 관계로의 진입에 대한 의무나 강박에 끌려다니지 않는, 자유로의 회귀 가능성을 의미할 수 있기 때문이다. 이것은 곧 행복감에의 욕망으로 특징지어지는 사회에서 그 소극적 저항인 우울증에의 욕망이 어디로 향하게 되는지를 보여준다.

'정상'이나 '질서'라는 단어는 주관적 개념이다. 애꾸눈의 세계에서 두 눈을 가진 존재는 비정상이다. 카프카의 『변신』에서 벌레로 변한 그레고르 잠자가 벌레인지 아니면 그를 벌레로 보고 있는 사람들이 벌레인지 구분하는 것도 간단하지 않다. 그러나 한 가지는 분명하다. 『날개』의 '나'는 박제로서의 자아와 '천재'로서의 자아를 구분했다. 그는 행복감의 항생제를 받아먹지 않았다. 그는 자신으로 존재하고 싶었다. 아내에게로 돌아갈까 망설이지만 결국 그는 미쓰꼬시 백화점 옥상에서 뛰어내린다. 정오의 사이렌이 무의미의 시간을 의미의 시간으로 전환한다. 마지막 숨을 몰아쉬며 벌레는 행복한 눈을 감는다. 광대도 마지막 공연을 그렇게 접는다. 그리고 그 마지막 저항을 통해 크로노스의 시간 속에 카이로스의 도래를 알린다. 세상에 살지만 세상에 속하지 않는 길을 모를 때, 선택할 수 있는 유일한 대안은 사라짐을 통한 자유다. 그래서 슬픈 유서만 남는다.

> 날개야 다시 돋아라.
>
> 날자. 날자. 한 번만 더 날자꾸나.
>
> 한 번만 더 날아보자꾸나.

존 에버렛 밀레이(John Everett Millais), **〈오필리아〉**(1851-1852)

자살은 많다. 하지만 이유는 소박하다.
아버지를 죽이고 떠난 연인,
아침 안개 같은 의미.

외롭다.

아무도 없는 세상을 나와
자연 안으로 잠긴다.

죽느냐 사느냐, 그것이 문제가 아니다.
죽어 있느냐 살아 있느냐,
사실은 그것이 문제다.

« 2 »

알 수 없는 미래 – 자살

1947년 5월 1일 아침 10시 40분, 23세의 에블린 맥헤일(Evelyn McHale)은 약혼자의 변심 때문에 엠파이어스테이트빌딩 86층 전망대에서 몸을 던진다. 리무진 위로 떨어진 그녀의 몸은 마치 침대에 누워 있는 듯 평온해 보였다. 〈라이프〉에 사진이 보도된 이후, 이 사진은 가장 아름다운 자살로 알려졌다. 하지만 아름다운 죽음은 없다. 떨어지는 순간 그녀는 후회했을 가능성이 높다. 실제로 동맥을 끊는[69] 경우 반드시 주저흔(躊躇痕, hesitation mark)이 발견된다. 단 한 번에 자신의 동맥을 끊을 수 없다. 망설이고 조금씩 긋다가 결국 "에이!" 하고 깊이 긋는다. 따라서 주저흔이 없다면 분명 타살이다. 생명에의 욕구는 본능이다. 삶이 고달파 그 본능조차도 거부하는 것이 자살이지만 본능은 거부한다고 사라지는 것이 아니다. 그래서 인간은 스스로 목을 조를 수 없고 동맥을 긋지 못해 주저한다. 하지

69 : 자살(suicide)은 라틴어에 어원을 둔 sui(self)와 caedo(kill, slay)의 합성어다. '스스로를 살해한다'는 이 단어는 '자신의 목숨을 끊음'이라는 중립적 의미보다 부정적이고 비윤리적인 뉘앙스를 이미 함축하고 있다.

만 빌딩에서 일단 뛰면 그 다음은 주저할 수 없다.

20세기 초 영국에서 한 남자가 목을 칼로 긋는 자살을 시도했다. 하지만 제대로 목을 따지는 못했다. 그는 목의 일부가 열린 채 살아 있었다. 당시까지도 서양에서는 자살 미수자에 대해 사형선고가 내려졌다. 당연히 그도 재판에서 교수형을 선고받았다. 그런데 그의 목을 매달자 목의 상처가 벌어져 그 사이로 숨을 쉬며 죽지를 않았다. 몇 번 반복하다 결국 목을 졸라 죽였다. 자기 목을 잘라 자살하겠다는 놈이나, 그랬다고 목을 매달려는 인간들이나. 미친 건 마찬가지다. 그것도 신사의 나라에서?[70]

자살에 대한 반응은 '오죽했으면'의 동정론, '그럴 용기가 있으면 살지'의 비판론, 그리고 '남은 이들의 마음을 아프게 하다니'라는 징계론,[71] 그리고 사회적 책임론[72] 등으로 다양하다. 전통적으로 서양에서

70 ; 한국도 자살 천국이다. 2010년 6월 박용하를 비롯하여 김광석, 이은주, 유니, 정다빈, 안재환, 최진실, 장자연 등 대중의 사랑을 받으며 '미래'를 즐겨야 할 젊은 영혼들이 스스로 세상을 등졌다. 연예인만이 아니다. 교사 체벌이나 성적 하락으로 자살하는 학생, 사채에 쫓겨 자살하는 윤락녀, 군대 내의 (성)폭력으로 자살하는 군인, 초고속 고령화라는 말이 무색하게 자살하는 노인층, 업무 스트레스로 자살하는 대기업 임원, 그리고 노무현 대통령까지 하루 평균 35명 이상의 사람들이 개인적으로 또는 자살 사이트를 통해 목숨을 끊고 있다. 영국 〈이코노미스트〉의 2010년 7월 발표에 따르면 한국의 자살률은 경제협력개발기구(OECD) 국가 중 최고 수준이다. 자살은 특정 계층의 전유물이 아니다. 누구나 원하면 할 수 있다. 그리고 그들은 모두 '~하기 보다는 차라리'라고 말한다.

71 ; 우리 속담에 '개똥밭에 굴러도 이승이지' 혹은 '산 개가 죽은 정승보다 낫다'라는 말이 있다. 자살에 대한 부정적 시각은 외국도 마찬가지인데 영국에는 '비천하게 사는 것이 위대하게 죽는 것보다 낫다' 또는 '목숨이 붙어 있어야 희망도 있다' 등 비슷한 견해가 있으며, 프랑스에도 '매장된 황제보다 살아 있는 거지가 좋다'라는 속담이 있다. 자살에 대한 부정적 시각은 문화 보편적이다.

72 ; 자살에 대한 사회적 분석에 결정적 기여를 한 이는 뒤르켕(E. Durkheim)이다. 그는 『자살론』(1897)에서 자살을 세 가지 형태로 나누었다. 개인이 사회 내에 바르게 통합되지 못하고 자신에만 의존할 때 일어나는 이기주의적 자살은 가톨릭에 비해 개신교 그리고 핵가족 시대에 발생율이 증가한다. 집단의 목적이나 정체성을 자신에게 동화시키는 경우는 이타주의적 자살이라 하고, 사회적 상황의 급격한 변화, 빈곤, 이혼, 타인의 죽음, 가치관의 붕괴 등이 있을 때는 아노미적 자살이라 한다. 뒤르켕의 『자살론』은 윤리적·종교적 성격에서 벗어나 자살을 출생율이나 생산율과 같은 사회적 현상으로 본 데 그 의미가 있다. 따라서 인간 행위에 대한 이러한 시각은 자살을 인간 내부적 문제라기보다는 인간 외적, 즉 환경의 문제로 보고 사회적 원인을 밝히며 그에 대한 학문적 연구를 통해 실업 문제와 같이 치유될 수 있는 것으로 본다. 하지만 자살을 학문의 대상으로 일반화하는 것은, 그 유용성에도 불구하고, 우리의 구체적 삶과 분리될 가능성이 있고, 따라서 현실성을 상실할 수 있다. 자살이 단순히 사회적 현상으로 치부될 때 생명에 관

는 자살에 대해 부정적이었다. 푸코가 차용한 니체의 계보학적 방법론을 도입해 설명하면 유럽에서는 1900년대 초까지 자살자에 대한 사형 집행이 있었고, 특히 프랑스 같은 경우에는 1961년까지 자살 미수자를 감옥에 보낼 수 있었다. 이처럼 서양 문화는 자살자에 대해 항상 적대적이었지만 애초부터 그런 것은 아니었다. 자살이 비도덕적인 것, 또는 칸트가 말한 것처럼 경악스럽고 혐오스러운 것으로 여겨진 것은 다분히 중세 가톨릭의 영향이다. 서양 문화에서 자살이 죄악으로 여겨지도록 기초를 놓은 사람은 아우구스티누스다. 그는 도나티스트 같은 능동적인 순교를 막기 위해 성서의 '살인하지 말라'라는 계명을 도입했다. 그 뒤 533년 오를레앙 종교회의에서 범죄자 중 자살자의 장례식을 금했고, 562년 브라가 종교회의에서는 자살자의 신분에 관계없이 장례를 금지했으며, 693년 톨레도 종교회의에서는 자살 미수자도 파문시키도록 했다. 이후 아퀴나스의 『신학 대전』을 거쳐 자살은 가장 사악한 죄가 되었다. '스스로 목숨을 끊는다'는 의미에서 자살이란 단어가 최초로 사용된 것은 1651년경이었다.[73]

독일어에는 '레벤(Leben)'이란 단어가 있다. 'Leben'은 생명을 뜻하는 동시에 삶을 의미한다. 둘은 다른 의미이며 다른 것을 지향한다. 삶은 인간의 궁극적 목적이다. 그래서 현대인은 웰빙(Well being)을 강조하며 삶의 질을 중요시한다. 동시에 삶의 마지막 순간을 인간답게 맞이하기 위해 웰다잉(Well dying)에도 관심을 갖고 있다. 호스피스나 안락사는 웰다잉의 맥락 안에 있다. 한편 생명은 생존하기를 원한다. 낙태의 문제에서처럼 인간에게 생명은 삶과 마찬가지로 본질적인 것이다. 문제는

한 본질적 문제가 등한시되고, 개별자의 생명은 단지 사회적 현상에 따라 또는 구조의 변화에 따라 가치의 등락을 겪을 수 있기 때문이다. 사살에 대해 객관적으로 논의할 때 자살의 주관적 심각성이 간과되어서는 안 된다.

73 ; 참고: 알프레드 알바레즈, 자살의 연구, 청하.

현대인에게 생명과 삶의 가치가 동일하게 느껴지지 않는다는 것이다.

헤밍웨이(E. Hemingway)의 소설 『킬리만자로의 눈』에 나오는 해리는 소설가의 자질이 있지만 한량으로 살며 인생을 향유로 낭비한다. 그러다 그는 아내의 도움으로 글쓰기를 재시도하기 위해 킬리만자로로 향한다. 하지만 사파리에서 얻은 가벼운 상처로 다리가 썩고 결국 죽음을 맞는다. 이 소설의 특이한 점은 죽음을 맞이하는 해리의 태도다. 그는 아주 자연스럽게, 어떤 의미에서는 죽음을 오히려 반기는 것 같은 모습을 보인다. 그리고 이는 그가 죽음 직전 경험한 환상을 통해 증명된다. 친구의 비행기를 타고 삶의 다양한 공간을 비행한 뒤 그가 마지막 목적지로 깨달은 곳은 바로 만년설이 있는 킬리만자로의 봉우리였다. 자신이 가야 할 곳, 그가 진정 원한 곳이었다. 해리는 질문한다. '킬리만자로의 봉우리, 생명의 징후라고는 보이지 않는 차디찬 그곳 어딘가에 표범 한 마리가 외롭게 죽어 있다. 먹이도 없는 그곳까지 표범은 무엇을 찾아 올라와 얼어 죽은 것일까?'

그 하나의 '말' 때문이다. 노벨상을 받은 헤밍웨이가 평생을 찾아 헤맨 그 하나의 단어, 삶의 진리를 표현할 수 있는 단 하나의 말이 헤밍웨이에게는 존재의 의미였다. 하지만 그는 그 말을 발견하지 못한다. 그래서 해리의 죽음은 자살이다.

서울 유명 대학의 학생이 자살했다. 원인은 성적 하락으로 인한 중압감이었다. 그렇게 사람들은 생각한다. 하지만 그렇지 않다. 그가 있던 그 자리, 그 시간에 성적이 자기 삶의 의미였던 것이다. 학생은 성적 때문이 아니라, 해리와 마찬가지로 의미 상실로 자살한 것이다. 인기, 돈, 사랑 등 다양한 것들은 현상적인 동기일 뿐이다.

인간은 전체적 존재다. 따라서 인간은 영혼이 만족할 수 있는 가치와 생존을 위한 물질적 수단을 모두 필요로 한다. 단순히 의미가 밥을 먹여주지는 못한다. 하루하루의 생존이 급한 사람에게 의미는 사치일 뿐이다. 한번 달라이라마의 『행복론』을 들고 서울역에 있는 노숙자에게 찾아가서 이렇게 말해보라. "아저씨! 인간이 빵으로만 사는 건 아니거든요. 이 책을 읽고 행복과 의미를 찾으세요!" 어떤 반응이 나올까? 극한 상황에서 인간은 생존을 위해 인간도 먹는다. 생존 문제가 절박해지면 인간은 의미를 사유할 시간이 없다. 전쟁 중에 자살이 없는 이유도 여기 있다. 대부분은 전쟁이 끝나고 집에서 한다. 무서운 것은 결국 생각이다. 역으로 인간은 밥만으로 만족하지 못하는 존재다. 대기업 CEO의 딸이면 대부분의 사람들이 부러워하는 환경이다. 그 많은 돈을 두고 사랑 때문에 자살하는 것을 사람들은 이해하지 못한다. 아마 속으로 이렇게 생각할 것이다. "그 돈 나한테 반만 주고 죽지!" 일상적 존재에게 의미는 멀다. 하루하루를 생각 없이 살아간다면 의미라는 단어는 외국어 단어 외울 때나 접할 가능성이 높다. 하지만 가끔 즉자적 존재에게도 의미로부터의 질문이 다가올 때가 있다. 카뮈가 '무대가 무너지는 때'라고 말한 순간이다.

> 멋진 남편을 만나 행복한 삶을 사는 수부가 있다. 남편은 번듯한 회사의 임원이고, 자녀들도 바르게 잘 자라고 있다. 부러운 것 없이 살던 어느 날, 그날도 그녀는 남편을 배웅하고 아이들을 등교시킨 후 혼자 청소를 하고 있었다. 그런데 방을 닦다 문득 이런 생각이 들었다. "내가 지금 뭐하고 있는 거지?" 아무 생각이 없는 사람이라면 이렇게 대답해줄 것이다. "지금 방 닦고 있거든요!"

그러나 그녀의 질문은 조금 심각한 것이다. 의미에 대한 것이기 때문이다. "젊은 시절 나름대로의 꿈이 있었지만 좋은 사람 같아서 결혼하고 아무 말 없이 평생을 살아왔는데, 그런데 이 삶이 정말 내가 원하는 삶일까?"

> 한 가정의 가장으로, 두 아이의 아빠로 열심히 살아온 다른 남성은 30년 넘게 택시 운전을 하며 참고 노력한 결과로 비록 대출이 있지만 아파트도 마련하고 안정된 삶을 살 수 있었다. 힘은 들었지만 첫째는 결혼했고, 둘째는 곧 대학 졸업을 앞두고 있다. 조금만 더 참으면 이제 아버지로서의 할 일은 마칠 것 같은 뿌듯함에 나름대로 자부심을 가지고 살고 있다. 그날도 영업을 하기 위해 그는 운전대를 잡았다. 그리고 조금 가다 문득 이런 생각이 떠올랐다. "내가 지금 어디로 가고 있는 거지?"

대부분의 사람들은 이 같은 상황에서 문제의 심각성을 발견하지 못한다. 가정주부는 이럴 가능성이 높다. "내가 지금 뭐하고 있는 거지? 에이! 쓸데없는 생각! 어? 찌개 끓네." 하지만 소수의 사람들은 질문을 통해 스스로의 삶과 갈등을 경험하게 된다. 인간은 의미를 필요로 하기 때문이다.

삶의 무의미는 물론 단순한 일상에서 느껴지는 것이 아니다. 대부분은 현상적 원인이라고 부르는 외부 충격에 의해 촉발된다. 성적이나 인기 하락 등 충격적인 사건을 통해 개인은 의미에 대한 질문으로 인도된다. 그리고 그 질문에 답이 없을 때 적지 않은 사람이 무의미한 삶을 놓아버리고 싶은 충동에 빠진다.

인간의 삶이 반드시 의미가 있어야 하는 것일까? 아니면 모든 인생은 이미 나름대로 의미가 있는 것이 아닐까? 이 둘 중 하나의 결론에 도달하는 사람은 자살하지 않을 가능성이 높다. 성적이 떨어져도 맛있는 프라이드치킨을 먹으면 행복해하는 아이는 절대 자살하지 않는다. 다만 어떤 사람들은 인생에 반드시 의미가 있어야 한다고 생각한다. 자살은 죽음이 문제의 해결을 보장해주지 않는다는 전제하에, 무의미에 대한 인간의 무의미한 저항이다.

외로움

존재론적 우울증에 걸린 사람에게 삶의 의미 상실은 자살에 대한 직접적인 동기가 된다. 하지만 그렇다고 자살 행위가 바로 도출되는 것은 아니다. 실제 자살 행위로 이어지기 위해서는 하나의 원인이 더 필요하다. 그것은 "내가 이렇게 의미를 상실하고 괴로워하고 있는데 이런 나를 알아주는 존재가 아무도 없다"고 느끼는 것이다.

> "유일하게 나를 이해해주고 외로울 때 함께 있어준 친구이자 진정한 벗, 아이폰을 함께 묻어주세요!"

몇 년 전 자살한 중학생의 유서다. 장례식 때 어머니는 오열했다. "우리 애가 그렇게 힘든 줄 몰랐어요! 공부도 잘하고 학교생활도 아무 문제 없었는데!"

자살의 종국적 원인은 절대적 외로움이다. 이미 앞에서 살펴본 것처럼 호흡을 하고 살아 있어도 은둔형 외톨이처럼 관계가 상실된 존재는 엄밀한 의미에서 인간이 아니다. 현실이나 가상공간에서의 집단 따돌림은 단순히 누군가에게 정신적 고통을 주는 행위가 아니다. 그것은 상대방을 인간으로서 더 이상 존재하지 못하도록 하는 행위, 즉 사회적 살인이다. 그래서 공자도 인간관계의 핵심을 '인(仁)'으로 봤다. '어질다는 것'은 그냥 온유하다는 말이 아니라 말 그대로 인(仁), 즉 사람(人) 둘(二)이 함께하는 법을 아는 덕이다. 실제로 가만히 생각해보면 자살 문제의 배후에는 가족 구성원이나 교사 또는 친구와의 갈등, 그리고 대화나 이해의 결여로 인한 소통의 부재가 있음을 알 수 있다.

들에 핀 장미는 스스로 존재하지 않는다. 장미가 장미이기 위해서는 광합성을 위해 태양이 있어야 하고, 비가 내려야 하며, 뿌리를 내리고 양분을 받을 토양이 필요하다. 하지만 무엇보다 그에게는 "장미야!"라는, 누군가로부터의 부름이 필요하다. 단 한 사람이라도 자신의 상황을 있는 그대로 이해해줄 때 자살은 일어나지 않는다. 그에게는 '너'라는 존재가 있기 때문이다.

그런 의미에서 자살은 삶의 거부도 생명의 포기도 의미하지 않는다. 삶의 거부가 아닌 이유는 그러한 행위가 오히려 극단적 삶에의 집착을 드러내는 것일 수 있기 때문이다. 삶에 대한 진지한 욕망이 있는 사람만이 삶에 집착하고, 집착하는 자만이 그 삶의 의미가 상실됨을 느낄 때 자살을 생각할 수 있다. 그러므로 자살의 대상은 죽음이 아니라 삶이다. 그래서 쇼펜하우어는 『의지와 표상으로서의 세계』 제4권에서 "자살은 의지의 부정이 아니라 살려는 의지의 강력한 긍정의 표시"라고 말했다.

인간에게는 생명에의 욕망이 있고, 그것은 본능이다. 누구나 살고 싶어 한다. 살고 싶은데 이렇게 살 수는 없으니까 생명을 포기하는 것이다. 따라서 자살 시도 전에 신호를 보내는 경우는 "살려달라!"는 표시다. 살고 싶으니 살아야 할 이유를 알려달라는 것이다. 많은 경우 자신을 이해해주는 존재가 있다는 사실만으로도 자살은 예방될 수 있다. 그렇지 않은 경우 그는 아무도 만나지 못한 것이다.

자살의 자살

'인간의 삶은 행복할 수도 행복하지 않을 수도 있다'라는 명제는 참이다. 그러나 '인간의 삶은 의미가 있을 수도 없을 수도 있다'는 참이 아니다. 자살은 의미에 대해 생각하는 것이라는 점에서 긍정적이다. 세상에는 질문 없이 살아가는 즉자적 존재들이 다수이기 때문이다. 하지만 의미를 생각하는 것보다 어떤 의미를 선택했는지가 더 중요하다. 사업 실패, 왕따, 성적 하락, 애정 문제 등 실제 우리가 매일 신문에서 접하는 자살 현상을 보면 공통점이 하나 있다. 자살의 원인이 되는 의미 상실의 대상이 모두 행복감이다. 그런 것들은 '의미'라는 단어로 포장된 욕망 덩어리에 불과하다. 그리고 그 모든 욕망의 밑바탕에는 니체가 말한 '권력에의 의지'가 있다. 이 권력은 어떤 방식으로든 내 이름을 내고 싶어 한다. 자랑하고 인정받고 사랑받기 원한다. 그래서 남과 비교하고, 남보다 더 잘나고 싶고, 최소한 남과 같아지기를 원한다. 몸이 원하는 대로 즐기고 소유하고 싶은 욕망, 그로 인해 발생하는 자본에 대한 욕망, 더불어 내 마음대로 살고 싶은 이기적 욕망이다. 이렇게 행복으로 착각한 행복감이 삶의 목적이 되는 순간 삶은 이미 실패한 것이다. 성적이 떨어지거나 사업에 실패하거나 그 인간이 나를 떠나간 순간이 아니라, 그런 것들이 의미로 설정되는 순간 의미가 이미 상실된 것이라는 말이다. 내가 아니라 몸이 내가 되어 내 삶을 지배하는 것이기 때문이다. 결국 생물학적으로 보면 생명을 파괴하는 것이 자살이지만 실존적으로는 행복감이 삶의 중심이 되는 순간 '나'는 자살한 것이다.

따라서 두 가지 자살이 있다. 우리가 일반적으로 알고 있는 가시적 자살, 그리고 그 자살을 자살로 만드는 원인으로서의 비가시적 자살. 사람들은 보이는 것만 보니 가시적 자살자들만 보고 안타까워하며 슬퍼한다. 하지만 그렇게 슬퍼하는 바로 당신이 이미 비가시적 측면에서는 자살한 것일 수 있다. 삶의 욕망이 양껏 충족되어 자살과는 무관한 사람처럼 행세해도 죽은 것은 죽은 것이다. 물 밖으로 나온 생선이 수족관에서 자랑스럽게 헤엄쳐봤자 이미 생명은 떠났다. 조금 큰 수족관에 있는 놈이 작은 대야에 옮겨져 바둥거리는 놈을 보고 왜 거기 있냐고 말하면 뭐하겠는가! 겨우 성적 때문에 자살 하냐고 따지면서 난 적어도 큰 사업 때문에, 또는 총선 때문에, 또는 가문의 명예로 고민한다고 말해봐야 본질적으로는 모두 물 나온 물고기들이다. 자신은 살아 있는 듯 자랑스럽게 돌아다니지만 영적으로 보면 살아 있지 않다. 그런 이유로 자살 현상 자체에 대한 가치론적 평가는 특별한 의미가 없다. 자살자들은 예외가 아니라 무지개를 좇는 소년들 모두를 대표한다. 가시적으로는 자살하지 않아도 비가시적으로는 모두 자살한 존재들이기 때문이다. 그렇다면 차이는 무엇일까? 왜 어떤 이들은 더 나아가 가시적으로도 자살하고, 나머지는 그러지 않을까?

자살하는 사람들은 행복감의 욕망들 중 어느 것 하나에 '필이 꽂힌' 경우다. 행복감을 행복으로 여기는데 단 하나만을 생각한다. 스스로 선택한 것일 수도 있고, 환경에 의해 내몰린 사람도 있다. 북한의 꽃제비들에게 생존 이외에 다른 목적이 있을 리 없다. 하지만 어떤 경우이건 그 행복감이 무너지면 완전히 불행한 것으로 생각할 수밖에 없다. 행복감 전체가 사라진 것으로 착각하기 때문이다. 차라리 영적인 존재가 아니라면 좋겠지만 영적인 존재이기에 어떤 방식으로든 행복 비슷한 것이 없이 인간은 살 수 없다. 그래서 당연히 논리적으로 자살하게 된다. 인간은 이렇게 자신의 욕망이 충족되지 않은 삶은 견딜 수 없을 정도로 이기적이다. 그 욕망의 삶에 집착하고 이기적 행복감의 삶을 너무 사랑해서 의미 아닌 것을 의미로 보게 되고, 그 허구의 의미가 충족되지 않을 때 자기 파괴의 길로 들어서게 된다. 반면 동일하게 죽어 있어도 다양한 행복감을 좇는 이들은 자살하지 않는다. 하나가 없어도 다른 것이 있기 때문이다. 사랑하는 이가 떠나가도 맛있는 것만 주면 헤헤거리는 사람이 있다. 어떤 사람은 술로 달래고, 어떤 사람은 마구 먹어대며, 또 어떤 사람은 그냥 걷는다. 그래서 대체할 것이 있는 사람은 자살할 가능성이 희박하다. 하지만 이미 말했듯 자살하거나 안 하거나 본질적 차이는 없다. 아니, 한 놈은 일찍 죽고 다른 놈은 오래 사니 사는 길이로만 놓고 보면 차이가 있기는 하다.

왜 모방 자살이 있겠는가! 행복감의 사람들은 내면 깊숙한 곳에 "이것은 아닌데!"라는 무의식의 탄식이 있다. 평소에는 바빠서 잘 모르지만 누군가 자살한 소식을 접하거나 장례식장에 가면 그 내면의 무의식이 표면으로 올라온다. 그러면 쓸쓸해지고, 왠지 인생이 그냥 그렇고 그렇다. 일단 그렇게 어두운 쪽으로 방향을 틀면 그런 생각을 조장하는 분위기를 좋아하게 된다. 우울한 음악, 쓸쓸한 거리, 홀로 마시는 바 등등. 그러면 생각이 더 어두워지고, 어두워지면 또 어두운 분위기를 찾고, 그러다 우울해지고, 더 심해지면 "욱!" 하고 가는 것이다.

『날개』의 '나'와 '박제 광대'는 그렇게 죽어 있는, 하지만 살아서 움직이는 시체들을 봤다. 행복감을 따라가는 무의미한 삶을 봤다. 의미로 착각하고 있지만 무의미로 가득한 삶! 그런데 나쁜 짓하는 애들이 꼭 담배 같이 피우자고 하듯 그들은 무의미한 삶을 강요했다. 그래서 저항한다. 무의미를 알리기 위해 의미처럼 생각하는 그들의 입장에서 무의미한 삶을 선택한다. 무의미에 대한, 무의미를 통한 의미로의 저항이다. 행복감의 박제로 만들어진 세상, 벌레들로 우글거리는 설국열차, 그 죽음에 취한 사람들의 세상에서 죽음의 악취를 맡으면 살아 있는 사람들은 본능적으로 벗어나려 한다. 생명이 밖에 있는 것을 보기 때문이다. 하지만 설국열차의 두 사람은 열차를 벗어나지 못한다. 그들은 죽는다. 아니, 자살한다. 하지만 그 자살은 진정한 의미의 자발적 죽음이다. 행복감에 중독되어 자살로 내몰리는 것이 아니라, 그 행복감의 매트릭스를 벗어나기 위해 스스로 죽음을 선택하는 것이다. 그래서 자살은 희생이 된다. 그리고 그 희생은 자신들이 열차를 벗어날 유일한 길이 된다. 그들이 살린 둘을 통해 삶은 계속되기 때문이다. 그런 의미에서 그들의 죽음은 상징적이다. 죽음에 취한 사람들은 반드시 그 죽음에서 죽어야 한다. 이미 자살한 시신의 몸뚱이를 벗어나야 한다. 하지만 그것이 생물학적 의미를 말함이 아니다. 설국열차를 벗어나는 것은 공간적으로 벗어나는 것이 아니다. 설국열차의 진정한 '밖'은 열차 '안'에 있다. 정확히 내 안에 있다. 세상에 살지만 세상에 속하지 않는 것이다. 그래서 실존적 자살이고, 생산적 자살이다. 몸의 파괴가 아니라 몸 중심적 자아와 행복감이라는 욕망의 패러다임을 끊는 것이기 때문이다.

카스파르 프리드리히(Caspar David Friedrich), **〈해변의 수도승〉**(1809)

폭풍우를 부르는 물안개의 하늘,
검은 바다, 그리고 절벽.
죽음 앞의 아담은 외롭다.
한계를 알았더라면,
빛의 흔적을 봤더라면.
하지만
생명이 없는 인류는 살아본 적이 없으니
죽을 수 없다.
죽을 수 없으니 다시 살 수도 없다.

그날 그 길을 선택하지 않았다면,
아니
그 길을 보지 않았다면.

11

역사의 죽음

« I »

에덴의 진리 – 선택

당신은 역사가 발전했다고 생각하는가? 문명은 거침없는 행보를 이어왔고, 자연의 모든 장애물을 제거했다. 문명은 발달했다. 하지만 발달은 발전이 아니다. 그럼에도 일부 지성인들은 역사의 변증법적 발전을 믿는다. 실제 현상만 보면 노예해방, 노동자와 여성의 참정권 부여, 계급 철폐, 개인의 행복추구권 보장 등 좋아진 것도 같다. 민주주의와 자본주의는 함께 승승장구하고 있고, 세상은 이제 포퍼(K. R. Popper)가 말했듯 공존의식에 기초한 합의를 통해 점진적이지만 분명히 발전해나갈 것처럼 보인다. 지금 인류는 바벨탑의 마지막 돌들을 올리고 있고, 태양을 향해 날던 이카로스는 방향을 돌려 끝없이 펼쳐진 우주를 향하고 있다. 생명의 신비를 깨달아 삶과 죽음의 비밀을 파헤치고, 자유·평등·정의라는 이상을 현실화하고 있다. 인간 존엄의 숭고한 가치가 신화화된 지금, 바다의 모래알처럼 하늘의 별처럼 지구를 뒤덮은 인류는 절대 권력의 전능자가 되기 위해 박차를 가하고 있다. 새로운 세계, 새로운 생명, 그리고 새로운 삶을 창조하고 있다.

하지만 역사는 발전하지 않았다. 현상 너머 실재를 보면 오히려 퇴보했다. 몇 가지 질문만 던져보면 안다. 인류는 과거에 비해 더 행복해졌는가? 힐링 산업이 번창하는 것을 보면 그렇지 않은 것 같다. 더 많은 사람들이 풍요로워졌는가? 양극화와 고실업은 그렇지 않다고 말한다. 혹시 인류는 더 도덕적이 되었는가? 과거에는 상상하지도 못한 반인륜적 범죄들이 증가하고 있다. 재산을 노린 패륜 범죄나 '묻지마 범죄' 등 인륜과 반인륜의 경계는 이미 허물어졌다. 그렇다면 세상은 더 정의로워졌는가? 정말 평등이 실현되고 있는가? 개인의 자유가 진정 자유로 향유되고 있는가? 대답은 모두 '아니요!'다. 인간은 이제 정의도 모르는 것 같고, 보이지 않는 불평등은 심화되며, 자유가 아닌 맹목적 방종이 넘쳐나고 있다. 그리고 이미 확인한 것처럼 세상은 살아 있지만 죽어 있다.

행복감을 따르니 행복이 죽어 있고, 욕망만을 따르니 영혼은 물론 몸도 죽었으며, 죽은 몸에 잉여 쾌락은 넘치지만 향유가 없다. 이기적인 몸적 자아에게는 소유와 소유되어짐뿐, 타자와의 관계도 없다. 자본주의와 허구적 민주주의는 인격의 죽음을 선도하고 있고, 그렇게 죽어버린 이기적 자아들이 만들어내는 이상 세계는 이데올로기로 포장했을 뿐 디스토피아에 불과하다. 인류는 지금 자멸의 길을 가고 있다. 그 세계가 바로 설국열차다. 그리고 그 설국열차를 거대한 풍차가 움직이고 있다.

누구나 다 알고 있지만, 아무도 모르고 있다. 누구나 살고 싶어 하지만, 모두가 죽음 안에 있다. 다 벌레로 변신하니 아무도 벌레로 보이지 않는다. 설국열차의 끝 칸 사람들이 받아먹은 바퀴벌레 블록은 사실 세상 모든 벌레들의 음식이다. 죽음에 취한 사람들은 죽은 고기만 먹는다. 초점 없는 시선으로 악취 나는 도살장의 희미한 입구를 응시하며 해체될 시간만 기다리고 있다. 역사는 죽어가고 있다. 영원회귀나 윤회로 자위하려 해도, 오늘 핀 이 꽃은 내일 필 저 꽃처럼 피겠지만, 꽃은 사라지고 있다. 동일한 물속에 두 번 들어갈 수 없어도 우리에게는 언제나 오늘이 있었다. 하지만 오늘도 사라지게 될 것이다.

인류는 지금 아포리아(aporia)에 빠져 있다. 조금씩, 하지만 확실하게 옷을 적시는 가랑비처럼 극단적인 외로움만이 '나'를 물들여가고 있다. 여름 태풍이 밀려오는 들판에 홀로 핀 들꽃처럼 가녀린 몸 하나를 지탱하기 어려워, 하지만 그렇게 존재할 수밖에 없기에 염려와 걱정, 불안과 초조, 고통과 아픔을 잊으려 잠깐씩 찾아오는 위로를 마약처럼 즐기고 살아간다. 단수로 메말라버려 한 방울 한 방울 떨어지는 수도꼭지에 입을 대고 빨고 있는 처량한 고아와 같다.

하지만 죽음은 필연성이 아니었다. 그것은 만들어진 것이고, 선택된 것이다. 오늘처럼 내일도 선택은 내려질 것이다. 되돌아갈 수는 없다. 인류는 너무나 멀리 왔다. 생명과 죽음은 영원처럼 멀리 떨어져 있다. 그런데 설국열차는 언제, 그리고 어떻게 죽음의 열차가 된 것일까?

선택

양궁 선수에게 가장 중요한 것은 당연히 과녁 정중앙에 화살을 맞히는 일이다. 한 양궁 선수가 오랜 시간 인고의 훈련을 통해 마침내 신궁의 경지에 도달하게 되었다. 어떤 조건에서도 원하는 목표물을 맞힐 수 있게 된 그는 득의양양해서 올림픽에 출전했다. 그리고 예선전에서 정말로 모든 화살들을 단 하나의 오차도 없이 전부 과녁 한가운데에 명중시켰다. 올림픽 역사상 처음 있는 일이었다. 그런데 이상하게도 그는 예선에서 탈락했다. 도대체 어떻게 된 일일까?

다른 과녁을 쏘았다.

벗어난 과녁(hamartia)! 어머니와 결혼한 오이디푸스처럼 보지 말아야 할 것을 보고, 가지 말아야 할 곳으로 마음이 향했다. 판단의 오류가 낳은 비극적 결함이다. 물론 이런 일이 실제로 일어날 리는 없다. 올림픽에는 과녁판을 알려주는 집행부가 있기 때문이다. 하지만 인생의 양궁 선수인 우리에게는 집행부가 없다.

당신이 바라보는 것이 당신을 결정한다. 베드로는 어느 날 물 위를 걸어오는 예수를 본다. 중력이라는 자연법칙을 초월한 기적적인 현상 앞에서 베드로는 솔직한 욕망을 드러낸다. "저도 물 위를 걷고 싶습니다!" 성인(聖人)이라면 뭐라고 대답했을까? 아마 도(道)를 설법했을 것이다. "그렇게 간단한 문제가 아니야! 일단 앉았다 일어섰다 100회 실시! 하체가 튼튼해야 하거든. 그런 다음에는 마음을 비워야해! 집착과 번뇌를 다 내려놓고 무념무상의 경지로! 알지? 자, 이제 조심스럽게 한 발을 내딛고! 그 다음에 그 발이 빠지기 전에 다음 발, 또 다음 발. 그렇게 빨리빨리. 알았나!"

하지만 예수의 말은 단순했다. "오라!" 신기하게도 베드로는 물 위를 걸었다. 하지만 조금 뒤 파도를 보고는 다시 물속에 빠져 들어간다. 성서는 예수가 신이라고 말한다. 따라서 베드로가 예수를 볼 때는 예수의 신성이 베드로를 점유하여 본질이 변한다. 당연히 물 위를 걷는다. 그러나 파도는 피조물이므로 파도를 보는 순간 그의 본질은 다시 인성으로 복귀하여 물에 빠진다. 당신이 바라보는 것이 당신을 결정한다.

석가는 수행을 선택했다. 그는 인생이 '고(苦)'임을 깨달아 '대각(大覺)'을 이루어 생로병사(生老病死)의 본원(本源)을 단멸(斷滅)할 수 있는 확신을 얻었다. 그래서 가장 지혜로운 자로 자부했지만 음식이 상한 것은 몰랐고, 80세에 식중독으로 죽었다. 소크라테스는 아포리아의 길을 선택했다. 그는 내면에서 들리는 영의 음성, 다이몬(daimon)의 소리를 들었고, 어리석은 이들을 미궁으로 인도했다. 하지만 그는 출구를 몰랐다. 그래서 출구가 없음을 깨닫는 것만이 출구라는 변명을 하고는 독배를 마셨다. 공자는 인(仁)을 선택했다. 그는 관계를 향한 그리움을 깨달았다. 하지만 그는 예(禮) 너머의 만남은 알지 못했다. 그래서 형식이 될 제사만 드리다가 외롭게 죽었다. 노자와 장자는 자연 안의 도(道)를 선택했다. 그런데 그들은 도만 알았지 도의 끝은 몰랐다. 결국 도란 말할 수 있는 것이 아니라 '말했고', 설명할 수 없는 것이라 '설명했다.' 하지만 설명할 수 없는 것은 모르는 것이다. 그리고 말할 수 없는 것에 대해서는 침묵하는 편이 낫다. 솔로몬은 지혜를 선택했다. 그래서 그는 자신이 역사상 가장 지혜로운 왕이라고 믿었다. 그리고 바로 그 교만으로 천 명이나 되는 후궁의 꽁무니를 쫓아다니다 후회스러운 말년을 보냈다. 나폴레옹은 절대 가능성을 선택했다. 그래서 알프스를 넘었다. 사람들은 그가 가능성과 불가능성이란 단어를 서로 혼돈하고 있다고 추측했다. 그래서 국어 공부 좀 하라고 불가능의 공간인 세인트헬레나로 보냈다. 하지만 정신을 못 차리고 뛰쳐나왔다가 결국 불가능한 존재로 죽었다. 데카르트는 절대적 확실성을 선택했다. 그는 모든 것의 불확실성을 인정하며 사유 주체의 확실성만 믿었다. 결국 그는 몸 없는 귀신으로 떠돌다가 죽었다. 다윈은 갈라파고스에서 본 것을 본 대로 믿어 진화론이라 명명했다. 하지만 과학 수업을 빼먹어 가설과 진리를 착각했고, 열역학 제1·2법칙도 몰랐다. 그 결과 멀쩡한 인간을 원숭이로 둔갑시키고는 과학이라 말했다. 하지만 원숭이는 바나나만 좋아했다. 한 번 원숭이, 영원 원숭이였다. 결국 그는 자신의 장난질을 후회하며 죽었다.

인간은 신기한 동물이다. 언제나 내가 알 수 있고, 내가 할 수 있고, 내가 살아갈 수 있다고, 그러니 내가 진리라고 생각한다. 사실은 일초 뒤의 일도 모른다. 세상도, 우주도, 영혼도, 사랑도, 죽음도, 그리고 행복도 모른다. 그러면서도 늘 자기 마음대로 살겠다고 한다.

에덴 신화

최초의 선택이 이루어진 곳은 에덴이다. 기본적으로 신화는 상상력의 산물이다. 삶에 대한 지혜나 교훈 정도를 줄 뿐이다. 『야생의 사고』의 레비스트로스(C. Levi-Strauss)나 뮐러(H. Mueller)는 신화를 문학적 상상력의 근원일 뿐 아니라 폭력적이고 위선적인 서구나 사회주의의 대항체로 이해했다. 바르트에게 신화는 이른바 포스트모더니즘에 수평적으로 은밀히 퍼진 이데올로기였다. 물론 『천의 얼굴을 가진 영웅』의 캠벨(J. Campbell)은 인간의 내면을 향한 여정으로, 『인간과 상징』의 융(K. G. Jung)은 집단 무의식의 원형적 표현으로 신화를 말하며 경험 너머의 세계로 인도한다. 그러나 에덴 신화는 적어도 두 가지 측면에서 다른 신화들과 구분된다. 첫째로 왜 모든 인간은 근본적으로 행복하지 않은지, 왜 행복감반을 쫓다 허무하게 삶을 마감하는지에 대해 말하고 있다. 둘째로 고내에서 현대를 거쳐 다음 제4물결의 시기까지 인류 역사를 예언하고 있다. 그리고 역사는 정확히 동일하게 흐르고 있다.

> 신은 자신의 형상에 따라 사람인 아담과 하와를 창조한다. 그리고 낙원인 에덴동산을 선물한다. 아담은 왕권과 함께 세상을 보살피고 돌볼 임무를 부여받는다. 하지만 한 가지, 동산 중앙의 선악과는 먹지 말아야 했다. 신은 그것을 먹으면 반드시 죽을 것이라고 경

고한다. 그런데 뱀이 하와에게 접근하여 미혹한다. '너희는 결코 죽지 않아. 그것을 먹으면 너희 눈이 밝아져 하나님과 같이 되어 선악을 알 줄 하나님이 아시는 거야.' 여자가 나무를 보니 1) 먹음직하고, 2) 보암직하고, 3) 지혜롭게 할 만큼 탐스러웠다. 결국 열매를 따 먹고 남편에게도 주어 그도 먹었다. 이때 그들의 눈이 밝아져 벗은 줄을 알고 무화과나무 잎을 엮어 치마로 삼는다. 그러고는 신이 두려워 동산 나무 사이에 숨는다. 얼마 후 신이 부른다. "아담아! 네가 어디 있느냐!" 뱀과 하와, 그리고 아담은 서로 변명하지만 각각 자신들의 행위에 상응하는 결과를 얻는다. 특히 뱀에게는 "여자의 후손은 네 머리를 상하게 할 것이요, 너는 그 발꿈치를 상하게 할 것이니라"라는 예언이 떨어진다. 신은 아담과 하와에게 가죽옷을 지어 입힌 후 에덴동산에서 내보낸다. 이제 인류의 역사가 시작된다.

에덴 신화의 흥미로운 점은 우선 선악과의 개념에 있다. 우리는 행복지수의 본질이 행복감임을 안다. 동시에 행복의 짝퉁인 행복감이

행복지수 (행복의 짝퉁/행복감)

종류	1. 육체의 욕망	2. 자극의 욕망	3. 비교의 욕망
목적	생존	쾌락	성공
모습	안정된 의식주 장수와 건강	뭐든지 즐기고 원 없이 소유하고	무시당하지 않고 폼 나는 삶
수단	권력에의 의지 (부, 명예, 권력)		
본질	이기심		

인간 욕망의 지향점인 것도 알고 있다. 욕망은 정확히 생존, 쾌락, 그리고 비교의 세 가지로 분류된다. 인류는 이 행복감의 욕망에서 벗어난 적이 한 번도 없었다. 그런데 신기하게도 행복감의 욕망과 선악과가 정확히 일치한다. 일단 앞에서 우리가 확인한 행복지수의 욕망을 보자.

설국열차든 천일야화든, 아니면 동양의 오복이든 니체가 권력에의 의지라고 공식 천명한 인간 본능은 제시된 세 가지 욕망을 마음껏 누리는 데 있다. 이제 선악과와 비교해보자.

인류의 행복	행복지수 / 행복감	육체의 욕망	자극의 욕망	비교의 욕망
선악과	구약 / 하와의 마음	먹음직하고	보암직하고	지혜롭게 할 만큼 탐스러운
	신약 / 요한1서 2:16	육체의 정욕	안목의 정욕	이생의 자랑

선악과는 행복감의 세 가지 욕망과 정확히 일치한다. 성서는 확인이라도 하듯 신약에서 다시 한 번 강조한다. 무슨 말인가? 에덴 신화는 인간이면 누구나 예외 없이 선악과인 행복감과 그 기준인 행복지수를 삶의 행복으로 여기고 살아가게 될 것이라고 말하고 있다. 그런데 실제 선악과 사건은 일회적이지 않고 인류 역사를 거치며 모든 개인에게 동일하게 반복되어왔다. 개별적인 삶을 봐도, 원칙적으로 '육체의 욕망→자극의 욕망→비교의 욕망' 순으로 중심 이동이 이루어진다. 삶은 예외 없이 선악과의 욕망으로 구성되어 있다. 따라서 아담과 하와는 모든 인간 하나하나를 대변한다. 인간은 누구나 아담이고 누구나 하와다.

기원전 고대인들이나, 중세 봉건사회의 귀족들이나, 현대의 IT 업계에 종사하는 사람들이나 문명의 발달에 따라 대상만 복잡하고 다양해졌을 뿐 본질은 변한 것이 없다. 시대를 불문하고 사람들은 먹고살기 위해 평생 허리를 굽히고, 누군가 그 시대까지 만들어놓은 놀 거리에 몰두하고, 서로 네가 잘났네 내가 잘났네 폼 잡다가 결국은 죽어 흙으로 돌아간다. '너는 흙이니 흙으로 돌아가리라'는 신의 말대로 정확히 돌아간다. 한때는 마차 타고, 한때는 열차 타고, 또 한때는 KTX를 타고, 앞으로는 초음속 제트기를 타겠지만, 또한 음식·옷·장난감·집은 변하겠지만 본질은 결코 변하지 않는다. 인간은 언제나 선악과만을 위해 살아왔고 앞으로도 그럴 것이다. 아담의 유전자는 모든 인류에게 내재되어 있다. 자신의 삶을 스스로 선택하지만 선택은 다르지 않다. 그러므로 '원죄'라는 개념은 수정되어야 한다. 아담이 선악과를 먹었기 때문에 모든 인류가 죄인이 되는 것이 아니라, 인간은 각자 스스로 선악과를 선택한다. 아담은 인류를 대신하는 것이 아니라 대표할 뿐이다.

신은 경고했다. "선악과를 먹으면 반드시 죽으리라!" 하지만 현상만 보면 아담은 오히려 뱀의 말처럼 죽지 않고 선악을 분별하게 된 것처럼 보인다. 그렇다면 신이 거짓말한 것일까? 성서에 따르면 뱀은 거짓의 영, 짝퉁의 영이다. 뱀의 말은 진실과 거의 유사했다. 하지만 그는 전체를 말하지 않았다. "선악과를 먹어도 죽지 않아!"라는 말 뒤에 부사어 하나를 생략했다. "당장은!" 아담과 하와는 선악과를 먹는 순간 죽기 시작했다. 노화가 시작되었다. 죽음의 진행이 느리면 살아 있는 듯 오해하지만, 죽기 시작한 순간 이미 죽은 것이다. 그렇다면 선악과를 먹기 전의 아담은?

흥미로운 점은 에덴동산에 생명나무도 있었다는 사실이다. 신은 동산 중앙에 선악과와 생명나무를 함께 두었다. 그런데 이상하게 생명나무를 먹지 말라는 명령은 하지 않는다. 아담도 생명나무를 욕망했다는 말이 없다. 그것은 선악과 이전 아담에게 죽음은 없었다는 것을 의미한다. 논리적으로도 분명하다. 에덴은 신의 기운이 충만한 곳이고, 신은 영생이다. 아담은 신과 영적으로 연결되어 있었고, 당연히 죽지 않는 존재일수밖에 없다. 생명의 에너지가 신으로부터 계속 공급되었을 것이기 때문이다. 그런데 아담은 선악과를 먹었다. 신의 명령과 이기심 사이에서 이기심을 선택했다. 자신을 신보다 우선시한 것이다. 스스로 살 수 있다고 신과의 연결을 끊은 것이다. 그러면 어떤 일이 벌어질까? 즉시 죽기 시작한다. 노화가 시작된다. 부여받은 생명의 에너지가 소멸되기까지는 시간이 걸릴 테니 천천히 진행된다. 사람이 밥을 먹으면 그만큼 유해산소가 나와 세포의 재생을 막는다. 인간은 먹는 만큼 죽어간다. 실제 늙어가는 것이 보이면 누가 밥을 먹겠는가! 안 보이니 먹는 것이다. 아담은 뱀에게 완전히 속았다.

또 뱀은 이렇게도 말했다. "선악과를 먹으면 하나님과 같이 되어서 선악을 분별할 수 있게 돼!" 실제 그런 것처럼 보였다. 하지만 이때에도 뱀은 전부 말하지 않았다. 뒤에 문장 하나를 생략했다. "하지만 정확히 분별한다는 보장은 없지!" 선악은 단순히 윤리적 의미를 함축하고 있는 것이 아니다. 그것은 삶에서 이루어지는 보는 가치판단을 뜻한다. 삶을 정말 행복하게, 지혜롭게, 아름답게, 그리고 바람직하게 살기 위한 능력이다. 그런데 그것이 선악과를 먹는 순간 흐릿해졌다. 왜? 이기적인 인간이 스스로 판단하기 시작했기 때문이다. 아기가 부모 말을 듣지 않고 모든 일을 자기가 판단해서 하면 어찌될까? 안 봐도 뻔하다. 성인이면 달라질까? 인간은 인간일 뿐이다. 모든 것을 아는 것처럼 행세한다고 실제 그렇게 되겠는가! 유한한 실체는 드러날 수밖에 없다.

선악과를 선택함으로써 인간은 신이 아닌 자신을 선택했다. 행복이 아닌 행복감을 선택했다. 자신의 정체성을 몸적 자아로 고착시켰고, 삶의 기본 원리로 이기심을 선택했다. 신은 그럴 경우 반드시 죽는다고 했다. 아버지의 경고는 사랑이다. 행위가 가져올 필연적 결과를 알려주는 것은 아버지의 도리이기도 하다.

아담과 하와는 죽지 않고 오래 살았다. 성서는 930년을 살았다고 기록한다. 생명의 에너지가 꽤 오래간 셈이다. 아쉽게도 에너지는 점점 줄어들었다. 아마도 아담은 죽음이 다가왔을 때 신의 말이 무슨 뜻인지 깨달았을 것이다. 선악과를 통해 들어온 죽음의 실체를 몸이 쇠해갈수록 느끼고 갔을 것이다. 그런데 아담이 모르고 간 것이 있다. 신이 말한 죽음은 단순히 생물학적 죽음만이 아니었다.

성서의 신은 사랑이다. 하나님은 하나인 '님'이다. 흙으로 인간을 창조해 신적 존재로 만들어주려는 것이 창조의 목적이라고 성서는 기술하고 있다. 따라서 아담이 받은 생명의 에너지는 바로 신의 사랑이다. 아담은 그 사랑과 결별했다. 자신의 존재의 뿌리와 결별했다. 따라서 아담은 모르고 있었지만 이제 그는 더 이상 선악과 이전의 자신으로 존재할 수 없게 되었다.

그 첫 번째 결과가 '나'의 죽음이다. 선악과를 먹었다는 것은 행복감을 선택했다는 뜻인데, 행복감의 주체는 몸이다. 따라서 영적 자아는 죽고 몸적 자아가 산다.

두 번째 결과는 행복의 죽음이다. 선악과를 행복으로 알면 무의미한 행복감만을 반복하며 살게 된다.

세 번째 결과는 몸의 죽음이다. 생물학적 죽음을 의미하는 것이 아니다. 몸의 죽음은 몸의 극단적 팽창, 우상화다. 머리를 잘린 닭은 맹목적으로 퍼덕인다. 마치 살아 있는 것처럼. 하지만 잘린 순간부터 그 몸은 이미 죽어 있다.

네 번째 결과는 향유의 죽음이다. 행복감의 향유는 주체가 향유하는 것이 아니라 대상에 의해 종속되어 향유되어지는 것이다. 아담은 선악과를 먹은 것이 아니라 선악과에 먹힌 것이다.

다섯 번째 결과는 관계의 죽음이다. 소유와 소유되어짐은 부버의 말처럼 '나와 너'가 아닌 '나와 그것'의 관계일 뿐이다. 아담과 하와의 관계도 선악과를 먹자 서로 변명하고 갈등하는 관계로 변질된다. 목 없는 닭들끼리 만나 서로 퍼덕이는 꼴이다.

여섯 번째 결과는 인격의 죽음이다. 신은 아담의 노동에 더 이상 향유가 없을 것을 지적하며 자본이 인격을 잠식할 것을 예언한다. 사실 행복감을 행복으로 여기면 그것을 가능하게 해주는 자본이 신적 존재로 여겨질 수밖에 없다. 인간의 가치도 결국 그 자본이 결정한다.

일곱 번째 결과는 이데올로기의 죽음이다. 본질적으로 이기적인 인류가 인간의 보편적 존엄성이나 평등, 자유, 정의를 진정으로 원할 리가 없다. 아담의 첫 자손인 카인이 동생 아벨을 질투심에 죽인 것은 인류의 미래에 평화가 없을 것을 보여주는 상징적 사건이다.

여덟 번째 결과는 존재의 죽음이다. 자신도 진정 사랑하지 못하고 타인과의 관계도 정립하지 못하는 인간이 자연과 동물을 있는 그대로 대해줄 리가 없다. 인간도 사물화한다면 무엇을 사물화하지 못하겠는가?

아홉 번째 결과는 의미의 죽음이다. 삶의 모든 부분에서 실패한 인간에게 의미가 어디 있을 것인가? 뿌리를 잃은 인간에게 어떤 것도 '대체 의미'가 될 수 없다. 고아에게 무엇이 의미가 될 것인가!

우리는 이 모든 죽음을 실제로 살펴봤고, 그것이 사실임을 확인했다. 죽어도 철저하게 죽어 있다. 삶이 있는 징후는 전혀 포착되지 않는다. 아이러니는 그렇게 죽어 있는 바로 그 순간 아담은 자기가 가장 살아 있다고 착각한다는 사실이다. 역사는 바로 그 착각의 길이다. 신을 떠나 스스로 자연을 개척하여 문명을 만들겠다고 호기 있게 나선 아담을 기다리는 것은 혼돈과 공허와 어두움으로 가득한, 그러면서 행복감으로 중독된 죽음의 세상이다. 이제 하나의 죽음만 더 남아 있다. 죽은 역사 자체다.

마지막 역사의 죽음은 필연적 결론이다. 모든 인류는 동일한 삶을 동일하게 산다. 동일하게 죽은 상태로, 자신도 모르고, 행복도 모르고, 관계도 모르며, 향유도 모르고, 의미도 잃은 채 인격을 상실한 존재로 살아온 인간이 행복감의 바벨탑만 열심히 쌓아올린 것이 바로 문명이다. 역사는 명확히 증명한다. 어느 문명이든 행복지수의 욕망이 쌓아올린 모든 것은 죽은 것이다. 이제 우리는 그 역사를 실제로 살펴볼 때가 되었다.

페르낭 크노프(Fernand Khnopff), **〈버려진 거리〉**(1904)

절망은 죽음에 이르는 병이 아니다.
그랬다면
희망도 있었을 것이다.
절망은 무지로 흐르는 병이다.
절망은 절망을 모르는 병이다.
절망해야 할 절망이
절망을 몰라 절망하지 않으니
절망적이다.
그래서 죽음도 없고,
죽음이 없으니
생명도 없다.

버려진 거리에는 절망도 사치다.

« 2 »

검은 진보 – 문명

> 아버지는 아들이 두 갈래길 앞에 서 있는 것을 봤다. 한 길은 문제가 없었지만 다른 길의 끝에는 낭떠러지가 있었다. 그래서 그는 위험한 길이 시작하는 곳에 '낭떠러지'라는 표지판을 붙여놓고 아들에게 경고했다. "그 길로 가면 너는 반드시 죽는다!"

"절벽으로 가지 마! 가면 죽어!"라는 아버지의 외침은 사랑이지 아빠 말 안 들으면 죽도록 패주겠다는 뜻이 아니다. 선악과를 동산 중앙에 세운 것은 유혹이 아니라 이디에서든시 쉽게 볼 수 있도록 경고판을 세워놓은 것과 같다. 아버지의 사랑은 진심이다. "지나친 흡연은 암을 유발할 수 있습니다"라고 보일 듯 말 듯 경고 문구를 적어놓은 담배회사와 같지 않다. 물론 동산 중앙의 의미는 좀 더 깊다. 그것은 아버지의 명령을 삶의 중심에 놓으라는 말이다. 부자유친(父子有親)의 친(親)이 되려면 아버지의 사랑에 아들의 순종이 화답하는 부위자강(父爲子綱)이 이루어져야 한다. 삼강오륜은 의무가 아니라 진정 사람다운, 행복한 삶의 필요충분조건이다.

동물의 왕국은 부모를 떠난 새끼들의 결국을 보여준다. 맹수는 혼자 뛸 수 있다고 까불다가 무리에서 벗어난 멍청한 놈들을 가차 없이 잡아먹는다. 선악과를 먹지 말라는 것은 그렇게 아버지의 곁을 떠나지 말라는 뜻이다. 그것은 장미에게 스스로 뿌리를 땅에서 뽑지 말라는 것이고, 물고기에게 물 밖으로 멋대로 뛰쳐나가지 말라는 경고다. 충전기와 분리된 스마트폰이나 본대에서 분리된 군인의 결과는 분명하다. 그러므로 아담에 대한 명령은 무엇보다 자궁의 아기에게 스스로 탯줄을 끊지 말라는 엄마의 마음이다. 낙태된 아기의 운명은 가혹한 것이다. 혹시 생명이 붙어 있어도 그는 이미 죽은 것이다. 더군다나 스스로 살아보겠다고 탯줄을 끊어버린 태아라면, 생명의 에너지를 스스로 끊은 존재에게 미래는 없다. 그런데 아담은 엄마의 자궁만을 떠난 것이 아니다. 그는 아예 엄마를 기억에서 지워버렸다. 그 망각의 역사가 바로 문명이다.

고대 - 자연 중심주의

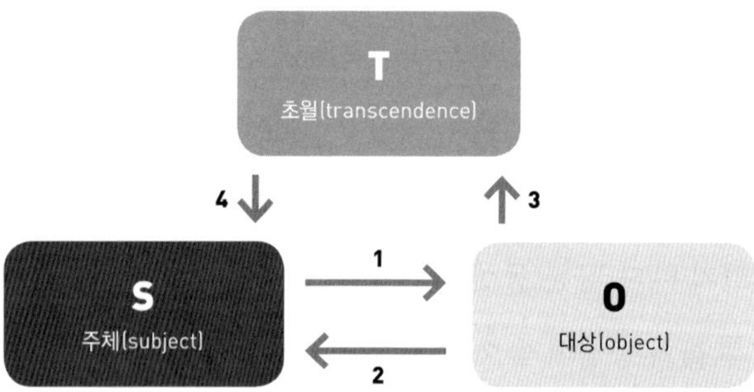

자연 중심주의

대략 6개월 이전의 갓 태어난 아이는 주변의 대상들을 따라 시선을 움직인다. 그는 애착을 필요로 한다. 외로움은 결핍을 낳고 주변의 모든 존재를 애착 대상으로 착각하게 된다. 로렌츠(K. Lorenz)는 다른 동물을 어미로 오인하고 따라가는 회색기러기 새끼의 모습에서 '각인'이라고 부르는 현상을 관찰했다. 아담도 마찬가지였다. 갓 창조된 아담은 신을 인지하지 못했고, 에덴을 떠난 아담은 신을 잊었다. 하지만 행동은 동일하다. 본능적으로 자신의 보호자를 찾지만 모른다. 그런데 눈앞에는 자연이 있다. 그래서 그는 자연에 의존한다.

자연중심적 삶은 모든 고대 문명의 일반적 특징이다. 고대인은 갓 태어난 아기와 같다. 아기는 자궁을 잊었다. 무의식은 그 에덴을 기억하지만 의식은 아니다. 주체(S)인 아기는 모든 것을 보이는 세상, 즉 자연(O)으로부터 다시 시작한다(1). 그 자연을 통해 나를 이해하고(2), 신적인 것을 이해하며(3), 그렇게 자연화된 신을 통해 다시 자신을 바라본다(4). 이는 토테미즘으로 이어질 수밖에 없다. 그로부터 자연 속의 영을 믿는 애니미즘, 그리고 그 신과 인간을 연결하는 샤머니즘이 발생한다. 원칙적으로 나를 제외한 모든 권위와 신비의 존재가 신이 될 수 있다. 태양·달·바다·나무 등의 자연, 곰·호랑이 등의 동물, 심지어 인간까지 신으로 경배된다.

실제로 기원전 3500년경에 시작된 인류 문명의 발상지 이집트와 메소포타미아에는 다양한 창조 신화가 존재한다. 이집트의 경우, 수천 년의 시간 속에 이루어진 최소 네 가지 이상의 창조 이야기들은 세부적으로 차이가 있지만 공통점이 있다. 모든 창조의 중심에는 태양(신)이 있으며, 나일강의 원천인 혼돈의 물 눈(Nun)에서 태어났다는 것이다. 일례로 고왕국 시대의 수도 멤피스의 신성한 아피스(Apis) 황소로 대표되는 프타(Ptah)는 창조신으로 태양신 아툼(Atum)과 모든 신들을 창조했다. 특히 유명한 신은 태양신 라(Ra)로서 라(Ra)는 세계의 통치자이자 최초의 신성한 파라오로 간주되었다.

메소포타미아의 수메르 신화에도 신들의 아버지인 하늘 신 안(An)과 대지의 여신 키(Ki)가 등장한다. 이들은 엔키를 비롯한 신들을 낳았는데 엔키(Enki)로부터 나온 신이 마르두크(Marduk)라는 소 모습의 바알 신이다. 바빌론이 수메르를 지배한 후에는 마르두크는 산 채로 할아버지인 안(An)의 가죽을 벗기고 머리를 베고 심장을 꺼내어 죽인 다음 바빌론 최고의 신으로 등극한다.

인도 신화에도 태양신이 등장한다. 수리아(Surya)는 세 개의 눈과 네 개의 팔을 가진 검붉은 색의 남자 태양신이다. 『리그 베다』에 나오는 주요 3신 중 하나인 불의 신 아그니(Agni)는 염소 머리로 묘사된다. 그리고 초기 베다의 성가에서 그리스 신화의 제우스와 같은 존재였던 인드라(Indra)는 하늘과 폭풍과 벼락의 신이었다. 나아가 중국 신화에서도 태초의 창조신인 반고(盤古)는 우주의 알에서 태어난 존재다. 중국 신화의 『산해경(山海經)』에는 신들만 200명이 넘게 등장한다. 주로 새 등의 동물 모습이거나 영웅들로 묘사된다.

그리스 신화 역시 수많은 자연신들이 등장한다. 동시에 에로스나 질투 등 인간의 내면에 존재하는 다양한 감정과 욕망을 투영한 신들로 구성되어 있다. 탈레스를 비롯한 고대 철학자들도 만물의 근원을 물이나 불 등의 자연물로 봤다. 사실 소크라테스도 실상은 자연주의자였다. 그가 외친 진리의 소리는 모두 자연의 영(daimon)이 가르쳐준 소리였다. 또한 제우스와 헤라부터 디오니소스에 이르기까지 신들은 하나같이 인간의 감정과 욕망에 상응하게 행동한다.

결론적으로 기원전(BC)과 기원후(AD)의 전환점이 된 예수의 탄생 이전 인류는 에덴을 떠나 스스로 보고 경험할 수 있는 것, 즉 자연(적인 것)을 중심으로 모든 것을 이해했고, 그에 따라 제사를 지내고 삶을 설계했으며, 그러한 생활양식을 통해 자연신으로부터 선악과, 즉 행복을 기원했다. 하지만 고대가 자연 중심적이란 말이 자연 중심주의라는 말은 아니다. 선악과를 먹은 인간은 모든 아기와 마찬가지로 언제나 이기적이다. 자기 이외의 누군가에게 완전히 의존하지도 복종하지도 않는다. 그는 자신만을 위해 산다. 다만 지금 그는 자궁을 떠났고, 홀로 살아갈 수 없다. 따라서 자신의 생존을 위한 도구로 신적 존재가 필요한 것이다. 그래서 고대는 자연 상태이고, 모든 종교는 기복적이다.

하지만 유일하게 히브리 문화는 예외였다. 그들은 보이지 않고 이름도 없는 유일신을 믿었다. 어떻게 자궁을 떠난 아기가 보지도 못한 아버지를 알고, 알지도 못하는 이름을 부를 수 있었을까? 신이 찾아왔기 때문이다. 에덴을 떠난 인류, 구체적으로 그 안에 있는 아들들을 다시 아버지 집으로 데려가기 위해 온 것이다. 성서는 창조 목적 자체가 먼지인 존재를 신의 아들로 만드는 것이라 했다. 따라서 아들이 되는 것이 맞다면, 아담은 돌아가야 한다. 바로 그 약속을 신이 했고, 그 약속을 이루는 역사가 인류의 역사라고 말한다. 실제로 히브리인이 받은 말을 보면, 신은 먼저 아브라함이라는 개인에게 나타나 인류를 다시 새 에덴으로 부르겠다는 언약을 한다. 그 다음은 노아의 가족에게 하고, 마지막으로 이스라엘이라는 민족에게 자신의 뜻을 알린다. 에덴을 떠난 것도 사랑인 신이 자신의 아들들을 만들기 위한 창조 과정의 일부임을 밝히고, 창조를 완성하기 위해 자신이 직접 사랑으로 올 것을 예언한다. 자신을 알아보고 자신을 다시 아버지로 받아들이면 누구든지 집으로 돌아올 것이라고 약속한다. 그리고 그 말대로 사랑이 인간이 되어 역사 안으로 들어온다. 바로 그 존재가 2000년 전에 십자가에 매달린 예수다.

중세 - 신 중심주의

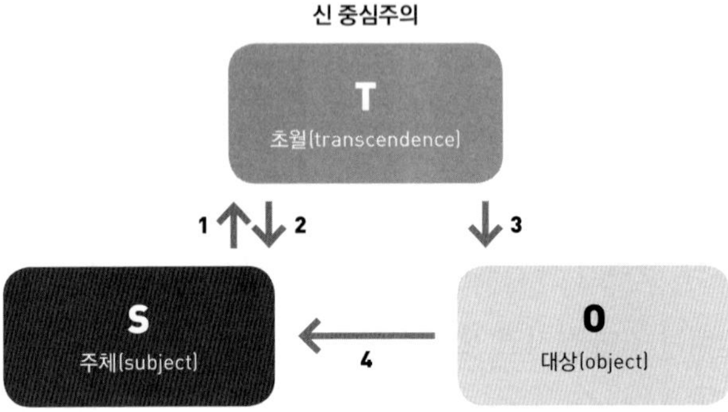

6개월이 넘어가면 아기는 엄마와 아빠를 각인하고 분명히 인지하게 된다. 자신의 구체적인 존재의 근원을 만난다. 마찬가지로 자연을 둘러보며 신으로 착각하고 있던 아담에게 창조주 신이 자신을 드러낸다. 신은 아담에게 왕권을 부여한다. 생명에게 이름을 부여할 권리를 주고, 자연을 다스리고 보호할 책임을 부여한다. 다만 아담이 신은 아니라는 사실을 인지시킨다. 그것이 선악과다. 이 시기에 아담은 신의 명령을 따른다. 따라서 신이 아담에게 자신을 드러내고 아담이 선악과를 먹기 전까지의 시기가 중세에 해당한다.

동일한 구조로 인류 역시 아버지를 본다. 예수의 삶 전체에서 드러난 사랑을 통해 사랑인 아버지를 본다. 그래서 그 사랑을 아버지로 인정한다. 그것이 로마가 313년에 기독교를 국교로 채택한 밀라노칙령이다.

이제 인류는 주체로서(S) 먼저 하나의 신(G)를 향한다(1). 신으로부터 나를 이해하고(2), 신의 창조물로 자연(O)을 파악한다(3). 자연은 이제 신의 뜻이 숨 쉬는 신의 창조물, 신의 기운이 충만한 곳이다. 따라서 신비하다(4). 그것이 중세인의 생각이었다. 예수의 탄생과 초기 기독교의 순교사, 그리고 로마의 국교가 된 기독교는 12~13세기, 특히 아퀴나스(T. Aquinas)에 이르기까지 신 중심적 패러다임에 의해 움직인다.

물론 이 시기도 신 중심적이기는 하나 엄밀한 의미의 신 중심주의는 아니다. 에덴을 떠난 인간은 신이 찾아와도 돌아가지 않는다. 인간은 여전히 이기적이다. 예수의 십자가도 사랑으로 이해되지 않고, 인간 욕망을 이뤄줄 고대 자연신들의 대체물로만 여겨진다. 그래서 중세는 오히려 더 어둠으로 빠져든다. 가톨릭은 예수를 빙자해서 종교로서의 권력과 탐욕만을 추구했고, 사람들은 예수도 기복적으로 이해했다. 중세도 자연 상태였다. 권력자가 교황이냐 왕이냐 아니면 귀족이냐의 차이만 있었다. 인류를 찾아온 신, 십자가의 진리를 그대로 받아들이는 사람은 소수였다. 더욱이 시간이 지날수록 인류는 스스로에 대한 자신감을 가지게 된다. 자연도 신도 없이 혼자서 생존과 쾌락, 그리고 권력이라는 행복감을 얻을 수 있으리라는 확신을 가지게 된다. 아담은 십자가로 찾아온 사랑을 통해 아버지로 돌아가기는커녕 자신의 무의식에서조차 그 아버지를 완전히 지워버릴 준비를 한다.

에덴은 그 예언을 하고 있다. 시간이 지날수록 아담은 사춘기로 다가간다. 그는 자신의 내면에 존재하는 이성의 가치를 인식하게 된다. 수동적으로 신에게만 의존하는 것이 아니라, 점차 스스로 무엇을 인식하고 또 할 수 있을지 생각하기 시작한다. 존재하지만 가시적으로 보이지 않는 신의 존재를 그는 동산에 충만한 신의 기운을 통해 느낄 수 있었다. 하지만 바로 그렇기 때문에 그는 이성을 통해서도 신을 생각하고 그 존재를 현존으로 인식할 수 있다고 믿었다. 이처럼 인류로서의 아담이 사유 능력, 즉 자율적 이성의 가치를 처음 인식한 시기는 아리스토텔레스가 서구에 새롭게 유입된 12~13세기경에 해당한다. 그리고 그것이 본격적으로 시작된 것은 바로 14~16세기의 르네상스 때다.

화가 바사리(G. Vasari)는 미켈란젤로(Michelangelo)에 이르러 완성된 고전 고대 미술의 부활을 '레나시타(renascita)'라 불렀다. 이 말은 르네상스의 어원이 되었으며, 그 뜻은 '재탄생'이다. 문예부흥으로 알려진 르네상스 운동은 문화와 예술 전반에 있어 고대 그리스와 로마 문명의 재인식과 재수용을 의미한다. 그리고 그것은 곧 인간에 대한 새로운 발견과 동시에 중세의 신 중심주의에 대한 비판을 의미론적으로 함축하고 있다. 보카치오(G. Boccaccio)는 『데카메론』에서 당시의 종교적·사회적 성 윤리를 풍자적으로 비판하며 인간의 자연스러운 욕망을 표현했다. 미술에서는 보티첼리(S. Botticelli)의 〈비너스의 탄생〉이 종교적 이유로 유방과 치부를 가리고는 있지만 아름다운 전라의 여성을 묘사하고 있다. 미켈란젤로 역시 시스티나 성당에 그린 〈최후의 심판〉에서 모든 등장인물을, 심지어 성모 마리아까지 나체로 그렸다. 물론 이 그림은 훗날 바울 4세에 의해 모두 옷을 입히는 덧칠을 당했다. 우연인지는 알 수 없으나 매독이 창궐하자 성병을 막기 위해 콘돔이 만들어진 것도 르네상스 시대였다. 정치에 있어서 마키아벨리(N. Machiavelli)는 『군주론』에서 중세 스콜라적 사상에 대립되는 정치사상을 제시했다. 그에 따르면 종교는 정치의 기초가 아니라 정치를 위한 유용한 도구에 불과하다. 또한 에라스무스(D. Erasmus)는 『우신 예찬』을 통해 교회와 성직자의 타락과 어리석음을 강하게 비판했다.

아담은 나아가 '나침반'을 통해 자신이 원하는 곳은 어디든 갈 수 있으리라는 믿음을 지니게 되었고, 실제로 콜럼버스는 대서양 건너의 신세계를 발견했다. 새로운 대륙의 발견은 지동설의 등장과 함께 신 중심주의적 세계관에 적잖은 혼란을 불러일으켰다. 신이 창조한 우주의 중심인 지구가 겨우 태양을 도는 행성이라면 그 지구를 창조한 신의 위상은 상대화될 수밖에 없다.

과학기술의 발전은 인간 스스로에 대한 믿음을 한껏 고양시켰다. 케플러(J. Kepler)의 유성 운행 법칙 발견은 상징적으로 우주, 특히 대우주에 대한 인식 가능성을 높여주었다. 더욱이 17세기의 일이지만 하비(W. Harvey)는 혈액 순환 법칙을 발견함으로써 인간 생명의 핵심이 심장임을 밝혔다. 유성 운행 법칙이 대우주에 대한 것이었다면 혈액 순환 법칙은 소우주에 관한 것이다. 결국 인간은 신의 도움이 없이 우주 전체의 비밀을 풀 수 있다는 믿음을 가지게 된다.

하지만 무엇보다 간과할 수 없는 사건은 루터(M. Luther)의 종교개혁이다. "오직 믿음으로, 오직 성서로(Sola fide, Sola scriptura)"를 외치며 종교개혁을 시작한 루터의 신앙 운동이 실제 개혁과 함께 그의 의도와는 정반대의 흐름을 유발했기 때문이다. 종교개혁 자체는 가톨릭의 부패를 드러내고 신앙의 본질로의 회귀를 주장했다는 점에서 의미 있는 일이었다. 하지만 문제는 엉뚱한 데 있었는데, 바로 성서 번역이다. 인쇄술의 발달과 함께 루터는 성서를 번역함으로써 일반 시민이 라틴어와 헬라어 등 어려운 고전어로부터 해방되고, 동시에 로마 가톨릭의 독단에서 벗어날 수 있으리라 기대했다. 하지만 루터가 전혀 예상하지 못했던 일은 성서가 번역되고 그것이 일반인들로부터 읽혀지는 순간 성서가 신의 권위를 지닌 선포의 말씀이 아닌, 인간에 의한 해석의 대상으로 변질되기 시작했다는 것이다. 그리고 이는 오늘날 역사 비판적 성서 연구의 효시가 된다. 이제 이기적이고 자기중심적인 인간들은 누구나 자신의 이성으로 성서를 해석하기 시작했다. 기독교의 종파적 분리는 필연적 귀결이었다. 모든 사람들이 각자 성서의 권위와 신의 은총 앞에 겸손히 계시적 해석을 기다릴 것이라는 생각은 루터의 착각이었다. 아이러니하게도 인간이 의존하던 신이 성서의 바른 해석을 위해 오히려 인간에게 의존할 수밖에 없는 상황으로 변해버렸기 때문이다.

에덴을 떠난 아담은 행복감을 추구하는 이기적 몸적 자아의 삶만을 살았다. 고대와 근대는 각각 자연과 신 중심주의적 패러다임을 보였지만 삶의 실질적 원리는 폐쇄적 이기주의였고, 본질은 권력에의 끝없는 집착이었다. 트라시마코스의 말처럼, 강자의 이익이 정의였다. 신조차도 자신의 이익을 위한 도구일 뿐이었다. 아시리아와 바빌론, 이집트, 헬레니즘과 로마를 거쳐 중세 가톨릭까지 예외는 존재하지 않았다. 하지만 르네상스를 거치며 권력은 점차 특권층에서 시민사회로 넘어가게 되었다. 권력이 분산되기 시작한 것이다. 이성적 개인으로 구성된 시민사회는 더 이상 권력 집중 현상을 용인하려 하지 않았다. 모든 권력을 개인에게로 옮기고 그것을 평등이라 이름하며 정의를 도출하기를 원했다. 소수의 권력자가 아니라 이제 다수의 개인이 스스로를 신적 존재로 여기게 된 것이다. 따라서 절대 가치의 인간끼리 사이좋게 행복한 삶을 살 수 있을 것이라 믿게 된다. 그래서 서로의 폐쇄적 이기주의를 버리고 합리적 이기주의로 전환할 것을 서로 제안한다. 인간 사이의 합의만 있다면 무엇이든 할 수 있다는 믿음이 보편화되었다. 인간은 이제 컸고 성숙해졌다. 결국 국가와 법, 그리고 민주주의라는 '인간 신'의 세계가 시작된다. 에덴의 예언대로 인류는 다시 한 번 선악과를 먹는다.

근대 - 인간 중심주의 (이성)

17~18세기, 인류는 드디어 선악과를 먹는다. 그만큼 자신에게 믿는 구석이 있었다. 이성이다. 이성은 인간을 "신처럼 지혜롭게 할 만큼" 탐스러운 것이었다. 따라서 선악과를 먹었다는 것은 아담이 이성의 빛을 따르게 된 것을 뜻한다. 이성의 빛, 그것은 바로 18세기 계몽주의다. 계몽은 'enlighten', 즉 '빛을 비춘다'

는 뜻이고, 그 빛은 이제 신이 아닌 이성의 빛이다. 모든 시선은 신으로부터 자신에게로 전환한다. 인간은 이제 자연 안에서도, 십자가 위에서도 신적 존재를 찾을 필요가 없어졌다. 스스로가 그렇게 되었기 때문이다. '뱀'으로부터 유혹당한 하와, 하와로부터 미혹된 아담이 선악과를 먹었다는 성서의 짧은 문구는 정확하게 17세기에 시작된 근대(Modernism) 제2물결의 산업혁명이 겪을 문명의 변화, 그로 인해 도래하는 인간의 신격화, 그리고 탈신화화를 예언한다. 그리고 그 시기는 대략 1970~80년경까지 진행된다.

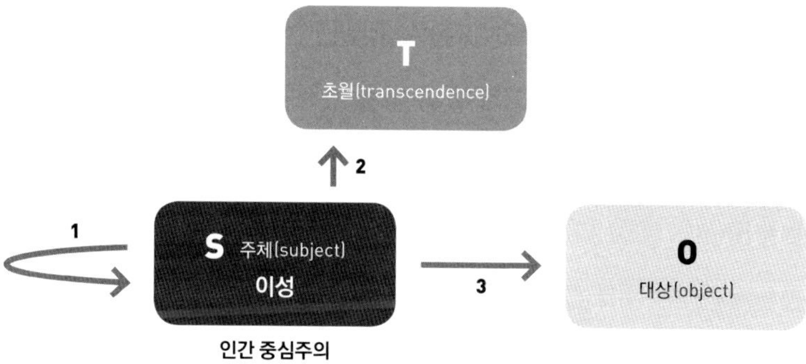

주체(S)는 먼저 신적 존재로서의 나에게로 향하고(1), 본질이 이성임을 확인한다. 그리고 이 사유하는 주체는 스스로를 전능화한 후, 신(G)을 이해하고(2) 동시에 자연(O)을 이해한다(3). 그 결과 신은 죽고, 자연은 사물이 된다.

근대 최초의 아담, 데카르트(R. Descartes)의 "나는 생각한다. 그러므로 나는 존재한다(Cogito, ergo sum)"라는『방법서설』(1637)의 문장은 모든 것을 자아 중심적으로 생각하기 시작한 근대를 상징한다. 이제 모든 것 위에 사유하는 주체(res cogitans)가 있다. 그는 인간의 정체성을 신의 형상(Imago Dei)에서 사유하는 주체(res cogitans)로 전환시켰다. 그리고 이성의 절대화를 통해 이성적 존재인 인간의 신격화에 대한 토대를 마련했다.

이성 중심주의의 특징은 첫째로 이성의 절대화와 비이성의 억압이다. 이성적인 것은 정상, 비이성적인 것은 비정상이 된다. 둘째, 이성이 정상이니 당연히 이성적 존재가 정상이라는 결론이 도출된다. 따라서 서양 중심주의가 되고, 백인 우월주의가 되며, 이성적이라고 믿었던 남성 우월주의로 이어진다. 그리고 권력을 쥔 다수가 정상이 되어 소수자를 차별하게 된다. 셋째, 이성과 비이성의 이분법은 필연적으로 사회적 패러다임을 수직적 구조로 만든다. 이는 푸코(M. Foucault)가 『감시와

근대사회(Modernism, 17~18세기 - 1900년경) **산업사회**(제2물결)	
인간 중심주의 / 이성 중심주의 / IQ 중심	
이분법의 오류(폭력) **/ 이성=정상, 비이성=비정상**	
건전한 이기주의(합의)	
수직적 구조 (Panopticon)	사회(공장, 사무실, 병원, 학교, 감옥 등)의 획일화·체계화·분업화 등 ➡ 다양성과 타자성의 침해
경계 만들기	이성 > 감성, 욕망, 쾌락, 성, 몸, 광기(본성 억압) 서양 > 동양, 아프리카(서구 제국주의) 백인 > 타 인종 (인종차별) 남성 > 여성(성차별) 다수 > 소수(소수자 차별) 통일 > 해체 유일성 > 다양성 철학(의미) > 문학(감성) ➡ 존재의 이분법적 분류

처벌』에서 근대를 '판옵티콘(Panopticon)'이라는 벤담(J. Bentham)의 개념을 차용하여 비판한 것과 일맥상통한다. 일례로 대통령이 국민을 이끌고, 교사가 학생을 주도하며, 가족 내의 위계질서가 중시되고, 사회도 규정된 틀에 의해 움직이게 된다. 결론적으로 근대는 이성의 폭력이 지배하는 시대다.

하지만 이성은 권력만 휘두르는 게 아니라 욕망으로 가득 차 있다. '신과 같이 되려는 욕망'이 선악과이니, 선악과를 먹은 것은 신을 '먹은 것'이나 다름없다. 그런데 신이 되면 어떤 존재가 되는 것인가? 논리적으로 인간은 1) '신처럼 모든 것을 알 수 있고', 2) '신처럼 모든 행동의 선악을 판단할 수' 있다. 선과 악, 좋고 나쁨, 옳고 그름, 나아가 진리와 거짓의 모든 분별 능력을 지니게 된다. 나아가 선악과는 3) 신처럼 최고의 세상을 창조할 수 있는 능력을 의미한다. 실제로 인간은 인간만의 에덴을 건설하고자 했다. 그런데 신기하게도 인류가 계획한 에덴은 정확히 선악과의 세 욕망, 즉 육체의 욕망, 안목의 욕망, 그리고 이생의 자랑을 바탕으로 하고 있다. 근대의 아담 역시 에덴 신화에 적힌 대로 움직이고 있었다.

선악과 / 인간의 신격화		
1. 인간은 신 없이도 모든 것을 인식할 수 있다.		
2. 인간은 신 없이도 모든 행위의 선악을 판단할 수 있다.		
3. 인간은 신 없이도 낙원을 만들 수 있다.		
1) 육체의 욕망 :	모든 사람이 부유한 세상을 만들 수 있다	– 자본주의
2) 안목의 욕망 :	쾌락의 유토피아를 건설할 수 있다	– 과학 지상주의
3) 이생의 자랑 :	자유, 평등, 성의, 그리고 평화를 실현할 수 있다	– 민주주의

인식의 선악과

첫 번째 선악과는 절대적 인식에 대한 욕망이다. 아담이 보기에 인간이든 우주든 존재하는 모든 것은 인과율을 비롯한 다양한 법칙과 원리에 따라 존재한다. 인간은 그 모든 것을 절대적 확실성에 따라 이해하고 파악할 수 있다. 결국 인간이 알 수 없는 것은 없다. 인식의 절대적 확실성을 향한 욕망은 신·자유·영혼 등 형이상학적 대상에서 정신과 육체, 역사와 물질, 그리고 자본으로 이행했다. 호기심에 주변의 모든 것을 둘러보는 아이처럼 이성은 끊임없이 대상의 인식 가능성을 타진했다. 그것은 자연과 나, 그리고 우주만이 아니었고, 인식 자체가 어떻게 이루어지는가에 대한 인식에도 해당되었다. 모든 것을 객관적으로 분석하고 확인할 수 있다는 믿음은 심지어 19세기 후반 들어 인간 정신의 무의식조차도 양적으로 환원해 측정하기 위해 정신물리학을 탄생케 했다. 결국 1879년에 분트(W. Wundt)가 라이프치히대학교에 심리학 실험실을 창설함으로써 근대 심리학이 시작되었고, 프로이트의 『꿈의 해석』(1900)을 넘어 현대 심리학으로 이어진다.

이제 인간이 접근하지 않은 영역은 거의 존재하지 않는다. 산업혁명 이후 모든 기계는 현대의 컴퓨터와 인공지능에 이르기까지 인간에 의해 연구되고 만들어졌으며, 18세기 심장사가 도입된 이후 유전공학과 장기이식, 인조인간, 그리고 복제에까지 이르고 있다. 우주에 대한 욕망 역시 라이트 형제의 비행기 달 착륙과 인공위성을 넘어 화성 탐사가 진행 중이다. 새로운 행성과 은하계를 알게 되었고, 외계 생명체의 존재 여부는 물론 우주 항공 시대를 통해 달이나 화성 너머에서의 인간 거주 가능성을 탐사하고 있다. 나아가 자연이 연구되고 바다의 생물과 새들을 분석하여 인간에게 유익한 정보를 캐내고 있다. 결국 인간의 인식에 대한 욕망은 수많은 미세 학문들을 창조했고, 조금씩 하지만 분명하게, 존재하는 모든 것을 단 하나의 예외도 없이 인간 이성의 빛에 노출시키고 있다. 게놈 프로젝트가 성공리에 진행되고 있으며, 의식과 뇌의 관계에 대한 연구도 진행되고 있다. 최근에는 순간 이동 기술을 개발 중이고, 생명을 직접 창조하기 위한 작업도 진행 중이다. 인간은 실제로 신의 영역에 다가가고 있는 듯 보인다. 하지만 우주를 알아갈수록 인간이 깨닫는 것은 바닷가의 모래알 정도나 될까. 사실은 그것도 불확실하다. 태양은 지구에 비해 직경이 109배, 부피는 130만 배, 질량은 38만 배나 크다. 그런데 현재까지 인간이 발견한 가장 큰 별인 'VY Canis Majoris'는 태양에 비해 직경만 약 2100배 크다. 스피노자나 장자, 그리고 노자가 그토록 경탄한 지구의 실체다. 지구가 속한 은하에는 별이 1000억 개 정도 있는데, 그런 은하가 또 1000억 개 정도 있다고 한다. 하지만 이 숫자도 정확한 것은 아니다. 소우주도 마찬가지다. 현재 인간이 알고 있는 물질의 최소 단위는 쿼크다. 하지만 초끈 이론은 물질도 파장이라고 한다. 과연 인간은 무엇을 얼마나 안다는 말인가? 더욱이 인간에게 가장 중요한, 그러면서도 우리 가까이에 있는 소중한 것들에 관해서는 별로 아는 것이 없다. 생명과 죽음, 사랑과 행복, 그리고 의미 등에 대해 인간은 아직 무지하다. 신경생물학을 조금 알더니 호르몬과 화학원소에 대해 말하고, 마치 인간의 감정과 내적 변화를 다 아는 것처럼 말하는 어리석은 학자들을 우리는 쉽게 접할 수 있다. 사랑하는 사람을 잃어 마음이 공허하고 모든 가치가 허물어지는 고통이 뇌에서 일어나는 칼슘과 호르몬의 작용이라면, 머리에 손을 대고 "아! 마음이 너무 아파!"라고 해야 한다는 말인가? 아니, 소크라테스가 던졌던 아주 간단하며 단순한 그 질문도 2000년이 더 지났는데 아직까지 질문으로만 남아 있지 않은가!

인간은 주변의 물건들을 마구 만져보고 부셔대는 아기와 다를 바 없다. 단지 모든 것을 해부하고 절개하고 관찰하고 있을 뿐이다. 하지만 정작 자신조차도 모른다. 근대 이후 인간은 특히 비가시적인 것에 무지했다. 그러면서도 사주 카페를 가고, 점을 치고, 무당을 찾아 굿을 하거나 징크스 운운하고, 오늘의 운수를 본다. 사업을 시작할 때 돼지머리를 올려놓고 절을 한다. 내 안의 진정한 '나', 영의 존재를 알지 못하는 한 인간이 이해하는 모든 것은 중심이 없는 배와 같고 바람에 날리는 겨와 같다. 어디에서 와서 지금 무엇을 하고 있고 어디로 가는지 모르는 가련한 아담은 그저 뭔가를 많이 알고 있는 것처럼 뚝딱거리며 만들고 있을 뿐이다. 그런데 정작 모른다는 사실도 모르고 있는 것, 그것이 사실은 가장 심각한 문제다.

도덕의 선악과

고대와 중세인들은 행위와 행복(eudaimonia)의 관계에 대해 알고 싶어 했다. 어떻게 하면 행복한, 성공한 삶을 살 수 있을까하는 것이 그들의 관심거리였다. 그래서 주로 인간의 윤리적 성품, 즉 덕을 논했다. 그러나 근대의 아담은 행위 자체에만 관심이 있었다. 근대인은 모든 행위의 옳고 그름에 대한 보편타당한 도덕원칙의 발견이 가능하다고 믿고 실제로 행동에 옮겼다.

인간이 모든 도덕원칙의 주체가 되겠다는 근대의 입장은 사실상 신을 무화시킨 것이다. 칸트의 경우 이성의 한계 내에서 종교를 인정하든 안 하든, 그가 개인적으로 신앙이 있든 없든 인식론에서 신의 존재를 이념으로 내몰고 실천철학에서 신의 선악 기준을 자신에게 검증받으라고 요구한 것은 사실상 니체를 이미 선취한 것이나 다름없다. 인간의 도덕원칙에 의해 심판받아야 하는 신이라면 그 신은 더 이상 신으로서의 존재 의미를 상실한 것이다. 설사 살아 있을지라도 의미론적으로는 죽은 것이다.

그런데 바벨탑을 높이 쌓을 수 있다는 호기만큼이나 무너질 때의 비참함은 컸다. 더욱이 근대 도덕의 바벨탑은 신이 무너뜨린 것도 아니다. 인간 스스로 자멸했다. 의무주의, 공리주의, 이기주의, 나아가 도덕감정론 등 근대의 일원론적 규범 윤리학은 모두 실패했다. 특히 공리주의의 본질이 집단 이기주의이며, 의무주의 역시 허구적 이상을 바탕으로 최소한의 자기중심주의를 지키려는 보편적 인간 이기심의 발로였음을 이미 정의에 관한 장에서 확인했다. 본질상 모두 이기주의였던 것이다. 인간이 모든 행위의 도덕성 여부를 단 하나의 도덕원칙으로 판단할 수 있고, 또 그런 도덕원칙을 발견할 수 있다고 생각하는 발상 자체가 아둔함의 극치였다. 나아가 모든 것을 할 수 있다고 난리를 떨다가 아무것도 할 수 없다고 주저앉아버리는 과정은 한 마디로 코미디였다. 절대를 표방하던 규범 윤리학이 실패하니 쇼펜하우어의 염세주의나 마르크스의 물질주의, 나아가 도덕 상대주의와 허무주의가 그 자리를 대신한 것을 어떻게 이해해야 할까! 결국 니체가 칸트를 비롯한 전통주의자들의 도덕을 '노예의 도덕'이라 부르고 사연주의적 권력에의 의지를 강조하는 '주인의 도덕'을 외친 것은 근대성의 무기력함에 대한 선고였다. 잘난 척하지 말고 그냥 생겨먹은 대로 살라는, 이성 운운하지 말고 차라리 솔직하게 선악과의 본능으로 돌아가라는 것이다.

서구 제국주의의 시작은 아담의 도덕이 결국 회칠한 무덤이었음을 보여준다. 근대의 도덕적 이상은 허구였다. 할 수 있다고 말한다고 할 수 없는 것을 할 수 있는 것은 아니다. 인간의 제한적 합리적 이성에게 "너 이제 스스로 도덕의 주체가 되라!"라고 말한 것은 마치 홉스의 늑대에게 "너 이제 양이 되어봐!"라고 하는 것이다.

결국 아담은 헷갈리기 시작했다. "나는 도대체 도덕을 원하기는 하는 것일까? 아니면 원하는데 잘 몰라서 그런 것인가?" 하지만 전혀 헷갈릴 문제가 아니다. 답은 이미 알고 있다. 근대가 합의를 통해 건전한 이기주의로 바뀌었다 해도 인간은 이기적이다. 언제든지 법이 없거나 법을 이용해 폐쇄적 이기주의로 돌아갈 수 있다. 이기주의에서 공리주의, 나아가 의무주의로의 이행은 이기적 주체가 개인에서 집단으로, 그리고 집단에서 서구 및 인류로 확대된 것에 불과하다. 특히 칸트가 설정한 도덕성의 기준은 인류가 아니라 자칭 이성적 존재로서 자부심을 느끼고 싶은 서구인의 욕망에 머물렀다. 형식적으로는 인류를 위한다 했지만 실질적으로는 서구 이기주의였다. 성서가 아담을 통해 예언한 대로, 신을 떠난 아담이 스스로 어떤 형태의 가치를 선택하든 결국 궁극적으로 남는 것은 이기주의일 뿐이다.

근대 말 허무주의와 상대주의가 팽배해지자 서구는 현실성이 없는 원리론으로 도피하기 시작했다. 20세기 초 사람들은 도덕 언어의 명확하지 않은 사용이 문제를 초래했다고 봤다. 뺨 맞는 곳과 화풀이하는 곳이 다르다고 애꿎은 언어만 들볶기 시작한 것이다. 그래서 이른바 메타 윤리학은 도덕 언어의 의미를 먼저 연구하고, 도덕 명제가 사실 명제와 어떤 차이가 있는지를 고찰하고자 했다. 가치판단은 유보한 채 도덕 언어의 분석에만 몰두하며 의미론적 논쟁만 벌였다. 인류가 이렇게 언어유희에 빠져 행위 자체의 선악 판단에 무관심한 동안 양차 세계대전과 600만 유태인 학살이 일어났고, 공산주의는 1억 이상의 생명을 살상했다. 나아가 핵과 환경 파괴는 인류의 생존 자체를 위기로 몰아넣었다. 결국 헛똑똑이 인류는 자멸할지도 모르는 상황이 되어서야 어떤 식으로든 윤리적 판단이 필요하다는 자각에 이르게 된다. 그런데 해법은 간단했다. 핵을 감축하고, 환경을 보호하면 되었다. 인류 생존의 가능성은 그때에만 명백히 주어질 수 있기 때문이다. 하지만 인류는 뻔히 어디로 가고 있는지 알면서도 돌이키지는 않고 있다. 그러고는 "왜 도덕적이어야 하는가?" 같은 사변적인 질문만 가지고 논쟁을 벌이고 있다. 늘 그랬듯이 답 대신 답을 찾아나가는 과정에만 몰두하고 있는 것이다. 언제나 인류가 쓰는 수법이다. 처음에는 뭐 대단한 것을 알아낼 듯 덤비다가 한계를 느끼면 이제 답이 아닌 과정이 중요하다고 우기는 전략 말이다. 신기하지 않은가! 문제가 무엇인지도 알고, 어떻게 하면 살지도 아는데 아무도 손을 쓰지 않는다. 아니, 손을 쓰려 하지 않는다. 전 세계가 시끄럽게 떠들면서 아무도 움직이려 하지 않는다. 마치 암 환자가 살고 싶다고 말하면서 치료도 받으려 하지 않고 오히려 고통을 즐기는 형국이다. 하지만 가만히 생각해보면 놀랄 일도 아니다. 이미 에덴동산에서 뱀이 예언했기 때문이다. "너는 신과 같이 선악을 판단할 수 있어! 하지만 네 판단이 결국은 모든 것을 망치게 되고 말 거야!"

낙원의 선악과

신악과의 세 번째 의미는 '인간적 에덴'이다. 그리고 그 에덴은 아담이 지녔던 욕망에 대응하여 세 영역, 즉 1) 자본주의(육체의 욕망), 2) 과학 지상주의(자극의 욕망), 그리고 3) 민주주의(비교의 욕망)로 구분된다. 아담은 1) 자본주의를 통해 모든 인류가 함께 부유해질 수 있을 것이라고 선포했다. 또한 2) 과학 지상주의를 통해 지구상에 가시적인 낙원을 만들 수 있으리라 확신했고, 3) 민주주의를 바탕으로 모든 인간의 존엄성과 권리와 평등이 보장되는 사회를 만들 수 있으리라고 믿었다. 자본주의의 자본, 과학 지상주의의 기술 문명,

그리고 민주주의의 대중은 그렇게 아담의 우상이 되었다.

1) 자본주의는 1776년에 출간된 애덤 스미스(A. Smith)의 『국부론』을 기점으로 자본주의 1.0이 시작되었고, 지금은 이른바 자본주의 4.0시대를 맞이하고 있다. 모든 인간의 풍요를 장담하며 시작된 자본주의였지만 그 결과는 참담하다. 무엇보다 2008년 미국발 금융 위기로 시작된 세계경제 위기는 신자유주의와 자본주의의 근본적 한계를 보여주고 있다. 1995년 이후 세계는 20:80[74]에서 10:90, 그리고 5:95의 양극화와 고실업의 시대가 되고 있다. 〈이코노미스트〉에 따르면, 세계적으로 부유한 톱클래스의 1퍼센트가 전 세계 자산의 43퍼센트를 소유한 반면 하위 50퍼센트는 전 세계 자산의 2퍼센트로 연명하고 있다. 수퍼리치(super-rich, 갑부)와 그렇지 않은 사람들의 양극화는 계속 가속화되고 있다. 그래서일까? 2010년에 미국의 버락 오바마 대통령은 연봉 17만2000달러(한화 약 1억9000만 원)였던 미국 백악관 대변인의 월급을 '약소하다(modest)'고 표현했다. 하지만 부자들에게 더 큰 파이를 주면 결국 전체 파이가 커져 가난한 자들에게 돌아가는 파이 조각 역시 커질 것이라는 트리클다운(trickle down) 이론은 이데올로기에 불과하다.

또한 세계의 절반이 굶주리고 있다.[75] 유엔 식량농업기구(FAO)가 2006년 10월에 로마에서 제출한 보고서에 따르면 2005년 기준으로 10세 미만의 아동이 5초에 한 명씩 굶어 죽어가고 있다. 또한 전 세계 인구 7분의 1에 이르는 8억5000만 명이 심각한 만성적 영양실조 상태

74 : 90년대 중반 『세계화의 덫』(한스피터 마틴외, 영림카디널)은 20:80을 말했다. 『노동의 종말』(민음사)과 『유러피안 드림』(민음사)의 저자 제레미 리프킨은 2020년 대 중반정도가 되면 사실상 5퍼센트 정도의 노동력마 필요로 할 것이라고 전망한다.

75 : 장 지글러, 왜 세계의 절반은 굶주리는가?, 갈라파고스 2007.

에 있다. 나아가 아프리카의 경우에는 36퍼센트 이상이 굶주림에 죽어가고 있다. 또한 1980년 이후로 영양실조와 저개발로 매년 평균 700만 명이 실명하고 있고, 이들의 대다수는 어린이다. 아시아와 아프리카, 라틴아메리카에는 맹인의 수가 5000만 명에 달하며, 눈의 결막 질환인 트라코마에 감염된 인구가 1억4600만 명에 달한다. 극심한 식량 부족 상태이지만 사실 지구가 생산해내는 식량은 그들을 충분히 먹이고도 남는다. 다만 효과적으로 분배되지 못하고 있을 뿐이다. 1984년 조사에 따르면, 당시의 농업 생산량을 기준으로 지구는 120억 인분의 식량을 거뜬히 생산해냈지만 60억 인구의 상당수가 굶주려야 했다.

모든 사람의 풍요와 부유를 약속한 자본주의는 대부분의 가난이란 결과로 끝나가고 있다. 무한 경쟁, 노동시장의 유연성으로 인한 비정규직의 증가, 급격한 고령화와 사회비용 증가, 기계화와 자동화로 인한 고용 시장의 잠식 등 자본주의를 구성하는 대부분의 요소들은 인간 존엄성이나 삶의 질은 고사하고 단순히 살아남기 위해 스스로를 상품화하는 인간으로 세상을 가득 채우고 있다. 유럽식 자본주의와 신자유주의의 실패로 세계경제는 이제 나아가야 할 방향조차 제시하지 못하고 있다. 겉으로는 자본주의 4.0, 중도실용주의, 또는 제3의 길 등 멋진 개념들을 끌어내고 있지만, 2008년 이후 세계경제는 자연 상태로 회귀한 것이 분명하다. 이제 말 그대로 살 수 있는 놈만 살아남을 수 있는 시대가 되었다. 유토피아를 꿈꿨던 아담의 자본주의는 결국 디스토피아로 전락하고 말았다.

2) 과학 지상주의는 17세기 초 베이컨(F. Bacon)이 출판한 『학문의 진보(The Advancement of Learning)』(1605)를 기점으로 본격화되었다. 그 후 낙원 건설을 위한 자연과학의 발달은 지금 정보화사회를 지나 제4물

결, 즉 과학혁명의 사회로 진행되고 있다.

거짓말을 즐겨 하다 낭패를 본 양치기 소년의 우화를 모르는 사람은 없다. 그런데 요즘 양치기 소년 같은 이들이 있다. 환경문제의 심각성을 알리는 생태론자나 과학자들이다. 사람들은 환경문제에 대해 알고 있지만 실제로 그런 위기감 속에서 살아가는 이들은 많지 않다. 대부분은 경고를 양치기 소년의 거짓말처럼 결국 오보로 판명될 것으로 믿는 것 같다. 전 지구적 환경 변화를 직접 체험하고 있지만 지구 종말과 연결시키는 것은 지나친 비약이라고 내심 생각한다. 어찌되었든 지구는 계속 존재하고 어떻게든 사람들은 계속 즐기고 결혼하고 그렇게 살아갈 것이라는 믿음이다. 그들은 양치기 소년의 우화가 어떻게 끝났는지 잊어버린 모양이다. 결국 늑대는 왔다.

베이컨 이후 인간과 자연은 '더불어 삶'이 아닌 지배와 피지배, 착취와 파괴의 관계로 고착되었다. 베이컨은 데카르트와 함께 신이 부여한 낙원이 아닌 '스스로 창조한 낙원'을 원했다. 인간은 그렇게 시장과 동굴, 그리고 극장 등에서 많은 우상을 청소했지만 동시에 과학기술이라는 거대한 우상을 새롭게 만들었다. 그리고 존재하는 것들에게 그 우상에 근거하여 새로운 본질과 존재 양식을 부여했다. 그것은 낙원의 장식품, 낙원의 도구, 그리고 낙원의 부속품이었다. 그러나 아담은 모순에 빠져 있었다. 한편으로는 자연을 인간의 도구로 보면서도 자연이 마치 신처럼 무한하리라고 착각했다. 아무리 먹어도 고갈되지 않는 생명의 떡, 만나와 같은 자연을 믿었다. 하지만 소모품이 된 자연에게 시간은 단축된다. 리프킨(J. Rifkin)이 『엔트로피』에서 진단한 것처럼 지구상의 엔트로피는 그 영점을 향해 달려가고 있다. 에너지의 양이 아무리 변함없다고 하더라도 한 번 사용된 에너지는 원칙적으로 쓰레기에 불과하다. 다시 원래대로 환원되지 않는다.

과연 미래 세대에게 서식 가능한 지구를 넘겨줄 수 있을까? 자연계에 존재하는 생명체 가운데 기꺼이 즐거워하며 자기 파괴의 길을 가는 종은 없다. 유일하게 인간만이 그 길을 선택했다. 그것도 '진보', '발전' 또는 '문명'이라는 멋진 말로 포장하고는 다른 생명체들 역시 멸종의 길로 내몰고 있다. 베이컨이 꿈꾼 '멋진 신세계'는 고사하고 인류는 역사상 처음으로 존재가 무화될 가능성 앞에 서 있다. 결국 가치를 위한 가치 사유가 아니라, 오로지 생존을 위한 가치 사유가 필요한 시점이 되었다.

성서의 예언대로 아담에게는 선악을 판단할 능력 자체가 존재하지 않는다. 아니, 선악과를 먹은 아담에게는 솔직하게 선을 선택하려는 의지조차 없다. 그의 선은 언제나 '자기 이익'이기 때문이다.

3) '이생의 자랑'은 인간이 실제 신처럼 지혜롭게 되어 신에게 보란 듯이 자랑할 수 있는 세상을 만드는 것이다. 그것은 인간을 절대적 가치로 여기는 세상, 그리고 인간의 자유와 평등이 보장되는 정의로운 세상, 그래서 평화가 넘쳐흐르는 낙원이다. 근대의 아담은 이 욕망의 실현을 위해 민주주의를 정립했다. 1762년 루소(J. J. Rousseau)의 사회계약론(Du contrat social)에서 '일반의지'를 통해 국민주권이 이론화된 이후 전 세계로 확산되고 있는 민주주의의 물결은, 현재 튀니지의 민주화 혁명, 이른바 '재스민 혁명(Jasmine Revolution)'을 시작으로 이슬람의 민주화도 이끌어내고 있다.

제2차 세계대전 후 전체주의는 몰락했다. 그리고 1980년대 말에는 공산주의도 붕괴했다. 사람들은 민주주의의 승리를 말한다. 민주주의가 사회주의보다 더 '인간적'이라고 말한다. 그런데 여기서 '인간적'은 엄밀히 말해 '자유와 평등 그리고 존엄을 지향하는'이 아니라 '반평등적'이고 '차별적'이며 '이기적'이다. 민주주의의 이념이 의미하는 바는 결국 나의 자유, 다른 사람에게 뒤지거나 무시당하지 않는 나의 평등, 그리고 어떠한 경우에도 나는 존엄하게 대우받아야 한다는 이기주의의 은폐된 형식이기 때문이다. 바로 그런 이유로 평등, 자유, 존엄, 그리고 정의 같은 이념들은 진실을 가장한 허구에 불과했다. 아담은 민주주의의 허구를 국제연맹과 인권선언, 그리고 국제연합을 통해 가리려 했다. 하지만 국제연합의 실질적 영향력은 미미했고, 인권선언은 현실의 벽을 넘지 못했다. 그리고 평화 협상을 통한 인류 평화의 꿈은 국가 이기주의의 담을 넘어서지 못하고 있다. 다수결의 민주주의가 지닌 뒷모습은 집단 이기주의였기 때문이다.

아담에게 선악과가 초래한 결과는 자신이 벌거벗었음을 알게 된 것과 부끄러워 나무 뒤로 숨은 것이다. 실제 근대의 인류도 스스로를 신격화한 후 계몽(enlighten)을 통해 결국 목격하게 된 자신은 무기력한 흙, 초라한 무상의 존재였다. 또한 신격화의 도구인 이성은 신적 로고스가 아닌 유한의 수단임이 밝혀졌다. 아니 오히려 인류의 자기 파괴를 가져올 광기임이 드러났다. 결국 아담은 완전(perfectio)에서 무(nihil)로 추락하고 만다.

옷은 그 옷을 입은 존재를 상징한다. 인간은 자기 스스로를 입는다. 그래서 황제든 왕이든 귀족이든 존재는 자신에게 어울리는 옷을 입는다. 가진 것이 없는 거지는 옷도 초라하다. 그런데 아담은 벌거벗고 있다. '벗었음'은 수치와 모멸, 그리고 무기력함이다. 스스로를 절대화한 근대의 이성적 인류가 결국 확인한 것은 내세울 것이 아무것도 없는, 존재 아닌 존재였다. 아담은 스스로 무화과나무 잎을 엮어 벌거벗음을 가린다. 근대의 오류가 초래한 수많은 문제들을 가리기 위해 인간은 또 잎이 무성한 무화과처럼 다양한 제도를 통해 개선하고자 했다. 하지만 무화과나무 잎이 수치스러움을 온전히 가려줄 수는 없다. 그것도 결국 인간 이성의 산물이기 때문이다.

그렇게 에덴의 예언대로 근대의 이성은 결국 몰락한다. 20세기 초반부터 대략 1970년 사이는 이성적 존재로서 인류의 진정한 얼굴과 한계가 드러나는 기간이다. '너 자신을 알라!'라는 말의 의미를 온몸으로 깨닫게 되는 시기다. 무엇보다 흄이 말한 것처럼 인간 이성은 합리성, 즉 목적에 대한 도구를 찾는 능력 이상도 이하도 아님이 확인된다. 인간은 이성의 양면성을 깨닫게 되고, 무기력함을 넘어 폭력성과 광기를 체험하게 된다. 자부심도 사라진다. 비이성적인 것들, 특히 성과 폭력과 같은 동물적 욕망이 오히려 인간적인 것으로 받아들여지기 시작한다. 아니, 심지어 인간이 사실은 침팬지의 아류에 불과하다는 황당한 주장도 제기된다. 이성의 광기와 무의식의 원시적 본능으로 무장한 침팬지! 아담은 결국 '벌거벗은 임금'이 된다.

사춘기의 질풍노도를 틈타 집을 나간 탕자는 환락의 청년 시절을 다 보내고 이제 자신을 조금 보게 되었다. 절대에 대한 믿음, 진리에 대한 자신감, 낙원에 대한 희망, 그리고 무엇보다 인간 자신에 대한 자존감! 모든 것이 회의의 대상이다. 결국 근대 인간 신격화의 몰락은 본격적으로 니체가 죽고 프로이트의 『꿈의 해석』이 발간된 1900년을 즈음하여, 실질적으로는 이미 1859년 다윈의 『종의 기원』이 나온 해부터 시작된다. 그리고 세계화가 시작되고 컴퓨터가 나오고 신자유주의가 등장한 1970~80년대까지 완성된다.

포스트모더니즘 – 몸 중심주의

성서는 아담이 선악과를 먹은 후 눈이 밝아져 벌거벗은 몸을 바라보게 되었다고 적고 있다. 이제 아담은 벌거벗음의 주체, 즉 자신의 몸을 본다. 그런데 어리석은 아담은 단순히 본 것이 아니라 본질로 인식한다. 처음으로 자신의 정체성을 몸으로 자각한다. 그 결과 몸을 부끄러워했음에도 다시 빛으로 향하지 않는다. 신을 피해 나무 뒤로 숨고 나오지 않는다. 아담은 선악과를 통해 근원적 욕망, 즉 육체의 욕망, 자극의 욕망, 그리고 비교의 욕망으로부터 오는 쾌락을 알게 되었다. 몸적 정체성의 삶을 즐기기 시작한 아담은 이제 스스로 제어할 수 없는 몸의 세계로 빠져든다. 이 시기가 바로 포스트모더니즘이다.

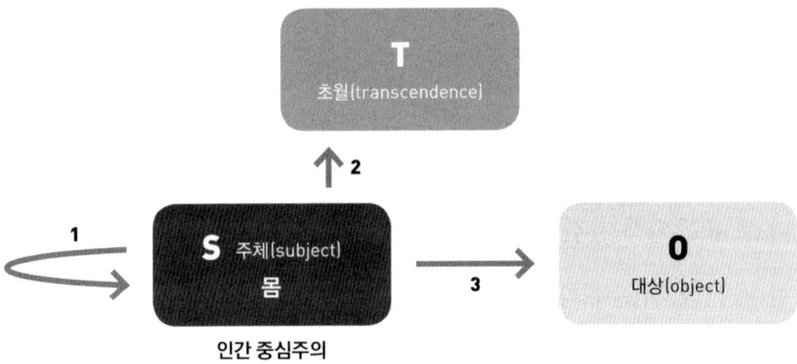

적어도 인류 문명의 흐름만 보면 십자가의 예수는 괜히 죽은 것처럼 보인다. 인간 중심주의는 변하지 않는다. 다만 이제 이성을 믿지 못한다. 따라서 이성 중심주의는 해체되고 비이성적인 것들, 즉 몸·감성·욕망·쾌락·성·광기 등이 삶을 지배한다. 따라서 주체는 파편화되며 분산된다. 그리고 삶 역시 비이성의 패러다임에 따라 형성된다.

1) 비이성적 주체는 몸을 통해 느끼고, 자극과 욕망이 끌리는 대로 행동하며 성과 쾌락을 자유롭게 추구한다. 특히 자본주의의 심화와 함께 감성 위주의 직업을 창출하고 또 찾도록 만들며, 성을 필두로 모든 종류의 문화가 자연스러워진다. 비이성의 요소들이 집약된 게임 산업이 번창하고, 몸이 돈이므로 성형은 교양 필수가 된다. 초월적인 것(T)도 비이성의 맥락 안에서 이해된다. 니체 이후 서구적 신 관념은 무관심의 대상으로 전락했다. 하지만 인간은 근본적으로 신적인 것을 필요로 한다. 따라서 사주나 무당, 신화 등 신비적인 것에 대한 관심이 증가한다. 정보화시대는 개인에게 정보의 바다를 가져다주었다. 시간과 공간을 초월하여 인간은 자신이 원하는 곳에서 원하는 정보를 얻을 수 있다. SNS는 관계의 양을 폭발적으로 증가시켰고, 스마트폰 등 멀티미디어는 유비쿼터스의 편익을 마음껏 제공해주고 있다.

2) 비이성적 존재들이 권력의 중심부로 등장한다. 이성의 해체는 서구 중심주의의 몰락을 뜻한다. 서구는 문명, 비서구는 미개라는 등식은 이미 레비스트로스의 구조주의에 의해 해체되었고, 2008년 미국발 세계경제 위기와 그 이후 진행되고 있는 유로존의 해체는 신자유주의 및 자본주의의 한계를 드러내며 그 흐름을 가속화했다. 이제 세계는 동양, 특히 중국 중심으로 재편되고 있다. 따라서 백인 중심주의 역시 흑인이나 황인 중심으로 이동할 수밖에 없다. 실제 스포츠나 예술, 그리고 경제 등 모든 분야에서 동양인과 흑인의 약진이 두드러지고 있다. 또한 남성 중심주의가 쇠퇴하고 여성 중심적 사회가 도래한다. 좌뇌적 이성과 근력의 남성은 우뇌적 창의성과 비이성으로 무장한 여성을 이기기 힘들다. 세계 곳곳에서 여성의 사회 진출이 증가하고, 고소득 직종에 진입하며, 정치·경제·사회 등 모든 분야의 리더가 되고 있다. 일

상에서도 마찬가지다. 한때 유행했던 "누나는 내 여자니까!"라는 노래는 우연히 나온 것이 아니다. 누나의 연봉이 억대이기 때문이다. 포스트모더니즘의 남성은 능력 있는 여성에게 잘 보이려고 본능적으로 '꽃미남'이 되고자 노력할 수밖에 없다. 그리고 무엇보다 인간 중심주의의 한계를 느끼며 자연보호의 목소리가 커지고 동물 학대에 대한 경각심이 높아지고 있다.

3) 이성의 몰락으로 통일이 아닌 해체, 그리고 유일성이 아닌 다양성과 타자성이 선호된다. 다원주의와 상대주의가 일반화됨에 따라 모든 영역의 경계가 허물어지며 서로의 차이를 인정한다. 따라서 각자가 원하는 대로 삶을 향유하려는 자유주의가 성행하고, 다수가 아닌 소수의 목소리가 커지기 시작한다. 동성애자와 성전환자의 커밍아웃이 늘며, 그들을 향한 시선도 더 이상 냉소적이지 않다. 무엇보다 동성애자의 법적 결혼까지도 인정하고 있는 추세다.

4) 이성이 정상이라 여기던 수직적 구조에서 느낌을 존중하는 수평적 구조로 이동한다. 가부장적인 호주제가 일인일적제로 바뀌고, 국민참여재판의 도입으로 판사와 시민 사이의 관계가 수평적이 된다. 교사의 그림자도 안 밟던 시대에서 교사를 평가하는 시대가 되었고, 부모나 노인에 대한 무조건적 공경도 옛말이 되었다. 무엇보다 개인이 사회의 구조와 가치관에 무조건 순종하는 것이 아니라 자신이 원하는 것을 스스로 찾아서 하는 창의력이 인정된다. 공부만 잘하면 되는 개미형 인간에서 노래든 연기든 무엇이든 하나만 잘하면 먹고살 수 있는 베짱이의 시대가 된 것이다. 특히 국가의 지도자가 국민을 이끌지 않고 국민의 의견을 수렴하며 존중하는 수평적 관계가 만들어지고 있다. 정보화사

탈근대사회(Postmodernism, 1970~80 – 2020년경) 정보화사회(제3물결)	
인간 중심주의 / 감성, 욕망, 몸, 쾌락, 광기, 성 / EQ 중심	
나는 욕망한다. 그러므로 나는 존재한다.	
합리적 이기주의(공존)	
수평적 구조 (Synopticon)	다양성, 타자성, 상대성, 주관성 인정
경계 허물기	몸, 감성, 쾌락, 성, 광기, 욕망 등이 중심 > 이성 동양 중심주의(중국의 부상) > 서양 여성 중심주의(여성 파워의 부상) > 남성 자연 중심주의(생태론의 등장, 동물 보호 운동) > 인간 소수의 다양성 인정(동성애, 트랜스 등) > 다수

회는 그러한 변화를 주도하고 있다. 가상공간에서는 누구나 의견을 표현할 수 있으며 무엇이든 비판할 수 있다. 나아가 SNS를 중심으로 한 여론이 정치를 좌우하는 열린 사회가 되어가고 있다.

5) 합의에 기초한 건전한 이기주의를 넘어 점차 공존 중심의 합리적 이기주의가 대두한다. 1970년대에 시작된 세계화는 지구촌으로 하여금 조금씩 국가 이기주의에서 벗어나 공존 지향적 사고를 가지도록 이끌었다. FTA를 체결하고 G20을 통해 경제 부국과 빈국의 공존을 모색하며, 환경협약을 더욱 발전적으로 변화시켜나가고 있다. 2008년 미국발 세계경제 위기가 1930년대의 대공황보다 규모가 훨씬 컸음에도 불구하고 세계가 지금까지 버텨나가는 이유도 공존에 기초한 정책 결정과 운영 때문이었다. 함께하지 않으면 공멸할 수도 있다는 의식이 부

상했기 때문이다.

우상의 종말

얼핏 보면 포스트모더니즘은 근대에 비해 성숙해진 느낌을 준다. 그런 부분이 없는 것도 아니다. 인간은 이제 장년이 되어 철이 좀 든 것 같다. 더불어 살 줄도 알고, 과거의 잘못을 뉘우치기도 한다. 하지만 인류는 결코 탕자처럼 집으로 돌아가지 않는다. 아니, 오히려 더 자신에게로만 몰입하고 집착한다. 실제로 아담의 삶은 더욱 절망적으로 변했다. 이성을 대신한 몸은 생각하지 않는다. 감성은 솔직하다. 느낌대로 욕망하고 즐기고 섹스하며, 원하는 대로 몸을 가꾸고, 자율이란 이름하에 맹목적 다양성의 방종과 무질서와 문란의 현재를 산다. 기업도 감성 마케팅을 통해 소비자의 욕망만을 자극하고, 보드리야르(J. Baudrillard)가 말한 것처럼 사람들은 실재보다 더 실재적인 이미지(시뮬라크르)에 종속된다. 또한 관계 역시 피상적이고 순간적이며 말초적이다. 따라서 양은 증가하는데 소외는 심화된다. 특히 SNS는 관계를 무의미한 기호들의 집합으로 변질시킨다. 사람들은 현실에서의 스트레스를 잊기 위해 가상공간으로 숨어들고, 가상공간이 현실을 지배한다.

우리는 몸의 가치 팽창이 어떤 결과를 초래하는지 알고 있다. 나를 잃어버린 몸적 자아는 가장 살아 있다고 느끼는 그 순간에 죽어 있다. 포스트모더니즘은 내숭을 버린 시대다. '노세, 노세. 젊어서 노세. 늙어지면 못 노나니!'라는 표어를 온전하게 이행한다. 진지한 고민은 귀찮다. 재미있고 자극적이고 말초적이면 좋다. 사람들은 행복감의 극대화를 위해 돈만 주어진다면 무엇이든 할 태세다. 인륜의 경계도 이미 사라졌다. 부모도 죽일 수 있고, 자식도 버릴 수 있다. 권력 있는 자는 부패로, 권력 없는 자는 사기와 거짓으로 저마다 각자의 자리에서 몸의 우상인 돈에게 경배하기 위해 혈안이 되어 있다. 따라서 풍요로워질수록 더 많은 것을 욕망하는 탐욕의 질병인 어플루엔자(affluenza)[76]가 고착된다. 그리고 그 와중에 이기주의는 심화되고 있다. 공존을 말하지만 그것도 자국에 이익을 줄 때까지만이다. 군국주의로 회귀하고 있는 일본, 세계를 지배하려는 야욕을 노골적으로 드러내는 중국, 기득권을 잃지 않기 위해 집착하는 미국, 그리고 그 사이에서 오도 가도 못하고 있는 한국. 선한 국가가 어디에 있는가! 차이는 없다. 영원한 적도 영원한 우방도 없는 세계에 있는 것은 이기적 욕망과 몸, 그리고 행복감을 향한 집착뿐이다.

자신의 작품을 절대주의로 자평하는 말레비치는 자연으로부터의 자유를 자연에 존재하지 않는 사각형으로 표현하고 있다. 말레비치가 의미한 자유는 물질주의에서 벗어나는 것이었다. 하지만 근대의 베이컨적 이상은 오히려 자연의 지배를 통한 물질주의의 확장을 통해 그 자유를 추구했다. 그러므로 '검은 사각형'은 형상, 의미, 그리고 색채의 사라짐을 통한 '없음'의 이중적 의미를 보여준다. 하나는 소유와 욕망이 사라진 순수한 인간의 내면, 그리고 다른 하나는 그 소유와 욕망의 결과, 즉 허무와 절망, 무의미, 그리고 죽음이다.

낙원에서 아름답게 시작한 아담의 꿈은 결국 어두움의 종착점에 도달했다. 우상을 타파한 베이컨의 이상, 그 거대한 우상의 종말이다. 이제 포스트모더니즘 끝자락의 인류는 행복을 기다리지 않는다. 유토피아에 대한 기대도 사라졌다. 단지 말레비치와 함께 '고도(Godot)'를 기

76 ; 올리버 제임스, 어플루엔자, 알마 2009.

카지미르 말레비치, 〈검은 사각형〉(1915)

다리고 있다. 신(God)이든 멍청이(Idiot)든, 그 존재가 누구인지는 관심 없다. 언제 올지, 정말 오기는 할지도 모르고 기다리며, 기다림은 행복으로 간주된다. 인간에게는 목적이 사라졌다. 목적이 없는 것이 이상하지 않다. 아니, 목적이 없는 삶이 정상이 되었다. 흑이 백이 되고, 없음이 있음으로 착각된다. 사실 엄밀히 말하면 아무것도 기다리지 않는다.

포스트모더니즘 이후
- 융합사회

근대에는 이성을 우상화해보고, 탈근대에는 몸과 감성을 우상화해봤다. 하지만 자기 우상화에 빠진 아담이 확인한 것은 독단의 이분법적 이성과 맹목적이며 무분별한 감성뿐이었다. 제3물결의 끝자락에서 인류는 이제 다른 대안을 찾고 있다. 제3의 길이라 불리는 그 길은 결국 근대와 탈근대의 장점만 합치는 것이다. 제4물결은 그렇게 통일과 질서의 이성, 그리고 절제와 정제의 감성 사이에 융합을 추구하고 있다.

여성 중심사회에서 살아남기 위해 사신을 가꾸던 이른바 '꽃미남'들이 요즘 새롭게 변화하고 있다. '식스팩'을 더하고 있다. 이른바 메트로섹슈얼이다. 진지함을 추구하던 최민수 시대의 제2물결이 끝나고, 재미와 미를 따르던 노홍철과 원빈의 시대를 지나, 진지하고 재미있으면서도 예쁜 남성의 시대가 오고 있다. 미래의 남편상은 이중적이다. 먼저 그는 집에서 아내에게는 부드럽고 유머러스하며 귀여움 받는 남편이어야 한다. 하지만 밖에서 돈을 벌 때는 냉철하고 이성적이어야 한다. 부인상도 마찬가지다. 남성에게 한껏 매력적으로 보여야 하지만 동시에 통장이 두둑해야 한다.

제2물결의 독단에 실망한 인간은 제3물결을 통해 경계를 허물어 다양성을 인정해주었다. 하지만 그 다양성이 합리적으로 흐르지 않고 맹목적으로 흐르는 경향을 보이자 이제 그 다양성과 통일의 조화를 꾀하고 있다. 제3물결과 그 이전 물결들의 장점만 모아 융합하는 일이다. 제2물결도 나름대로 질서와 안정, 통일이라는 측면에서 긍정적이었고, 제1물결 역시 전통의 가치와 아름다움을 지니고 있었기 때문이다.

몸 중심의 탈근대사회는 2020년경 새로운 시대에 바통을 넘겨주게 될 것이다. 새로운 미래는 토플러식으로 말하면 제4물결인 셈이지만, 그 후에 계속되는 물결을 언급하는 것은 의미가 없다. 왜냐하면 제1물결 약 1만 년, 제2물결 약 300년, 제3물결 약 40년 정도의 변화 추이를 볼 때 제4물결 이후에는 숨 돌릴 틈도 없는 급격한 변화가 이어질 것이기 때문이다. 그러한 변화에 인간이 적응하기는 쉽지 않을 것이다. 미래에는 문화지체 현상이라는 말도 지나치게 겸손한 표현에 불과하다. 변화에 적응도 하기 전에 새로운 변화가 올 것이다. 따라서 이 시대를 과학혁명의 시대로 명명하고자 한다. 우주 항공 시대라는 말은 시대상의 일부만을 대변한다. 다가올 시대는 지금 우리가 전혀 예상하지 못할 모습으로 전개될 것이다. 따라서 문제는 다음 시대의 사회상이 어떻게

문명의 역사

제1물결 ~14세기		제2물결 17, 18세기~	제3물결 1970-80년대~	제4물결 2020년대~
고대	중세	근대	탈근대	미래
자연을 봄	신을 봄	선악과를 먹음	몸을 봄	제2의 아담을 봄 (예수)
수직적 구조			수평적 구조	십자가형 구조

변할 것인지, 어떤 구조에 의해 지배될 것인지, 그리고 지구는 과연 어떤 변화를 향해 갈 것인지 하는 것이다.

에덴 신화는 이 부분에서 신이 인간에게 가죽옷을 입혀주었다고 밝히고, 동시에 뱀에 대한 예언을 통해 '여자의 후손'이 올 것을 암시하고 있다. 그런데 그는 이미 2000년 전 나무에 매달린 제2의 아담 예수다. 따라서 여기 예수는 상징적으로 십자가, 즉 제4물결의 십자가형 패러다임을 의미한다.

근대	탈근대	미래
산업사회/제2물결	정보화사회/제3물결	융합사회/제4물결
이성/논리, 설득 독단	감성/창의 공존	이성과 감성/창의와 논리 상생
통일/유일성/ 절대/차별	해체/다양성/ 상대/차이	생산적 융합
유럽식 자본주의/분배/ 수요자 중심/규제	신자유주의/성장/ 공급자 중심/자율	제3의 길/ 중도 실용주의
인간 중심주의/개발	자연 중심주의/보존	녹색 성장
민족주의	세계화	열린 민족주의
대통령/교사/부모/ 의사/판사/사회	국민/학생/지녀/ 환자/국민 참여/개인	상생
남성 중심/성차별	여성 중심/남녀평등/역차별	양성평등
서구 중심주의	동양 중심주의	상생
백인 중심	황인, 흑인 중심	상생
개미	베짱이	개짱이(융합)
수직적 닫힌 구조	수평적 열린 구조	십자가형 융합 구조

지금 인류는 제3물결의 끝자락에 와 있다. 성서는 세계가 십자가형 구조로 움직이게 될 것을 예언했다. 그런데 신기하게도 세계는 그렇게 가고 있다. 융합사회는 이성 중심주의의 수직적 구조와 감성 중심주의의 수평적 구조를 생산적으로 결합하는 것이다. 수직과 수평을 결합하면 십자가의 구조가 된다. 따라서 제4물결은 실제 십자가의 패러다임이 된다.

제4물결의 화두는 융합이다. 제2물결이 이성과 비이성의 경계 설정과 독단이고, 제3물결이 경계 허물기를 통한 차이의 인정과 공존이라면, 제4물결은 경계가 허물어진 영역들 사이의 상생 지향적 융합이다.

1) 근대는 수직적 구조의 이성적 개미형 인간이 성공하는 시기였다. 반면 수평적 구조의 탈근대는 노래든 춤이든 스포츠든 개성을 찾아 하나만 잘하면 성공할 수 있는 감성적 베짱이의 시기다. 따라서 각자의 선택이 인정되는 수평적 구조다. 하지만 제4물결에는 합리적 이성과 성실의 개미와 다양한 창의성의 베짱이가 결합된 개짱이형 인재, 즉 이성과 감성을 결합한 십자가형 융합 인재가 요구된다.

2) 블루오션은 제4물결 식의 '경계 융합'이다. 처음 이 흐름의 주역인 '태양의 서커스단'은 서커스와 연극의 경계를 허물고 점차 다양한 장르의 예술을 결합시켰다. 그리고 오늘날 독창적인 예술 분야를 만들어냈다. 퓨전 음식과 퓨전 음악, 서로 다른 문화권의 의상을 결합한 퓨전 디자인, 그리고 최근에 이르러서는 다양한 격투기를 융합한 K1 등이 그 사례다. 또한 토플러(A. Toffler)가 『부의 미래』에서 언급한 대로 가시적 부인 기존 화폐와 비가시적 부가 결합하여 다양한 서비스와 포인트, 그리고 할인을 받을 수 있는 종합 카드가 속속 등장하고 있다.

3) 제4물결은 컴퓨터와 기계 중심의 세상에서 인간 고유의 능력을 소유한 인재를 찾는다. 그 결과 다양한 영역의 융합이 개인에게 요구되고 있다. 융합은 융합을 부른다. 결국 사회는 그물 모양의 형태를 이루며 거대한 조직으로 통합된다. 그런 의미에서 멀티미디어로서의 스마트폰이나 베리칩은 상징적이다. 2010년 3월 23일 건강보험개혁법에 따라 건강보험이 없던 미국의 3200만 명이 정부 보조 등을 통해 의료보험 가입 기회가 주어지게 되었다. 새 법안에는 국민의 건강을 보호하기 위해 '베리칩'을 몸에 이식할 것이라는 내용이 암시되어 있다. 이에 대해 NBC는 '2017년까지 우리 모두 몸에 칩을 이식하게 될 것'이라고 예보했다. 베리칩(Verichip)은 'Verification(확인, 증명)'과 'Chip(반도체 조각)'의 합성어다. 즉 몸 안의 '무선 식별(RFID)' 장치다. 쌀알보다도 작은 베리칩 안에는 메모리·안테나·축전지가 들어 있는데, 축전지는 체온에 의해 충전되며, 메모리에는 16자리 고유번호와 128개의 핵심 유전자 코드가 들어 있다. 현재는 환자 치료를 목적으로 하고 있으나 미래에는 ID와 위치 추적 기능이 포함될 것으로 보인다. 그리고 더 나아가서는 은행 잔고 등 모든 개인 정보가 칩 안에 저장될 가능성이 높다. 따라서 미래에는 아마도 일상생활의 모든 거래가 칩을 통해 정산될 것이다.

4) 2008년 미국발 경제위기는 신자유주의의 종말과 자본주의의 한계를 의미했다. 하지만 세계는 케인스로 돌아갈 수 없다. 시장 실패나 정부 실패나 모두 문제이기 때문이다. 따라서 이제 세계는 하나의 고정된 이론이 아니라, 유연성 있게 변화에 대응하는 중도 실용주의 또는 창조적 실용주의의 경제정책을 선호하고 있다. 결국 제4물결은 성장 지향적 분배와 분배 지향적 성장을 합리적으로 적절히 운용하는 제3의 길을 갈 것이다.

5) 근대 과학 지상주의는 환경 파괴라는 치명적 결과를 낳았다. 따라서 탈근대는 생태론, 즉 자연 중심주의까지 언급하며 보호를 외쳤다. 하지만 개발이냐 보호냐의 문제 역시 이제 선택이 아닌 공존의 문제가 되었다. 인간 중심주의도 자연 중심주의도 아닌 자연 친화적 개발이 대세다. 이러한 변화는 현재 '녹색 성장'이라는 이름하에 진행되고 있다.

6) 근대의 민족주의는 파시즘이라는 치명적 결과를 낳았다. 세계화는 국가 간의 경계를 허물고 열린 세계를 지향했다. 하지만 세계화의 그림자는 경제적 강국에 의한 새로운 종속을 낳았다. 따라서 지금 세계는 열린 민족주의 또는 포스트 민족주의를 지향한다. 스스로의 문화적 가치는 보존하며 타 문화에 대한 열린 사고를 견지한다.

7) 제2물결의 독단은 소유와 폭력, 그리고 고립을 초래했다. 그래서 제3물결은 서로의 차이를 인정하고 갈등 없이 잘 지내자는 공존 중심이었다. 하지만 제4물결의 융합은 상생을 지향한다. 상생은 단순한 공존을 넘어 더 적극적으로 서로 도와 함께 잘 살아보자는 것이다. 일례로 시장의 변화를 보면, 이제 기업 대 기업의 경쟁이 아니라 기업 네트워크와 기업 네트워크 사이의 경쟁이라는 사고가 팽배해지면서 대기업과 협력 업체인 중소기업이 상생하기 위해 노력하고 있다. 나아가 노사 상생이나 노노 상생을 넘어 이제는 사회적 기업을 통해 공급자인 기업과 소비자인 일반 시민의 상생이 강조되고 있다.

8) 남성 중심주의는 성차별을 초래했다. 그 결과 제3물결의 여성 인권 운동은 남녀평등에 기여했으나 동시에 역차별을 낳았다. 따라서

제4물결은 특정 성의 평등을 말하지 않고 양성의 평화로운 공존과 상생을 지향하는 양성평등이 대세가 된다. 세상은 분명 변화하고 있고, 인류의 미래는 희망적으로 보인다.

에덴 신화가 예언한 대로 제4물결에는 십자가의 형상이 나타나고 있다. 그런데 십자가는 성서에서 두 가지, 즉 공동묘지의 죽음과 구원의 생명을 의미한다. 세상은 상생과 이타, 사랑과 평화라는 이상적인 말을 하고 있지만, 제4물결에 실질적인 변화는 오지 않을 것이다. 세상은 좋아지지 않을 것이다. 물론 언제나 그랬듯, 발달은 있다. 문명은 계속 자기의 길을 갈 것이고, 쾌락을 위한 도구는 더 많이 더 빠른 속도로 생산될 것이다. 하지만 사람들은 더 불행해질 것이고, 사랑은 사라질 것이며, 평화·정의·평등·자유는 진정 단어로만 존재하는 시대로 변해갈 것이다. 특히 양극화와 고실업, 그로 인한 계층 간 세대 간 갈등은 극단으로 치닫게 될 가능성이 높다. 왜냐하면 십자가의 본질이 절대적 갈라짐과 분리에 있기 때문이다.

십자가는 골고다 산에 박혔다. 골고다는 세상과 인류 역사를 상징한다. 그런데 골고다는 해골의 산이라는 뜻, 곧 죽음의 장소라는 말이다. 세상이 죽음의 장소인 것은 지금까지 우리가 확인한 사실이다. 그런데 십자가가 박히자 세상 사람들이 정확하게 두 부류로 갈라진다. 예수의 양 옆에는 두 강도가 함께 못 박혔다. 여기서 '강도'는 자기밖에 모르는 이기적 몸적 자아를 상징한다. 따라서 성서는 미래 사회가 모든 측면에서 확실하게 두 부류로 나뉘는 양극화가 진행될 것을 예언하고 있다. 경제로 말하면 중산층은 사라지게 된다. 지금 실제 그렇게 가고 있는 대로, 소수의 상류층과 다수의 하류층으로 고착될 것이다. 따라서 소수의 사람들은 인생이 행복하나 발할 것이고, 나머지 대부분의 사람들은 삶이 고달프고 불행하다 말할 것이다. 문명의 획기적인 발달

아르놀트 뵈클린(Arnold Böcklin), 〈죽음의 섬〉(1880)

로 욕망은 커지기만 하는데 재정적 여력은 오히려 더 줄어들 것이기 때문이다. 현재 전 세계적으로 우울증 환자가 3억5000만 명이라고 하지만, 앞으로 급속하게 증가할 것이다. 더 많은 삶의 스트레스와 좌절, 절망이 있을 것이고, 당연히 사회적으로는 갈등·폭력·범죄가, 개인적으로는 외로움과 자살이 늘어날 것이다. 이미 제3물결에서 인륜과 반인륜의 경계는 허물어졌다. 앞으로는 과거에 보지 못했던 새로운 범죄 유형들이 우후죽순으로 생겨날 것이다. 패륜 범죄는 일상이 되고, '묻지마 범죄'가 확산될 것이다. 가상공간이 현실 공간보다 더 현실적으로 여겨지는 상황에서 가상이 현실을 지배하게 되어 '현피'와 같은 범죄가 생겨날 것이다. 이미 상당 부분 그렇게 되었지만 앞으로 인류에게는 선과 악, 아름다움과 추함, 좋음과 나쁨의 경계는 확실히 사라지게 될 것이다. 사람들은 정의가 무엇인가 질문했듯 선이 뭐냐고, 미가 뭐냐고, 좋은 것이 뭐냐고 이미 질문했고, 학자들은 지금까지 뭔가 중얼거리고만 있다. 따라서 앞으로도 지식인들은 다양한 이론만 주절댈 것이다. 그리고 아마 세련된 어조로 각자의 자율성에 따라 선택하라고 할 것이다. 세상은 그래도 조금씩 나아지는 것 아니냐고 말하는 우매한 학자들도 계속 있을 것이다. 하지만 미래의 인류는 그 모든 것에 대해 아무 신경도 쓰지 않을 것이다. 그 어떤 답에 대해서도 사실은 무관심할 것이기 때문이다. 사람들은 더 극단적으로 살고 먹고 즐기고 누리기 위해 서로 싸울 것이고, 그러는 사이 지구의 자연이 지니는 엔트로피 지수는 완성을 향해 갈 것이고, 따라서 세상 어딘가는 아주 뜨거워지거나 아주 차가워질 것이다. 사막화의 속도가 급격히 빨라질 것이고, 이전에 보지 못했던 홍수와 쓰나미를 만나게 될 것이다. 그리고 무엇보다 확실한 것은 누군가, 언제 어디선가 핵을 터뜨릴 때가 있을 것이다. 인간은 자기가 만든 장난감을 반드시 써보고 지나가기 때문이다.

끝은 어디일까? 성서의 예언은 거기에서 끝난다. 에덴을 떠난 아담의 후손, 인류를 위해 신이 사랑으로 내려와 자신을 드러냈다. 그런데 인류는 에덴의 예언대로 신을 오히려 자신의 기억 속에서조차 파내버렸다. 그리고 스스로 신이 되어 문명을 세웠고, 결국 지구 자체를 파괴할 지경에 이르렀다. 그 와중에 지극히 소수의 사람들만이 십자가의 진리를 자신의 것으로 받아들였다. 기독교인들이라는 말이 아니라 사랑을 깨달은 자들이다. 제4물결이 보여주는 십자가의 예언은 따라서 이렇다. 대부분의 인류는 스스로 선택한 죽음의 길을 끝까지 갈 것이다. 다만 소수의 사랑의 아들들만이 새 에덴으로 돌아갈 것이다. 십자가 이후에 새로운 패러다임은 기록되어 있지 않다. 따라서 성서대로라면 제4물결 이후의 시간은 없다. 과연 그렇게 될까? 알 수 없다. 다만 지금까지는 성서의 예언대로 이루어진 것이 사실이다. 스티븐 호킹은 물리학자의 입장에서 예측한 것이지만, 그리고 그 시간이 50년일지 100년일지는 알 수 없지만, 지구의 수명은 제한되어 있으며 그리 오래 남지 않았다는 것은 분명하다. 그리고 인류가 지구 아닌 다른 공간으로 이주하는 일은 없을 것이다.

문명의 죽음

인간은 본질적으로 이기적이다. 혹시 자기가 먹던 우유 통을 울고 있는 이웃 아기에게 양보하는 아기가 있는지 찾아보라. 아마 지구를 몇 바퀴 돌아도 발견하지 못할 것이다. 모든 인간은 자궁에 착상되는 순간부터 철저히 이기적이다. 엄마가 입덧하는 것은 아기가 입맛을 강요하기 때문이다. 그렇게 엄마를 이용하다 나중에 못 견디겠으면 자신을 그토록 보살펴준 자궁을 찢고 나간다.

인간	유아기 소년기	사춘기	장년기	노년기와 죽음
문명	고대 중세	근대	탈근대	미래
물결	제1물결	제2물결	제3물결	제4물결
몸적 자아	극단적 이기주의	건전한 이기주의	합리적 이기주의	호혜적 이기주의
특징	나만 존엄, 나머지는 도구	모두 존엄, 하지만 나는 나 너는 너	공존	상생
구조	수직적 구조		수평적 구조	십자가형 구조

그러고는 또 무기력하게, 그러면서도 자기밖에 모르는 방식으로 철없이 부모에게 의존한다. 세상에 어떤 동물도 그렇게 이기적이지는 않다. 태어나는 순간부터 걷고 홀로 서기를 시작한다. 인간만이 철저하게 기생적이다. 완전한 돌봄을 요구하면서도 한없이 이기적이기만 하다.

내가 태어났으면 내가 살아야 한다. 하지만 역사는 전혀 다르게 흘렀다. '나'는 나로 살지 못하고 몸의 욕망에 중독되어 살아왔다. 원하는 삶이 아니라 원한다고 착각한 삶, 원하도록 강요된, 사실은 전혀 원하지 않는 삶만을 원하며 살아왔다. 무지와 이기심 때문이다.

인간이 얼마나 이기적인지는 문명의 역사를 보면 분명히 드러난다. 위의 표에서 보는 것처럼 겉으로는 발전으로 보였다. 자연 상태의 극단적 이기주의를 극복하고 합의를 통해 법치주의에 입각한 국가를 건설해 공동체의 삶을 가능하게 하고(근대의 건전한 이기주의), 다양성을 인정하는 공존 의식(탈근대의 합리적 이기주의)을 넘어 상생 의식을 통해 서로의 생존과 평화를 보장하는(제4물결의 호혜적 이기주의) 데까지 이르렀다. 하지만 그렇게 보이는 것뿐, 속으로는 더 심하게 곪아왔다. 암에 걸린 환자가 새로 나온 진통제만 계속 맞으니 회복되는 것 같은 착각을 일으키는 것과 마찬가지다. 푸코가 말한 것처럼 근대에는 그래도 가시적이고 일상적인 병들이었기에 고통과 함께 병을 병으로 볼 수 있었다. 어떻게든 약도 쓰고 치료도 했다. 하지만 탈근대의 후기에서 제4물결로 넘어가는 지금은 문둥병으로 변질되어버렸다. 아파도 통증이 없다. 팔다리, 눈 등 몸 전체가 썩어 들어가고 떨어져 나가는데 아프지가 않다. 이것도 좋은 것 같고, 저것도 좋은 것 같고, 무엇이 옳은지 특별히 모르겠다. 아니, 가치평가를 내리는 것 자체가 귀찮다. 현상과 달리 내면의 이기주의는 더 심화되었기 때문이다. 다시 말해 인간은 극단적 이기주의를 포장만 했지 단 한 번도 진정 포기해본 적이 없었다. 단지 위장하고 은폐한 것뿐이다.

인간은 권력에의 의지라는 본능적 욕망 안에 용해되었다. 사회적 예의와 가장된 겸손은 존재하나, 근본적으로 '너'는 나의 경쟁자다. 소유하거나 소유되어지거나, 그래서 내가 너보다 못할 때 난 너와 평등하고 싶다. 너의 무리에 소속하고 싶다. 하지만 내가 너와 같아지면 더 이상 그곳에 머물러 있고 싶지 않다. 난 튀고 싶고, 너보다 다른 클래스의 존재이고 싶고, 너와 차별화되고 싶다. 정의는 정확히 나의 이익이다. 그것이 평등이고 진정한 정의이며 선이다. 따라서 도덕은 합의에 의해 유지하지만 원래 선악은 없다. 존엄도 쟁취하는 것이다. 나는 너를 지배하고 너를 소유하기 위해 권력만 주어진다면 직접적이든 간접적이든 폭력을 당연히 사용할 것이다. 그렇게 보이지 않는 폭력도 사용할 것이다. 너를 유혹하고 너를 조종해 내가 만든 물건을 사고, 내가 보여주는 드라마를 보며, 내가 개발한 게임에 중독되도록 만들 것이다. 그 누구도 나의 행복을 방해할 수는 없다. 인륜은 사치일 뿐이다. 보이지 않고 저항할 수 없다면, 아기와 같은 힘없는 존재는 언제든 죽이지 않으면서 죽

장 델비유(Jean Delville), 〈죽음〉(1890년경)

일 수 있다.

이기주의로 가득 채워진 선은 회칠한 무덤에 불과하다. 인류의 역사는 정의와 평등이라는 명목하에 정의와 평등을 죽여온 역사이고, 폭력의 역사이며 약자를 파괴해온 역사다. 그리고 그것은 사실 스스로를 파괴하는 행위였다. 맹목적인 욕망의 방출은 향유를 죽이고 관계를 죽이며 가정의 본질을 왜곡시킨다. 다양성과 자유라는 미명하에 맹목적 욕망의 길이 열리면 모든 것이 허용된다. 모든 것이 허용될 수밖에 없다. 차이와 다양성의 인정에는 고삐가 없으며 허용과 불용의 경계를 세울 가능성이 없기 때문이다. 사드는 이미 인류에게 경고했다. 그 길의 끝에서 인류는 죽음조차도 쾌락으로 여긴다. 능지처사당하는 사형수가 고통의 쾌락을 즐기며 자신의 살점을 천천히 도려내달라고 간청하거나 도살장에서 죽어가는 돼지가 마조히즘적 쾌락을 즐기는 형국이다. 결국 인간은 이기심을 이기심이 아닌 것처럼 보일 수 있을 만큼 이기적이지만, 결국 그 이기심에 의해 자멸하고 있다.

탐욕, 분노, 무지가 인류의 삼독(三毒)이라고 한 석가의 말은 옳았다. 인간의 무지와 탐욕은 자신의 주변에 있는 모든 것들에게 분노에서 발사되는 것과 같은 고통을 준다. 인간은 자연을 있는 그대로 봐주지 못하며 마음 가는 대로 착취하고, 동물은 즐기고 싶을 때만 즐기다 쉽게 버리거나 죽인다. 그것이 결국 부메랑이 되어 인류 전체의 생존을 위협하고 인간 존재의 가치 자체를 비하시키는 일임을 깨닫지 못한다. 무지했을 때도 그랬고, 지금 그 결과를 눈으로 보고 있으면서도 멈추지 못한다. 용암의 불꽃처럼 튀어 오르는 인간의 탐욕이 이제 마치 인간과 분리되어 독립된 존재로 날뛰는 것 같다. 멈추고 싶어도 쉽게 멈출 수 없는 상황이지만 사실 아무도 멈추려 하지 않는다.

살아 있다고 살아 있는 것이 아니다. 세상에는 살아 있지만 죽어 있는 '좀비'들이 넘쳐난다. 생각하지도, 생각하려 하지도 않는다. 문제를 보지도, 보려고 하지도 않는다. 진리의 소리를 듣지도, 들으려고 하지도 않는다. 뇌사자에게는 의미도 기쁨도 행복도 없다. 그들은 이미 무념무상의 경지에 도달한 자들이다. 이제 그들을 기다리는 것은 혼돈과 공허 그리고 끝없는 어두움뿐이다.

영국 화가 프랜시스 베이컨은 〈디에고 벨라스케스의 '교황 인노첸시오 10세의 초상'에서 출발한 습작〉(1953)에서 노란색 우리에 갇힌 보라색 히스테리를 통해 인류가 직면한 공포와 고독, 그리고 강박관념을 상징적으로 보여주었다. 폭력적이고 추악하며 역겨운 죽음을 기다릴 수밖에 없는 인류. 하지만 그것이 진실이며 인류 문명의 '지금'이다. 단순히 제2차 세계대전과 히로시마의 원폭이 보여준 광기 때문만이 아니다. 근본적으로 성스러움으로 경배받던 인간 역사의 권위는 이제 그 맹목적 자유를 빼앗기고 한계의 우리 안에 갇혀 있다. 인류가 겪은 스트레스, 죽음에 대한 무의식의 공포는 안정될 수 없는 성질의 것이다. 왜냐하면 인간은 스스로의 광기를 아직도 외치며, 동시에 그 광기에 대한 두려움으로 떨고 있기 때문이다. 결국 스스로를 절대화한 인간의 공포와 희열의 이중주적 절규, 사디즘과 마조히즘의 절묘한 비빔밥을 통한 죽음의 길은 완성을 향해 나아가고 있다. 이제 인간은 죽음을 두려워하지 않는다. 사실 인간이 죽음이다.

카지미르 말레비치, 〈검정 십자가〉(1915)

절대주의는
모든 자연, 모든 물질로부터의 자유다. 하지만
자유하려는 욕망,
마지막 흑과 백에 종속된다.
그래서 상대주의다.
무(無)를 말하는 사람도
늘 무언가를 창조한다.
그의 무는 무 안에 들어갈 수 없다.
그 무는 유(有)다.

순수는 색이 없음에서 오지 않는다.
색이 없는 색은 가장 화려한 교만이다.
'비움'은 사라짐이 아니라 '바로 채움'이다.
무는 유의 반대가 아니다.
유의 반대는 불(不)이다.
무는 유와 불 너머에 있다.
무는 진유(眞有), 절대 유의 현존이다.
그 유일한 무,
진도(眞道)는

사랑이다.
사랑처럼 보이는 것도
사랑이고 싶은 것도 아닌
사랑이다.

12

죽음을 취한 사람들 – 사랑

그리움

알폰소 쿠아론 감독의 '그래비티'는 허블 망원경을 수리하기 위해 우주로 간 라이언 스톤 박사의 이야기다. 지구에서 600킬로미터 떨어져 소리도 없고 기압도 없고 산소도 없으며 흑암이 깊음으로 지배하는, 생명이 없는 공간에서 그녀는 재난을 당해 표류한다.

우주는 죽음이다. 그녀가 사고를 당하자 영원한 흑암으로 끌어들이려 한다. 지구의 연장인 모선을 파괴하고 산소를 빼앗고 온갖 생사의 위협으로 그녀를 죽음의 위기에 몰아넣는다. 반면 지구는 생명이다. 그래비티는 생명의 줄이다. 그래서 그녀가 우주로 튕겨져 나가려 할 때 중력으로 궤도를 유지시키고 지켜준다.

그런데 사실 처음 그녀가 우주로 나간 것은 죽음에서 생명으로 이동하기 위해서였다. 그녀의 눈에는 자기의 분신인 네 살박이 딸의 목숨을 앗아간 지구가 죽음의 땅이었다. 집을 나선 표류의 길, 그녀는 그 지구를 거부하고 우주로 나온 것이다. 그렇게 그녀는 지구를 버렸지만 지구는 여전히 그녀를 사랑한다. 그래서 그녀를 중력으로 계속 끌어당긴다. 그리고 사랑의 메시지를 전달한다. 그녀가 죽음에 대한 극한의 공포에 휩싸여 있을 때 코왈스키는 아름다운 지구의 일출 장면을 말하며 그녀에게 용기를 준다. 그리고 에너지가 바닥나 죽음을 기다리는 상황에서 그녀를 위로한 것은 휴스턴의 본부가 아니라 그린란드의 어느 보통 가정에서 들려오는 아기 우는 소리, 그리고 사랑하는 아빠의 자장가였다.

그녀는 결국 집으로, 생명으로 돌아온다. 단순히 살고자 하는 욕망이었을까? 집으로 돌아오는 그녀의 여정에서 우리는 내면 깊숙한 곳에 자리 잡고 있던 그리움의 기호를 읽는다. 본래 자리는 우주가 아니다. 집은 지구다. 집을 떠난 사람은 반드시 향수를 지닌다. 그녀는 살기 위해서 온 것이 아니라 그리움에 돌아온 것이다. 영화의 마지막에 그녀가 두 발로 땅을 밟고 선 것은 그녀와 대지가 하나로 다시 연합되었음을 상징한다.

에덴에서 예언된 역사의 죽음이 지니는 실체는 몸의 죽음을 포함한 행복감의 역사, 욕망·몸·권력·이기주의의 역사였다. 원인은 생각보다 간단하다. 라이언 박사가 지구를 버리고 우주로 떠나듯 아담은 생명의 근원인 에덴을 떠났다. "나와! 여기에 정말 생명이 있어!" 우주에서 들려오는 유혹의 소리가 환상처럼 다가와 미혹할 때 아담은 그 달콤한 말에 귀 기울였다. 그리고 라이언 박사처럼 생명의 줄을 자르고 세상이라는 넓은 우주로 떠났다. 죽음처럼 보이는 생명을 버리고 생명처럼 보이는 죽음을 선택한 것이다.

그렇게 뱀으로 상징된 증오의 영은 인간과 사랑을 분리시키려 한 목적을 이루었다. 인간이 몸의 욕망을 행복보다 우선하게 되자 정체성의 혼돈이 왔다. 영적 자아에서 몸적 자아로 변질된 아담은 더 이상 신과의 연결 고리를 갖지 못하게 되었다. 따라서 생명의 에너지인 사랑을 받지 못하게 되었고, 아담은 살아 있으나 죽은 존재가 되었다.

우리는 모든 인류가 문명의 다양성에도 불구하고 역사적으로 일관되게 행복감을 행복으로 알고 추구해왔다는 것, 그리고 그들이 욕망한 바로 그 행복감이 성서의 에덴 신화에 등장하는 선악과와 일치한다는 사실을 확인했다. 나아가 그 행복감의 역사가 실제로 성서가 예언한 대로 죽음의 역사였음도 확인했다. 이제 우리는 이 책의 전환점에 이르렀다. 지금까지 나는 사랑인 신, 선악과, 분리, 행복감, 그리고 죽음 등 인류가 선택하고 걸어온 어두움의 길에 대해 오랜 시간 이야기했다. 당연히 당신이 정상적으로 평범하게 살아왔다면 이 글이 힘들고 어렵게 다가왔을 것이다. 가뜩이나 사는 것도 팍팍한데, 더욱이 요즘은 다 '힐링'만 말하고 할 수 있다고 용기를 주며 "너는 그래도 멋진 사람이야" 같은 말만 하는 긍정과 위로의 책들이 넘쳐나는 상황에서 "너는 어쩌면 죽은 것일 수 있어"라는 글이 편하게 다가올 수는 없을 것이다. 하지만 사실이 그런 것을 어떡하나! 아무리 많은 사람들이 행복과 성공, 그리고 평안을 말해도 당신과 내가 살고 있는 이 세상은 죽음의 설국열차인 것이 맞다. 나는 지금까지 그것을 충분히 알아들을 수 있게 설명했다. 남은 것은 선택이다. 생명처럼 보이는 죽음의 열차를 떠나느냐, 아니면 그냥 일상으로 돌아가 전처럼 생각 없이 살다 생각 없이 죽느냐! 그런데 오해하면 안 된다. 설국열차를 떠난다는 것은 영화에서처럼 열차 밖으로 나가는 것이 아니다. 세상에서의 생명과 죽음은 공간적으로 분리되어 있지 않다. 세상 안에 함께 있다. 따라서 당신은 죽어 있는 존재들 한가운데에서 살아나야 한다. 세상 밖으로 나가라면 속세를 떠나거나 자살하란 말과 무엇이 다르겠는가! 떠남은 세상 안에서 일어난다.

당신이 있는 그 자리, 바로 당신 안에서 일어난다.

사랑과 연결된 줄을 자른 것이 죽음을 불러왔다면 생명은 그 줄과 다시 하나가 되는 것이다. 라이언 박사가 중력에 자신을 맡겨 대지와 다시 결합한 것처럼 인류에게 필요한 것은 에덴의 그 사랑과 재결합하는 것이다. 그래야만 사랑의 에너지를 받아 라이언 박사처럼 생명이 회복될 수 있다. 그런데 정말 에덴이 있었나? 알 수 없다. 아무도 본 사람이 없는데 어떻게 알겠나! 하지만 있었음에 틀림없다. 왜냐하면 인간은 누구나 그 사랑을 그리워하기 때문이다.

자연계의 동물은 자족할 줄 안다. 맹수는 배고픈 만큼 먹고 배부르면 더 이상 먹이를 사냥하지 않는다. 사자가 수십 마리의 사슴을 잡아 쌓아놓거나 냉장고에 저장해놓고 먹는 일은 없다. 잉여 소유에 대한 욕망이 없기 때문이다. 인간도 아기일 때는 동물과 같다. 아기는 무소유의 삶을 산다. 먹을 만큼 먹고, 졸리면 자며, 필요할 때 싸고, 배고프면 운다. 다른 것을 원하지 않는다. 새로 나온 유모차를 사겠다고 쇼핑을 가지도 않고, '카톡'으로 요즘 기저기 질이 어떻다는 둥 수다를 떨지도 않는다. 생리적인 욕망의 충족, 라캉이 요구(need)라고 한 것만 원한다. 실제로 젖을 먹고 난 아기는 홱 돌아누워버린다. 엄마가 야속할 정도로 아기는 본능 외에는 관심이 없다.

그런데 왜 생리적인 욕망밖에 없을까? 자아의식이 없기 때문이다. 자아의식이 없다는 것은 타자의식이 없다는 말과 같다. 인간에게 자아의식은 언제나 타자의식과 함께 온다. 아니, 둘은 사실 같은 말이다. 나는 언제나 네가 아닌 나이고, 너는 언제나 내가 아닌 너다. 그런데 내가 없다는 말은 내 소유도 없다는 뜻이 된다. 그래서 라캉은 이 시기를 나와 너의 구분이 없는 실재계(The Real)이라고 부른다. 나만의 색안경이 없는 시기다.

하지만 세 살 정도 되어 거울 단계라 부르는 상상계(The Imaginary)로 이행하면 아기는 사자와 전혀 다른 무엇인가를 원한다. 그것을 라캉은 욕구(demand)라 했다. 생리적인 욕망에 뭔가 질적으로 완전히 다른 어떤 것이 더해졌다는 말인데, 그것이 무엇인지는 프로이트가 오이디푸스 콤플렉스를 통해 잘 설명하고 있다. 바로 '엄마에 대한 욕망'이다. 엄마를 욕망한다는 말은 엄마를 소유하고 싶다는 말이다. 그리고 이때 엄마는 완전한 행복의 상징이다. 라캉은 그것을 엄마 젖을 마음껏 먹고 포만감에 젖어 가슴 속에서 새근새근 자는 아기의 모습으로 표현한다. 이제 요구에서 욕구로 넘어가는 과정을 좀 자세히 보자.

상상계의 특징은 어쨌거나 상상의 산물이라 할지라도 자아의식의 확립에 있다. 다른 사람들을 거울처럼 보며 자기도 그렇게 생겼겠거니 한다는 뜻이다. 당연히 자아의식이 생기면 '내 것'과 '네 것'의 구분이 생긴다. 그리고 지금까지 나에게 좋았던 모든 것은 혼자 가지고야 말겠다는 마음이 생긴다. 아이들이 어설프게 말을 하기 시작할 때 가장 먼저 하는 말 중 하나가 바로 "내 거야!"다. 누구 것이든 일단 자기 손에 들어온 것은 모두 자기 것이다. 그런데 아기는 그때까지 자신이 좋아하는 모든 것을 준 존재가 바로 엄마라는 사실을 알게 된다. 그러니 엄마에 대한 소유욕, 즉 욕구(demand)를 지니게 되는 것은 필연이다. 우리는 아이의 욕구를 이렇게 말할 수 있다. "엄마는 내가 좋아하는 모든 것을 주는 사람! 그러니까 엄마는 내 것!"

이제 엄마라는 기호, 즉 완전한 행복에 대한 욕망을 세분화해보자. 엄마는 먹을 것을 준다. 기저귀를 갈아준다. 날 보호해주고, 아프면 치료해주며, 안아주고, 재밌게 해주고, 또 재워준다. 그리고 무엇보다 엄마는 세상에서 날 가장 사랑한다고 한다. 가만히 살펴보고 정리해보라. 뭔가 떠오르는 단어가 있지 않은가? 행복감! 바로 선악과다. 그렇다. 엄마는 아기에게 선악과인 행복감의 총체다. 건강하게 지켜주고(생존의 욕망), 즐겁게 해주며(자극의 욕망), 날 최고로 인정해준다(비교의 욕망). 그런데 아이가 학교에 들어가고 나이를 먹으면 이제 엄마가 어떤 존재인지를 조금씩 정확히 인지하게 된다. 아이는 엄마가 자신이 원하는 것만 주는 존재가 아니라 원하지 않는 것도, 때로는 싫어하는 것도 요구하는 존재라는 사실을 깨닫게 된다. 모성의 집착이 인지된다. 엄마라는 신화가 깨지는 과정이다. 그래서 아이는 엄마에게 느꼈던 그 행복감의 총체를 엄마가 아닌 다른 존재에게로 이체시키기 시작한다. 그것은 프로이트의 생각처럼 단순히 '다른 여성'에게 향하거나 또는 '반사회적인 욕망'만을 의미하는 것이 아니다. 아이에게 중요한 것은 그 대상이 어떻게 인식되느냐가 아니라 자신이 그 대상에 '필이 꽂혔냐!'가 중요하다. 무의식 안에 남아 있는 '엄마로부터 받은 행복감'과 동일한 정도의 행복감을 줄 수 있는 것이라면 이제 얼마든지 엄마 대신 욕망하게 된다. 그런데 모든 행복감을 얻을 수는 없으니 어떤 하나가 좋아지면 그것을 극단적으로 팽창시킨다. 하나를 전체처럼 여기는 것이다. 그래서 어떤 아이는 먹기만 하면 행복해한다. 어떤 애는 게임만 하면 좋다고 하고, 친구랑 놀기만 하면 시간 가는 줄 모르는 아이도 있다. 물론 부모가 부정적으로 여기는 것만 하는 것이 아니다. 책 읽기에 빠지는 아이나 악기나 공부에 몰두하는 아이도 있고, 어려서부터 돈을 밝히는 아이도 있다. 하지만 무엇을 하건 그것은 '엄마'에 대한 대체물이다. 이와 같은 맥락에서 프로이트가 엄마 또는 '남근', 라캉이 대타자(A)로 표현한 것을 이해할 수 있다. 모든 인간은 완전한 행복감 또는 완전한 사랑받음(A)를 원한다. 그래서 그렇게 보이는 구체적인 어떤 것을 현실적으로 추구한다(소타자 a). 인간은 로테에게 집착한 베르테르처럼, A를 얻을 거라고 a만 보고 죽어라 달려간다. 가서 a를 얻으면 끝이다. 결코 A로 이어지지 않는다. 모든 행복감을 원하는데 하나를 확대시킨 것이니 당연한 일이다. 그 간극과 공허로부터 라캉은 욕망(desire)이 생긴다고 한다. 복잡한 말들 같지만 의미는 간단하다. 무지개를 찾는 소년은 결코 무지개를 만나지 못한다.

엄마를 소유하는 것, 즉 모든 행복감의 총체를 가지는 일은 결코 일어날 수 없다. 무엇보다 문명이 엄마의 새로운 부분들을 끝없이 만들어내기 때문이다. 사람들은 불가능한 일을 원하기 때문에 행복하지 않은 것이다. 누군가로부터 엄마와 같은 완전한 사랑을 받는 것, 즉 행복감을 행복으로 알면 결코 행복해질 수 없다.

그런데 사람들은 이 진리를 모른다. 무지하다. 그러니 완전한 사랑받음의 욕망을 돈이 이루어줄 것이라고 생각하면 필요 이상, 아니 무한정 원하게 된다. 무한정 사랑받고 싶기 때문이다. 한없이 행복해하고 싶기 때문이다. 이것이 바로 모든 문제의 근원인 '잉여 욕망'이다. 당연히 돈을 모으고 모으고 또 모은다. 멈출 수 없다.그래서 죽을 때 가져가지도 못할 돈을 은행에 쌓아놓고는 행복해하다 죽어버리는 것이다.

그런데 사람들은 다양하다. 따라서 각자의 '필이 꽂히는' 잉여 욕망이 있다. 잉여 식욕, 잉여 쾌락, 잉여 관계, 잉여 소유, 그리고 잉여 권력 등 무엇이든 하나가 생기면 필요 이상 소유하려고 한다. 로크는 화폐의 도입을 통한 잉여 소유, 즉 사유재산의 가능성이 사회계약의 근원이라고 설명했다. 그리고 그도 어리석었던지라 필요 이상 소유하는 것이 정당하다고 봤고, 따라서 공권력이 그 사유재산을 보호해주어야 한다고 믿었다. 잉여 재산이 넘쳐나서 후에는 유산 상속까지 정당화하고자 했다. 인간의 탐심은 이렇게 움직인다. 평생 쓰고도 남을 돈을 벌고도 모자란다고 말하고, 수많은 옷가지들을 집에 쌓아놓고 있으면서 입을 옷이 없다고 하는 심보를 지니고 있다. 하지만 누구나 한 가지만 원한다. 완전한 사랑받음. 하지만 아무도 얻지 못한다.

사랑받고 싶은 욕망

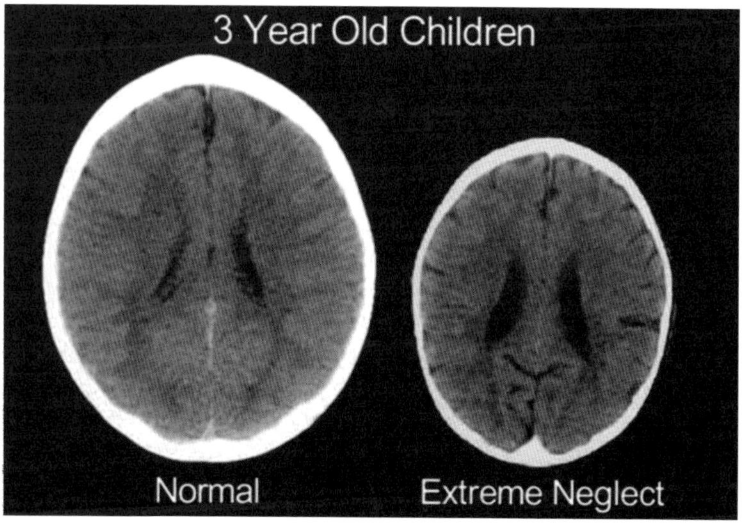

위의 사진은 부모의 방치와 학대 속에 자란 세 살 아이의 뇌와 일반적인 세 살 아이의 뇌 스캔 사진을 비교 분석한 것이다. 둘은 뇌 크기부터 달랐고, 무엇보다 사랑받지 못한 아이의 뇌는 심각하게 위축되어 있었다.

완전히 사랑받고 싶은 욕망은 인간의 본질이다. 누군가로부터 돌봄을 받고, 즐거움을 얻고, 최고라는 자존감도 얻고, 완전한 행복감을 맛보고 싶어 한다. 그 욕망은 인간으로 존재하는 시점부터 끝나는 지점까지 동행한다. 의식 수준에 따라 표현력의 차이는 있을지 모르지만 욕망의 차이는 없다. 그래서 나이가 들면 사랑받고 싶은 욕망은 인정받고, 대우받고, 존경받고 싶은 마음으로 다양하게 나타난다. 동시에 소극적 차원에서는 무시당하지 않고, 소외되지 않고, 조롱받거나 업신여

김을 당하지 않고 싶은 마음으로도 드러난다.

사랑받지 못할 때 인간은 극도의 외로움을 느낀다. 먹고 사는 문제, 그리고 약간의 쾌락은 스스로 해결한다 해도 진정 기쁨과 자존감을 주는 사랑은 반드시 있어야 한다. 따라서 외로움은 '함께'의 상대를 인간에서 사물로 전이시킨다. 성을 돈을 주고 사기도 한다. 하지만 섹스가 좋아서 하는 것이 아니라 외로워서 하는 것이다. 술이 좋아서 술을 퍼마시는 것이 아니라 외로워서 마시는 것이다. 밥이 맛있어서 폭식하는 것이 아니라 외로워서 퍼 넣는 것이다. 초조함과 쓸쓸함을 느낀 영혼은 담배나 마약, 도박 같은 대상에 의존하기도 한다. 그리고 그 외로움이 논리적 마지막에 다다르면 자살은 필연이 된다. 그것은 막다른 골목에 다다른 존재의 절규다. 살아 있기 위해 필요한 '너'를 만날 수 없을 때, 인간(人間)은 이미 '사람 사이'의 존재가 아니다. 사람들과 함께 살지 않는다는 말이 아니라 진정 그 사람이 없다는 뜻이다. 라캉식의 섹스가 없다는 말이다. 외로움은 몰입을 부르고, 몰입은 중독으로 이어진다. 단순한 중독만 있는 것이 아니다. 삶에는 다양한 형태의 극단적 몰입이 있다. 그것이 일이든, 이념이든, 심지어 남을 돕는 행위든 형태나 현상은 중요하지 않다. 모두 잊기 위해서 하는 일이다. 그래서 외로움은 인간의 영혼을 파먹는 바이러스다.

그런데 이 부분에서 당신이 유념해야 할 사항이 하나 있다. 그것은 '사랑받고 싶은 욕망'이 한 가지가 아니라는 사실이다. 라캉이나 프로이트가 실수한 것은 서로 다른 두 가지를 하나로 혼동했기 때문이다. 누군가로부터 사랑받는 것은 두 종류가 있다.

> 하나는 누군가로부터 사랑받는다고 느끼는 행복감이고,
>
> 다른 하나는 누군가로부터 진정 사랑받는 행복이다.

인간이 추구하는 대타자 A는 다양한 행복감의 총체, 즉 완전한 형태로 만족감을 주는 상태가 아니다. 그것의 본질은 소유욕이다. 사랑받는다고 말하지만 실은 자기 마음대로 소유하는 것이다. 소유는 사랑이 아니다. 진정 누군가로부터 사랑받는 것이 아니다. 아니, 사랑과 아무 관계가 없다. 소유욕은 탐욕이다. 누군가가 나의 탐욕을 완전하게 충족시켜줄 때 그 사람에게 "나를 진정 사랑해주시는군요!"라고 말하는 것은 극단적 이기심이다. 그러므로 당신의 무의식 안에 있는 사랑받고 싶은 욕망은 그런 행복감과 완전히 다른 것이다.

우리는 모성애의 위대함을 안다. 임신을 한 모든 엄마가 배 속의 태아를 얼마나 끔찍이 사랑하는지도 안다. 하지만 사람들이 모르는 사실이 있다. 태아를 위해 목숨까지 내줄 것 같은 산모이지만 사실은 태아를 죽이려 한다. 무슨 말인가? 아이가 수정되어 자궁에 착상하러 들어오는 과정에서 여성의 영혼은 아이를 사랑하지만 몸은 아이를 침입자로 판단한다. 염색체의 반이 남자 것이라 태아를 이물질로 규정하는 것이다. 당연히 그대로 놔둔다면 살아날 태아는 없다. 그럼에도 산모에 의해 죽임을 당하는 아기는 없다. 그 이유는 아기가 태반을 만들기 때문이다. 태반은 산모가 아니라 아기의 조직으로 만들어지는 것이다. 그런데 이 태반과 아기의 생명은 구체적으로 어떤 관계가 있을까? 먼저 태반은 모체와 태아의 중간에 위치하여 둘을 분리시키며 일종의 경계 역할을 수행한다. 무슨 말인가? 아기는 산모의 항체 반응을 억제할 힘이 없다. 따라서 태아는 태반을 통해 자신이 침입자가 아님을 고지한다. 모체의 오해를 불식시키고자 하는 것이다. 또한 태반은 자신의 한계를 인정하는 자기부정을 의미한다. 실제로 태아가 할 수 있는 것은 아무것도 없다. 따라서 자신은 아무것도 아니며 모든 생명이 산모로부터 옴을 인정하고 사랑을 갈구한다. 이렇게 자신이 죽음과도 같은 존재임을 인정할 때 태반과 태아 사이에 탯줄이 만들어져 이제 산모와 태아는 둘이 아닌 한 몸이 된다. 탯줄은 비유적으로 마치 해님과 달님에게 내려온 동아줄과 같다. 동아줄은 해님 달님이 죽음의 호랑이와 생명의 하늘 사이에서 하나님에게 간절히 사랑을 간구했을 때 내린 응답이었다.

임신 과정은 이렇게 연합된 상태에서 아무것도 아닌 태아를 산모가 생명으로 성장시켜 결국 낳는 과정이다. 태아가 자신을 부정하고 무임을 인정하는 그 순간부터 산모는 본격적으로 태아에게 사랑을 쏟아붓는다. 물론 남자에게 생명의 씨를 받는 순간부터 사랑은 시작된다. 하지만 이제 본격적으로 그 사랑은 생명을 만들어간다. 그런데 정말 흥미로운 것은 엄마가 태아를 사랑하는 방식이다. 태아를 생명으로 만들기 위해 산모는 이제 자기 스스로를 부정하기 시작한다. 헛구역질, 메스꺼움, 입덧, 그리고 몸에 나타나는 각종 이상 반응들은 여성이 여성성을 부정하고 자신의 몸을 파괴해가는 것이다. 그녀는 실제로 40주 가까운 시간 동안 스스로의 모든 존재 가치를 죽여 간다. 그리고 마지막 출산하는 순간 여성성의 마지막 남은 자존감까지 포기한다. 모든 수치심을 드러냄으로써 결국 여성으로서의 자신을 죽인다. 사랑하는 것은 죽는 것이다. 그리고 누군가로부터 사랑받는 것은 그 사랑을 받는 것이다. 설국열차에서 사랑하는 두 사람이 죽어 사랑받은 두 아이가 생명으로 세상에 나오는 것처럼 그 사랑을 통해 아기는 생명이 되어 세상으로 나온다. 이 모든 과정에서 태아가 할 일은 단 하나, 해님 달님의 동아줄과 같은 그 탯줄을 절대 놓지 않는 것이다.

그런데 자세히 보면 아기에 대한 엄마의 사랑은 맹목적이지 않다. 원리가 있다. 일단 생명의 에너지라는 관점에서만 보면 태아는 0이고 산모는 100이다. 이 경우에 둘의 관계는 일방적이며 수직적이다. 산모는 삶의 에너지를 공급하며 태아를 완전히 책임진다. 태아는 아무것도 할 수 없다. 멋대로 이기적으로 움직이지만 생명을 받는 움직임일 뿐이다. 아기가 아무리 원한다 하더라도 산모는 아기에게 꼭 필요한 것만을 준다. 아기가 원하는 것이 아니라 아기가 원해야 하는 것을 준다. 바로 이 부분이 사랑받는다는 느낌의 행복감과 진정 사랑받는 행복의 차이점이다. 산모는 태아를 진정 사랑하기에 모태 교육에 필요한 책을 읽고, 필요한 영양분을 보충하고, 적절한 운동을 한다. 임신으로 인해 피곤하고 쉬고 싶어도 움직여야 할 때 움직이고, 먹기 싫어도 아기에게 필요한 것을 먹는다. 다시 말해 100퍼센트를 주되 정말 사랑만 준다. 진정 수직적이다.

하지만 산모는 태아를 있는 그대로 인정해준다. 태반은 산모와 태아를 분리해놓고 있다. 양분과 산소 등을 통과시키지만 산모의 피는 태아로 보내지 않는다. 그것은 산모가 태아를 소유하거나 자신 안으로 포섭하지 않고 있는 그대로 하나의 독립된 개체로 인정함을 의미한다. 둘은 한 몸이 아니라 서로 다른 타자로 남는다. 이 경우 둘의 관계는 수평적이다.

이제 관계를 전체적으로 한번 보자. 서로 다른 타자인 산모와 태아가 만나 하나가 된다. 그것은 태아가 사랑 안으로 용해되어 들어가 하나가 되는 것이다. 1+1이 2가 되지 않고 1이 된다(1+1=1). 그런데 사랑은 태아를 덮지만 소유하지 않는다. 그래서 둘로 남는다. 1이 1로 머물지 않고 1+1로 남는 것이다(1=1+1). 하나이면서 둘이고, 둘이면서 또 하나인 만남, 그것은 수평적 구조와 수직적 구조의 결합으로 이루어진다. 결합된 모습은 무엇일까? 십자가의 구조다. 태아에 대한 엄마의 사랑은 십자가의 사랑이다.

자궁과 에덴

이제 조금 더 큰 자궁으로 넘어가자. 사람들은 어머니 대지라는 말을 통해 세상을 자궁에 비유한다. 이 세상은 산모의 자궁과 어떤 관계일까? 둘은 정확하게 정합한다. '그래비티'로 돌아가보면 상징적으로 라이언 박사는 태아로, 지구는 자궁으로, 땅은 태반으로, 그리고 중력은 탯줄로 볼 수 있다. 그리고 영화에는 등장하지 않았지만 엄마를 자연이라고 부르도록 하자.

주목할 부분은 자연이 라이언 박사의 삶에 독단적으로 개입하지 않는다는 사실이다. 지구에서 살 때나 떠날 때나, 아니면 돌아올 때나,그녀가 지구에 대해 어떤 가치평가를 내리든 사랑은 그녀를 있는 그대로 인정해준다. 그녀의 행위나 삶에 개입하지 않고 언제나 그녀의 선택을 존중해준다. 이는 자연이 박사와의 관계를 수평적인 것으로 인정했음을 뜻한다. 그런데 영화를 보면 그렇게 보이지 않는 경우가 있다. 강요하지 않는다는 사랑이 그녀를 중력으로 끌어당긴다. 그리고 그녀는 대기권에서 죽을 위험까지 겪는다. 사랑이 그녀를 죽이려 한 것일까? 그렇지 않다. 중력은 탯줄이다. 따라서 탯줄의 당김은 생명을 구하려는 사랑의 움직임, 즉 산소 부족으로 우주에서 죽어가는 그녀를 살리기 위함이다. 사랑은 늘 그녀를 있는 그대로 받아주되 그녀가 위급할 때 누군가 또는 무엇인가를 통해 그녀를 도와준다. 처음 사고가 났을 때 라이언 박사가 우주로 튕겨 나가지 않은 것도 원심력을 중력이 상쇄했기 때문이다. 그녀가 원하는 사랑이 아니라 그녀가 필요한 사랑을 준 것이다.

그런데 흥미로운 점이 있다. 땅에 발을 딛고 서기 위해, 그녀는 자신이 무엇을 할 수 있다는 모든 가능성을 포기하고 중력에 생명을 맡긴다. 그때 사랑은 모든 것을 선으로 바꾸어 결국 그녀가 생명의 지구로 돌아오도록 이끌어준다. 사고가 난 후 지구로 귀환하는 과정에서도 그녀는 홀로 살아남을 수 없는 존재임이 드러난다. 하지만 코왈스키의 환영이나 어느 아빠의 자장가 등을 생각해보면 모든 것이 포기될 때 나타나는 사랑의 숨결을 느낄 수 있다. 탯줄을 끊거나 스스로 어떻게 해 보겠다고 탯줄을 목에 휘감는 태아처럼 어머니 지구를 거부하고 발이 닿지 않는 허공의 우주로 간 아기를 엄마는 방관하지 않는다. 사랑은 일단 시작하면 멈추지 않는다. 사랑은 반드시 사랑한다. 라이언 박사를 향한 사랑도 그녀의 타자성을 인정해주면서도 완전히 하나가 되어 그녀를 사랑으로 덮어 생명을 지켜준다. 수평적 구조와 수직적 구조의 결합, 바로 십자가다.

그렇다면 모든 이야기의 시작인 에덴을 자궁으로 보면 어떻게 될까? 신은 아담을 자동 기계처럼 신의 뜻을 따르는 존재로 창조하지 않았다. 자유의지를 부여해 독립된 개체로 인정해준다. 수평적 관계다. 하지만 에덴에서 아담이 누리는 모든 것은 신에게서 온 선물이다. 신은 아담을 창조하기 전에 모든 것을 미리 준비해놓았다. 수직적 관계다. 따라서 생명을 엄마에게 맡긴 아기처럼 아담 역시 아무것도 할 수 없는 존재로 사랑의 에너지와 연합되어 있다. 그러므로 신과 아담 사이의 관계도 타자성과 동일성의 공존인 십자가의 패러다임이다.

십자가의 형상은 사랑의 본질을 가장 잘 표현해준다. 누구나 바라고 있는 그 엄마의 사랑, 그 자연의 사랑, 그리고 그 '하나-님'의 사랑이 진정 사랑이라면 당연히 그 사랑은 하나이며, 나를 있는 그대로 인정해주는 수평적 타자성의 관계, 그리고 동시에 나에게 필요한 모든 것을 주는 수직적 동일성의 관계가 연합된 십자가의 구조여야 한다. 내 소유욕만을 충족시켜 행복감만을 주는 그런 거짓 사랑이 아니라, 진정 나를 알고 내가 잘못된 길로 가도 그것을 이해해줌과 동시에 바른 길로 이끌어주며 궁극적으로 행복하게 만들어주는 그 사랑 말이다.

태아에 대한 엄마의 사랑이 그랬던 것처럼, 동일한 십자가의 사랑이 자연 안에도 있다. 사랑은 비처럼 나를 씻어주고, 오물로 쌓인 허물을 들춰내지만, 또 눈처럼 덮어준다. 때로는 뜨거운 태양처럼 생명의 에너지를 주고, 또 구름처럼 뜨거움을 식혀준다. 하지만 때로는 태풍처럼 잘못을 견책하고, 안개처럼 잘못된 길을 막아주며, 공기와 물처럼 생명을 선물한다. 그리고 마지막으로 에덴의 사랑이 있다. 산모와 자연처럼 신도 에덴에서 아담을 동일한 구조로 사랑한다. 사랑은 하나다. 그런데 산모는 몸의 이기주의로 제한되어 있다. 자연은 물질로서의 한계를 벗어날 수 없다. 하지만 신의 사랑은 완전하다. 따라서 그 완전한 하나의 사랑이 자연과 산모 안에도 내재된 것으로 볼 수 있다.

인간은 경험하지 않은 것을 그리워할 수 없다. 인간의 무의식 안에는 분명 십자가로 상징되는 사랑의 흔적이 있다. 그 사랑에 대한 그리움은 언제나 십자가의 구조로 존재해왔다. 자궁은 우리 몸의 뿌리다. 자연은 우리 정신의 뿌리다. 그리고 에덴은 영의 뿌리다. 처음 낙원인 에덴동산의 완전한 사랑이 있고, 자연의 사랑이 있고, 자궁의 사랑이 있다. 에덴을 떠난 인간은 완전한 사랑받음을 잊었다. 따라서 동일한 구조의 사랑을 자연으로부터 받아도 제한적인 이유로 그 사랑을 인식하지 못한다. 또한 동일한 구조의 사랑을 엄마와 아빠로부터 받아도 그 본래의 사랑을 알지 못한다. 부모의 사랑도 이기적인 몸으로 제한되어 있기 때문이다. 에덴의 신은 어떤 마음일까? 사랑해서 창조한 인간이 자신을 떠났고, 그 십자가의 사랑을 잊었다. 그 십자가의 사랑과 다시 연합해야만 사랑 자체인 신과 다시 만날 수 있는데, 그래서 자연 안에, 인간 자신 안에 십자가를 심어놨는데 자연을 봐도, 산모의 사랑을 봐도 도대체 그 사랑을 깨닫지 못한다. 이기심에 가려진 혼돈과 공허,

어두움만이 인간의 영혼을 지배하고 있다.

하지만 사랑은 사랑하기 시작하면 사랑을 멈출 수 없다. 따라서 십자가의 사랑을 잊어버린 인류에게 신은 그 십자가의 사랑을 눈으로 볼 수 있도록 골고다 언덕에 꽂아놓는다. 자궁, 자연, 그리고 삶에서까지 그 사랑을 읽어내지 못한다면 이제 직접 가시적으로 보여주겠다고 한다. 신이 직접 사랑으로 내려와 그 사랑의 본질을 삶으로 살고, 또 사랑의 패러다임인 십자가를 표적으로 보여주겠으니 직접 눈으로 보고 깨달으라는 것이다.

단군신화

심리학에서 말하듯 행복감의 삶에 지친 인간은 자궁으로의 퇴행 욕망이 있다. 완전한 사랑받음에 대한 그리움이 그리로 이끈다. 하지만 그 퇴행은 자궁에서 그치지 않는다. 열반 원칙이나 죽음에 대한 욕망처럼 자연에로의 안식에 대한 욕망도 있다. 하지만 역시 자연에도 멈추지 않는다. 그 길은 에덴으로 이어진다. 산모의 이기적 몸처럼 자신을 죽이려 하지 않고, 자연처럼 자신을 단순히 흙으로 덮어버리지 않는 절대적 사랑에 대한 그리움이 있다. 하지만 인간은 그 길을 모른다. 그래서 자신이 고안한 다양한 방식으로 그 존재를 만나려 한다. 신들을 향한 경배나 종교의식은 모두 그 하나의 사랑에 대한 그리움이다. 하지만 선악과를 먹음으로써 근본적으로 분리되어 이제 그 사랑을 기억하지 못한다. 따라서 보이는 것들 가운데 태양, 달, 별 등을 선택하고 신들의 이름을 붙이지만 인간의 눈에 보인다면 그것이 신이겠는가? 인간에 의해 이름 붙여진다면 그런 존재가 신이겠는가? 인간은 신을 알 수 없다. 존재의 근원적 뿌리를 향한 퇴행 욕망이 있다는 것은 영의 회복을 원한다는 증거다. 선악과를 먹기 이전의 아담, 진정 사랑과 하나 된 존재로의 복귀를 갈망하고 있다. 하지만 그는 어떻게 사랑을 다시 만날 수 있을지 알 수 없다. 너무 먼 길을 왔다.

> 악한 마녀의 독사과를 먹은 백설공주는 긴 잠에 빠진다. 그녀는 원래 공주이지만 이제 죽음과도 같은 존재가 되어버렸다. 마녀가 준 사과, 그 선악과는 실로 먹음직하고 보암직하고 지혜롭게 할 만큼 탐스러웠다. 베어 먹지 않을 수 없었다. 어렸을 적 낯선 사람이 주는 것은 받아먹지 말라고 아버지 왕이 한 말을 들었지만 선악과의 탐스러움이 그 명령을 덮어버렸다. 그녀는 잠에 빠졌고, 지금 꿈속에서 그녀는 살고 있다. 다행히 그 안에서 그녀는 외롭지 않다. 나쁜 마녀도 없는 행복한 삶을 동화 같은 왕자, 일곱 난쟁이와 함께 살고 있다. 하지만 그녀의 삶은 모두 꿈이다. 그녀는 살아 있으나 죽어 있다. 따라서 진정 살기 위해 그녀는 꿈을 깨야 한다. 하지만 불행하게도 백설공주는 홀로 깨어날 수 없다. 그녀에게는 이제 그럴 능력이 없다. 그녀가 깨어나 생명으로 나아가기 위해서는 신랑이 되어줄 왕자가 직접 그녀에게 와야 한다. 그리고 그녀의 입술에 입 맞추어야 한다. 그래서 그녀는 그리움 속에 기다리고 있다.

인간은 사랑에게로 갈 수 없다. 모르는 것을 할 수 없고, 찾을 수도 없다. 사랑이 인간에게 와야 한다. 그래서 인간이 신을 사랑하는 것이 아니라 신이 인간을 사랑하는 것이다. 신은 자신의 사랑을 인간의 몸에 넣어 사랑하는 자로 만든다. 그를 신의 아들이라 왕자라 부른다. 따라서 왕자도 여럿이 아니라 하나뿐이다. 독생자(獨生子), 즉 유일하게 생명을 가진 자여야 한다. 인간은 그 왕자의 키스를 받아야 한다. 따라서 성서는 그 사랑을 기다리는 세상 사람들을 여자로, 그리고 그 사랑과의 연합을 혼인으로 표현한다. 그리고 그가 세상에 자신의 아내 될 사람들을 찾아왔다고 말한다. "내가 길이요 진리이며 생명이니 나를 믿으면 나의 사랑을 너희에게 주겠다!" 사랑이 세상에 비추인 것이다. 어떤 일이 벌어질까? 세상이 둘로 갈라진다. 그 사랑을 받는 자, 그 사랑을 거부하는 자.

> 단군신화에 따르면 천제는 세상을 사랑하는 아들 환웅을 보내 홍익인간(弘益人間)을 이룬다. 그런데 널리 세상을 이롭게 한 것이라고는 곰에서 변한 여자와 결혼해 단군을 낳은 것뿐이다. 별로 신다운 일처럼 보이지 않는다. 더욱이 곰이나 숭배하자고 하는 것을 보면 역시 신화는 신화에 불과한 것 같다. 하지만 그 안에는 진리가 숨어 있다.

천제는 신이다. 그 신의 아들인 환웅은 세상을 사랑했다. 그래서 천제는 환웅을 바람과 비 등을 다스리는 권능을 가진 세상의 왕으로 내려보낸다. 세상에 내려오니 세상은 죽음의 공간이다. 왜? 사람이 하나도 없다. 곰과 호랑이뿐이다. 정말 사람이 하나도 없었을까? 그렇지 않다. 신이 창조한 사람들로 넘쳐난다. 하지만 그들은 오래전 신을 떠났다. 생명의 줄을 끊고 자신들만의 세상으로 나갔다. 따라서 그들에게는 사랑이 없다. 사랑을 버렸으니 당연한 일이다. 그것이 죄다. 사랑인 아버지를 떠나 후레자식이 되는 것, 그것이 아들의 진짜 죄다. 그래서일까? 단군신화는 아버지를 떠난 탕자들을 곰과 호랑이로 상징한다. 왜 곰과 호랑이일까? 인간은 영과 마음, 그리고 몸의 존재다. 그런데 사랑을 떠나 그 사랑의 에너지를 받지 못하니 영이 죽었다. 따라서 인간에게 남은 것은 정신과 몸, 그리고 실질적 존재 가치를 상실한 영이다. 그런데 정신과 몸만 가진 존재가 또 있다. 바로 동물이다. 동물은 몸만 있는 것은 아니다. 마음도 있다. 그래서 슬퍼하고 기뻐하고 눈물도 흘린다. 은혜도 안다. 보은도 한다. 때로는 인간보다 더 인간적이다. 그래서 단군 신화는 사랑인 아버지를 떠난 인간을 동물과 같다고 하는 것이다. 실제 동물이란 말이 아니다. 인간이 이기적 존재라는 사실이나, 인간의 사회화가 늑대가 사람 되는 것이라고 하는 프로이트의 말에는 그런 의미가 함축되어 있다. 따라서 그 사랑이 없는 인간은 영리한 늑대이고 악한 늑대다. 다만 그리움을 아는 악한 늑대다.

늑대 이야기를 조금만 더 보충하자. 성서를 보면 신이 자신의 형상에 따라 인간을 창조했다고 하는데, 이때 인간은 단수다. 그런데 창조된 존재는 아담과 하와, 둘, 복수다. 이 말은 신의 숫자는 하나이고 인간은 둘이라는 뜻이다. 사람은 둘이어야 진정 인간이 될 수 있다. 홀로 존재하며 완전히 행복할 수 있는 존재는 신뿐이다. 신은 하나이기 때문이다.[77] 창조의 진리는 동서양에서 두루 발견된다. 인간이 되려면 한 일(一)자 둘이 서로 기댄 인(人)이 되어야 한다. 또한 인간(人間)은 말 그대로 '사람 사이', 관계의 존재다. 공자도 진정 인간의 도리를 아는 어진(仁) 사람은 사람(人)이 둘(二)임을 아는 사람이라고 했다. 플라톤도 『향연』에서 아리스토파네스를 통해 인간의 행복은 잃어버린 반쪽을 찾는 데 있다고 강조했다.

결론적으로 인간에게 홀로서기는 낭만적 환상이며 불가능하다.

77 ; 다신교를 주장하는 것은 신의 존재를 부정하는 것과 동일하다. 일례로 A와 B라는 신들이 있다고 하자. 그러면 신은 정의상 '완전한 존재(ens perfectio)'이므로 A도 B도 완전하다. 그런데 그 말이 사실이라면 A는 완전하지만 B만큼 결핍되어 있다. 그런데 B는 완전하다고 했으므로 A는 완전히 결핍되어 있다. 반대로 하면 B가 nothing이 된다. 결국 두 신이 존재한다면 둘 다 신이 아니다. 신은 정의상, 그리고 논리적으로 유일신일 수밖에 없다.

언제나 사람들은 둘의 진리를 깨닫지 못하고 하나로 둘이 될 수 있다고 믿다가 죽어갔다. 이유는 간단하다. 인간은 사랑을 줄 수 없다. 사랑과 분리되어 있으니 아직 사람이 아니기 때문이다. 그래서 레비나스(E. Levinas)는 관계 속에 없는 사람은 아예 시간 속에 없는 것이고, 그것은 살아 있는 것이 아니라고 말했다. 블로흐(E. Bloch)도 "나는 있다. 하지만 존재하지 않는다. 그러므로 먼저 우리가 되자"고 말한다. 있는 존재는 돌이나 쇠처럼 그냥 있는 즉자적 존재다. 그러므로 존재가 인간의 고유 양식이라면 '우리'가 될 때만이 진정 사람이 된다. 그래서 프롬(E. Fromm)은 관계의 절정인 사랑을 "공서적 관계가 아니라 타인과의 융합"으로 규정한다. 그리고 부버(M. Buber)도 나와 그것이 아닌 나와 너의 만남이 있어야만 인간이 진정 존재할 수 있다고 봤다.

이처럼 둘이 아닌 하나가 진정 인간이 아니라면 무엇인가? 짐승일 수밖에 없다. 그래서 홉스(T. Hobbes)도 "인간은 인간에게 늑대다(homo homini lupus)"라고 규정했다. 그런데 중요한 것은 누구와 하나가 되느냐 하는 것이다. 아기에게 중요한 것은 태반을 만드는 것이 아니다. 그 태반을 어디에 둘 것인가가 무엇보다 중요하다. 토양에 따라 발생하는 에너지의 실이나 종류가 다르기 때문이다.

우리 선설의 천년 묵은 구미호는 바로 그 대상을 잘못 골랐다. 여우도 인간이 되기를 간절히 원했다. 백이나 천은 숫자가 아닌 충만 개념이다. 천년을 살았다는 것은 실제 1000년을 살았다는 것이 아니라 인생의 모든 것을 다 해봤다는 것, 그러나 홀로 자신만을 위해 살아왔다는 것이다. 여우이기에 자신의 모든 영리함을 다 동원했다는 뜻이다. 그러나 이기심으로 가득한 삶이 행복할 리 없다. 허무와 공허, 무의미는 자연스러운 귀결이다. 그래서 혼자 마음대로 살아본 사람만이 관계의 중요성을 깨닫는다. 여우가 간절히 인간이 되기를 원했다는 것은 홀로서기의 공허를 경험한 사람만이 느낄 수 있는 깨달음이다. 그의 꼬리가 아홉 개라는 것은 진정 인간이 되기 위해 하나가 모자란다는 말이다. 성서는 10을 인간이 채워야 할 십계명으로 표시한다. 그 하나를 채우기 위해 100개의 남자 간을 먹어야 한다. 간은 해독 기능을 하는 장기다. 따라서 간을 먹는다는 것은 여우의 이기심에서 오는 탐심을 해독할 그 사랑을 먹는다는 말이다. 십계명의 마지막 계명도 사실은 사랑이다. 그래서 십계명 자체가 사랑으로 완성된다. 사랑을 먹어야 사랑이 채워지고, 그 사랑을 내보일 수 있다는 뜻이다. 그런데 여우는 늘 마지막 간을 먹지 못하고 실패한다. 운이 나빴다는 이야기가 아니다. 구미호는 바로 행복감을 위해 인생을 살아가는 설국열차의 '나' 자신이다. 무지개를 찾아 산을 넘고 넘지만 결국 만나지 못하는 소년이다. 왜? 인간은 그 사랑을 알지 못한다. 여우는 자신의 판단에 따라 '너'일 수 있으리라 믿어지는 사람들을 모두 만나왔다. 하지만 '너'라고만 불렀지 사실 그 존재들은 모두 실질적으로 나의 소유가 되기를 바란 '그것'들 뿐이었다. 바로 그 사람의 그 간만이 그 사랑이거늘, 하지만 그 사랑이 직접 나타나기 전에는 인간은 결코 알 수 없고, 따라서 여자가 될 수 없다. 신기하지 않은가? 왜 구미호도 여자가 되기를 원하고 곰도 그런가? 여자가 된다는 말은 이제 짐승으로서의 이기심을 깨끗이 비우고 사람이 된다는 말이다. 하지만 반드시 여자가 되어야 한다. 생물학적 개념으로 여자라는 말이 아니라, 남자로 상징되는 신랑인 그 사랑을 맞이할 수 있는 존재가 되어야 한다는 뜻이다. 그래서 성서의 사랑은 인간을 "나의 누이야, 나의 신부야!"라고 부른다. 사랑의 씨는 생명의 씨다. 실제로 생물학적으로도 여자가 남자의 씨를 받아 자궁에 사랑의 씨인 생명을 잉태한다. 그래서 진리를 담은 이야기들은 짐승과 여자를 비유로 사용하는 것이다.

진리는 하나이고, 사랑도 하나다. 따라서 성서의 그 진리가 우리 전설에 녹아들지 않았을 리가 없다. 전 세계에 있는 고대 신화도 마찬가지다. 인간의 뿌리는 하나의 진리이기에 모든 전설은 부분적으로 그 진리를 담고 있다. 다만 성서처럼 완전하지 않을 뿐이다. 물론 성서도 그 영적 진리를 깨닫지 못하면 그냥 신화나 이야기에 불과하다.

> 신이 세상을 사랑해 독생자를 주었으니
> 누구든지 그를 믿으면 멸망하지 않고 영생을 얻을 것이다.

이 성서 구절은 의미론적으로 단군신화와 동일하다.

> 사랑과 분리되어 1) 에덴을 떠난 인간은, 2) 짐승과 같이 영이 죽은 존재다. 그래서 사람들의 띠도 12지간이다. 짐승은 사랑을 모른다. 그래서 신이 사랑이라는 독생자(獨生子)를 보낸다. 독생자는 유일한 아들이라는 말이 아니라 '유일한 생명의 아들'이란 뜻이다. 그 아들이 찾아와 사랑의 메시지를 전한다. 이때 그 짐승이 3) 과거의 이기적 자아를 온전히 부인하면 여자가 된다. 부인한다는 것은 죽는 것이다. 쑥과 마늘을 먹고 자기부정의 온전한 날을 채우는 것이다. 그러면 사랑인 남자와 4) 혼인하여 연합하게 되고 결국 사랑을 먹을 수 있다. 다시 말해 사랑의 씨를 생명의 씨로 받게 된다. 자신 안에 사랑의 씨를 담은 여자, 즉 사랑과 연합된 존재는 이제 사람이 된다. 원래 아담도 히브리어로 집합적인 의미에서의 '사람'을 뜻한다. 그의 안에는 사랑이 거하고 있다. 사랑은 빛이고 그가 사랑을 품고 있으니 그도 빛이다. 그는 이제 자신 안의 빛, 5) 그 사랑이 자라 완성되도록 삶 속에서 자신을 포기하며 순응해간다. 그것은 임신과 출산

이다. 따라서 다시 한 번 죽음에 이르는 자기부정이 이루어진다. 그러면 생명의 씨가 자라 결국 6) 사람으로부터 생명이 나온다. 생명이 있는 존재만 생명을 증거로 내보일 수 있다. 그 생명의 증거를 본 신은 이제 그 사람이 선악과 이전의 아담으로 회복되었음을 인정한다. 아들로 인정한다. 그리고 다시 아들의 반지를 끼워준다. 그는 7) 하나님의 아들이 된다.

백설공주에게 찾아오듯, 하나님의 아들이 곰과 호랑이에게 온다. 그리고 그들에게 여자가 될 수 있다고 말한다. 그 메시지 안에는 여자가 될 조건도 들어 있다. 쑥과 마늘을 먹으며 동굴에서 100일을 사는 것이다. 구미호도 100명의 간을 먹어야 한다. 뭔가 느껴지지 않는가!

자, 이제 곰이 어떻게 사람이 되는지 생각해보자. 사람들은 쑥과 마늘을 먹고 동굴 속에서 100일을 인내로 버텼기 때문이라고 생각한다. 표피만 본 해석이다. 조건을 충족시켰기 때문에 여자가 되었다고 생각하는 사람은 본질을 놓친 것이다. 만약 그것이 사실이라면 다른 곰들도 그렇게 하면 여자가 될 수 있어야 하지 않겠는가! 쑥과 마늘, 그리고 100일의 동굴은 상징이다. 그 상징은 두 가지 의미를 담고 있다. 첫째, 그것은 간과 마찬가지로 해독을 뜻한다. 그 독생자를 만나기 전의 자신이 완전히 부정되고 태워지는 것을 의미한다. 죽음에 취한 삶에서 생명을 취한 삶으로 나오려면 죽음에 취한 삶에서 죽어야 한다. 라이언 박사가 대기권으로 들어오며 우주에서의 모든 흔적을 태우는 것과 같다. 그것이 바로 자기부정이고 쑥과 마늘과 동굴이다. 둘째, 그 상징은 믿음이다. 자신이 그렇게 하면 반드시 그 사랑이 말한 대로 될 것이라는 믿음이다. 이 말은 첫째 조건만으로는 곰이 여자가 될 수 없음을 의미한다. 난리를 떨고, 진정 곰답게 살며, 심지어 자기 먹이를 다른 곰에게 주고 목숨까지 내어주며 자기를 부정해도 곰은 여자가 될 수 없다. 사랑의 말에 대한 믿음, 그 믿음에 따라 과거의 잔을 비우는 자기부정만이 곰을 여자로 만들어준다.

그런데 여자가 되었다고 사람이 된 것은 아니다. 사람이 되기 위해서는 그 사랑과 연합해야 한다. 그래서 곰은 빌었다. 그것은 여자에게 소망이 있었다는 뜻이다. 소망은 희망처럼 막연한 것이 아니라 확실한 믿음 안의 소망이다. 그 결과 소망을 따라 사랑이 온다. 여자는 환웅과 혼인한다. 그리고 사랑과 연합하여 자신 안에 그 사랑, 그 생명의 씨를 받는다. 그렇게 곰은 진정 사람이 된다. 그리고 사람이 되었으니 이제 진짜 생명을 낳을 수 있다. 그런데 여기에도 다시 자기부정이 요구된다. 곰은 여자를 거쳐 사람이 되었지만 아직 사람으로 완성된 것이 아니다. 사람으로 완성되기 위해서는 자신 안에 생명이 있음을 증거로 제시해야 한다. 반드시 생명을 낳아 아버지에게 드려야 한다. 그렇게 해야 다시 에덴의 그 사람으로 회복되고 아버지의 아들로 복귀할 수 있다. 바로 그런 이유로 임신한 생명을 반드시 출산해야 한다. 이것은 10개월이라는 시간, 인간의 삶 속에서 자신을 부정해나가는, 그리고 결국 죽는 과정이다. 실세 사람이 된 여자는 설국열차의 두 사람처럼, 뼈를 짜는 고통으로 자기를 죽여 단군, 즉 생명을 낳는다. 『변신』의 그레고르 잠자는 이 출산을 비유적으로 잘 설명해준다. 그는 천천히 자신을 부정해나간다. 처음에는 형태가 변하고, 목소리가 변하며, 입맛이 변하고, 결국 잠자리가 침대에서 천장으로 달라진다. 그리고 완전히 벌레가 되었을 때 자신이 사랑하는 모든 가족과 사회로부터 버림받는다. 인간 취급을 받지 못하고 짐승으로 불린다. 하지만 도살장에 끌려가는 소처럼 벌레는 아무 말도 하지 않는다. 털 깎는 자 앞의 어린 양처럼 이제 곧 있을 도살을 조용히 기다리고 그렇게 맞이한다. 그렇게 벌레도 사랑을 완성한다. 아버지로부터의 냉대와 사랑하는 여동생의 저주를 소리 없이 받아내고, 그렇게 자기부정의 사랑을 완성한다. 그리고 그의 죽음으로 정말 오랜만에 가족은 나들이를 떠난다. 빛을 향유한다. 가족에게 넘쳐흐르는 새로운 생명은 그의 피, 그의 살이었다. 그래서 출산은 진정한 의미의 해탈이다. 출산하여 낳은 아기는 새로운 생명이지만 엄마에게는 그 아기가 바로 자기 자신이기 때문이다. 이제 그는 죽음으로 완성되어 선악과 이전 아담으로 회복되고 사람으로 완성된다. 탕자가 온전히 집으로 돌아온 것이다. 그래서 아버지는 기뻐하며 잔치를 벌이고 아들의 상징인 반지를 끼워준다. 이렇게 선으로 완성되면 모든 것은 선하다.

사랑만이 생명의 에너지다. 사랑의 말이 곰을 여자로 만들고, 사랑과 연합하여 사람이 되며, 그 사랑의 씨를 받아 생명이 되고, 또 사랑의 열매를 맺어 생명을 낳는다. 라이언 박사도 마찬가지였다. '엄마는 포기하지 않아'라는 말은 다시 대지라는 탯줄과 연합하리라는, 그리고 그 대지 위에 다시 서리라는 믿음과 소망의 외침이었다. 그러므로 '하나는 외로워 둘이랍니다!'라는 말은 인간 영혼의 실존적 자각의 표현이다. 그리고 둘이 되려는 바람은 본래의 자기 정체성에 대한 그리움이다. 단순히 생각해보면 곰과 호랑이가 굳이 인간이 될 이유가 없다. 고달픈 인생보다 그냥 아무 생각 없이 살다가 죽는 게 더 편할 수도 있다. 그럼에도 간절히 인간이 되려고 하는 이유는 원래 사람이었기 때문이다. 에덴동산에서 그 사랑과 연합된 존재의 시작이 그랬기 때문이다. 인간은 경험한 것만 그리워할 수 있다. 그러므로 선악과를 먹었다는 것은 사랑인 남편과 연합하여 여자인 사랑받음의 존재로 살아가야 할 인간이 남편을 버리고 혼자 살 수 있다고 집을 나간 것과 같다. 원래 둘이어야 할 존재가 자신이 하나인 듯 착각하고 둘로부터 분리되어 나온 것이다. 그래서 아버지의 재산을 가지고 집을 나간 탕자 이야기가 나오는 것이다. 그도 사랑과 분리된 세상이 돼지우리와 같다는 것을 확인해야 했다. 자신이 그 안에 있다는 것을 알아야 했다. 그래서 자기부정과, 자신을 다시 아들로 만들어줄 것이라는 믿음과 소망으로 돼지우리에서 나와 집으로 돌아간다. 집으로 가는 한 걸음 한 걸음은 자신이 선택하여 만들고 살아온 세상의 부정이다. 탕자는 집으로 가까워질수록 과거의 자기를 죽여간다. 결국 집에 도착했을 때, 멀리서 자신을 기다리는 아버지를 봤을 때 그는 과거의 자신으로 완전히 죽고 새로운 존재로 완성된다. 사랑인 아버지는 다시 아들이 되어 돌아온 그와 연합하여 아들의 반지를 끼워준다. 그래서 사람은 아들로 와성된다.

호랑이는 누구인가? 그도 사랑을 그리워했다. 여자가 되기를 원했다. 하지만 호랑이는 사랑의 구애를 받았음에도 자신을 부정하지 않는다. 그것은 두 종류의 사람을 암시한다. 첫째, 말만 했지 진심으로 여자가 되어 혼인하기를 원하지 않는 동물, 니체가 말한 권력에의 의지만을 좇는 존재다. 어떻게든 남을 누르고 정복하고 잡아먹는 존재다. 여자가 된다고 말했지만 나약한 여자가 될 수는 없는 일이다. 그는 스스로를 남자로 여기기 때문이다. 따라서 아들의 사랑을 받는 것은 불가능하다. 자기를 부정하기에는 자신에 대한 믿음과 집착이 너무 강하다. 할 수 있는 것이 아직도 너무 많다. 원하면 마음대로 좋아하는 사랑을 살 수 있다. 가만히 있어도 다른 동물들이 우러러봐준다. 행복감이 넘쳐흐른다. 그는 모든 나폴레옹이다. 그에게는 사랑이 필요 없다. 사람이 되지 않아도 사람처럼 살 수 있다. 둘째 부류는 사랑도, 여자가 되는 것도 원하지만 양심상 자신을 부정하지 못하는 동물이다. 그는 자신도 무엇인가 하기를 바란다. 동물이 인간이 되기 위해 할 수 있는 것은 아무것도 없다는 사실을 깨닫지 못하고 뭔가 환웅을 노와수고 싶어 한나. 지성과 정성을 들이고, 고행을 하며, 구제를 한다. 기특한 일일지 모르지만, 그것 역시 환웅에 대한 믿음이 없다는 증거다.

그래서 곰과 호랑이다. 세상에 동물이 곰과 호랑이만 있겠는가! 곰과 호랑이는 골고다에 사랑의 빛이 십자가로 박힐 때 좌우로 갈라진 두 종류의 사람을 상징한다. 사랑을 받아들일 강도, 사랑을 거부할 강도. 둘 다 사망의 존재들임은 분명하다. 하지만 하나는 왕자에게 입 맞추고, 다른 하나는 그 입술의 키스를 거부한다. 하나는 생명으로, 다른 하나는 죽음으로 간다.

사랑

그 사랑은 구체적으로 무엇일까?

그건 마음이 사랑으로 가득 차는 것 아닐까? 그렇다면 그것이 그렇게 어려운 일일까? 그러니까 사랑하는 마음이 있으면 신과 연합할 수 있다는 말인데 솔직히 사랑 한 번 안 해본 사람이 어디 있나? 설국열차의 사람들도 사랑하고, 천일야화의 사람들도 사랑한다. 그리고 모든 인간이 이기적 몸 중심으로 행복감만을 추구하는 것도 아니지 않은가? 그렇다면 그런 사람들은 생명의 존재인 것이 맞는가? 그런데 우리가 확인한 바로는 대부분의 사람들이 살아 있지만 죽어 있다. 그리고 그 이유는 사랑과의 만남이 없기 때문이다. 그러면 희생적이고 존경받을 만한 사랑도 사랑이 아니란 말인가? 도대체 그 하나의 사랑이라는 것이 구체적으로 무엇인가?

인간의 역사를 들여다보면 우리가 존경할 만한 사람들을 볼 수 있다. 그들은 어느 모로 보나 행복감에 중독된 것으로는 보이지 않는다. 석가, 장자, 노자, 공자, 맹자, 소크라테스, 아우구스티누스, 마리아 테레사 수녀, 슈바이처, 법정, 성철, 그리고 그렇게 유명하지는 않아도

착하고 희생적으로 산 무수한 사람들이 있다. 그들은 사랑한 것이 분명해 보인다. 그렇지 않은가?

여기에 갈림길이 있다. 이미 말한 대로 인간은 사랑을 그리워하는 것이 맞는데 사랑 자체와 분리되어 있으니 그것이 무엇인지 기억할 가능성이 없다. 사랑은 원하는데 사랑이 뭔지 모른다. 그렇다면 몸적 자아로서 그리워하는 사랑을 어디에서 찾겠는가. 당연히 몸적 자아의 수준에서 찾을 수밖에 없다. 그런데 몸은 이기적이다. 따라서 이 수준의 모든 사랑이 지니는 본질은 소유다. 매력적인 여성을 보고 한눈에 사랑에 빠졌다고 한다. 그건 사랑이 아니라 자신의 구미에 맞는 외모를 발견한 것이고, 그래서 소유하고 싶은 것이다. 그래서 그 여성을 소유함으로써 그 외모를 소유하려 한다. 그 여성은 어떨까? 나에게 좋은 조건을 발견했다면 그녀도 사랑한다 말할 것이다. 그러면서 둘은 사랑의 불꽃이 튄다고 말한다. 사실은 욕망의 불꽃, 흥분과 쾌락의 불꽃, 행복감의 불꽃이 튄 것이다. 하지만 행복감에는 반드시 이별이 있다. 얼마 뒤 외모가 주는 행복감이 식으면 나는 반드시 다른 외모를 찾아다닐 것이다. 왜냐하면 나는 처음부터 그녀를 원한 적이 없기 때문이다. 그러고는 변명한다. 사랑은 움직이는 것이라고. 몸적 자아의 관계 안에 사랑은 없다.

조금 지혜로운 사람이라면 당연히 현상학적 측면에서 본질직관을 할 수 있다. "아! 이건 사랑이 아니구나!" 그렇다. 사랑처럼 보이지만 사랑이 아니라는 것은 분명히 알 수 있다. 그 다음은 선택이다. 라캉처럼 주저앉을 것이냐, 아니면 그 수준에서는 발견할 수 없으니 다른 곳을 기웃거리느냐!

육체적 소유가 사랑이 아님을 확인하게 되면 어디로 갈까? 일반적으로는 사랑을 만들어가자고 하거나 친구 같은 연인으로 지내자고 하겠지만, 조금 고상한 답은 『향연』의 플라톤이 말하는 대로 예술·과학·도덕 등 정신적 차원으로 넘어가는 것이다. 이 수준에서 사랑은 정신적 가치를 매개로 이루어진다. 고상함을 넘어 고귀함으로 가면 종교가 있다. 기독교, 가톨릭, 불교, 이슬람 등은 인간애와 인류애를 말한다. 소외된 이웃을 향한 희생과 봉사와 구제를 강조하고, 세계 평화나 정의 실현이라는 인류 보편적 가치에 대한 사랑을 말한다. 플라톤이 가장 고귀하게 본 신에 대한 관조와 유사하다. 그래서 신과의 만남인 그 사랑만 할 수 있다면 누구나 종교나 신념 또는 믿음과 관계없이 구원을 받을 것이라고 말한다. 이렇게 사랑에 관한 한 원칙적으로 종교의 차이는 없다. 기독교는 고아와 과부를 돌보는 것이 사랑이라 말하고, 가톨릭은 행위가 없는 믿음은 죽은 믿음이라는 구절을 인용한다. 그래서 말뿐인 사랑이 아니라 현실 참여를 통한 평화와 사랑의 실천을 강조한다. 불교도 크게 다르지 않다. 보시바라밀의 중요성을 역설하며 대자대비하신 부처님의 사랑이 예수의 사랑과 다르지 않다고 강조한다. 이슬람도 한 손에는 평화와 사랑의 쿠란을 들고 있다. 그들이 강조하는 것은 공통적으로 하나다. 이웃 사랑! 하나님은 사랑이라고 성서에 분명히 적혀 있고, 그 사랑의 하나님이 가장 큰 계명으로 이웃 사랑을 명령했으니, 그 사랑을 하면 하나님의 자녀가 되고, 따라서 사랑과 재결합한 것이 된다. 따라서 어떤 종교를 믿든 아무 상관이 없다. 결국 이웃 사랑이 새 생명을 얻고 에덴의 행복을 다시 누릴 수 있는 열쇠가 된다.

이웃 사랑이 몸의 소유욕보다 가치 있는 것은 사실이다. 그리고 이웃 사랑이라는 말이 성서의 핵심인 것도 사실이다. 하지만 그 이웃 사랑의 의미가 문제다. 성서가 말하는 바로 그 사랑은 종교에서 말하는 인간애와 인류애가 아니다. 따라서 어떤 종교든 그 사랑을 그렇게 이해한다면 사랑과는 아무 상관이 없다. 아무리 아름답고 희생적으로 보인다 하더라도 인간애와 인류애 자체는 생명의 씨가 되는 성서의 그 사랑이 아니다.

본질

사랑은 하나다. 사랑하거나 사랑하지 않는다. 그 사랑과 유사한 것은 많다. 하지만 그 사랑은 단 하나다.

'사랑이란 무엇인가?'에 대한 답은 불가능하다. 하이데거는 『존재와 시간』에서 '존재란 무엇인가?'라는 질문을 통해 이 문제의 성격을 설명했다. 그에 따르면 지구상의 모든 구체적 존재들을 포괄하면서도 각각의 존재와 구별되는 보편적 존재의 개념은 주어질 수 없다. 따라서 존재가 무엇인가라는 질문 자체가 잘못되었다. 그가 볼 때 존재를 알기 위해서는 구체적이고 개별적인 현존재라는 현상을 관찰해야 한다. 마찬가지로 지구상의 모든 사랑과 구별되면서도 모든 사랑을 포괄하는 보편적 사랑을 그냥 답할 수는 없다. 그렇다면 구체적인 사랑을 관찰하다 보면 알 수 있을까? 그렇지 않다. 개별 현상을 관찰하다 보면 그 현상의 본실을 직관할 수 있다는 현상학적 방법론은 허구다. 결국 언젠가 내가 생각하는 본질이 그것이라고 말하게 되기 때문이다. 따라서 지구상에 존재하는 모든 사랑을 관찰하기 전에는 결코 사랑을 말할 수 없다. 그렇다면 방법은 하나밖에 없다. 관찰을 통해 올라가는 길이 불가능하니 개념을 분석함으로써 내려오는 길을 선택해야 한다. 그런데 분석은 개념을 확장하지 못한다. 논리로 분석을 하는데 개념을 넘어선 새로운 이해를 얻으려면 칸트가 말하듯 수학이나 물리학의 선험적 종합명제가 가능해야 할 것이다. 하지만 칸트의 그것들은 모두 인간적 약속들이거나 흄이 말하듯 습관이나 연상의 오류였다. 그러므로 가장 이상적인 방법은 스피노자식이다. 논리적 정합론과 대응론을 결합시키는 것이다. 사랑에 대한 모든 설명이 자체 안에서 논리적으로 정합하되, 그 설명 가운데 하나가 실재 현실에 대응한다면 나머지 설명도 자연적으로 사실일 수밖에 없을 것이다. 이 생산적인 방법론에도 불구하고 스피노자는 물론 실패했다. 그는 신을 증명하려 했다. 그것은 어떤 방법으로도 불가능한 일이다. 다행히 지금 우리는 사랑만을 설명하려 한다.

사랑은 일단 '사랑하는 것'이다. 그런데 동사는 항상 목적어를 지닌다. 따라서 '누군가를 사랑하는 것'이다. 또한 '누군가'는 대명사이므로 개별적인 현상적 접근이 아님을 보여준다. 그리고 '사랑하는 것'과 '누군가를 사랑하는 것' 사이에 의미 변화는 없다.

그렇다면 '누군가를 사랑한다는 것은 무엇인가?' 여기에서 '누군가'는 일단 '누군가 자체'로 의미 변화 없이 바꿀 수 있다. 그 다음 '누군가 자체'는 '누군가 전체'를 뜻한다. 부분은 자체가 될 수 없기 때문이다. '나'라고 할 때는 일단 나와 관계된 모든 것이 포함되어야 한다. 일부만을 의미한다면 그것은 사랑하는 것이 아니라 좋아하는 것이다. 그래서 엄밀히 말하자면 "나는 너의 성격이 좋아!"라고 말할 수는 있지만 "나는 너의 성격을 사랑해!"라고 말할 수는 없다.

분석의 일차적 결론에 도달했다. 누군가를 사랑한다는 것은 '누군가의 전체를 사랑한다는 것'이다. 다음 분석 대상은 '사랑한다는 것'이다. 이 말을 완전히 규정하는 것은 불가능하다. 하지만 최소한의 규정은 가능하다. 일단 포괄적으로 보면 '그 존재를 행복하게 해주는 것'이라고 할 수 있을 것이다. 하지만 행복이 무엇인지 모르니 여기서는 그 행복하게 해주는 것 안에 반드시 들어가야 할 필요조건 하나만 선택하자. 그것은 '있는 그대로 인정해주는 것'이다. 그러면 다음과 같은 결론이 나온다. 누군가를 사랑한다면 최소한 한 가지 조건이 있어야 한다.

그것은 '있는 그대로 인정해주는 것'이다.

이제 '누군가를 사랑한다는 것'이 의미에 대한 변질 없이 '누군가의 전체를 있는 그대로 인정해주는 것'임을 확인했다.

누군가의 전체

당신의 사랑인 누군가를 떠올리고 그 사람의 전체를 그려보라. 그러면 대충 이렇게 나올 것이다.

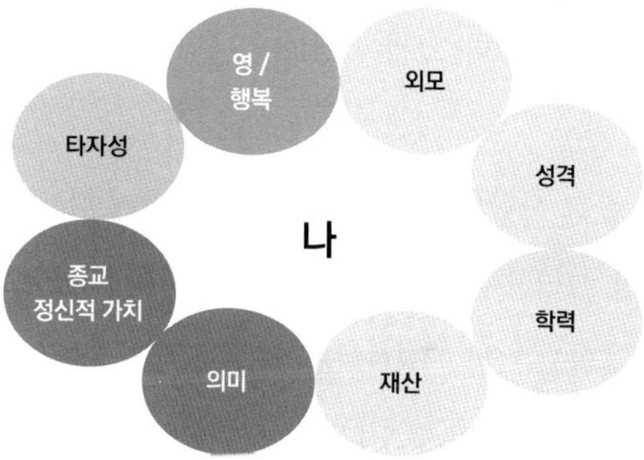

오른쪽의 외모 등 가시적인 것들은 모두 몸적 자아의 조건들이다. 의미와 정신적 가치 등은 정신적 자아의 조건들이다. 이것들은 그렇게 많지 않다. 그리고 마지막으로 행복은 영적 자아의 조건이다. 그것은 유일하다.

이제 그 사람의 조건을 있는 그대로 받아들일 수 있는지 생각해보라. 어려움은 일단 왼쪽에 있는 타자성에서 시작한다. 타자성은 단순히 다름이나 차이를 의미하지 않는다. 만약 그렇다면 성격의 차이나 학력의 차이가 타자성이 될 것이다. 타자성은 아무리 이해하려고 해도 도저히 받아들이기 어려운, 하지만 그렇더라도 내 마음대로 판단해서는 안 되는 그 존재만의 고유한 속성이다. 관계에는 반드시 서로의 타자성이 있다. 따라서 사랑은 이 타자성을 있는 그대로 수용할 수 있는가 하는 문제로부터 시작한다.[78] 당연히 쉽지 않다.

혹시 당신이 타자성을 포함해 다 받아들일 준비가 되었다 하더라도 아직 끝난 것이 아니다. 그 사람의 전체에는 현재만이 아니라 과거와 미래도 있다. 내가 이해할 수 없는 과거가 있을 수 있고, 변해버릴지 모르는 미래가 있다. "그런 사람이었단 말야?"라거나 "사랑이 어떻게 변하니!"라고 하게 만드는 것들이다. 당연히 우리는 상대방이 무결점의 과거와 변함없는 마음으로 있어주기를 바란다. 하지만 인간은 살아 있기 때문에 변할 수밖에 없다. 그것이 생명의 특징이다. 살아 있는 모든 것은 변한다.

그러므로 그 사람의 전체는 받아들일 수 없을지도 모르는 과거, 현재의 타자성, 그리고 미래의 변화 가능성이다. 만약 당신이 이 전체를 받아들일 것을 알고 느끼고 원한다면(知情意), 그때 당신은 처음으로 "나는 너를 사랑해!"라고 말할 수 있다.

78 ; 싱어(I. Singer)는 『사랑의 본질(The Nature of Love)』에서 '내가 사랑하는 그 누군가'가 누구일 수 있는지, 그리고 그 누군가의 모습에 따른 나의 반응은 어떤 것인지를 세 가지로 나누어 설명한다.

1) '누군가'는 그 '누군가의 조건들'일 수 있다. 그때 나의 사랑하는 모습은 '승인(appraisal)'으로 나타난다. 조건들은 내 관심의 다른 언어이기 때문이다. 객관적 조건들의 경우, 그것은 사회가 바라보는 감정 요인들이다. 사회에서 인정하는 이른바 성공한 사람들이 지닌 모든 조건들. 그에 반해 주관적 감정은 단순히 그가 나의 타입인지를 묻는다. 물건을 살 사람은 사회가 아니라 나다. 따라서 사회보다 나의 판단이 우선한다. 즉 내가 외모에 우선을 두면, 사회에서 돈에 우선을 둔다 하더라도 나는 그를 산다. 주관적 감정은 그의 말솜씨, 성적 매력, 옷입는 스타일 등 개인의 수만큼 다양한 방향으로 나아간다. 하지만 주관적 감정이든 사회적 조건이든 공통적인 특징이 있다. 그것은 어떠한 경우든 그것이 나의 관심과 관련되고, 관심에 따른 선택을 통해 결국 나는 그를 소유하는 것이 된다는 것이다. 왜냐하면 내가 사랑하는 누군가는 사람이 아닌 조건들 또는 사물들이기 때문이다. 조건들은 검증되어지고, 대상들은 그 조건 여부와 관련되어 관찰되고 탐구된다.

2) '그 누군가'는 내가 추구하는 어떤 이상을 의미할 수 있다(the love of the ideals). 이 경우 나는 그의 조건을 좋아하는 것도 아니고 관계 자체를 좋아하는 것도 아니다. 오히려 그에게서 나는 내가 생각하는 나의 최고의 가치를 본다. 나의 이상을 본다. 피아노를 신들린 듯이 치는 그녀의 모습에서 나는 나의 예술적 이상을 발견한다.

3) 내가 누군가를 사랑할 때 그 누군가의 존재(the love of the person)를 사랑할 수 있다. 이 경우 사랑의 모습은 '증여(bestowal)'이며 그가 가진 사회적 또는 주관적 조건이 아닌 그와의 관계 그 자체를 사랑하는 것이다. 이 경우 나는 가치를 발견하려고 노력하지 않는다. 오히려 나는 그의 가치를 만들어낸다. 감정의 기준으로 보면 그것은 종종 비도덕적이거나 어리석을 수 있다.

누군가를 사랑한다는 것

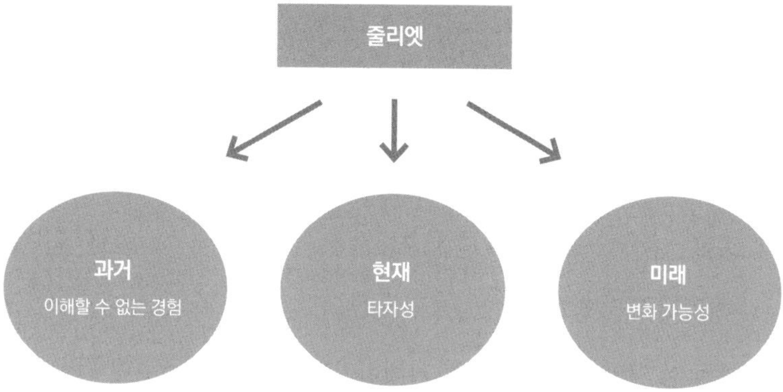

그런데 누군가의 전체를 그대로 받아주는 일은 사실 불가능해 보인다. '나'의 에고가 존재하는 한 '나'의 타자성은 틀림없이 그녀의 타자성과 충돌할 것이다. 바로 그런 이유로 사랑한다는 것은 죽는 것이다. 누군가를 사랑하려면 사실 '나', 즉 나의 에고는 죽어야 한다.

그래서 이기적 몸적 자아에게 사랑은 없다. 손해 보기를 싫어하는 이에게는 계산적인 사랑만 있다. 그리고 실망과 외로움만이 남게 되어 있다. 그래서 어떤 스님이 말하듯 사랑을 난로처럼 하자고 할 수밖에 없다. 너무 가까이 나가가면 뜨겁고 너무 멀리 떨어지면 차가우니 적당한 거리를 두라고 한다. 지혜를 가장한 약음이다. 상처받는 것이 두려우면 사랑할 수 없다. 사랑이 죽는 것이라는 말은 엄밀히 말해 그 존재에게 미친 것이다. 물론 미친 것도 가지가지다. 사랑의 미침과 사랑처럼 보이는 집착의 미침은 본질적으로 다르다. 집착은 그 존재가 아니라 사실은 나에게 미친 것이다. 너무 내가 좋아 미쳐버려서 내 마음에 드는 존재를 그냥 놔두지 못한다. 이렇게 자신에게 극도로 집착하는 이는 자기 마음대로 살지 못하는 삶은 상상하지도 견디지도 못한다. 그래서

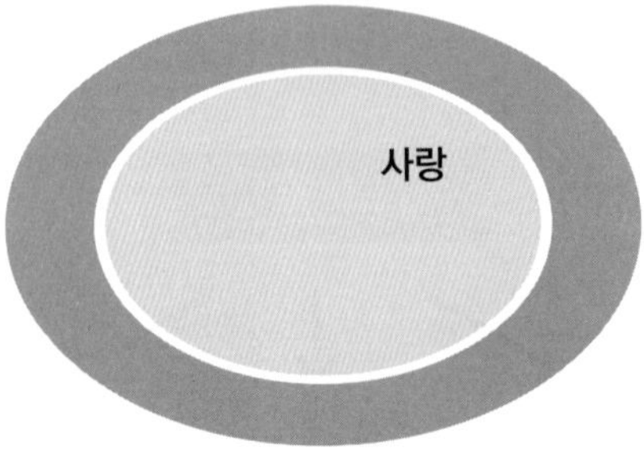

못 먹는 감 찔러보듯 상대를 파괴해버리거나, 아니면 베르테르처럼 자기를 파괴해버린다.

누군가를 사랑하는 것은 인간에게 부여된 가장 신비한 경험이다. 사실 집착조차도 무조건 나쁜 것만은 아니다. 집착에 머물러 벗어나지 못하면 파멸이지만, 아픔과 쓰라림의 긴 시간이 지나 그것이 집착이었음을 깨닫게 되면 선이 된다. 삶은 원칙적으로 선하다. 당신이 그 경험을 통해 소멸되지 않고 무엇인가 의미가 될 수 있는 어떤 것을 배운다면 모든 것은 당신에게 선이다. 질문하지 않는 자는 틀릴 수 없고, 틀리지 않는 자는 고칠 수 없다. 그리고 고치지 않은 자는 답을 알 수 없다. 그러니까 질문이 없으면 답도 없다. 마찬가지로 출발하지 않으면 길을 잃을 수 없고, 길을 잃지 않으면 수정할 수 없다. 그리고 수정하지 않으면 도착도 없다. 출발해야 도착할 수 있다. 진리는 이렇게 단순하다. 인생의 실패와 고통도, 만약 당신이 그것을 통해 진정 선이 무엇인지 안다면 그 어두움의 시간은 고스란히 빛이다.

그런 이유로 끝이 중요하다. 넘어지는 것이 아니라 다시 일어서지 않는 것이 문제다. 그러나 일어서되 바르게 서야 한다. 바르게 수정하는 것이 중요하다. 온전한 사랑을 아무도 할 수 없는 것이 사실이라면, 사랑할 수 있다고 생각하는 것보다 사랑할 수 없음을 깨닫는 절망이 중요하다. 그래서 사랑은 실패해야 한다. 그래야 내가 사랑할 수 없음을 알아 사랑할 수 있음을 진정 찾아갈 수 있다. 그리고 그렇게 출발했으면 그 사랑에까지 나아가야 한다. 생명은 그 곳에만 있다. 만약 당신이 그 실패로 그 선을 알지 못한다면 실패는 그저 독으로만 남을 뿐이다.

사랑으로의 길

상대방을 전체로 받아들이는 그 사랑을 가장 정확하게 기술한 책은 성서 고린도전서 13장이다. 바울은 전형적인 'not A but B'의 형식으로, 사랑이 아닌 것을 떼어내버리고 그 다음 그 순수한 사랑만을 설명한다.

> 내가 신비한 말과 신비한 노래를 한다 해도 사랑이 없으면 말 그대로 잡소리다. 내가 예언할 수 있는 지혜와 긍정의 심리학 같은 믿음이 있고 또 파우스트처럼 모든 지식을 소유하고 있어도 사랑이 없으면 아무것도 아니다. 그리고 내가 가진 모든 재산을 하나도 남기지 않고 구제하며 또 이웃을 위해 내 몸을 불살라 내어줘도 사랑이 없으면 아무 유익이 없다.

바울이 여기서 언급한 신비한 말, 노래, 예언 등은 당시 초대 교인들이 완전한 신앙의 표본으로 삼은 것들이다. 그것들만 있으면 완전이라고 하는데 바울이 초를 친 것이다. 그것도 아주 심각하게 쳤다. 위 조건들을 자세히 보면 다름이 아니라 요즘 기독교, 가톨릭, 불교, 이슬람교 등에서 추구하는 인간애, 그리고 인류애의 이상과 동일하다는 것을 알 수 있다. 실제 종교 지도자들이 늘 말하는 것이 세계 평화를 위해 자신을 비우고 희생하라는 것이지 않은가? 이웃을 위해 구제와 봉사, 희생을 하는 것이 진정 사랑이라고 말하지 않았던가? 사랑을 하면 신을 만날 수 있는데, 사랑은 고아와 과부를 구제하는 것이고 불쌍한 이웃을 돌보는 것이니, 그것들을 하면 반드시 신을 만난다고 설교하고 강론하고 설법하지 않았나? 그리고 정의와 평등, 자유와 민주주의를 위해 현실 정치에 참여해 잘못된 현실은 바꿔나가야 한다고, 그것이 종교의 진정한 존재 목적이라고 강조하지 않았나?

그런데 정말 이상하다. 바울은 그 모든 것과 사랑이 다르다고 분명히 말하고 있다. 열정적인 종교 행위와 구제, 헌신, 희생이 모두 사랑이 아니라고 한다. 그래서 그 모든 것을 다 가져도 사랑이 없을 수 있다고 강조하고 있다. 더욱 심각한 것은 그 모든 것이 있어도 사랑이 없으면, 한 2퍼센트 부족하니 조금만 더 열심히 신앙생활을 하라는 것이 아니라 너희들은 무(無)라고(nothing), 사랑과 아무 관계도 없다고, 그러니 결국 신과 어떤 연결 고리도 없다고 선포하고 있다.

다시 한 번 강조하자. 바울은 그 진리의 사랑과 사람들이 일반적으로 생각하는 사랑, 그 중에서도 특히 가치 있어 보이는 헌신적 봉사, 구제, 생명과 삶을 바치는 희생이 완전히 다르다고 역설하고 있다. 유사하다는 뜻이 아니라 질적으로 완전히 다른 차원에 있다는 말이다. 따라서 사랑은 자비도 아니고 긍휼도 아닌 것이 된다.

어렵다! 사랑처럼 보여 그렇게 믿어왔고, 그렇게 산 사람들을 존경했고, 나도 그렇게 살고 싶어 했는데 사랑이 아니라니? 아니, 무(無)라니? 그렇다면 슈바이처나 테레사 수녀, 법정 스님이나 간디 같은 분들은 도대체 무엇을 한 것이란 말인가?

그 진리의 사랑은 행복이다. 그리고 사랑은 분명 있다. 그러니 바울이 말하고 있는 것이 아니겠는가! 따라서 행복감을 떠나 행복으로

가는 길, 즉 소유에서 나와 사랑으로 가는 길은 반드시 있다. 그런데 길이라면 그 길의 중간에는 또 많은 정거장이 있다는 말이 된다. 몸의 소유와 영의 사랑 사이에는 실제 많은 마음의 가치들이 있다.[79] 그 가치들은 진정한 사랑은 아니지만 그렇다고 이기주의의 산물도 아니다. 따라서 우리는 그것들을 마음에서 우러나오는 자기애(Self-loving)의 다양한 종류로 부를 수 있을 것이다. 물론 심리학에서 말하는 자기중심주의는 당연히 아니다.

먼저 소유를 떠나면 '의미'의 정거장이 있다. 의미는 실존적 자기애의 산물이다. 몸은 의미에 대한 질문을 던지지 않는다. 몸은 욕망할 뿐이다. 하지만 인간은 영적 존재이기에 그 의식이 살아 있는 사람들은 소유라는 행복감의 삶을 멈추고서 한 단계 더 올라가 삶의 가치를 찾는다. 그는 자신의 일이나 삶에 몰입할 수 있다. 의미가 기쁨이기 때문이다.

그런데 의미는 내가 부여하는 것이다. 따라서 다시 욕망으로 돌아가 의미를 부여할 수 있다. 이 경우 행복은 만날 수 없다. 최고가 되는 것을 생각해보자. 최고가 된다는 것이 무엇인가? 최고 위에는 또 다른 최고가 있다. "Stay hungry!"처럼 끊임없는 나아감을 의미로 부여할 수 있지만 궁극적으로 그 의미는 사라질 것을 향한 것이다. 그래서 그런 사람은 아쉽지만 행복을 맛볼 수 없다. 그래서 의미는 일 자체의 향유이거나 그 일을 못하게 될 경우 삶을 지탱시켜줄 가치에 있어야 한다. 결국 의미를 지나서 반드시 다음 정거장인 자유로 향하게 된다.

'자유'는 의미보다 한 차원 더 높은 건전한 자기애의 산물이다. 진정 자신을 사랑하는 것이 이기주의로부터 자유로워지는 것임을 깨달

79 ; 김봉규, 만남 – 10차원의 행복, 예영커뮤니케이션 2012, 3~5장 참고.

은 것이다. 하지만 자유는 행복감으로부터의 이탈이나 무소유에의 개념적 집착이 아니다. 그것은 무소유의 진정한 의미, 즉 필요한 만큼의 소유다. 이러한 자유는 '무-관심'이다. 행복감을 즐기고, 그 안에서 살아가나 그것이 나의 삶에 근본적 영향을 줄 수 없다. 나는 자유롭기 때문이다. 자유로운 사람은 무엇에도 중독되지 않는다. 안 하는 것이 아니라 무심하다. 그는 행복감을 즐기고, 행복감의 세상에 살지만 세상에 종속되지 않는다. 이상적이다. 하지만 그럼에도 자유 역시 종착역이 아니다. 자유는 아직도 나의 자유다. 자유롭고 싶은 나로부터는 자유롭지 못하다. 자유로워지게 된 '나'에 대한 무의식적 자긍심이 있을 것이기 때문이다. 더욱이 "그래, 좋아. 자유! 그런데 그 다음은?"에 대한 답이 없다. 인간은 평안을 위해서가 아니라 행복을 위해 존재하기 때문이다. 따라서 자유 역시 다음 정거장으로 향해야 한다. 사랑은 죽는 것이니 아직 조금 멀리 있다.

사랑으로 가려면 너에게로 향해야 한다. 그 너와의 시작이 합리적 자기애에서 발현된 '공존'이다. 공존은 너와 함께 차이를 인정하며 사는 것이다. 이제 나는 정말로 나를 떠나 너를 사랑하는 길에 접어들었다.

공존은 상호 연결의 의식에서 출발한다. 인간은 누군가와 함께할 때 행복해한다. 동아리나 클럽이 있고, 주말이면 전화기를 만지작거리고 하는 것들은 '함께'를 느끼고 싶기 때문이다. 현대인이 불행한 것은 문명을 통한 행복감의 극단적 추구가 점점 사람들을 파편화시키고 개인만 남도록 만들기 때문이다. 함께 있어도 '함께'가 아니라 '나 밖에'만 있다. 그래서 공존이 필요하다. 경쟁에서 승리하기 위한 이기적 공존이나 협력이 아니라 정말 함께 살아야 할 존재라는 의식에 바탕을 둔 공존 말이다. 불교의 연기나 공자의 인 등은 모두 이 단계의 삶을 나타내

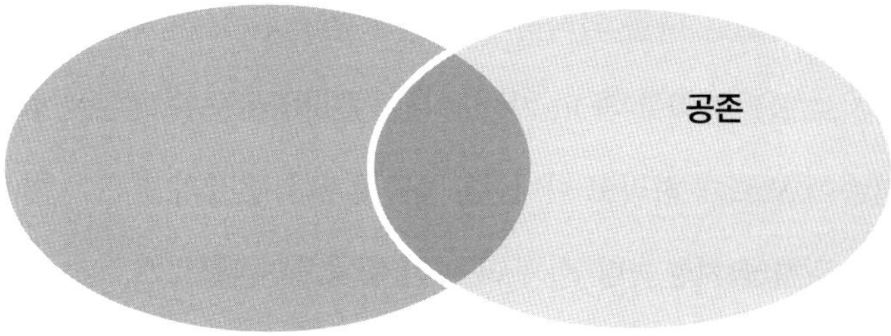

고 있다. 하지만 공존도 아직 내가 있다. '함께'의 옆에 '나'의 자리가 남아 있다. 엄밀히 말해 내 안에 아직 내가 너무 많다. 내가 아직 살아 있다.

공존 다음 정거장이 바로 '자비와 긍휼, 그리고 희생'의 이타적 삶이다. 이 삶의 태도는 너에게로 내가 더 나아간다는 것, 즉 나의 공간을 더 비워준다는 것을 의미한다. 이때 비워준다는 것은 단순히 자유를 의미하는 '비우다'가 아니다. '비워서 들어낸 것'을 상대방에게 '주는 것'이다. 그러므로 그냥 몸의 욕망이 원하는 행복감을 벗어나는 것을 넘어서 삶의 패러다임을 타인 중심으로 옮겨놓은 것이다. 이 단계는 영적 존재로서 인간이 나아갈 수 있는 가장 높은 경지다. 어떻게 그것이 행복이 될 수 있을까? 나한테 아무 이익이 안 되는데, 잃는 것이 얻는 것이라는 말을 어떻게 이해하면 될까? 거꾸로 질문해보자. 어떻게 나에게 이익이 되는 것이 행복이 될 수 있는가? 이익이 되는 것은 모두 행복감으로, 무상으로 이어지는 것이다.

이런 삶은 그 자체로 충분히 훌륭하고 존경할 만하다. 석가나 테레사 수녀의 자비를 이상적으로 보는 이유다. 세상의 모든 종교도 이 삶을 지향한다. 그리고 실제로 그 자비를 사랑이라 믿는다. 하지만 그것은 착각이다. 자비와 희생은 훌륭하지만 아직 사랑이 아니다. 베풂을 받는 너와 베푸는 나가 아직 분리되어 있다. 의식하지 않으려 해도, 의식하지 않고 있는 나를 의식하게 된다. 불교에서는 선행을 기억하지 않는 경지로 올라가라고 하고, 기독교나 가톨릭에서는 오른손이 하는 일을 왼손이 모르게 하라고 한다. 겸손은 좋지만, 인간의 겸손은 항상 자아를 은밀히 숨겨놓는다. 아무리 그러지 않으려 해도, 그러지 않는 자신의 의가 쌓인다. 어떠한 경우에건 '나'를 벗어날 수 없다. '나'의 없음을 깨달아도, 그렇게 깨달은 존재가 결국 '나'임을 고백할 수밖에 없다.

사랑을 닮은 인간의 마음은 훌륭하지만, 그것도 교묘하고 교활하다. '나'는 자신을 높이고 자신의 이름을 내기 위해 모든 방법을 동원한다. 이기주의를 넘어서는 것은 기본이고, 자신을 부인하는 일까지 서슴지 않는다. 자기애는 도덕적이기를 주저하지 않는다. 인간의 겸손은 늘 존경을 낳는다. 그래서 고수들은 굳이 떠벌리지 않는다. 그럴 필요가 없다. 말하지 않아도 내가 얼마나 훌륭한지 다 인정하고 또 존경해주기 때문이다. 그저 "뭘요! 아무것도 아닌 것을!"이라고만 하면 된다. 나머지는 사람들이 알아서 해준다. 그래서 자기애는 무의식의 은밀한 자리에서 즐긴다. 그렇기 때문에 인간의 어떠한 자비와 희생도 자신의 모든 것은 주지 않는다. 아니, 줄 수 없다. 감사를 받을 정도의 자리, 자신을 존경하고 따르는 무리에게 가르치는 위치 정도는 남겨놓는다. 그것을 넘어선 사람이 있을까? 그렇다면 그는 아무도 알아주지 않는 자신을, 자신만 알아주는 사람이다. 자신은 지금 외롭지만 바른 길을 가고 있다고, 나는 저 어리석은 중생들과 다르다고. 그렇게 나는 언제나 남는다. 인간은 자신을 완전히 죽일 수 없다.

인간은 자비와 희생까지 갈 수 있다. 그곳이 마지막 정거장이다. 그런데 사랑의 종착역은 그 다음에 있다. 그래서 바울은 옳았다. 모든 것을 다 가진 것 같아도 사랑이 없으면 무(無)다. 사랑만이 행복이기 때문이다.

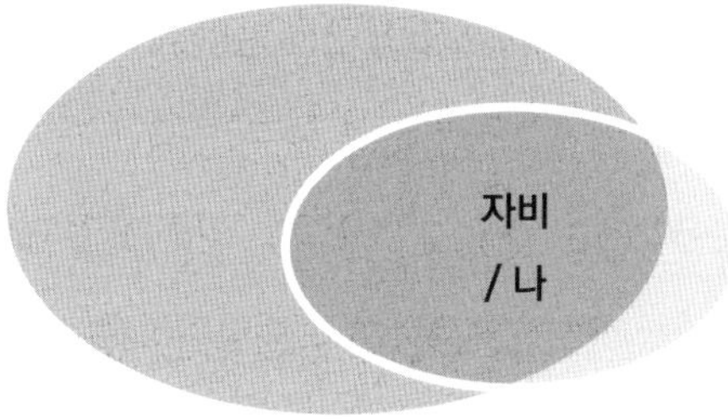

사랑의 진리

길은 폐쇄적 이기주의로부터 출발한다. 그 다음 건전한 이기주의→합리적 이기주의→호혜적 이기주의→이타적 이기주의로 진행된다. 그리고 그 다음 이기주의를 질적으로 넘어서면 반성적 자기애(의미)→건전한 자기애(자유)→합리적 자기애(공존)→호혜적 자기애(협력/상생)→희생적 자기애(자비/희생)의 순으로 나아간다. 사랑은 그 다음에 있다.[80] 이기주의는 지기애의 형상들을 다 가지고 있다. 하지만 모두 이기주의를 벗어나지 못한다. 따라서 유사 의미, 유사 자유 등에 머무른다.

494쪽의 그림에서 보는 것처럼 몸의 이기주의를 출발하여 정신의 자기애를 지나면 인간은 희생적 자기애까지 갈 수 있다. 하지만 사랑은 그 너머에 있다. 따라서 인간은 사랑할 수 없다. 그렇다면 지금까지 사람들이 맹세한 사랑은 다 가짜란 말인가? 안타깝지만 대부분 그럴 가능성이 높다. 사랑을 만나지 못하면 사랑이 무엇인지 알 수 없다.

80 ; 참고로 증오는 사랑과 양극으로 그 존재 전체를 미워하는 것이다. 따라서 인간은 증오도 할 수 없다. 그리고 희생적 이기주의는 현실적으로 모성처럼 본능으로 주어진 경우에만 나타난다.

이기주의(몸)와 자기애(정신)

이쯤 되면 당연히 사람들은 이런 질문을 제기할 것이다. "뭐야! 그럼 도대체 사랑이 뭐야? 무엇이기에 저 고귀한 행위들까지 그것이 아닐 수 있고, 그것이 없으면 말 그대로 무화(無化)된다는 말이지?" 그래서 바울은 사랑의 긍정적 설명을 이어간다.

> 사랑은 오래 참고, 온유하며, 시기하지 않으며, 자랑하지 않으며, 교만하지 않으며, 무례히 행동하지 않고, 자기 이익을 구하지 않으며, 악한 것을 생각하지 않고, 불의를 기뻐하지 않으며, 진리와 함께 기뻐한다.

그런데 이상하다. 가만히 생각해보면 전 재산을 털어 남을 구제하고 자기의 목숨까지 버리며 인류 평화나 자유를 위해 희생할 준비가 되어 있는 사람이 그런 성품이 없을까? 오래 참지 못할까? 온유하지 못할까? 설마 시기하거나 자랑하거나 교만할까? 단어는 같다. 하지만 의미가 다르다. 영육혼의 인간은 늘 하나의 단어에 세 개의 의미를 지니고 있다.

평화란 단어를 보자. 몸적 자아의 사람이 그 단어를 들으면 어떤 생각을 할까? 당연히 자기 자신의 '평안'을 떠올릴 것이다. 그 다음 자기애의 정신적 자아는 당연히 인류 평화, 가난하고 소외된 자들의 평화를 생각할 것이다. 하지만 사랑을 만난 영적 자아는 그런 평화를 생각하지 않는다. 그는 '자신과 그 진리인 사랑 사이의 평화'를 생각한다. 그것만이 사랑에서 흘러나오는 평화이기 때문이다. 그러면 '오래 참음'은 어떨까? 당연히 몸적 자아는 시험 잘 보기 위해 공부할 때 성공을 포기하지 않는 오래 참음을 생각할 것이다. 이기주의자는 모든 것을 자기 것으로 바꾸는 재주가 있다. 정신적 자아는 자연스럽게 정의 실현을 위해 받는 억압을 오래 참는다고 생각하거나 인류 평화를 오래 참음으로 기다려야 한다고 자랑스럽게 말할 것이다. 하지만 영적 자아는 '그 사랑이 자신을 위해 오래 참아주었다는 것'을 떠올린다. 나의 오래 참음이 아니라 완전한 사랑의 오래 참음을 생각한다. 그래서 이렇게 생각하게 된다. "나에게는 저 오래 참음이 없다! 성공을 위해 오래 참고, 도덕적 가치를 위해 오래 참는 것은 할 수 있다. 하지만 그 사랑의 오래 참음은 내가 수백 번 다시 태어나도 할 수 없다." 그리고 오래 참으려고 하는 것이 아니라 오래 참을 수 없는 자신의 한계를 고백한다. 온유도 그렇고, 시기하지 않음도 그렇고, 모든 사랑의 속성들이 그렇다. 왜냐하면 바울이 말하는 속성들은 인간이 아니라 오직 그 하나의 사랑으로부터 나오는 속성들이기 때문이다. 이제 바울은 클라이맥스에 도달한다. 그 속성들이 나올 수밖에 없는 그 사랑이 무엇인지 짧게, 하지만 장엄하게 정리한다.

> 사랑은 모든 것을 참고, 모든 것을 믿으며, 모든 것을 바라고, 모든 것을 견딘다.

어떤 책에도 이런 사랑의 정의는 없다. 왜냐하면 미치지 않고 제 정신으로는 절대 할 수 없는 말이기 때문이다. 신학에서는 이를 네 개의 거대한 판타(panta, 모든 것)라 부른다.[81] 문제는 바울이 여기서 '모든 것(panta)'이라는 단어를 썼다는 사실이다. '모든 것'은 예외를 허용하지 않는다. 예외가 있으면, 다시 말해 단 한 번이라도 참아주지 않거나 믿어주지 않거나 했으면 조금 부족한 사랑이니 좀 더 노력하시면 되겠다는 말이 아니다. 단 한 번의 예외가 있다면 전혀 사랑이 아니라는 것이다. 그리고 그 말은 당신에게 사랑이 없다는 말이고, 따라서 당신은 아무것도 아니라는 말이다. 모든 재산을 탈탈 털어 구제해도, 세계 평화를 위해 일생을 헌신해도 무(nothing)라는 뜻이다. 한번 가정해보자. 만약 당신이 당신의 사랑하는 사람의 잘못을 99세 12월 30일까지 전부 덮어주었다. 그런데 31일 죽기 전 잠깐 그것도 생각으로만 "이건 절대 그냥 넘어갈 수 없는데!"라고 했다가 바로 "아차, 이러면 안 되지, 사랑해야지!" 하고 바로 마음을 바로 고쳐먹었다 치자. 이 경우 모든 사람의 눈에 당신은 성자 중의 성자다. 그런 성자는 세상에 없다. 하지만 바울은 당신이 사랑과 아무 관계가 없다고 말한다. 그 전까지의 모든 노력도 일순간에 수포로 돌아가고 당신은 바로 무(nothing)로 전락해버리고 만다. 그 와중에 당신이 고아와 과부를 위해 이웃 사랑으로 내놓은 거금과 민주화 운동으로 받은 상처, 그리고 인권을 위해 분신자살한 것은 거기에 털끝만큼의 보탬도 되지 못한다. 그러니 미치지 않았다면 어떻게 이런 사랑을 말할 수 있겠는가?

81 ; '참는다'와 '견딘다'는 비슷한 것이 아닌가? '참는다'의 헬라어 '스테고(στέγω)'를 찾아보면 '지붕을 씌우다', '침묵으로 덮어주다'의 뜻이 있다. 따라서 스테고는 '상대의 허물을 침묵으로 지붕을 덮듯이 덮어주는 것'이다. 눈이 되어준다는 말이다. 그리고 '견딘다'의 원어 '휘포메노(ύπομένω)'는 어떤 어려움이나 고통을 인내하며 견뎌내는 것을 의미한다. 따라서 '상대로부터 오는 고통과 핍박을 견뎌내는 것'이다. 다른 말이다.

그런데 사실은 바울이 말한 사랑이 원칙적으로 우리가 확인한 '누군가를 사랑한다는 것'과 의미상 정확히 일치한다. 신기하지 않은가! 그러니까 성서는 분명 사랑을 말하고 있다. 정확하게 성서는 현상이나 현실과 관계없이 그 진리의 사랑을 기술한 것이 맞다. 그리고 이 사실로부터 우리는 이제 분명히 확인한다. 인간은 한 번도 사랑을 한 적이 없다.

인간은 사랑할 수 없다. 아니, 절대적으로 불가능하다. 그렇다면 할 수 없는 것을 써놓고 그것을 못하면 무(無)라고 말하며 종교인들을 협박하는 바울은 도대체 뭐하자는 것일까? 일단 바울도 틀림없이 못했을 테니 그 사랑을 실제로 하라고 요구하는 것은 아니었을 것이다. 그렇다면 여기 사랑은 무슨 목적으로 쓴 것일까?

바울이 의미하는 사랑은 단순히 누군가 할 수 있는 '사랑하는 행위'가 아니다. 그는 인류 역사에 존재했던 단 한 사람의 사랑을 말하고 있다. '사랑하는 자', 정확하게 '사랑의 진리대로 완전히 사랑하는 삶을 산 자'의 사랑을 의미한다. 그런데 인간은 그 사랑을 할 수 없다고 금방 확인하지 않았나? 그렇다. 그런데 대놓고 자신이 바로 그 사랑이라고 주장하는 사람이 하나 있다. 성서의 예수다. 예수는 자신이 진리이고 자신이 바로 그 사랑이라고 3년 동안 떠들고 다녔다. 합리적 이성의 관점에서는 미친놈일 수밖에 없는 바로 그 예수의 사랑을 바울이 지금 고린도서에서 소개하고 있는 것이다.

사랑은 인식이 아니라 행위다. 사랑은 사랑하는 것이다. 그렇다면 예수는 정말 그 사랑을 했을까? 알 수 없다. 직접 보지 못했으니 가시적인 것만 믿는다면 당연히 하지 못했을 것이라고 추측할 수 있다. 하지만 성서에 기록된 것만 보면, 예수는 신짜 그 사랑을 살았다. 단군신화의 환웅처럼 성서의 예수는 신이었다. 그가 환웅처럼 인간의 몸으로

카지미르 말레비치, 〈흰색 위의 흰색〉(1918)

하얀색은 순수하지 않다. 그 안에는 화려한 색이 가득하다. 진정한 순결은 색을 모른다. 선천적인 장님과 같다. 하양도 검정도 모르고, 의식 안에는 아무 색도 없다. 색이란 말도 기호일 뿐이다. 그래서 인간은 순수할 수 없다. 눈 뜬 장님은 없다. 인간은 보거나 보지 못한다. 보지 못함을 보거나 봄을 보지 않을 수 없다. 그래서 흰색 위의 흰색은 봐도, 흰색 뒤의 흰색은 보지 못한다.

세상에 온다. 신이 인간의 몸을 입는다는 사실 자체가 자신의 정체성을 포기했다는 것을 뜻한다. 사랑에 빠졌다는 말이다. 그런데 예수는 말구유에서 태어난다. 마치 동물의 먹이통에 있는 먹이처럼 자신을 세상에 음식으로 준 형국이다. 자신이 죽겠으니 먹으라는 말이다. 실제로 예수는 십자가에서 죽기 전 제자들에게 떡과 포도주를 주며 그것이 자신의 몸과 피의 상징이라고 말한다. 그리고 그것을 먹고 마시라고 한다. 그래야 너희가 짐승에서 여자가 되고, 여자가 되어야 사랑인 나와 연합할 수 있다고 말한다. 곰도 그런 의미에서 환웅을 먹었다. 왜? 환웅이 한 그 사랑의 말, "네가 내 말대로 하면 여자가 될 것이다!"라는 말을 믿었기 때문이다. 그렇게 보면 신을 먹는다는 말은 바로 그 신의 입에서 나온 말을 정말 믿는다는 뜻이 된다.

단군신화에는 자세히 나오지 않았지만 성서의 예수는 실제 환웅인 자신이 인간을 어떻게 사랑하는지 보여준다. 그는 세상의 모든 인간을 '있는 그대로' 받아들여준다. 누구에게도 비판이나 비난 또는 서운함을 드러내지 않는다. 그는 사람들의 과거를 그대로 용납한다. 처음에 사람들은 그를 기적의 선지자로 오해했다. 예수는 그대로 인정했다. 그러다 예루살렘에 입성할 때는 로마에서 해방시켜줄 권력자로 착각했다. 이번에도 예수는 잘못 알았다고 꾸지람하지 않고 인정한다. 그러다 십자가에 달리자 사람들은 별 볼 일 없는 인간이었다고 조롱한다. 그를 발가벗기고 저주받은 형틀인 십자가에 매단다. 머리의 가시면류관으로 모든 생각을 압류당하고, 두 손의 못박힘으로 모든 활동을 압류당하고, 두 발의 대못으로 자신의 모든 길을 압류당한다. 그것도 나무에 대롱대롱 매달림으로써 어디에 매달릴지도 스스로 결정할 수 없는 수치와 무기력의 극치로 죽음을 맞는다. 그런데 그때에도 너희가 어떻게 나에게 이럴 수 있냐고 한탄하지 않는다. 그냥 무지해서 그렇다고 용서한다. 사람들의 과거, 현재, 미래를 있는 그대로 받아준다. 정말 사랑한다. 사람들을 보지 않는다. 세리이건, 죄인이건, 아니면 간음한 여인이건, 그가 누구이건 마치 눈처럼 덮어준다. 그리고 그들의 아픔과 허물을 홀로 지고 골고다의 십자가로 올라간다. 그것은 사랑을 모르는 죄, 사랑을 모르면서 안다고 생각한 죄, 그것을 통해 그 진리의 그 사랑을 모독한 죄다. 아버지를 떠난 탕자의 죄다. 그는 비처럼 허물을 지적하지만 눈처럼 덮어주고 정의의 심판은 스스로 받는다. 십자가 위에서 "아버지, 왜 나를 버리십니까!"라고 외친다. 인류의 모든 죄를 짊어진 모습이 너무 혐오스럽고 추악해서 신조차도 얼굴을 돌렸기 때문이다. 결국 종국적으로 피를 다 흘려 사람들을 씻어주고 생명의 물을 다 흘려 먹도록 하고 곰에 대한 그 사랑을 완성한다. 환웅이 제시한 쑥과 마늘, 그리고 동굴에서의 100일은 바로 그 십자가를 상징한다. 다시 말해 환웅은 곰에게만 그렇게 하라고 한 것이 아니라 자기 스스로 신으로서의 자기 정체성을 부인하고 가장 낮은 자리로 임함으로써 십자가의 자기부정을 이룬 것이다. 그것을 통해 그 생명의 십자가를 믿음으로 곰이 여자가 될 수 있도록 완성한 것이다.

그런데 사랑의 이야기는 여기서 끝나지 않는다. 죽은 예수는 사흘 만에 부활한다. 그래서 그 사랑을 믿는 사람은 죽지 않고 다시 살아날 것임을, 환웅의 이야기에서 본 것처럼 여자가 되는 것에서 그치는 것이 아니라 사랑과 연합함으로써 그 생명인 사랑의 씨를 받아 다시 진정 사람으로 다시 태어날 것임을 보여준다. 그래서 예수는 너희 안에 그 사랑을 영으로 가지고 있어야 산다고 말한다. 그리고 그 연합을 위해 자신이 다시 영으로 올 것을 약속하고 승천한다. 예수의 부활한 몸으로는 모든 세상의 곰과의 연합이 불가능하기 때문이다. 오직 사랑의 영으로 올 때에만 가능하기 때문이다. 실제로 오순절 성령강림이라는 성서의 사건은 그 예수가 사랑의 영으로 다시 와 사람들 안에 거하는 모습을 보여준다. 그리고 예수는 승천을 통해 세상의 곰에게 마지막 축복의 메시지를 전한다. 그것은 에덴을 떠나 짐승처럼 살던 탕자 아담이, 구미호가, 백설공주가, 그리고 우리가 다시 여자를 거쳐 사람이 되고 그 생명을 잉태하여 출산하게 되면 아버지의 집으로 반드시 다시 돌아가 아버지의 아들로서 살게 될 것이라는 사실이다. 그리고 그 모든 것을 자신이 직접 다 이루고 돌아가니 너희들은 그 사실만 믿으면 된다는 복음이다.

진리일까? 분명한 것은 기독교인이 되어야 한다는 말은 아니다. 종교 그 자체는 진리가 아니다. 종교는 제도이고 인간이 만든 것이다. 따라서 인간의 욕망이 개입되지 않을 수 없다. 진리는 성서다. 단군신화다. 자연이다. 자궁이다. 성서는 분명히 진리이지만 그 진리를 진리로 바라보지 못하면 성서도 증오의 책이 될 수 있다. 그러므로 다른 종교들도 마찬가지이지만 기독교인이 되는 것과 사랑을 만나는 것 사이에는 어떠한 논리적 필연성도 존재하지 않는다. 진리는 죽음에 취한 사람은 반드시 자신이 죽은 존재임을 깨닫고 생명이 어디에 있는가를 알아 그 생명을 받아들여야 산다는 것이다. 그 진리를 깨닫는 것이 중요하다. 성서는 그 진리에 대해 영적으로 이해될 때 완전한 설명이 된다. 따라서 그 안에 있는 그 진리의 사랑이 전하는 말을 들을 수 있어야 한다. 사랑은 언제나 말로 오기 때문이다.

그 사랑에의 그리움

그림 한가운데에는 네 개의 판타(panta)로 설명된 그 사랑이 있다. 간략하게 우리는 누군가를 있는 그대

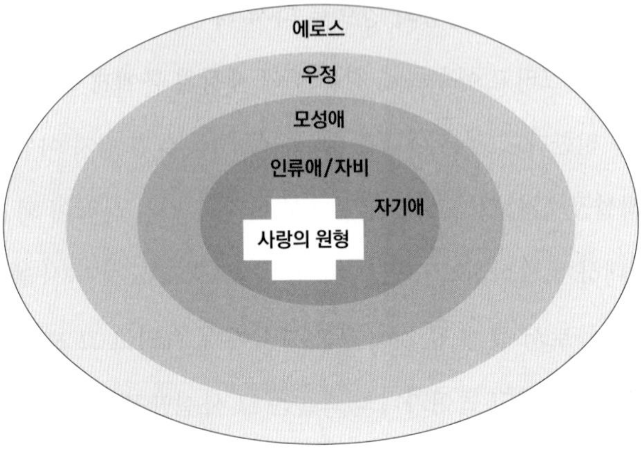

로 인정해주는 동시에 그 존재를 위해 자신을 희생하는 영적 상태라고 말할 수 있을 것이다. 그런데 신기한 일은 그 주변에 있는 모든 인간의 사랑들이 부분적이고 일시적이며 조건적이지만, 그래서 제한적이지만 그 사랑의 모습을 담고 있다는 사실이다.

인류애나 자비는 사랑에 가장 근접한 형태다. 하지만 거기에는 이미 살펴본 것처럼 미세하게 자기애의 흔적이 남아 있다. 그 다음은 모성애다. 자녀를 위해 목숨을 던지고 어떤 모습이더라도 자녀를 있는 그대로 사랑해주는 부모를 우리는 수도 없이 목격한다. 하지만 모성애의 집착은 이기주의다. 그렇게 이기주의의 영역이 있는 만큼 모성애는 사랑이 아닌 부분을 담고 있다. 가장 이기심이 많은 형태는 당연히 이성애다. 여기에는 사실 본질적 의미의 사랑은 거의 보이지 않는다. 가끔 보인다. 하지만 분명히 있는 것은 사실이다. 낭만적인 영화에서 조직폭력배로 범죄의 삶을 살던 청년이 사랑하는 여인을 위해 목숨을 버리는 모습을 보면 그 장면에서만큼은 감동이 있다. 이성 간의 사랑도, 자기 것이라는 소유욕과 집착도 그 대상을 위해 목숨을 버릴 수 있다. 그런데 그 모습이 사랑적이다. 사랑과 동일한 모습을 보여주기 때문이다.

사람들이 감동을 느끼고 눈물을 흘리는 사랑의 모습을 생각해보라. 사랑의 종류는 다양하지만 그 모습은 언제나 동일하다. 인간은 바로 그 진리의 사랑이 드러날 때 깊은 감동을 느끼고, 그 사랑을 흠모하며, 그 사랑이 없음에 아쉬워한다. 정말 신기하지 않은가? 사람들은 사랑이 다양하다고 말한다. 하지만 사랑은 하나다. 그 사랑을 그리워하는 사람들 사이의 관계가 다양할 뿐이다. "나도 정말 사랑 한 번 해보고 싶어!" "내 사랑은 어디 있는 것일까?" 사람들은 사랑이란 단어를 사용하며 막연히 뭔가 낭만적인 무엇이 자신에게 올 것을 기대한다. 하지만 그들의 무의식은 분명히 알고 있다. 그 사랑을 그리워한다. 그런데 그 사랑은 사랑하는 자, 바로 예수가 보여준 사랑이다. 그래서 인간은 누구나 예수의 그 사랑을 그리워한다.

인간의 무의식에는 그리움이 남아 있다. 그 사랑에 대한 그리움이 있다. 그것은 에덴을 향한 그리움이다. 하지만 인간은 에덴을 잊었기에 그 에덴 같은, 그 사랑 같은 존재를 그리워한다. 그래서 자연을 그리워하고, 자연과 하나 되는 삶, 자연에 안식하는 삶을 그리워한다. 그리고 에덴과 같은 자궁, 그 자궁의 탯줄을 그리워한다.

엄마의 탯줄, 대지는 바로 그 에덴에서의 사랑의 연합이다. 자신을 완벽히 돌봐주고, 있는 그대로 받아주며 품어주는, 진정한 행복을 향한 간절함, 그 완전한 사랑받음의 그리움이 그것과 유사한 것을 향하게 한다. 인간이 추구하는 모든 것은 바로 그 영혼의 탯줄에 대한 대체물이다. 건강, 쾌락, 성공, 명예, 권력, 돈, 의미, 자유, 공존, 상생, 자비, 그리고 희생까지. 슬프게도 그 사랑의 진리를 모르기에 그 어느 것에 대한 잉여 욕망으로 살다 죽음에 취한 상태에서 그렇게 가는 것이다.

사랑받는 것

영이 죽은 인간은 사랑할 수 없다. 그런 것처럼 보이는 사랑만 할 뿐이다. 그리고 영을 살리는 것이 사랑일진대 그 영이 죽은 사람이 어떻게 살릴 수 있겠는가? 인간이 사랑할 수 없는 궁극적인 이유가 여기에 있다. 장님이 장님을 인도할 수 없다고 하지만 사실은 할 수 있다. 방향이 잘못될 수는 있겠지만. 그리고 운이 좋으면 비슷하게 갈 수도 있다. 하지만 죽은 자는 결코 죽은 자를 살릴 수 없다. 돌은 돌에게 생명을 줄 수 없다.

이제 우리는 '사랑은 누군가를 사랑한다는 것'이란 말을 포기할 때가 온 것 같다. 왜냐하면 인간에게는 누군가를 사랑하는 것보다 중요한 것이 누군가로부터 사랑받는 것임을 깨달았기 때문이다. 죽은 자를 살리기 위해서는 먼저 내가 살아나야 한다. 지나가는 거지에게 돈을 주기 위해서 먼저 돈을 벌어야 한다.

자궁의 아기가 살아 있기 위해 할 수 있는 것은 아무것도 없다. 그저 절대 의존의 상태로 엄마에게 탯줄로 붙어 있으면 된다. 아니, 반드시 붙어 있어야 한다. 그것이 생명의 열쇠다. 유일하게 그 길만이 아기의 살길이다. 그가 스스로 살겠다고 탯줄을 끊고 나온다면 죽음뿐이다. 그 죽음을 탕자는 경험했고, '그래비티'의 라이언 박사도 체험했다. 그리고 그 죽음을 지금 인류는 경험하고 있다. 그렇다면 이제 박사가 지구로 돌아가는 것처럼 태아도 자궁으로 돌아가야 한다. 다시 탯줄을 받아들여야 한다. 그 탯줄을 통해 엄마와 연합해야 한다. 그리고는 사랑하려고 하지 않고 사랑을 받아야 한다. 배 속의 태아가 엄마를 도와주기 위해, 사랑하기 위해 무엇을 할 수 있겠는가? 엄마 더 드시라고 금식을 하겠는가? 몸이 불편하시니 요가를 해서 몸을 작게 만들겠는가? 심심하지 않게 삶과 죽음에 대한 진지한 대화를 나누자고 하겠는가? 아기가 엄마를 사랑하는 유일한 방법은 아무것도 안 하는 것이다. 그냥 사랑받는 것이다. 그리고 행복해하고 감사하는 것이다.

그래서 사랑하는 것보다 사랑받는 것이 더 중요하다. 그리고 사실 더 어렵다. 인간은 받는 것에 익숙하지 않다. 뭔가를 하고 싶다. 사랑도 내가 하고 싶다. 그런데 바로 그것이 아담의 생각이었다. 내가 스스로 모든 가치판단의 주체가 되겠다는 것. 그래서 신의 노고를 덜어드리자는 것, 내가 스스로 행복한 삶을 살아 신의 수고를 덜어드리자는 것. 하지만 내가 할 수 있는 것은 없다. 사랑은 오는 것이지 하는 것이 아니다. 사랑은 받는 것이지 주는 것이 아니다. 그렇게 받는 것, 그것이 바로 사랑하는 것이다. 그러므로 사랑받기 위해서 사랑하는 것을 멈추어야 한다. 그것은 사랑이 아니라 이기적 소유욕이거나 자기애의 교만일 가능성이 높다. 영혼이 가난해져야 한다. 그렇게 자신을 비울 때, 그때 아버지의 사랑, 어머니의 몸으로부터 오는 양분과 산소가 공급될 수 있다. 라이언 박사가 높이 올라가면 갈수록 그녀는 지구와 멀어진다. 산소와 멀어지고 결국 생명과 멀어진다. 내려가야 한다. 발이 땅에 닿아야 한다. 그 발이 있어야 할 곳에 있어야 생명이 공급된다. 결국 진리는 하나다. 생명은 사는 것이 아니라 살아지는 것이다. 사람들은 산소를 마신다고 하지만 산소는 마셔지는 것이다. 그것은 선물이다. 내 것이 아니다. 지구 안의 어떤 것도, 당신이 지금 입고 있는 옷부터 삶에서 사용하는 어떤 것도 당신 것은 없다. 옷을 당신이 만들었다고? 그 실은? 그 실을 당신이 제조했다고? 그 실의 재료는? 지구의 자원이 사랑의 선물이듯 인간은 사랑의 에너지를 공급받아 살아진다.

그렇다면 인간은 사랑할 수 없는 것인가? 그렇지는 않다. 하지만 방식이 다르다.

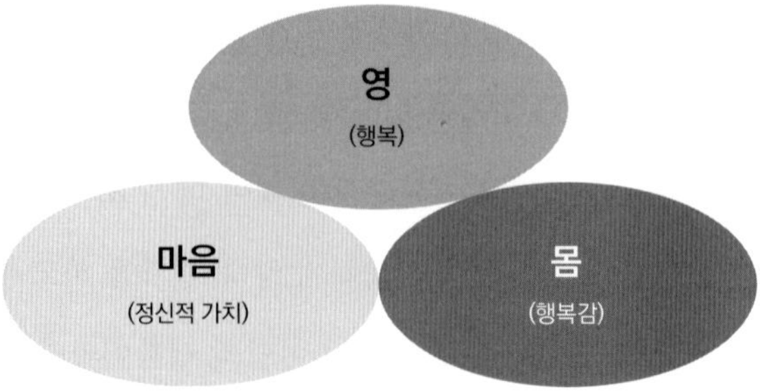

사랑하는 것은 있는 그대로 받아주는 것이라 했다. 그런데 그 말은 단순히 소극적으로 문제를 덮어주고 참아준다는 뜻이 아니다. 사랑은 또한 적극적으로 모든 것을 믿어주고 모든 것을 바라는 것이다. 진리는 전체다. 따라서 이 믿음과 소망은 몸과 정신적 차원을 넘어 영적 차원을 포함한다.

사랑으로부터 분리된 모든 인간은 죽어 있다. 그리고 그 죽음의 종류는 다양하다. 그런데 그 모든 죽음은 단 하나의 죽음 때문에 발생한다. 바로 영의 죽음이다. 에덴에서의 분리, 그 사랑과의 분리로 인한 영의 죽음이 모든 불행의 뿌리다. 나머지는 그 죽음의 결과들이다. 그렇다면 누군가를 사랑하고, 그 사랑이 진정 그 사람을 향한 것이라면 가장 근본적인 것을 주어야 하는 것은 당연한 일이다. 따라서 사랑의 본질은 영을 살리는 것이다. 그 사랑의 깨달음을 전달해서 상대방도 그 사랑을 받아들여 살아나는 진정한 기적을 일으키는 것이다. 그래서 설국열차의 두 사람이 죽어, 즉 사랑을 살아, 두 생명이 사는 것이고, 엄마가 죽어 아이가 태어나는 것이며, 웅녀가 죽어 단군이 나오는 것이다. 행복이 살아 모든 행복감이 그 질서와 아름다움과 진정한 감동을 회복하는 것이다.

라이언 박사를 살린 코왈스키의 희생적 사랑을 생각해보자. 그는 라이언을 살리기 위해 죽음을 선택한다. 그는 라이언의 생명을 살렸다. 그녀는 다시 살아갈 의지를 회복하고 삶을 긍정적으로 바라볼 수 있게 되었다. 하지만 그 사랑이 라이언의 영을 살린 것은 아니다.

마찬가지로 안중근 의사나 유관순 열사의 자기희생은 국민들로 하여금 자유와 애국에 대한 정신적 가치를 회복하도록 도와주었다. 그들은 국민들의 마음을 조국에 대한 사랑으로 다시 살아나게 했다. 만델라 대통령의 인간 사랑과 조국애도 죽어 있는 백인들의 마음에 평화를 심었고, 국민들의 마음에 평등을 향한 이상이 타오르도록 만들었다. 하지만 그 수많은 인류애적 사랑도 마음의 평안, 마음의 평화, 마음의 자유나 평등을 넘어서지는 못한다. 아직 영은 살리지 않은 것이다.

사랑이 상대방의 전체를 사랑하는 것이 진실이라면 그 존재의 영까지 살려야 한다. 아니, 그 영 먼저 살려야 한다. 그런데 인간은 그렇게 사랑할 수 없다. 따라서 길은 하나다. 그 진리의 사랑을 흘려주는 것이다. 사랑이 그 사람을 얼마나 사랑하는지 사랑으로 말해주는 것이다. 그러면 그 사랑이 자신을 믿는 자의 영혼 안으로 들어가 존재를 선악과 이전으로 돌려놓는다. 사랑 자신의 모습으로 새롭게 창조한다. 그는 진정 복 받은 존재가 된다. 몸은 아직 그대로이지만 영이 재창조되었기 때문이다. 무엇보다 실질적으로 죽음에서 자유로워졌기 때문이다. 언젠가 흙으로 만들어진 그의 몸은 죽지만 생물학적 죽음 이후 예수가 그랬던 것처럼 자신 안의 사랑의 영에 새 몸을 선물 받은 존재로 다시 살게 된다. 그는 이미 그렇게 결정된 존재이기에 행복하다. 자신 안에 이미 사랑 그 자체인 천국을 소유하고 있기 때문이다.

사랑한다는 것은 죽는 것이다

사랑은 얼굴이 없다

얼굴이 있는 자는 살아 있다
나무에 달린 행복한 인자(人子)는
고개를 숙여 머리를 든다
가시관 덕분에 마음을 식히고
못이 도와 일손을 내려놓고
대못의 안내로 갈 길을 잠시 멈추면
발가벗은 소박함에
하나-님의 방문이
자유로 핀다
용서가 벗처럼 온다
가장 낮은 곳에서
고통이 평안을 내려다보고
흑암 깊은 곳에서
빛이 눈처럼 내리면
죽음이 생명을 낳고
수치가 자랑처럼 쌓인다
하늘처럼 바다가 온다
침묵의 선포가
죽음에 취한 자들에게
죽음을 취할 자들에게

만나지 않았다면
그리움도 없겠지만
시간이 이렇게 천천히 흐름은
당신이 내 곁에 없다는 것

홀로 있다는 것

흙으로, 먼지로, 그렇게 안개로

그래서

사랑하는 것보다 중요한 것은

사랑받는 것이고

사랑받는 것보다 중요한 것은

사랑 없음을 아는 것

사랑할 수 없음을 깨닫는 것이다

우리는 가지고 있지 않은 것을

줄 수 없다

빈 잔은 마실 수 없다

사랑이 죽고

사랑을 소멸시켜

사랑을 만날 수 있을 때

하나로 함몰되어 둘로 갈라질 때

처음 사랑은 정화되고

다음 사랑도 거듭난다.

사랑하고 싶은가

사랑을 거부하고

사랑도 태워버려라

사랑만이 남아

홀로 피어날 수 있도록

윌리앙 아돌프 부그로(William-Adolphe Bouguereau), **〈시냇가에서〉**(1879)

순간과 영원이 만나는 곳
그곳에 사랑이 있다.
나는 카이로스 안에서 너희를 만나기 위해
크로노스를 포기한다.
너무 멀리 가니는 마라.
아픔과 눈물을 미워하지 마라.
어두움을 알면 그 어두움이 빛이 된다.
언젠가 나를 만나게 되면
이 썩어질 몸에도 사랑이 새겨진 것을 보거든
그때 빛을 향해 서라.
그 사랑에로 녹아들어라.
그 사랑으로 생명을 낳아라.
나의 아들아, 나의 딸아!

사랑한다!

13

생명에 취한 사람들 – 진리

나에게는 아들과 딸이 있다. 나는 나의 아내와 그들을 낳았다. 어떤 의미에서 나는 아이들을 창조했다. 그런데 애들이 진정 내 자녀일까? 그렇지 않다. 아직 아니다. 정확히 말해 자녀이지만, 아직 자녀로 완성되지 않았다. 아기는 혼자서 아무것도 못한다. 똥 기저귀를 갈지도, 옷을 입지도, 신발을 신지도 못한다. 무엇이 좋은 것인지, 위험한 것인지, 옳은 것인지, 잘못된 것인지 모른다. 그냥 놔두면 온 집 안을 난장판을 만든다. 화분의 흙부터 아무거나 주워 먹고, 종이란 종이는 다 찢어놓고, 옷들을 다 더럽혀놓는다. 그러면서 그냥 운다. 무엇을 했는지도 모르고, 원하는 것도 말하지 못한다. 그러면서도 이기적이다. 젖 달라고, 안아달라고, 조금 크면 놀아달라고, 재워달라고 보챈다. 그 다음에는 용돈 달라고, 스마트폰 사달라고, 그리고 차 사달라고, 달라고, 달라고, 달라고……. 끝이 없다. 가끔 생색은 낸다. "아빠 먹어!" "아빠 사랑해!" 하지만 머리가 커지면 나를 떠날 것이다. 자신의 삶을 살겠다고, 이제 모든 것을 혼자 할 수 있다고, 그리고 말은 하지 않지만 사실 이제 아빠 엄마는 없어도 될 것 같다고.

아이들은 누구나 떠난다. 자신이 세상의 중심이란 믿음으로 홀로 세상을 향해 나간다. 그러고는 나름대로 멋진 청춘을 보낸다. 하지만 언젠가 시간이 조금 흘러 결혼해서 아이 낳고 키워보면 부모의 심정을 이해하기 시작한다. 자신의 뼈를 짜서 낳아준 엄마, 자존심도 없이 아이들만 보면 행복해하던 아빠의 마음을. 자신이 모든 것을 할 수 있고 항상 옳은 것이 아니라는 생각을 하게 된다. 그러면서 아이들은 조금씩 사랑을 이해하게 된다. 그러다 언젠가 부모가 떠나고 아이들에게도 흰머리가 하나 둘 보일라치면, 그러면 그때 아이들은 사랑이 된다. 아빠 엄마를 진정 아빠 엄마로 볼 수 있는 그 자리로 돌아온다. 슈퍼맨도, 귀찮은 늙은이도 아닌, 역시 누군가로부터 사랑받고 또 주고 싶어 하는 평범한 사람들이었다는 것을 이해해주게 된다. 나도 내 사랑하는 아내도 그랬으니! 아이들도 그럴 것이다. 그리고 말할 것이다. "엄마, 아빠! 이제 태어나 처음으로 부모님 마음을 이해할 것 같아요!"

애들은 그때 집으로 돌아온 것이다. 사랑의 부모의 집으로. 난 비로소 처음 아버지가 되고, 내 아내는 엄마가 된다. 아이들은 진정 우리의 자녀가 된다. 우리의 사랑과 연합하여 아들로 완성된다. 사랑이 된다. 그리고 그 사랑 안에서, 그 사랑을 담고 그들도 그들의 자녀를 통해 사랑의 완성의 길로 가게 된다.

죽음을 말하는 것은 죽음 때문이 아니다. 죽음을 말해야 하는 이유는 생명을 살아야 하기 때문이다. 세상은 죽음에 취한 사람들로 가득하다. 심장이 멈춰서가 아니라, 사랑이 없어 죽어 있다. 사랑을 떠나 사랑을 모르고, 경쟁과 증오, 갈등과 전쟁의 삶 속에서 살고 있기 때문이다. 하지만 변화하는 세상의 모든 것에는 양면이 있다. 양과 음, 낮과 밤, 선과 악, 어두움과 빛, 그리고 죽음과 생명. 따라서 죽음 안에도 생명이 있다. 죽음은 무조건 악이 아니다. 죽은 자만이 다시 살아날 수 있다. 잘 죽으면 잘 살 수 있다. 문제는 죽음 가운데 있으면서 죽은 줄 모르고 그 죽음을 정상으로 아는 것이다. 죽음에 취해 죽음을 생명으로 착각하며 사랑 없는 꿈속의 환각 상태에 머무르는 것이다. 죽음에 취한 사람들이 죽음을 깨달으면 그 죽음에서 죽을 수 있다. 그러면 깨어날 수 있다. 짐승에서 여자로 나와 사랑과 연합하여 생명으로 나아갈 수 있다. 어두움이 어두움을 알아 그 어두움에서 나오면 처음 어두움은 빛이다. 그래서 생명으로 나온 자들에게는 처음 죽음이 이미 생명이다.

그런 관점에서 아빠의 명령과 금지는 미끼를 던져놓고 그 마음을 시험해 벌주려는 사악한 마음이 아니다. 사랑인 아빠의 모든 행위는 선이다. 당연히 선악과도 그렇다. 먹지 말라는 말은 먹으면 혼내 주겠다는 금지가 아니라 내가 아빠라는 설명이다. 네가 먹지 못할 것을 먹고 탈나지 않도록, 높은 난간에서 놀다 떨어져 다치거나 죽지 않도록 언제나 너를 불꽃 같은 눈으로 주시하여 보살피는 아빠라는 말이다. 하지만 그 말은 동시에 너는 먹을 수밖에 없는 존재라는 말이다. 너는 이미 마음으로 먹었다는 말이다. 따라서 먹고 자신이 먹을 수밖에 없는 존재임을 깨달으라는 것이다. 그래서 아빠가 사랑이었음을 알고 의지하라는 것이다.

아버지는 아들을 안다. 떠난 자만이 돌아올 수 있고, 나간 자만이 들어올 수 있다. 만남의 진리는 늘 역설이다. 아들을 창조했지만 아들로 완성되기 위해서는 탕자로의 먼 길을 돌아와야 한다. 물론 떠남은 아버지가 아닌 아들의 어리석음에서 온다. 아버지는 그 떠남을 선으로 바꿔준다. 그렇게 나가지 않는 아들은 없다. 탕자의 비유에 나오는 형은 언뜻 보면 그렇지 않은 것 같다. 집에 머물러 아버지에게 순종하고 방탕하지도 않은 성실한 삶을 산다. 하지만 그는 오히려 자신이 아버지를 위해 뭔가 해주었다는, 자신이 진정 효자라는 교만으로 가득하다. 당연히 상응하는 보답을 받아야 한다고 믿는다. 아버지를 사랑하는 것이 아니라 자신을 사랑한다. 탕자로 살다 돌아온 동생을 비난하고, 그 동생을 아들로 받아준 아버지에게 불평불만을 터뜨린다. 그래서 아이러니하게도 형은 결코 아버지를 만날 수 없다. 만남은 공간적이지 않다. 그는 사실 동생보다 더 멀리 떠났다. 그곳에서는 돌아올 수 없다. 호랑이가 되어버렸기 때문이다. 그러므로 그 결정적 순간에 그 사랑을 깨달아 곰이 될지, 아니면 호랑이로 남을지는 아들이 결정하는 것이다.

진리는 단순하다. 그 사랑은 복잡하지 않다. 부모가 자녀를 진정 자녀로 만드는 것, 그것이 사랑이다. 그리고 그 사랑은 세 단계로 진행된다. 첫 번째 창조는 무에서 유를 만드는 것이다. 생명의 씨로 아들이 만들어진다. 하지만 이기적인 아들은 아버지와 함께 있으나 둘이 아니다. 홀로 있다. 같은 공간에 있지만 함께 있지 않다. 그는 홀로 완전할 수 있다고 믿고 아버지를 떠난다. 그것이 죄이고 죽음이다. 그 죽음은 아들의 삶 전체를 죽음으로 오염시킨다. 탕자는 이기적인 늑대와 같은 존재로 전락한다. 그러면서도 자신의 실체를 깨닫지 못한다.

두 번째 창조는 아들의 자기부정과 아버지와의 연합을 통해 일어난다. 탕자로 살던 아들은 결국 아버지와 분리된 그곳이 돼지우리와 같은, 행복감만을 좇아 허무하게 사는 자리임을, 그리고 자신이 추구하는 모든 가치가 인간으로서 지향해야 할 목적이 아닌 돼지 여물임을 깨닫는다. 삶이 무의미함을 깨닫게 된다. 그러면 그 짐승의 삶에서 죽어 완전한 자기부정에 이르게 된다. 여자가 된다. 그때 아버지의 사랑이 깨달아지고 아버지의 사랑과 연합하여 진정 사람이 된다.

마지막 세 번째 창조는 아들이 자기 안에 있는 그 사랑의 씨를 열매 맺는 일이다. 진짜 아들이 되었으니 아들도 아버지가 될 수 있고, 또 되어야 한다. 그 길은 생명의 씨를 가진 여자가 출산에 이르는 과정으로 상징된다. 그런데 출산의 길은 다시 자기부정의 길이다. 사랑하는 것은 죽는 것이다. 여자는 죽어야 생명이 되고 또 생명을 낳는다. 아들은 사랑으로 완성되어야 한다. 그래서 그 사랑의 표적인 십자가의 길을 가야 한다. 물론 그 길은 생명을 낳는 길이기에 또한 행복하다. 그렇게 세 번째 창조가 완성되면 이제 진정한 의미의 안식이 온다. 아들이 온전한 사랑이 되어 그 사랑인 아버지를 만난다.

모든 부모는 자녀를 사랑한다. 부모는 사랑이다. 자궁 안에서도, 자궁 밖에서도, 세상으로 나가 다시 집으로 돌아올 때까지 사랑은 사랑으로 남는다. 내 자신의 삶을 돌이켜보면 부모의 존재 목적은 사랑을 진정 그 사랑으로 주는 것이고, 자녀의 존재 목적은 결국 부모의 사랑을 진정 그 사랑으로 깨닫는 것이다. 그 사랑을 주고 또 받고 깨달아, 자신도 주고 죽는다면 부자유친(父子有親)은 진정 완성된다. 삶은 살아볼 만한 가치가 있다.

그렇게 부모의 사랑은 아름답다. 하지만 사실은 부모는 사랑하는 것이 아니라 사랑하게 되는 것이다. 모성애도 부성애도 인간에게는 본성이다. 부모의 사랑은 완전하지도 않다. 엄마의 몸, 아빠의 몸은 아집과 독단에 집착한다. 그들만의 이기적인 라푼젤의 성이 있다. 그럼에도 사랑은 분명 사랑이라, 제한적이라 해도, 그 사랑은 십자가 형상을 보여준다. 자궁 안에서도, 자궁 바깥에서도 그렇다. 그래서 아이가 나이 들면 부모를 그리워한다.

나무는 가만히 있고자 하나 바람이 그치지 않고
자식은 효를 다하고자 하나 부모는 기다려주지 않는다.

부모가 기다려주었다면 자식은 효를 다할까? 그렇지는 않을 것 같다. 인간의 몸은 이기적이고, 그래서 몸이 죽기 전에 인간은 사랑을 사랑으로 완성할 수 없다. 그리움은 사라지지 않는다.

그런데 사랑이 부모로부터만 오는 것은 아니다. 인간은 자연의 사랑도 받는다. 자연은 인간을 있는 그대로 받아주며 아낌없이 준다. 또 하나의 자궁으로 대지의 태반을 통해 사랑의 에너지를 생명으로 준다. 그래서 인간은 철이 들면 아버지 하늘, 어머니 대지, 자연이란 부모에게 감사할 줄 안다. 호흡할 수 있는 공기에, 생명을 주는 맑은 물에, 몸을 유지할 수 있는 각종 채소와 고기에, 그리고 마음을 평안하게 해주는 자연의 경관에 그 사랑을 사랑으로 알아 감사하게 된다. 그래서 자연의 사랑을 아는 자들은 일상의 행복감에서 자유로워진다. 세상 잔잔한 일들에 일희일비(一喜一悲)하지 않는다. 이기심을 버리고 넓은 마음으로 타인을 품어줄 줄 안다. 그러고는 자연과의 합일을 원한다. 모든 것을 주면서도, 모든 존재를 받아주는 그 십자가의 사랑과 하나 되고 싶어 한다. 그 자연의 사랑을 경외하여 도(道)라는 이름으로 부르기도 한다. 사랑은 무한하니 그 사랑은 알 수 없고, 안다고 하는 순간 사랑을 가두려 하는 것이며, 그래서 모르는 것이니 알 수 없음만을 안다 하면서 그 사랑을, 그 님을, 단지 사랑으로만 침묵하는 그 님을 그리워한다. 언제나 어디서나 자연을 아는 인간은 자연의 그 사랑과 합일하고, 그 사랑 안에서 안식하기를 원한다. 그래서 그 사랑 안에 죽기 위해 또 히말라야를 오른다.

자연의 사랑은 위대하다. 부모의 사랑처럼 그 사랑을 준다. 십자가의 형상을 보여준다. 하지만 자연도 사랑하는 것이 아니라 사랑하게 되는 것이다. 그래서 자연(自然)이다. 자연은 '저절로 그렇게 될 수밖에 없도록' 만들어졌다. 자연의 사랑도 완전하지 않다. 자연에도 이기심이 있다. 자연 전체의 존재를 유지하기 위해 먹이사슬이 있고, 환경의 균형을 만든다. 그래서 약육강식의 법칙이 지배한다. 인간에게도 예외는 아니다. 자연이 주는 물과 음식은 길어야 100년 정도의 생명만 허락할 뿐이다. 그 완전한 십자가의 사랑은 그래서 자연을 통해서도 채워지지 않는다. 인간은 자연을 통해 사랑에 대한 갈급함, 나를 정말 완전하게 사랑해주는 그 사랑에 대한 그리움만을 더 깊이 깨달을 뿐이다.

그래서 완전한 십자가가, 그 사랑 자체가 세상에 박힌 것이다. 부모를 줘도, 자연을 줘도 깨닫지 못하는 인간에게 에덴의 사랑을 기억나게 하기 위해, 그 절대 사랑의 존재, 단 하나인 님, 모든 존재의 뿌리이며 실체인, 사람들이 막연히 신이라 부르는 그 영혼육의 부모가 직접 예수라는, 환웅이라는 가시적 사랑으로 2000년 전에 내려온 것이다. 자신으로부터 흘러넘치는 그 사랑을 깨달아 집으로 돌아오도록, 진정 그 사랑의 자녀가 되도록 도와주기 위해 구체적이고 역사적인 십자가로 세상의 중앙에 박힌 것이다. 아들로 돌아오기를 간절히 원하는 곰들, 왕자의 키스를 기다리며 꿈속에서 그리워하는 백설공주들, 사랑을 떠나 우주를 방황하고 있는 라이언 박사들, 그 사랑의 그리움에 지금도 구슬프게 울며 애타하는 설국열차의 그 구미호들에게로 그 사랑이 직접 온 것이다.

인간은 사랑할 수 없다. 그 십자가를 통해 하나인 님의 사랑을 받으면 된다. 그것은 죽음에 취한 자로서, 그 죽음을 죽어, 생명으로 나아오는 것이다. 그리고 행복해하며 감사하는 일, 그것이 그 님을 사랑하는 것이다. 자녀는 부모가 주는 것을 받고 그 사랑을 깨닫고 감사하면 된다. 굳이 효도하지 않아도 된다. 어차피 효는 할 수 없다. 다만 자신이 받은 그 사랑을 또 자신의 자녀에게, 자신의 이웃에게 흘려주면 된다. 그것이 효이고, 그것이 그 님에 대한 사랑이며, 그것이 모든 존재의 뿌리인 그 존재가 기뻐하는 일이다.

뿌리를 아는 것이 중요한 이유가 여기에 있다. 풍수에도 명당(明堂)이 있고 흉당(凶堂)이 있다. 생명의 땅이 있고, 죽음의 땅이 있다. 사람들은 돈이 되고 권력을 얻을 수 있는 행복감의 명당을 찾는다. 말 그대로 자본이 명당이다. 그들은 보이는 것들을 보고 보이는 것들을 구한다. 그리고 죽은 후에도 명당을 찾는다. 하지만 땅이 다 땅이 아니다. 자생풍수(自生風水)를 대표하는 최창조 씨 같은 이는 그것을 조금 이해한 사람이다. 그에 따르면 진정한 명당은 내 마음의 평온을 얻을 수 있는 곳이다. 설사 이론적으로는 흉당이라 해도 마음의 정을 통해 땅을 치유할 수 있다. 그래서 자생풍수다. 그런데 그가 말한 명당을 넘으면 진짜 명당이 하나 있다. 그곳은 마음을 넘어 영혼의 평안, 그리고 기쁨을 주는 곳이다. 그곳이 명당 중의 명당, 사랑을 받은 온유한 사람이 얻을 땅이다. 그 땅을 얻으면 존재 전체가 바뀐다.

영이 사는 것은 단순히 영만 사는 것이 아니다. 뿌리가 살면 줄기와 가지, 잎과 열매가 차례로 산다. 영의 행복은 정신의 진정한 풍요를 주고 질적으로 새로워진 행복감을 낳는다. 진정 나 자신이 살면 정신과 몸을 포함한 총체적인 존재의 질서가 재정립되고 재배열이 일어난다.

라푼젤의 노래를 듣고 그녀의 머리카락에서 나오는 사랑의 에너지를 받으면 죽은 마녀와 같은 존재도 젊고 아름다운 여성으로 변하는 것처럼, 먼저 사랑은 마음의 가치들을 새롭게 정립해준다. 자연스럽게, 사랑 안에서 평화롭고, 사랑에 기초하여 평등하며, 사랑으로 인해 자유롭도록 만들어준다. 사랑이 주는 온유와 배려, 구제와 봉사가 그 사

사랑의 목적

1. 영적 행복 (사랑과의 연합)

↓

2. 정신적 행복 (사랑에 기초한 가치들)

↓

3. 육체적 행복 (사랑으로 정화)

랑이 없는 그것들과 근본적으로 다른 이유가 거기에 있다. 사랑과 하나이니 행복하고, 그 행복이 완전하기에 더 이상 바랄 것이 없다. 따라서 그 사랑의 마음으로 구제를 할 때 난 굳이 타인이나 자신으로부터의 인정을 구하지 않는다. 오른손이 하는 일을 진정 왼손이 모르게 한다. 왜냐하면 단순한 '오른 손'이 아니라 진정 '옳은 손'이 되었기 때문이고, 그 진리의 구제를 왼손, 즉 진리가 못 된 사람들은 이해할 수 없기 때문이다. 보거나 설명을 해도 어차피 깨닫지 못하기 때문이다.

그렇게 영의 사랑이 혼의 가치들을 완성시키면 그것을 기초로 몸의 행복감들도 새로운 질서, 근본적인 질적 변화를 경험한다. 단순한 말초적 쾌락이 아니라 영의 행복과 마음의 가치에 기초한 행복감들이 만들어진다. 라면이나 김밥을 먹든, 스테이크를 먹든 사랑 안의 그 맛은 감동이다. 사랑 안의 관계와 만남은 따뜻하고 감동적이다. 무엇이 되도 좋고, 무엇이 안 되도 좋다. 생각, 일, 그리고 삶에서 사랑이 주는 행복, 그 행복이 만드는 행복감을 경험한 사람은 외롭지 않다. 그는 혼자가 아니기에 고독할 수 있다. 이처럼 사랑은 한 인간을 총체적으로 완전히 다시 살린다. 생명으로 충만하게 한다. 환경과 일, 그리고 관계는 변하지 않는다. 세상은 그대로다. 하지만 모든 것이 새로워진다. 사랑과 연합된 존재로, 사랑에 기초한 마음의 가치들로, 그리고 사랑에 기초한 행복감의 존재로 살 때 세상도 우주도 새로워진다. 그 사랑, 그 진리의 사랑이 지니는 유일성, 그리고 절대성이 바로 여기에 있다. 나는 이제 생명에 취해 있다.

마지막 이야기

오스카 와일드의 『행복한 왕자』라는 동화가 있다. 부유하게만 살아서 세상 물정을 모르고 죽은 왕자 이야기인데, 왕자는 금과 보석으로 치장된 동상으로 마을 광장의 높은 탑 위에 서서 비로소 세상이 얼마나 불행한지 알게 된다. 그래서 슬퍼하며 눈물 흘린다. 마침 따뜻한 남쪽 나라로 돌아갈 때를 놓친 제비가 우연히 동상에서 쉬다가 왕자의 눈물과 마음을 알게 된다. 제비는 왕자의 부탁으로 칼의 보석과 두 눈의 사파이어를 병든 사람, 가난한 화가, 성냥팔이 소녀에게 가져다준다. 그러고는 두 눈이 없어 장님이 된 왕자를 위해 남쪽 나라로 가는 것을 포기한다. 제비는 그렇게 왕자의 몸에 있는 금 조각을 떼어 사람들을 도와준다. 어느덧 겨울이 깊어가고 제비는 추위를 이기지 못해 동사하게 된다. 제비가 작별 인사를 하자 왕자가 물어본다. "이제 남쪽 나라로 가려는거니?" "아니요, 왕자님. 전 하늘나라로 가는 거랍니다." 제비는 그렇게 왕자의 발치에서 숨을 거둔다. 사람들은 금이 모두 벗겨진 볼품없는 동상을 싫어했다. 그래서 철거한 후 용광로에 던져버리는데, 다 녹아버렸지만 심장만은 녹지 않는다. 결국 왕자의 심장은 제비의 시체와 함께 쓰레기통에 버려진다. 그러나 사람들에게 쓰레기로 보인 심장과 제비의 시체를 하나님은 세상에서 가장 소중한 것으로 여겨준다.

왕자는 사랑이다. 그 사랑은 누군가로부터 사랑받는 것이 아니라 누군가를 사랑하는 것이다. 하지만 왕자는 사람들이 생각하는 것처럼 불쌍한 사람들에게 단순히 자비와 구제를 베푼 것이 아니다. 가난한 사람들은 금이나 사파이어 같은 보석을 받은 것이 아니다. 그것들은 다 쓰고 나면 다시 가난해지는 것들이다. 왕자는 진정한 가난을 보았다. 그 가난은 돈이 없어서가 아니라 생명이 없어서 온다. 영혼의 가난만이 죽음에 취하도록 만든다. 그래서 사랑을 준 것이다. 생명을 준 것이다.

누군가를 사랑하는 것은 그 존재의 생명을 살리는 것이지 조금 덜 가난하게 해주는 일이 아니다. 사랑은 조금 더 오래 살도록 해주는 것도 아니다. 그것도 물론 아름답지만 참 사랑의 아름다움은 아니다. 사랑은 진정 나로 살아 있게 해준다. 사랑을 받으면 보이지 않는 내가 살게 되고, 죽음에 취한 자에서 생명에 취한 자로 다시 태어나게 된다.

그런데 받은 자는 가지게 되고, 가지고 있는 자는 주게 되어 있다. 죽음이 생명으로 다시 살아나면 존재는 꿈틀거리기 시작한다. 살아 있는 존재만이 움직인다. 그래서 그 사랑을 받은 자는 그 보배를 다른 이에게 전달해준다. 제비는 왕자의 눈물을 받았다. 눈물은 죽음에 취해 버린 세상 사람들에 대한 사랑의 마음이다. 그래서 사랑을 받은 제비도 이제 그 사랑을 누군가에게 전달한다. 자신의 사랑을 전달하는 것이 아니라 자신의 영혼 안에 빛이 되어 찾아온, 왕자의 사랑을 흘려준다. 진정 사랑을 받아본 사람은 사랑받는 것의 기쁨을 알기에 그 사랑을 전달하는 일을 멈추지 못한다. 진정 나로 살아본 사람은 삶의 가치와 참 행복을 알기에 다른 사람도 자신처럼 행복하기를 간절히 바라게 된다. 그리고 그 사랑을 흘려주며 가장 큰 행복을 맛본다. 그것만이 자신에게 사랑을 준 그 존재를 사랑할 수 있는 유일한 길임을 알기 때문이다.

제비는 영혼이 하나님에게 갔을 때, 그때에야 비로소 행복하게 된 것이 아니다. 세상에서 이미 행복한 사람만이 행복한 나라로 갈 수 있다. 살아 있는 나라는 죽은 존재가 갈 수 있는 곳이 아니다. 제비는 남쪽 나라라는 이기적인 욕망을 버리고 자기부정을 통해 왕자에게 남기로 결정했을 때 누구보다 아름다운 신부가 되었고, 그 사랑 안에서 왕자와 연합한 것이다. 그리고 왕자에게서 받은 그 사랑의 씨는 자신의 남은 삶 속에서 열매를 맺었다. 탑 밑에서 보이는 것만 바라보고, 살아 있다고 믿지만 죽어 있는 자들의 눈에 왕자와 제비는 가장 손해 본 삶, 초라한 인생을 살다가 무가치한 죽음을 맞이한 것으로 보인다. 하지만 사랑받고 또 사랑한 제비는 이미 세상에서 왕자와 행복한 삶을 살았다. 그는 진정 살아 있는 사람이었다. 사랑을 받은 이, 생명으로 살아난 이는 다시 죽을 수 없기 때문이다.

생명에 취한 자는 죽어도 살고, 살아서 그 사랑을 받은 자는 영원히 죽지 않는다. 그래서 봐야 할 것을 보는 천사는 죽음의 세상 가운데 유일한 두 생명을 하나님에게로 데려간다. 가장 고귀한 둘이 아니라, 유일하게 고귀한 두 영혼이다. 제비는 세상에서 가장 행복한 사람이었다.

에필로그

여행을 마치며

죽음에 대해 생각하는 이유는
내가 죽기 때문이고,
죽을 수밖에 없기 때문이며,
때로는 죽고 싶기 때문이고,
어쩌면 언제나 죽은 것인지 모르기 때문이다.

죽음에 대해 말해야 하는 이유는
지금 내가 살아 있기 때문이고,
살 수밖에 없기 때문이며,
때로는 살고 싶기 때문이고,
어쩌면 언젠가 살 수 있을지 모르기 때문이다.

생명 아닌 생명이 있고
죽음 아닌 죽음이 있다.
살고자 하면 살고

죽고자 하면 죽지만,

살려고 하면 죽고

죽으려고 하면 사니,

원하는 것을 해야 하는 것이 아니라

해야 할 것을 원해야 한다.

기쁜 일을 하는 것이 아니라

해야 할 일을 기뻐해야 한다.

해와 달이 다르고, 달과 별이 다르며, 별과 별이 다르다.

내가 아닌 나는

나인 나,

나일 수밖에 없는 나와

같을 수 없다.

나로 보이는 것도

나로 들리는 것도

나는 아니다.

생명과 생명이 다르고

죽음과 죽음이 다르다.

하지만 영원의 관점에서는

생명과 죽음만 있다.

일곱 색깔 무지개는

다양하지만 사실은 아니다.

모두 합치면 하나,

흑이다.

보이지 않는 세상에는 흑과 백만 있고,

존재는 살아 있거나 죽어 있다.

빛을 향해 서 있거나

빛을 등지고 서 있다.

보고 싶은 길도,

보거나 보게 된 길도,

볼 수 있는 길은 아니다.

만난 적이 없으면

이별할 수도 없다.

살아 있는 자만이 죽는다.

죽음은 살아 있는 자에게만 온다.

한 번도 살아보지 못한 존재는

결코 죽지 않는다.

죽을 수도 없다.

그래서 살 수도 없다. 그러므로

죽음에 취한 사람들은

살아서 죽고,

죽음을 취한 사람들은

죽어서 산다.

진리는 하나이니

길(道)도 하나다.

절대적이고 배타적이며

폭력적이다.

길을 아는가?

안다고 생각하는가?

길은 알기 위해서가 아니라

떠나기 위해 존재하고,

떠남은 도착을 원하므로

도착하지 않은 것은

가지 않는 것이고,

가지 않은 것은

출발하지 않은 것이다.

떠나려 하지 않은 것이다.

멈춰 서지 마라

멈춰 섬은 길이 아닌 길이다.

머무르지 마라.

머무름은 쉼이 아닌 포기다.

둘러보지 마라.

둘러봄은 보지 않음이다.

죽음에 취한 길에서 벗어나

생명에 취한 길로 가기 위해

죽음을 취해야 한다.

길을 모르는 '알 수 있음'의 나,

일을 할 수 없는 '할 수 있음'의 나,

생명이 없는 '살아 있음'의 나,

진리를 만날 수 없고

진리가 될 수 없는
'있음'의 나는 죽어야 한다.
혼돈, 공허, 그리고 어두움,
생명의 씨가 타버린
마른 뼈다귀,
벌레보다 못한 먼지,
무(無)의 상극인 '없음'의 존재로
알 수 없음, 할 수 없음, 갈 수 없음,
그래서 만날 수 없음의 공(空)으로
사라져야 한다.

길이 없는 그 자리에서
길은 비로소 시작된다.
깨달을 수 없음의 인정이 깨달을 수 있음의 시작이고
이해할 수 없음의 인정이 이해할 수 있음의 시작이다.
진리는 언제나 그곳에 있고
길은 언제나 그곳으로 나 있다.
진리는 늘 그렇다.
출발한 자는 이미 도착했고
바라본 자는 이미 만났다.
빛이 길 되어 내게로 오니
내가 길이 되고,
내가 빛이 된다.
순간은 영원과 하나이고
모든 것은 선하다.

죽음에 취한 나,

죽음에 취한 나를 알아

죽음을 취한 나로 죽어

생명에 취한 나로 부활하니

행복하다.

나를 찾아 떠난 여행,

집이다!

참고 문헌

Jacques Choron, Death and Western Thought, New York 1963.

Death and Philosophy(editied by Jeff Malpas), London a. New York 1998.

Platon, Platonis opera, hg. von J. Burnet, 1962.

Aristoteles, E. Nicomachea (335-323 v. Chr), Aristotelis Opera, Bd. II, hg.I. Bekker, 1960.

Aurelius Augustinus, De civitate Dei (413-426), uebers. von W. Thimme 1982.

Th. v. Aquin, Summa theologica (1266-1273), opera omnia, Bd. IV-Xii, Hg.J. Bernhart, 1954.

F. Hutcheson, An essay on the N. and Conduct. of the passions and Affections, London 1728.

S. Kierkegaard, Entweder-Oder, 2 Bde., Muenchen 1988.

F. Nietzsche, Zur Genealogie der Moral, Studienausgabe, 1980.

Michael Wittschier, Erkenne dich selbst, Duesseldorf 1994.

Eugen Fink, Metapysik und Tod, Köln u.a., 1969.

A. Soble, The Philosophy of Sex and Love, 1998, Paragon house.Irving Singer, The Nature of Love. Plato to Luther, 1966, Random House.

에드가 모랭, 인간과 죽음, 2000, 동문선.

마르크 볼린느, 저승의 백과사전 1997. 열린책들

로버트 제이 립튼, 죽음의 윤리, 1981. 문지사.

정동호, 죽음의 철학. 현대철학의 논의를 중심으로, 1987, 청람문화사.

배영기, 죽음학의 이해, 1992, 교문사.

A. 쇼펜하우어, 사랑은 없다. 쇼펜하우어 인생론 에세이, 2011, 해누리.

L. 포이에르바하, 기독교의 본질, 1982, 종로서적.

도스토예프스키, 죽음의 집의 기록, 2001, 백야(월드북 158)

셸리 케이건, 죽음이란 무엇이가, 2012, 엘도라도.

빅터 프랭클, 죽음의 수용소에서, 2012, 청아출판사.

레프 톨스토이, 톨스토이의 인생을 어떻게 살 것인가, 2014, 책만드는 집.

레프 톨스토이, 안나 카레니나, 2010, 문학동네.

A. 카뮈, 시시포스의 신화. 2001, 문예출판사.

M. 하이데거, 존재와 시간, 2008, 동서문화사.

S. 키에르케고르, 죽음에 이르는 병, 2011, 치우

필립 아리에스, 죽음 앞의 인간, 2009, 새물결.

김열규, 메멘토 모리. 죽음을 기억하라, 2001, 궁리.

이영일, 라이너 마리아 릴케: 죽음의 미학(외국문학연구총서 4), 1988, 전예원.

필립 반 데 보슈, 행복에 관한 10가지 철학적 성찰, 2007, 자작나무.

스튜어트 매크리디(엮음), The Discovery of Happiness, rh humanist 2000.

D. A. F. 사드, 소돔 120일, 2000, 고도.

S. 프로이트, 정신분석입문, 2001, 홍신문화사.

P. 해링턴, 시크릿, 2009, 살림출판사.

탈 벤-샤하르, 완벽의 추구, 2010, 위즈덤하우스.

탈 벤-샤하르, 하버드대 52주 행복연습, 2010, 위즈덤하우스.

그레첸 루빈, 무조건 행복할 것, 2010, 21세기북스.

랄프 왈도 에머슨, 세상의 중심에 너 홀로 서라, 2009, 씽크뱅크.

알프레드 아들러, 인간이해, 2009, 일빛.

알랭 드 보통, 불안, 2005, 이레.

앤드류 솔로몬, 한 낮의 우울, 2004, 민음사.

올리버 제임스, 어플루엔자, 2009, 알마.

오츠 슈이츠, 죽을 때 후회하는 스물다섯 가지, 2009, 21세기북스.

웨인 다이어, 행복한 이기주의자, 2006, 21세기북스.

미치 엘봄, 모리와 함께한 화요일, 1998, 세종서적.

존 웰숀스, 아주 가까운 기쁨 BLISS, 2010, 2010, 금토.

크리스토퍼 레인, 만들어진 우울증, 2008, 한겨레출판.

S. 프로이트, 쾌락원칙을 넘어서, 1997, 열린책들.

삐에르 부르디외, 구별짓기, 2006, 새물결.

F. 니체, 차라투스트라는 이렇게 말했다, 2006, 홍신문화사.

플라톤, 소크라테스의 변명, 1999, 문예출판사.

강성진, 반야심경 강술, 1995, 부다가야.

D. J. 칼루파하나, 불교철학의 역사, 2008, 운주사.

무르띠, 불교. 중심의 철학, 1999, 경서원.

장자, 장자, 오강남 풀이, 2007, 현암사.

J. P. 사르트르, 실존주의는 휴머니즘이다, 2008, 이학사.

M. 하이데거, 존재와 시간, 2006, 살림.

S. Freud, 꿈의 해석, 2003, 홍신문화사.

K. G. 융, 인간과 상징, 1996, 열린책들.

K. G. 융, 기억 꿈 사상, A. 야페 편집, 2007 김영사.

질 들뢰즈, 스피노자의 철학, 1999, 민음사.

로저 크러스턴, 스피노자, 시공로고스 총서 23, 1986, 시공사.

피터 코올즈, 우주론이란 무엇인가, 2003, 동문선.

숫타니파타, 2008, 민족사.

화엄경, 2008, 민족사.

달라이라마, 티벳 성자와 보낸 3일, 1995, 솔.

달라이라마, 행복론, 2001, 김영사.

달라이라마, 예수를 말하다, 2006, 나무심는사람.

오쇼 라즈니쉬, 장자 도를 말하다, 2006, 청아.

오쇼 라즈니쉬, 삶의 길 흰 구름의 길, 2005, 청아.

오쇼 라즈니쉬, 반야심경, 2001, 태일.

스리 라마나 마하리쉬, 있는 그대로, 1998, 한문화.

틱낫한, 평화로움, 2002, 열림원.

틱낫한, 화, 2002, 명진출판.

헬레나 노르베리 호지, 오래된 미래, 2007, 중앙books.

순자, 순자, 2008, 을유문화사.

한비, 한비자, 2007, 현암사.

맹자, 맹자, 2005, 홍익출판사.

로런스 게인, 니체, 2005, 김영사.

막스 뮐러, 독일인의 사랑, 1984, 문예출판사.

성서, 개역개정, 2008, 대한성서공회.

틱낫한, 이 순간 내 곁에 있는 당신을 사랑합니다, 2007, 마음의 숲.

달라이라마, 우리에게는 사랑이 필요하다, 2009, 랜덤하우스.

C. S. 루이스, 기쁨의 하루, 2010, 홍성사.

C. S. 루이스, 순전한 기독교, 2001, 홍성사.

C. S. 루이스, 네 가지 사랑, 2005, 홍성사.

헨리 나우엔, 탕자의 귀향, 2009, 포이에미.

에릭 프롬, 사랑의 기술, 2009, 홍신문화사.

뤼스 이리가라이, 나, 너, 우리 (차이의 문화를 위하여), 1996, 동문선.

E. 레비나스, 존재에서 존재자로, 2001, 민음사.

E. 레비나스, 시간과 타자, 1996, 문예출판사.

강영안, 타인의 얼굴. 레비나스의 철학, 2005, 문학과지성사.

강영안, 주체는 죽었는가, 1996, 문예출판사.

A. 이스트호프, 무의식, 2000, 한나래.

김정희 외, 결혼이라는 이데올로기, 1993, 현실문화연구.

성서, 고린도전서 13장, in: 성서, 개역개정, 2008, 대한성서공회.

김봉규 독일 쾰른 대학교에서 철학과 독문학을 공부했고, 본 대학교에서 신학을 공부한 뒤 철학박사 학위를 받았다. 시·도 교육청, 대학, 교육 단체 등 여러 교육기관에서 부모 교육, 창의 교육, 독서 교육, 논술 교육, 철학 관련 강의를 하고 있으며, 특히 교사 양성에 주력하고 있다. 저서로 『만남 – 10차원의 행복』, 『생각하는 십대를 위한 철학 교과서, 나』(공저)가 있다.

나를 찾아 떠나는 여행 — 죽음에서 생명으로

펴낸날 2014년 4월 30일 초판 1쇄 ● 2015년 3월 30일 초판 2쇄
지은이 김봉규 ● **펴낸이** 이영무 ● **펴낸곳** 사곰
주소 서울 성동구 왕십리로 222 ● **전화** 02.2220.1432-4 ● **팩스** 02.2220.1435
홈페이지 press.hanyang.ac.kr ● **이메일** presshy@hanyang.ac.kr
출판등록 제4-7호(1972.2.29) ● **인쇄** 미르P&P

사곰은 '새김[刻]'과 '해석[釋]'을 뜻하는 중세 국어 '사곰'을 변형하여
한양대학교출판부가 만든 출판 브랜드입니다.

이 도서의 국립중앙도서관 출판시도서목록(CIP)은
서지정보유통지원시스템 홈페이지(http://seoji.nl.go.kr)와
국가자료공동목록시스템(http://www.nl.go.kr/kolisnet)에서 이용하실 수 있습니다.
CIP제어번호 : CIP2014010659

ISBN 978.89.7218.442.3 (93100)